Habbo Knoch

IM NAMEN DER WÜRDE

Eine deutsche Geschichte

Hanser

Eine Bibliographie mit weiterführender Literatur finden Sie unter:
https://plus.hanser-fachbuch.de/direkt/58i7ms56exaf

1. Auflage 2023

ISBN 978-3-446-27416-7

Umschlag: Anzinger und Rasp, München
Satz: Nadine Clemens, München
Druck und Bindung: CPI books GmbH, Leck
Printed in Germany

FSC www.fsc.org
MIX
Papier | Fördert gute Waldnutzung
FSC® C083411

»Man lässt keine
Menschen ertrinken.
Punkt.«

https://united4rescue.org

INHALT

IV DIE VERGESELLSCHAFTUNG DER WÜRDE

V DIE WÜRDE IN DER PLURALISTISCHEN GESELLSCHAFT

EINLEITUNG

»Dignity? We are in great need of it!« Smalltalk mit einem Mitarbeiter der US-Botschaft im Januar 2020. Alle Unterlagen für mein Visum liegen vor, sind geprüft und für gut befunden. Ein paar Stempel noch, einige freundliche Hinweise, ein Informationsblatt: Läuft wie hier alles nach Plan, stellt sich trotz der Autorität des Amtes ein Gefühl von Respekt, Anerkennung und Sicherheit ein. Was damit als Achtung vor der Würde des Menschen zum Ausdruck kommt, hat sich wie ein Wollmantel um unser Leben gelegt. Er bettet unsere Rechte ein, bietet Schutz vor staatlicher Willkür und erleichtert unsere Selbstbestimmung und Selbstentfaltung. Für die Bürgerinnen und Bürger der Bundesrepublik ist das seit dem 23. Mai 1949 durch den ersten Artikel des Grundgesetzes verbrieft: »Die Würde des Menschen ist unantastbar.« Seither sind eine Fülle von Lebensbereichen unter den Schutz der Menschenwürde gestellt worden. 2021 auch Visumsangelegenheiten innerhalb der Europäischen Union.

Doch das Bild des Wollmantels trügt. Bilder von Flüchtlingen, Schiffbrüchigen und Ertrunkenen im Mittelmeer oder von Push-Backs an den Grenzübergängen nach Europa stehen für das Gegenteil von geordneten, menschenwürdigen Verfahren. Migration, Illegalität oder Staatenlosigkeit sind nur zu oft mit Erfahrungen von Willkür, Respektlosigkeit und Gewalt verbunden. Empörung regt sich. Aber ändert das etwas? Anscheinend nicht: Tagtäglich werden überall auf der Welt Menschen mit Gewalt erniedrigt, sie leiden an Hunger und Armut, arbeiten unter sklavenähnlichen Bedingungen oder werden gefoltert. Menschen werden zu wehrlosen Objekten staatlicher Maßnahmen, wenn über sie zum Beispiel durch polizeiliche Gewaltakte oder Eingriffe in die Privatsphäre im Namen von Sicherheit und Ordnung verfügt wird. Vielen Menschen mangelt es an essentiellen materiellen Voraussetzungen, um ein gutes, selbstbestimmtes Leben zu führen – ganz abgesehen von denjenigen, die hungern müssen. Wohlfahrt und Fürsorge schlagen in Herabsetzungen und die Missachtung persönlicher Bedürfnisse um.

Es liegt auf der Hand, dem Staat in solchen Fällen vorzuwerfen, die Menschenwürde zu verletzen. Aber worauf gründet unser oftmals intuitives und emotionales Alltagsverständnis der »Würde des Menschen«? Wie sind die moralischen, rechtlichen und politischen Maßstäbe entstanden, nach denen wir heute etwas als »entwürdigend« oder »unwürdig« bewerten? Wie verhalten sich das »unwürdige Verhalten« und die »Verletzung der Menschenwürde« zueinander? Als der Parlamentarische Rat das Grundgesetz entwarf, wählte er auf Geheiß des späteren Bundespräsidenten Theodor Heuss bewusst eine offene Formulierung, um ihr möglichst viel Zustimmung zu sichern. Das sollte sich als große Chance wie als erhebliche Belastung erweisen. Für die Auslegung der Würdenorm existierten keine Vorbilder, nicht im Staatsrecht und auch nicht in der Philosophie. Denn die Würde des Menschen war bis dahin weder legislativ noch in der politischen Moral verankert. Die heutige Bedeutung der Menschenwürde kann deshalb nur aus einer historischen Perspektive verstanden werden. Erst infolge der Verwerfungen des 20. Jahrhunderts mit den Diktaturen, Kriegen und Verbrechen zunächst vor allem auf europäischem Boden, dann aber auch mit Blick auf die globale Dimension der kolonialen Herrschaft des Westens hat sich die Menschenwürde von einer moralischen Idee und politischen Kampfformel zum Bestandteil des Rechts, zu einer prominenten Bezugsgröße öffentlicher Debatten und zu einem prekären Anker des politischen Handelns entwickelt.

Nach dem Ende des Nationalsozialismus mussten sich insbesondere die Deutschen fragen, wie sie ihre Gesellschaft normativ begründen wollten. Auf diese Herausforderung sollte Artikel 1 des Grundgesetzes eine Antwort geben, wie in den Teilen II und III dieses Buches nachzulesen ist. »Die Würde des Menschen ist unantastbar«: Dieses Axiom, es besser machen zu wollen als nach 1918 und 1933, stellte ein Novum dar, denn einen derart prominenten Rang hatte die Menschenwürde bis dahin in keiner anderen Verfassung eingenommen. Lange sollte dies so bleiben. Vergleichbar ist nur ihre Stellung in der Charta der Vereinten Nationen von 1945 und in der drei Jahre später verabschiedeten Allgemeinen Erklärung der Menschenrechte. Während die Menschenwürde international jedoch nicht bindend war, diente sie im Grundgesetz mehr als nur einem rhetorischen Zweck. Weil sie von Beginn an nicht nur eine Pathosformel sein sollte, konnte sie sich zum Fundamentalprinzip der verfassungsrechtlichen Ordnung und der politischen Moral der Bundesrepublik entwickeln. Aber wie und unter welchen Voraussetzungen fand die Würde des Menschen ihren Weg in das Grundgesetz der Bundesrepublik, und wie gelangte sie von dort aus in deren moralische Kultur?

Was ist Würde?

Wer in die umfangreiche philosophische, juristische und theologische Literatur schaut, die gerade in den beiden letzten Jahrzehnten zur Menschenwürde erschienen ist, findet zu dieser Frage relativ wenig, stellt aber zumindest eines fest: Es besteht kein Konsens darüber, was die Menschenwürde ausmacht und umfasst, wie und ob sie sich verbindlich begründen lässt oder ob sich aus ihr Schutzansprüche und allgemeine oder spezifische Rechte ableiten lassen. Sie wird variantenreich als Konzept und Idee, Wert und Empfindung, Norm und Haltung beschrieben. Man findet sie als von Gott zugesprochene oder als anthropologische Eigenschaft des Menschen, als geschichtlich gewachsenes und sozial verabredetes Regulativ, als Zwilling von Vernunft und Freiheit, als Lebensform oder als Gefühl. Sie ist partikular oder universal, reversibel oder unantastbar, sie wird abstrakt begründet oder konkret erfahren, sie kann als absolut gültig proklamiert oder als kontingente Norm begriffen werden. Als wenig ergiebig erweist es sich, nach einem vermeintlichen ideengeschichtlichen Ursprung der heutigen Würdenorm in der Antike, im spätmittelalterlichen Christentum oder im Humanismus zu suchen.

Aus historischer Sicht ist die Frage, was Würde ist, ohnehin falsch gestellt. Denn es lässt sich, und das soll dieses Buch zeigen, eigentlich nur sagen, was unter der Würde des Menschen zu unterschiedlichen Zeiten und Bedingungen verstanden wurde, und damit auch, ob und wie dies mit Kontinuitäten und Diskontinuitäten in Politik, Recht und Gesellschaft einherging. Mehr nicht. In genau diesen historischen Kämpfen, Skandalisierungen, Aushandlungen, Verrechtlichungen und Habitualisierungen der Menschenwürde liegt ihre Geltung begründet, ebenso ihre Gefährdung. Denn nicht messerscharfe Definitionen retten die Menschenwürde, sondern eine gelebte, aus der kritischen Auseinandersetzung mit der Vergangenheit gewachsene politische Kultur, die es sich zum höchsten Wert gemacht hat, für die Würde der Menschen einzutreten und sie zu schützen.

Aber für eine erste Orientierung lässt sich mit dem Philosophen Peter Schaber zwischen einer »kontingenten« und einer »inhärenten« Würde unterscheiden, die sich bei genauerem Hinsehen in der Geschichte des 19. und 20. Jahrhunderts allerdings so eindeutig selten findet.[1] *Kontingent* ist Würde dann, wenn sie als moralische oder soziale Auszeichnung und Bewertung zugeschrieben, erworben und verloren werden kann. Diese Form der Würde lässt sich anhand äußerer Merkmale nach kollektiv verbindlichen oder hinlänglich vertrauten Kriterien erkennen.

Es handelt sich mit dem Rechtsphilosophen Dietmar von der Pfordten um eine »nichtkörperliche, äußere, veränderliche Eigenschaft der wesentlichen sozialen Stellung und Leistung eines Menschen«.[2] Sie ist partikular und verlierbar. Als »kleine« Würde ist sie eng mit Begriffen wie Ehre, Privileg oder Status verbunden. Es geht bei ihr um Einfluss und Macht, Normen und Verhalten, Auftreten und Erscheinung. Kontingente Würde ist mithin ein soziales Phänomen, das für denjenigen sichtbar ist, der die zugrunde liegenden Codes kennt.

Anders die *inhärente* Würde: Sie ist eine unsichtbare Idee, ein Konzept oder eine Eigenschaft. Als ein dem Menschen aufgrund seines Menschseins zukommendes Wesensmerkmal muss und kann sie nicht erst durch seine Herkunft, seine Leistungen oder ihm verliehene Auszeichnungen entstehen. Von der Pfordten hat diese »große Würde« als eine »nichtkörperliche, innere, im Kern unveräußerliche, notwendige und allgemeine Eigenschaft des Menschen« definiert.[3] Sie ist absolut, universal und essentiell. Gleichsam zwischen der »großen« und der »kleinen« Würde changiert das Prinzip eines »menschenwürdigen Daseins«, das allerdings in den letzten Jahrzehnten immer mehr an Bedeutung gewonnen hat, weil darunter nicht mehr nur ökonomische Lebensbedingungen verstanden werden, sondern auch Ansprüche auf einen menschenwürdigen Umgang im Bereich der allgemeinen Lebensqualität.

Allerdings wird besonders in der Philosophie, aber auch in den Neurowissenschaften seit einigen Jahren kontrovers diskutiert, ob die Würde des Menschen überhaupt eine »Eigenschaft« sein kann. Fraglos ging der Parlamentarische Rat noch von dieser Vorstellung aus, als er die Würde des Menschen an den Anfang des Grundgesetzes stellte. »Würde«, »Mensch« »unantastbar«: Das war bewusst pathetisch formuliert, um ein Gefühl der vorherigen Erschütterung aller bestehenden Werte zu überwinden und der zukünftigen Politik angesichts der Gegenwart der sozialistischen Herrschaft eine möglichst starke Orientierung zu bieten. Die Geschichte der Würde in der Bundesrepublik ist jedoch immer wieder mit Verunsicherungen verbunden, was die Bedeutung, Geltung und Reichweite von Artikel 1 angeht. Einige dieser historisch wiederkehrenden Krisen der Würdenorm in Theorie und Praxis lassen sich in drei systematische Fragen übersetzen.

Kommt, erstens, die Würde allen Menschen in gleicher Weise zu? Wenn die inhärente Würde im Sinne einer *Mitgift* verstanden wird, ist dies ohne Abstufung und Bedingung der Fall. Sie kann weder vermehrt noch vermindert werden. Je nach Definition besteht sie seit der Zeugung, einer bestimmten embryonalen Phase oder der Geburt. Zwei andere Modelle verknüpfen die inhärente Würde mit bestimmten Bedingungen: Als *Potenzial* ist die Würde zwar grundsätzlich bei allen Menschen aufgrund ihres Menschseins angelegt, muss aber erst verwirklicht werden und kann dadurch unterschiedliche Grade erreichen. Schließlich kann die inhärente Würde als *Fähigkeit* aufgefasst werden, die an bestimmte Voraussetzungen gebunden ist – zum Beispiel, nach Maßstäben der Vernunft zu handeln. Damit kommt Würde jenen Menschen nicht zu, die über diese Fähigkeit nicht verfügen oder sie nicht nutzen können.

Ist die Würde, zweitens, mit Rechten verbunden? Hier wird zwischen der *Gattungswürde* und der *Anspruchswürde* unterschieden. Als *Gattungswürde* wird die inhärente Würde zwar als allen Menschen gegeben betrachtet, aber aus ihr werden keine Rechte abgeleitet. Manche argumentieren, dies sei auch gar nicht möglich, da es sich um ein normatives Prinzip handele. Eine Verknüpfung von Würde und Rechtsansprüchen wird aber auch abgelehnt, weil sich aus dem diffusen Würdepostulat nicht genau bestimmen ließe, um welche Rechte es sich handeln könnte. Dagegen leiten andere aus dem Konzept der universalen Menschenwürde die Geltung bestimmter Rechte als zwingend ab: den Schutz der körperlichen und seelischen Unversehrtheit, die Entfaltung der eigenen Persönlichkeit oder das Verbot von Diskriminierungen. Deshalb sei sie im Sinne einer *Anspruchswürde* selbst als ein Grundrecht zu verstehen. Dem wird entgegengehalten, dass dieses Modell nicht ohne äußerst starke und keineswegs von allen geteilte Vorannahmen darüber auskommt, was den Menschen ausmacht.

Was ist, drittens, schließlich das Schützenswerte an der Würde des Menschen? Dietmar von der Pfordten begreift die Menschenwürde als Möglichkeit einer »Selbstbestimmung über die eigenen Belange«, die unbedingt zu schützen sei.[4] Für Peter Schaber geht es um den Anspruch, nicht erniedrigt zu werden, der auf einem absoluten Recht auf Selbstachtung gründet.[5] Selbstbestimmung und Selbstachtung sind demnach unabdingbar, um eine eigenständige Persönlichkeit zu entwickeln und leben zu dürfen. Gerade in jüngerer Zeit ist die Ausrichtung an der Selbstbestimmung zum Gegenstand einer lebhaften Debatte darüber geworden, was die Würde des Menschen ist, wozu auch eine verbreitete Skepsis gehört, ob es sie gibt oder man ein solches Konzept braucht. Aber um überhaupt an diesen Punkt zu gelangen, hat die Geschichte der Menschenwürde einen langen Weg zurücklegen müssen.

Die Geschichtlichkeit der Menschenwürde

Den Weg der Würde als »Geschichte der Säkularisierung christlicher Prinzipien« zu begreifen, wie es der Historiker Heinrich August Winkler tut, greift zu kurz.[6] Vielmehr erklärt sich die Genese der Würdekonzepte daraus, gegen die Geltung von partikularen Weltanschauungen mit universalem Anspruch eine moralische Leitidee für eine immer unübersichtlichere Gesellschaft zu begründen. Dieser Weg ist bei weitem noch nicht zu Ende. Aber er speist sich aus verschiedenen Wurzeln und ist zugleich zum einen selbst diskontinuierlich, widersprüchlich und vielfältig, zum anderen aus dezidierten Brüchen mit der Vergangenheit hervorgegangen. Ohne christlich geprägten Personalismus, liberales Freiheitsdenken und sozialistische Gleichheitsvorstellungen ist die Menschenwürde – auch in der Vielfalt ihrer Bedeutungen – nicht vorstellbar, aber auch nicht ohne deren Scheitern in den mittleren Jahrzehnten des 20. Jahrhunderts. Eines wird im Licht des Nationalsozialismus mehr als deutlich: Die Würde des Menschen ist im Grunde ihrer allgemeinen, nur sozial zu verankernden Geltung keinesfalls unantastbar, da sie zumindest mit absoluter Macht und totaler Gewalt außer Kraft gesetzt werden kann. Kein Dogma, keine Idee der Würde kann den Menschen davor schützen, sondern nur ihre rechtliche, politische und moralische Verankerung.

Da kontingente und inhärente Merkmale der Würde oft miteinander verknüpft wurden und werden, lohnt zunächst mit Teil I dieses Buches ein Blick auf die Genese der Menschenwürde als politische Kampfformel vom 19. bis ins frühe 20. Jahrhundert. Denn in dieser Zeit wurde begonnen, von der Menschenwürde zu sprechen, um Einschränkungen der menschlichen Entfaltungsmöglichkeiten und Beschädigungen von Körper und Seele durch den Staat zu benennen. Gerade diese Phase hat der Sozialphilosoph Hans Joas für seine Genealogie der Menschenrechte in den Blick genommen. Im 19. Jahrhundert habe sich, so Joas, ein »Glaube an die Menschenrechte und die universale Menschenwürde als das Ergebnis eines spezifischen Sakralisierungsprozesses« herausgebildet. Jedes »einzelne menschliche Wesen« sei »mehr und mehr (…) als heilig angesehen und dieses Verständnis im Recht institutionalisiert« worden.[7]

Hans Joas nennt diesen Prozess die »Sakralisierung der Person«. Sie gründe zwar auf christlichen Wurzeln, säkularisiere diese jedoch, ohne das Moment des Heiligen ganz aufzugeben. Andere sprechen bezogen auf Werte wie die Menschenwürde von einem Baustein der »Zivilreligion«, der eine ansonsten bestehende Leerstelle gefüllt habe. Mit Joas verdankt sich der globale Aufstieg der Menschenwürde zu einem moralischen Leitkonzept nicht dem Vernunftgedanken der Aufklärung oder einer Säkularisierung der Welt, sondern der ins Profane übertragenen Idee einer Gottesebenbildlichkeit des Menschen, die vom christlichen Glauben abgelöst worden sei. Die Geschichte der Menschenwürde – und mit ihr der Menschenrechte – in der zweiten Hälfte des 20. Jahrhunderts ist nach Joas ohne dieses Fundament der sakralen Person nicht zu denken.

Von der Idee der sakralen Person zur Etablierung der Menschenwürde als normativem Leitprinzip der liberalen Demokratie der Gegenwart verlief die historische Entwicklung keineswegs konsequent, sondern in hohem Maße kontingent. Sie war von Momenten der Empörung, Akten der Skandalisierung und Prozessen der Sensibilisierung abhängig. Eine Geschichte der Würde muss deshalb im Zusammenhang mit dem konkreten Ringen um mehr politische und gesellschaftliche Freiheiten aufgesucht werden – den vielen Auseinandersetzungen im Namen der Würde gegen ihre Missachtung, Verletzung und Umdeutung. In dieser Form wurde die Menschenwürde erstmals im Kontext von Demokratisierung und Verrechtlichung, gesellschaftlicher Emanzipation und humanitärer Sensibilität seit der Mitte des 19. Jahrhundert politisch sichtbar, war jedoch massiver Gegenwehr, scharfen Restriktionen und gegenläufigen Deutungen ausgesetzt. Die Menschenwürde konnte sich nur als Kampfformel etablieren, und sie ist dies letztlich bis heute geblieben.

Bis weit ins 20. Jahrhundert hinein war die Menschenwürde nur ein prekäres, oft solitäres und schillerndes Ideal, das aufflammte, um Unmenschlichkeiten sichtbar zu machen. Die langsame Wende in der Geschichte der Würde in Deutschland kann deshalb nur als eine politische Geschichte miteinander zusammenhängender Ideen und Diskurse, Gefühle und Praktiken geschrieben werden. Sie verlief dabei keineswegs geradlinig. Dem stand nicht zuletzt die Kumulation von deutschem Autoritarismus, Imperialismus und Rassismus in den Verbrechen des Nationalsozialismus diametral entgegen. Auch deshalb lässt sich die deutsche Geschichte nicht im Namen der Würde emanzipatorisch umdeuten. Aber vom Ringen um bürgerliche Freiheiten gegen die Macht der monarchischen Herrschaft über den Widerstand im Nationalsozialismus bis zu den Auseinandersetzungen um die Staatsbürgerrechte in der Bundesrepublik erweist sich das Verhältnis von Staat und Individuum gerade im deutschen Fall als ein besonderes Konfliktfeld, in dem die Menschenwürde als antihegemoniale und emanzipatorische Kampfformel durch die politische Opposition und die Zivilgesellschaft profiliert worden ist. Für sie haben sich nicht selten gerade jene Menschen eingesetzt, die selbst von ihrer Verletzung betroffen waren.

Eine deutsche, eine politische Geschichte

Auch wenn die Menschenwürde keine deutsche Erfindung ist: In keinem anderen Land ist seit der Wende zum 19. Jahrhundert derart im Namen der Würde die immer lauter werdende Forderung verhandelt worden, den Einzelnen vor illegitimen Zugriffen des Staates und zunehmend auch von Dritten auf sein Leben, seinen Körper und seine Seele zu schützen. Mit der Gründung der Bundesrepublik hat sich die Menschenwürde zu einem staatlich abgesicherten Abwehrrecht, zu einem Axiom für die Bewertung rechtlicher Fragen von Bedeutung und darüber hinaus zu einem fundamentalen Scharnier für die Aushandlung drängender gesellschaftspolitischer Fragen entwickelt. Dieses Buch will vor allem in den Teilen III, IV und V die dafür maßgeblichen Weichenstellungen, Verankerungen und Positionen aufzeigen und einordnen. Vor allem solche Ereignisse, Themen und Akteure werden genauer betrachtet, die ausdrücklich im Namen der Würde ihren Weg in das Grundgesetz und aus ihm heraus mitgestaltet haben.

Das Reden und Handeln im Namen der Würde des Menschen erweist sich dabei als eminent wandelbar, kontrovers und vieldeutig. Und es zeigt sich, dass gerade der Verzicht auf die Semantik der Würde ebenso wie ihre Diffamierung als politischer Akt von eminenter Aussagekraft ist.

Fraglos haben dabei der Zweite Weltkrieg und die Herrschaft des Nationalsozialismus maßgeblich zur Verrechtlichung, Politisierung und Moralisierung der Menschenwürde beigetragen. Doch den Weg der Würdenorm in das Grundgesetz und erst recht von dort aus in die politische Kultur der Bundesrepublik allein aus den Erfahrungen des Nationalsozialismus oder gar der nationalsozialistischen Verbrechen im engeren Sinne abzuleiten, greift zu kurz. Artikel 1 lässt sich nicht ohne die vorherige Präsenz der Menschenwürde in gesellschaftlichen Debatten, der intellektuellen Kultur und politischen Aushandlungsprozessen erklären. Zudem haben immer besondere zeitgenössische Bedingungen dazu geführt, die Menschenwürde argumentativ, appellativ oder rechtlich zu mobilisieren – vom Antikommunismus der Nachkriegszeit über die Demokratisierung und Liberalisierung der 1960er und 1970er Jahre bis hin zum transnationalen Humanitarismus und den Herausforderungen moderner Technologien für die Frage nach dem Wesen des Menschen.

Vor allem aber entwickelte sich der Bezug auf den Nationalsozialismus im Zusammenhang mit der Würdenorm erst in mehreren Schüben: Nachdem zunächst die Unterdrückung des deutschen Volkes durch die »Hitler-Diktatur« im Vordergrund stand, gewann ein universales, absolutes und essentielles Verständnis der Menschenwürde erst seit den 1960er Jahren an Bedeutung, als sich mit einer neuen gesellschaftlichen Sensibilität für das Leiden anderer Menschen auch eine empathische Erinnerung an die Opfer des Nationalsozialismus herauszubilden begann. Ihre Entfaltung hin zur Staatsräson erlebte sie erst seit den 1990er Jahren. Diese Empathie bildete bei den Beratungen des Parlamentarischen Rates und in den ersten Jahrzehnten der Bundesrepublik bestenfalls eine Hintergrundströmung: Die Würde des Menschen an den Anfang des Grundgesetzes zu stellen war keine Konsequenz aus den nationalsozialistischen Verbrechen, sondern gründete in der Haltung, die Deutschen seien insgesamt durch die nationalsozialistische Diktatur ihrer Würde beraubt worden.

Drei Säulen der Würde

Erst mehr als ein Vierteljahrhundert nach der Gründung der Bundesrepublik fanden die Stimmen der Opfer der nationalsozialistischen Verbrechen langsam Gehör. Besonders eindrücklich hat die jüdische Widerstandskämpferin Hanna Lévy-Hass in ihrem erstmals 1979 auf Deutsch erschienenen Tagebuch aus dem Konzentrationslager Bergen-Belsen geschildert, was es bedeutet, wenn Mindeststandards der Selbstachtung und das Recht auf Selbstbestimmung verwehrt werden. Am 8. November 1944 schrieb sie: »Unsere Existenz hat etwas Tierisches, Grausames an sich. Alles Menschliche ist auf null reduziert. (…) Wir sind nicht tot, aber wir sind Tote. Man hat es fertigbekommen, in uns nicht nur das Recht auf das gegenwärtige Leben abzutöten«, sondern auch »das Bewusstsein, einmal als Menschen, die dieses Namens würdig waren, existiert zu haben.«[8] Ihren Zustand im Lager stellte die aus Jugoslawien stammende Lévy-Hass dem gegenüber, was den Menschen für sie eigentlich ausmachte: Freundschaft erfahren zu können, über Geist und Gefühle zu verfügen, sich an Kunst und Schönheit zu erfreuen, eine eigene Vergangenheit zu haben.

Lévy-Hass sehnte sich danach zurück, ihr Leben eigenständig gestalten und leben zu können. Diesen Wunsch verknüpfte sie mit einem »Recht auf das gegenwärtige Leben«. Das Lager aber nahm den Häftlingen dieses Recht ohne Ansehen der Person und ihrer Geschichte. Sie beschrieb sich als an Körper, Geist und Seele zutiefst gedemütigt, entehrt und beschädigt. Was sie unter ihrer Würde verstand, ruhte auf drei Säulen, die ihr alle genommen worden waren: dem Recht zu leben, dem Recht auf eine humanistische Entfaltung ihrer Persönlichkeit und dem Recht auf körperliche und seelische Unversehrtheit. Doch sprach Lévy-Hass an keiner Stelle von der »Würde des Menschen« oder der »Menschenwürde«. Im Zustand ihrer tiefsten Erniedrigung standen ihr diese Ausdrücke nicht zur Verfügung, weil die Menschenwürde weder im Recht noch in der Sprache verankert war, um dem Staat Grenzen zu setzen und die durch ihn erfahrene Verletzung auszudrücken.

Hanna Lévy-Hass befand sich nicht nur physisch und seelisch in einer scheinbar ausweglosen Situation: Der Zivilisationsbruch des Holocaust und der nationalsozialistischen Verbrechen bedeutete zugleich ein »nicht mehr« und ein »noch nicht wieder« der Fundamente alles Sozialen. Genau diese historische Ausgangssituation bildet den inneren Kern des vorliegenden Buches und der Motivation, es zu schreiben. Für den Weg der Menschenwürde zu einer Abwehrnorm, um das Individuum vor dem Zugriff des Staates und von Dritten zu schützen, war nicht entscheidend, sie als eine dem Menschen innewohnende Eigenschaft zu betrachten. Um der Menschenwürde eine fundamentale politische und gesellschaftliche Bedeutung einzuräumen, musste sie sich die bundesrepublikanische Nachkriegsgesellschaft erst als etwas bewusst machen, das dem Menschen durch systematische Massenverbrechen an Körper und Geist genommen werden kann.

Sich die Antastbarkeit, die Verletzbarkeit der menschlichen Würde in all ihren Dimensionen, Graden und Nuancen zu vergegenwärtigen: Auf dieser nach 1945 nur prozessual zu gewinnenden Einsicht gründen Stärke und Schwäche der Menschenwürde zugleich. Denn ihre Geltung beruht auf einem historisch gewachsenen Rahmen der politischen Moral, der in gesellschaftlichen

Auseinandersetzungen hergestellt worden ist, genau dort aber auch wieder verlorengehen kann. »Im Namen der Würde« möchte nachzeichnen, wie dieser Rahmen entstanden ist, um sich seiner Grundlagen in einer Zeit zu vergewissern, in der die Menschenwürde schwer im Gegenwind vieler Kritiker, Gegner und Herausforderungen steht.

I

DER AUFTAKT IM 19. JAHRHUNDERT

1

DREI ARTEN DER WÜRDE: EINE HISTORISCHE HINFÜHRUNG

»Du bist Nummer Hundertneunzig?«, fragt der Direktor einer Strafanstalt einen seiner jugendlichen Delinquenten. Dessen Antwort wird zur Klage darüber, »nur noch eine Ziffer« zu sein. Der Direktor sieht seine Autoritätswürde angegriffen und reagiert empört: »Daran ist Niemand schuld, als Du allein! Wer seine Freiheit mißbraucht und seine Menschenwürde mit Füßen tritt, der wird eingesperrt und gilt als Strafvollzugsobject, das man zur besseren Uebersicht mit einer Zahl bezeichne. Hast Du das verstanden?« Der Sträfling reklamiert seine Unschuld und fällt in ein »dumpfes Brüten«. Denn ihm wird vorenthalten, was er als zu seiner Würde gehörig versteht: »Wer hat das Recht, dem Menschen ihren Strahl, ohne den er nicht leben kann, zu entziehen? Wer hat die fürchterliche Strafe erfunden, die ihn den Seinen entreißt einer That wegen, an der sie keinen Antheil haben? Wer wagt es, zu behaupten, daß der richterliche Schiedsspruch, welcher in die tiefsten Tiefen eines menschlichen Seins hinunterlangt, untrüglich sei?«[1]

Der Direktor sieht seine Würde in Gefahr, dem Delinquenten wird seine genommen: Wie in Karl Mays Erzählung »Des Kindes Ruf« von 1879 erweist sich das 19. Jahrhundert in der Geschichte der Würde als zähes Ringen zwischen der kontingenten, hier an ein Amt gebundenen Würde und der inhärenten Würde des Menschen: Auf der einen Seite geriet die Autoritätswürde gerade mit Blick auf ständische Vorrechte wiederholt unter Druck, konnte sich aber mit jeder antirevolutionären Restauration des monarchischen Prinzips wiederbeleben. Auf der anderen Seite findet sich die inhärente Würde in der zitierten Szene gleich zweifach: einmal als konditionale Würde, indem der Direktor dem Sträfling vorhält, seine Menschenwürde »mit Füßen getreten« zu haben. Dann aber wird sie auch als universale Würde sichtbar, da der Delinquent Rechte für sich beansprucht, die dem Menschen allgemein zukämen. Zudem findet das Gespräch in einem Rahmen statt, der als Entpersönlichung zur »Nummer« und als »Object« qualifiziert ist. Aber wann entstanden diese Modelle der kontingenten, konditionalen und universalen Würde, worauf gingen sie zurück, in welchem Verhältnis stehen sie zueinander?

Kontingente Würde

Historisch betrachtet war die Würde bis weit ins 20. Jahrhundert hinein vor allem kontingent. Als *Autoritätswürde* – auch von Amtswürde oder Standeswürde ließe sich hier sprechen – stellte sie eine Kombination aus Rang, Status und Leistung oder, allgemeiner, eine an herkunfts- oder berufsständische Merkmale geknüpfte, herausgehobene soziale Position dar, die mit bestimmten Erwartungen an Verhalten, Auftreten und Kleidung verbunden war. Sie manifestierte sich äußerlich und entstand durch Zuschreibungen und Auszeichnungen. Diese Form der Würde wurde in der Antike als »dignitas« der römischen Führungsschichten begründet und stand seither in einem engen Zusammenhang mit Monarchen, Adeligen oder kirchlichen und weltlichen Amtsträgern, also Persönlichkeiten des öffentlichen Lebens. In diesem Sinne definierte Johann Christoph Adelung die Würde 1811 in seinem »Wörterbuch der Hochdeutschen Mundart« zum einen als »jeden Vorzug eines Dinges oder einer Person«, zum anderen als den »äußeren Vorzug« eines Menschen, vornehmlich durch ein damit »verbundenes Amt«.[2]

Die Autoritätswürde war weder egalitär noch universal, denn neben der Herkunft hing sie von historischen Bedingungen wie Traditionen und Konventionen ab. Mit ihr war ein bestimmter Habitus assoziiert: ein maßvolles Verhalten, angemessene Kleidung oder bedächtiges Schreiten. Zudem konnte die Autoritätswürde durch Fehlverhalten, die Änderung sozialer und politischer Umstände oder durch Abwahl und Rücktritt abhandenkommen. Das mit der Autoritätswürde verbundene Verhalten galt als etwas Erlerntes, nicht als menschliche Eigenschaft. Gerade »Standes-Personen«, also Adelige, verfehlten häufig den an sie gestellten Anspruch, sich würdig zu verhalten. Viele sprächen, so Johann Christoph Gottsched 1730, zwar »ihrer Würde gemäß (…), solange sie ruhigen Gemüthes« seien, aber wenn sie der »Affekt übermeistert, vergessen sie ihres hohen Standes fast, und werden wie andere Menschen«.[3]

Es handelte sich aber nicht nur um einen moralischen Begriff, sondern auch um eine Herrschaftskategorie. In der Antike legitimierte die Autoritätswürde ihre Träger dazu, über Bedienstete und Sklaven zu verfügen, oder sie ermöglichte den Zugang zu bestimmten öffentlichen Ämtern. »Die Zeremonien, die Amts- und Standestrachten, die ernsten Mienen, das feierliche Dreinschauen, die langsame Gangart, die gewundene Rede und alles überhaupt, was Würde heißt«, so der bissige Kommentar von Friedrich Nietzsche 1881, »das ist die Verstellungsform derer, welche im Grunde furchtsam sind, – sie wollen damit fürchten machen (sich oder das, was sie repräsentieren).«[4] Auch als Machtinstrument blieb die Autoritätswürde bis weit ins 20. Jahrhundert hinein die vorherrschende Form der Würde, zumal sie auf moderne Institutionen wie Staatsorgane, Parlamente oder Gerichte und deren Repräsentanten übertragen wurde. Nicht zuletzt in der Diplomatie spielt die Würde dieser Art bis heute eine zentrale Rolle als Machtinstrument, wie vor allem Verletzungen zeremonieller Ordnungen oder Kränkungen des nationalen Selbstbewusstseins demonstrieren, die als »Schande« oder »Schmach« bezeichnet wurden.

Mit der Zeit wurde die Autoritätswürde als *Charakterwürde* verinnerlicht. Bestimmte Handlungen, Äußerungen oder Formen des Auftretens galten als würdig oder unwürdig, auch wenn es nicht um Träger der Autoritätswürde ging. Jemand trägt oder erleidet etwas mit Würde, handelt würdig oder spricht in würdevollem Ton. Die Charakterwürde wird daran bemessen, ob jemand bestimmte soziale Normen und damit verbundene Erwartungen erfüllt. Sie können, müssen aber keineswegs mit der Autoritätswürde korrelieren, weil Normen eines als würdig erachteten Verhaltens für jegliche Art von Gruppen und Kollektiven – etwa für politische Zusammenschlüsse oder Nationen – aufgestellt werden können. Auch die Charakterwürde ist kontingent, weil sie Ausdruck eines historisch bedingten Urteilens darüber ist, ob jemand einem bestimmten Maßstab entspricht, auf den sich eine Gemeinschaft verständigt hat.

Wie die Autoritätswürde weist auch die Charakterwürde eine große Nähe zur Ehre auf, was an ihre vormodernen Wurzeln erinnert. Beide Begriffe bilden zwei Seiten desselben Phänomens: der Kategorisierung von Gesellschaften nach Herkunft, Charakter und Verhalten gemäß einer bestimmten sozialen Rangordnung. Stellte die Würde hierbei eher die äußere, sichtbare Form dar, wurde lange Zeit die Ehre als eigentlicher Kern einer inneren Wertigkeit begriffen, deren Maß und Geltung sich aus dem jeweiligen sozialen Ort ableitete. Je nach Status konnte sie in unterschiedlichem Ausmaß verletzt werden. Das Recht, ihre Wiederherstellung einzufordern, war klar hierarchisiert. So war das bis weit ins 19. Jahrhundert intensiv praktizierte Duell als spektakulärste Form, auf Ehrverletzungen zu reagieren, nominell Adeligen vorbehalten.

Im bürgerlichen Zeitalter waren Würde und Ehre begrifflich weitgehend austauschbar. Philosophen und Literaten appellierten daran, die persönliche Ehre durch individuelle Selbstachtung zu gewinnen. Gegen die verbreitete Kritik am Ehrbegriff wertete Georg Friedrich Wilhelm Hegel sie zur von Gott gegebenen inneren Ehre auf. Er kam dabei einem Teilaspekt des heutigen Würdebegriffs sehr nahe: Indem die Ehre über die eigene Persönlichkeit nach außen getragen und anderen sichtbar gemacht werde, sei sie das »schlechthin Verletzliche«.[5] Auf die vom Einzelnen ausgehende zwischenmenschliche Dimension hob 1862 auch die »Rechtskunde für Jedermann« ab: »Die Ehre ist das Band alles menschlichen Verkehrs und daher das höchste Gut des Menschen, vermöge dessen er allen Anderen gleich steht und einen Werth erhält, der von Jedem anerkannt werden muß, so lange er sich nicht selbst entwürdigt, also der Achtung verlustig und der Verachtung werth gemacht hat.«[6]

Im Lauf des 19. Jahrhunderts trat neben die Ehre im engeren Sinne als Standesprivileg auch die Ehre als Erziehungsziel, das aber ebenfalls in zweifacher Hinsicht kontingent war: Nicht allen – zum Beispiel Menschen aus kolonialen Herrschaftsräumen – wurde überhaupt zugesprochen, eine solche Ehre ausbilden zu können, bei anderen verfing die Erziehung nicht. Das war fatal in einer Gesellschaft, in der Ehre ein entscheidendes soziales Kapital darstellte, das einerseits eng mit Männlichkeit und Nation, andererseits mit weiblicher Schamhaftigkeit und Zurückhaltung verknüpft war. Wie bedeutsam die Ehre nicht nur für die soziale Ordnung noch im Übergang zum 20. Jahrhundert war, zeigt sich im Bereich des Rechts: Obwohl der »bürgerliche Tod« – der vollständige Verlust aller Rechte – im Lauf des 19. Jahrhunderts verschwand, blieben die »Ehrenrechte« oder die »bürgerliche Ehre« als Bezeichnung für die Grundbefugnisse des Staatsbürgers erhalten. Sie konnten – faktisch bis zur Strafrechtsform von 1969 – bei bestimmten Delikten oder abhängig vom Strafmaß aberkannt werden.

Eine dritte Form der kontingenten Würde ist noch zu ergänzen: Von ihr wurde vor allem seit dem 18. Jahrhundert mit Bezug auf künstlerische Objekte, Gebäude oder Denkmäler gesprochen, wenn sie bestimmte ästhetische Ideale erfüllten. Diese *Ausdruckswürde* ist eine Frage der kollektiven Geschmacksbildung, historisch wandelbar und ein Qualitätskriterium, das kulturelle Objekte hierarchisiert. Auch sie ist das Ergebnis einer wertenden, historisch gewachsenen und partikularen Zuschreibung. Die drei Arten der kontingenten Würde – Autorität, Charakter und Ausdruck – konvergieren in der Vorstellung, eine gesellschaftliche Ordnung, ihr soziales Miteinander und ihre Kultur entlang der Würde zu ordnen, zu hierarchisieren und zu differenzieren.

Die kontingente Würde diente historisch dazu, Ungleichheiten zwischen Menschen zu erklären und zu rechtfertigen. Sie kam nicht allen zu und hing von Stand, Glauben, Tugend oder Bildung ab, im Christentum vom gottgefälligen Leben, später von der bürgerlichen oder humanistischen Moralität. Frauen und Kinder waren von diesem Würdeverständnis ausgenommen, ebenso Menschen, denen Stand und Ehre abgesprochen oder die nicht zu den »Zivilisierten« gerechnet wurden. Die kontingente Würde hat ein mögliches Verfallsdatum: Sie kann aufgegeben, verloren oder abgesprochen werden. Zudem ist sie nicht mit Rechten verbunden, um die Freiheit des Einzelnen zu schützen, sondern begründet vielmehr das Recht zur Herrschaft über die Freiheit anderer, zum Beispiel von Sklaven. Indem diese Form der Würde bestehende soziale Hierarchien und Exklusionen widerspiegelte und bekräftigte, war sie eine relative Eigenschaft ausgewählter Menschen, die immer von etwas anderem abhing, etwa von Gott, der die Würde dem rechtmäßig gläubigen Menschen im Unterschied zu anderen zukommen ließ, von einem Amt, das man bekleidete, oder von einem Stand, in den man hineingeboren wurde.

Konditionale Würde

Um 1800 verstanden die meisten Philosophen, Theologen und Literaten unter Würde eine innere Anlage, die jeden dazu befähigte, sich im Sinne der Charakterwürde zu einem guten Menschen zu entwickeln. Sie wurde der rein äußerlichen Würde oder Ehre entgegengesetzt, die sich im Streben nach Rang, Prunk und Ansehen äußerte. Die inhärente Würde des Menschen weist dabei zwei Formen auf: eine konditionale und eine universale. Gilt Letztere immer, wird die konditionale, von der kontingenten nicht immer klar zu unterscheidende Würde an bestimmte Voraussetzungen geknüpft. Christentum und Humanismus haben zwar das Postulat einer Alleinstellung des Menschen gegenüber allen anderen Lebewesen mit Hilfe der Würde in sein Inneres verlegt und in diesem Sinne als Mitgift entworfen. Aber sie wurde zugleich an das Ziel eines tugendhaften Lebens geknüpft, um als Mensch zur moralischen Vollkommenheit zu gelangen. Diese konditionale Vorstellung der inneren Würde gelangte in Deutschland – weitaus mehr als in Großbritannien oder Frankreich – über die schöne Literatur und das moralische Schrifttum des 18. Jahrhunderts in den bildungsbürgerlichen Diskurs.

Bereits in der Antike finden sich aber vereinzelt Ansätze, die Würde als innere, wenn auch noch nicht als universale Eigenschaft des Menschen oder als fundamentales Prinzip der Moral zu verstehen. So sprach Cicero gelegentlich von der »dignitas« des Menschen an sich, weil ihn die Vernunft (»ratio«) auszeichne. Aber im Vordergrund stand bei ihm – neben der Autoritätswürde – die Charakterwürde. Letztere band er an Grundtugenden wie Gerechtigkeit, Weisheit, Tapferkeit und Mäßigkeit. Wie vielen seiner Zeitgenossen ging es Cicero eher um die »humanitas« im Sinne einer auf moralische Vollkommenheit zielenden Persönlichkeitsbildung. Die Fähigkeit zur Menschlichkeit wurde zum Wesensmerkmal des Menschseins erklärt, das den Menschen von den Tieren unterschied, aber durch »inhumanitas«, also unmenschliches Verhalten, eingebüßt werden konnte.

Die Vorstellung von der inneren Würde als einer Wesenseigenschaft allein des Menschen, die ihn von allen anderen Kreaturen grundsätzlich unterscheidet, breitete sich seit dem Mittelalter mit dem Ansatz der Gottesebenbildlichkeit (»imago dei«) aus. Nach den Lehren von Augustinus oder Thomas von Aquin bedeutete Würde, sie zwar von Gott übertragen zu bekommen, aber durch ein tugendhaftes Handeln ausfüllen zu müssen. Nach Aquin verfügt der Mensch über Würde als die Fähigkeit, sich zwischen richtigen und falschen Handlungen entscheiden zu können. Wer aber sündige, verlasse die »Ordnung der Vernunft« und falle »ab von der menschlichen Würde, welcher gemäß er von Natur frei und selber Zweck seiner Handlungen ist«.[7] Wer jemand anderen unschuldig der Beschämung preisgibt, so ein wichtiges Element dieses Ansatzes, entwürdigt sich selbst. Die christliche Würde war somit zwar eine innere, an sich unveränderliche Eigenschaft, aber zum einen kam sie allein dem gläubigen Menschen innerhalb der christlichen Ordnung zu, zum anderen verlor sie, wer sich nicht angemessen verhielt.

In der christlichen Welt war die Würde weder eine fundamentale Rechtsnorm, noch hatte der Mensch darauf einen absoluten Anspruch als Individuum. Wie die ihr verwandte Seele war die Würde des Menschen ein Teil seines Inneren, für das jeder Mensch selbst verantwortlich zeichnete. Hinsichtlich ihrer sozialen Stellung blieben die Menschen kategorisch voneinander nach Ständen unterschieden. An diesem religiösen Würdekonzept haben die Kirchen bis weit ins 20. Jahrhundert festgehalten: Die Würde des Menschen und die Frage seiner Bürgerrechte wurden strikt voneinander getrennt. Für das Erste sahen sich die Kirchen als zuständig an, für das Zweite nicht. Man war weit davon entfernt, Vernunft, Gleichheit und Würde als absolut anzuerkennen und zum Fundament eines grundsätzlich egalitären Menschenbildes zu erklären oder sie gar mit der Anerkennung von Menschenrechten zu verknüpfen.

Der Würdebegriff war so sehr durch dieses christliche Verständnis besetzt, dass er in den Schriften des Humanismus während der Renaissance und in der frühen Aufklärung nur eine untergeordnete Rolle spielte. Allerdings wäre das heutige Verständnis von Menschenwürde nicht ohne jenen fundamentalen Wandel des Menschenbildes vorstellbar, der sich seit dem 15. Jahrhundert ereignete. Die meisten Denker des frühen Humanismus teilten die christliche Vorstellung der Gottesebenbildlichkeit des Menschen als Grund seiner Ausnahmestellung in der Welt, einige von ihnen säkularisierten sie sogar. Gemeinsam war den Humanisten, sich von dem jahrhundertelang von der christlichen Lehre vertretenen Bild eines weltlichen »Elends des Menschen« abzuwenden. Dem Menschen wurde nun die Fähigkeit zugeschrieben, seine weltliche Existenz im Sinne eines guten und angenehmen Lebens zu gestalten. In diesem Sinne leitete der weithin vergessene Florentiner Philosoph Giannozzo Manetti 1452 in seiner Schrift »De dignitate et excellentia hominis« die Würde des Menschen zwar auch aus einer von Gott verliehenen Vollkommenheit ab, schrieb seiner Seele aber »Intelligenz, Gedächtnis und freien Willen« zu, die ihn zu einem nahezu vollkommenen, schöpferischen Wesen machten.

Dieses idealisierte Bild der entwicklungsfähigen Menschennatur im Rückgriff auf Vorstellungen der Antike prägte den Humanismus der Renaissance. Als früher Wegbereiter des modernen Würdekonzepts wird dabei oft Manettis Zeitgenosse Pico della Mirandola angeführt, ein humanistischer Gelehrter, der die päpstliche Kirche von innen verändern wollte. Sein 1486 entstandenes Hauptwerk »Die Würde des Menschen« erschien erst posthum 1557, nachdem er bereits im Alter von 31 Jahren von seinem Sekretär ermordet worden war. Der Kirche war er zu kritisch. Doch weder hatte Pico den Titel seines Werks zu verantworten, noch hat er darin von »dignitas« im Sinne der Menschenwürde gesprochen. Gleichwohl erkannte er im Einklang mit den Humanisten dieser Zeit auf der Erde »nichts Wunderbareres als den Menschen«. Ihn unterschied nach Pico von allen anderen Geschöpfen, eigenverantwortlich seine Natur bestimmen und zwischen Vervollkommnung und Selbstzerstörung wählen zu können. Damit nahm er Aspekte der individuellen, vernunftbegründeten Autonomie vorweg, blieb aber der Erwartung eines gottgefälligen Lebens verhaftet.

In der frühmodernen politischen Philosophie ging es dann vor allem um das Verhältnis von Staat, Recht und Freiheit. Die Würde spielte keine tragende Rolle. Wo etwa der Naturrechtler Samuel von Pufendorf im 17. Jahrhundert von der christlichen Verknüpfung von Seele, Würde und Vernunft im Sinne der Gottesebenbildlichkeit abwich, nutzte er einen neuen Begriff: »dignatio«, also Würdigkeit. Dem Menschen sei »ein feines Gefühl der Selbstachtung eingegeben, dessen Verletzung ihn nicht weniger tief trifft als ein Schaden an Körper und Vermögen«.[8] Pufendorf lenkte den Blick damit auf die anthropologische, wenn auch in Gottes Schöpfung fundierte Eigenschaft des Menschen als soziales Wesen, das auf die Zugehörigkeit zu einer Gemeinschaft angewiesen ist. Die Würde des Menschen ergab sich für ihn komplementär aus dieser Sozialität. Angewiesen auf ein Leben in Gemeinschaft, könne und müsse der Mensch sich zu einem sittlich vollkommenen Wesen entwickeln. Würde war in diesem Sinne für Pufendorf eine moralische, aber keine rechtliche oder politische Kategorie. Der Mitbegründer des Vernunftrechts eignet sich auch aus einem anderen Grund kaum als Ahnherr für den politischen Würdebegriff des 20. Jahrhunderts: Pufendorf gestattete den Menschen kein Widerstandsrecht gegen den Staat.

Im Übergang zum 18. Jahrhundert erlebte dann die Idee der inneren Würde eine bemerkenswerte Blüte. So nahm der reformierte Theologe Johann Caspar Lavater den Ansatz der Gottesebenbildlichkeit des Menschen in seiner zwischen 1775 und 1778 erschienenen »Physiognomik« wörtlich: Das menschliche Gesicht war für ihn ein idealer Ausdruck der Würde, die er als ein nur dem Menschen zukommendes »Sensorium« für die unsichtbare göttliche Welt betrachtete. Würde war nach Lavater die individuelle Fähigkeit, Gott zu schauen. Ihren jeweiligen Entwicklungsstand vermeinte er der Physiognomie des Menschen ablesen zu können. Umgekehrt sollte die Kunst, diese Art der Würde im Antlitz des anderen erkennen zu können, zugleich auch den eigenen Weg zur Erkenntnis Gottes öffnen.

Auch in einer bürgerlichen Ordnung, die sich zunehmend von Gott emanzipierte und von den Dogmen der Kirche distanzierte, wollten viele Denker dieser Zeit den Menschen aus sich selbst heraus als für andere Wesen unerreichbar stilisieren. Seine Würde als innere, anthropologische Befähigung musste im Streben nach einem Verhaltensideal sichtbar werden, das jeder Mensch zu erreichen trachten, aber auch verfehlen konnte. In moralphilosophischen Werken, Handbüchern der Sittlichkeit und Erziehungsratgebern war nun vielfach von »Menschenwürde« die Rede. Gottfried Immanuel Wenzel forderte 1804 in seiner »angewandten Moral«, die Menschenwürde zu erhalten und zu erhöhen. Das ging mit zahlreichen Geboten einher: Man solle weder »Verachtung« noch »Haß« in absoluter Weise gegen einzelne Menschen hegen oder diese durch Fakten, Ausdrücke und Kritik in ihrer Würde missachten. Im Zentrum stand bei Wenzel eine Selbstverpflichtung zum moralischen Handeln: »Erniedrige die Menschheit nicht, durch Verleugnung deiner eigenen Würde, durch Unsittlichkeit.«[9] Die Menschenwürde war aber lediglich eine Kategorie der Moral. Als Charakterwürde sollte sie das zwischenmenschliche Verhalten regulieren.

Was aber den Zustand dieser inneren, konditional gedachten Würde anging, kam Johann Gottfried Herder in seinen »Briefen zur Beförderung der Humanität« zu einem vernichtenden Urteil:

»Das Menschengeschlecht (…) hat seinem größten Teil nach keine Würde; man darf es eher bemitleiden als verehren.« Aufgrund ihres zweitausendjährigen Verfalls seit der griechischen Antike ersetzte Herder »Menschenwürde« durch »Humanität«. Den Menschen zeichne seine Anlage zur Humanität als das »Göttliche in unserem Geschlecht« aus. »Die Bildung zu ihr ist ein Werk, das unablässig fortgesetzt werden muß, oder wir sinken, höhere und niedere Stände, zur rohen Tierheit, zur Brutalität zurück.«[10] Mit dem Bild der »Tierheit« waren natürlich nicht nur tierische Kreaturen im biologischen Sinne gemeint, sondern all jene menschlichen Lebewesen, denen ein höheres Maß des Menschseins oder die Möglichkeit dazu abgesprochen wurde wie den Sklaven oder den Unterschichten. An diese und viele andere Voraussetzungen geknüpft, prägte die innere Würde in ihrer konditionalen, partikularen Form das Moralverständnis des Bürgertums bis weit ins 20. Jahrhundert hinein.

Universale Würde

Eine besondere Form der inhärenten Würde ist die universale Würde. Über sie verfügen alle Menschen ganz unabhängig von ihrer Herkunft, ihren Fähigkeiten oder ihrem Verhalten. Erstmals hat dieses Würdeverständnis 1945 mit der Charta der Vereinten Nationen einen rechtlich und politisch relevanten Ausdruck gefunden. Sie stellte sich unter den »Glauben an (…) Würde und Wert der menschlichen Persönlichkeit« und verpflichtete ihre Mitglieder, die »Achtung vor den Menschenrechten und Grundfreiheiten für alle ohne Unterschied der Rasse, des Geschlechts, der Sprache oder der Religion zu fördern und zu festigen«.[11] Das Konzept einer universalen und absoluten Würde als unverlierbare Eigenschaft aller Menschen lässt sich aber bis in die Zeit der Aufklärung im 18. Jahrhundert zurückverfolgen. Die meisten der heutigen Definitionen beziehen sich auf Immanuel Kant, ohne dass dieser sich selbst als Protagonist des Würdebegriffs verstand. Ideengeschichtliche Genealogien, die Kant als Bindeglied zwischen Humanismus, Aufklärung und dem 20. Jahrhundert sehen, konstruieren eine kaum belastbare Kontinuität zwischen an sich ganz heterogenen Würdekonzepten. Zudem ist der Begriff weder von tragender Bedeutung für Kants Moralphilosophie noch sonst in seinen anderen Werken besonders präsent. Aber er war eng mit seinen Leitkonzepten Vernunft, Sittlichkeit und Autonomie verknüpft.

Wegweisend für Kants Beitrag zur Idee der Menschenwürde als einer universalen, absoluten und essentiellen Eigenschaft des Menschen war, dass er jegliche metaphysische Grundlage bestritt. Statt von Gott leitete er sie anthropologisch aus der natürlichen Vernunftbegabung des Menschen ab, die ihn zu Autonomie und Sittlichkeit befähigte. Der Mensch müsse sich für sein Handeln nicht mehr vor Gott, sondern lediglich vor seinem Gewissen und dem inneren Sittengesetz verantworten. Die Würde des Menschen verstand Kant als etwas Abstraktes, das sich aber in einem Gefühl bestätige. 1798 leitete er im »Streit der Fakultäten« die Würde aus »etwas in uns« ab, »das zu bewundern wir nie aufhören können, wenn wir es einmal ins Auge gefaßt haben«.[12] Begründet lag die Würde aber in seiner Fähigkeit zur »inneren Gesetzgebung«. Dem Menschen komme deshalb eine »unverlierbare Würde (dignitas interna)« zu, so Kant in seiner »Tugendlehre« von 1797, die ihm »Achtung (reverentia) gegen sich selbst einflößt«. Ausgedrückt sei dies im »Gefühl seines inneren Werths (valor), nach welchem er für keinen Preis (pretium) feil ist«.[13]

Kant lieferte eine Reihe von Beispielen, wann er die Würde als verletzt ansah. Einige betreffen in auffälliger Weise die ökonomische und damit sittliche Lebensführung: Der Mensch solle keine Schulden ohne ausreichende Sicherheiten machen, keine verzichtbaren Wohltaten annehmen und Armut vermeiden. Die

Verantwortung für ihre Würde liegt hier bei den Betroffenen. Andere Fälle kommen dem heutigen Würdeverständnis näher: »Werdet nicht der Menschen Knechte; laßt euer Recht nicht ungeahndet von Anderen mit Füßen treten. (…) Das Hinknien oder Hinwerfen zur Erde (…) ist der Menschenwürde zuwider.« Eine Kategorie macht aber besonders deutlich, wie Kant die »unverlierbare Würde« mit einer Verhaltensnorm verknüpft hat: »Das Klagen und Winseln, selbst das bloße Schreien bei einem körperlichen Schmerz ist euer schon unwerth.«[14] Dieses Würdeverständnis war weit gespannt, mit materiellen Maßgaben für die richtige Lebensführung verbunden bis hin zur heroischen Verhaltenswürde – es war aber kein Abwehrrecht.

Kant verfolgte keine Ambitionen, aus der Würde des Menschen selbst ein emanzipatorisches Konzept zu entwickeln. Aber er lieferte mit der Selbstzweckformel den grundlegenden Gedanken säkularer Würdekonzepte des 20. Jahrhunderts: »Die Menschheit selbst ist eine Würde; denn der Mensch kann von keinem anderen Menschen (…) bloß als Mittel, sondern muss jederzeit zugleich als Zweck gebraucht werden, und darin besteht eben seine Würde (…), dadurch er sich über alle anderen Weltwesen (…) erhebt.«[15] Weil aber allein seine Würde es dem Menschen ermögliche, seine Autonomie zu verwirklichen, müsse sie unbedingt geschützt werden. Niemand dürfe einen anderen Menschen ausschließlich zum Mittel für eine andere Sache machen. Damit erklärte Kant die Würde zu etwas Absolutem, das einer Realisierung der Selbstbestimmung vorgelagert, aber durch die grundsätzliche Vernunftfähigkeit des Menschen begründet war.

Kant war seiner Zeit voraus. Denn wurde in diesen Jahren die Universalität des Menschen betont und zudem mit unveräußerlichen Rechten verknüpft, geschah dies meist ohne den Umweg über den Würdebegriff. In der amerikanischen Unabhängigkeitserklärung, der »Virginia Bill of Rights«, vom 12. Juni 1776 hieß es: »That all men are by nature equally free and independent, and have certain inherent rights, of which, when they enter into a state of society, they cannot, by any compact, deprive or divest their posterity (…).« Die französische Erklärung der Menschen- und Bürgerrechte von 1789 sprach von den »natürlichen, unveräußerlichen und heiligen Rechten der Menschen«. Davon waren jedoch viele Menschen ausgenommen – insbesondere Unfreie, Frauen oder Straffällige. Die Menschenrechtserklärungen wie auch die fortschrittlicheren Verfassungen dieser Jahre basierten auf naturrechtlichen Ordnungskonzepten, denen die christliche Lehre und Vorstellungen einer göttlichen Schöpfungsordnung zugrunde lagen.

Ohne vorrechtliche Anschauungen war die Legitimation einer postfeudalen Ordnung im 19. Jahrhundert nicht denkbar. Sie wirkten lange als gefühlte Grundlage liberaler Verfassungen – nicht zuletzt bis in den Artikel 1 des Grundgesetzes hinein als Bedürfnis, es auch jenseits des positiven Rechts zu fundieren. Die beiden grundlegenden Dokumente der Menschenrechtsgeschichte benötigten einen expliziten Bezug auf die Menschenwürde nicht, um die absolute Gültigkeit der Menschenrechte zu begründen. Der Würdebegriff war noch zu sehr mit dem feudalen Ständestaat im Sinne der Autoritätswürde und mit den moralischen Dogmen der christlichen Welt als Charakterwürde verbunden. Er bot sich nicht an, um emanzipatorische Ziele zu begründen. Dies hatte eine weitreichende Konsequenz: Bis 1945 handelte es sich bei der Menschenwürde und den Menschenrechten um Ideen, die meist unabhängig voneinander verwendet wurden.

2

FREIHEIT DURCH WÜRDE: DER BÜRGERLICHE ENTWURF

1865 unterschied »Pierer's Universal-Lexikon« drei Auffassungen der Würde: die Würde als einen »aus sittlicher Größe hervorgehenden inneren Wert«, der mit »moralischen Eigenschaften«, der »Achtung Anderer als Recht« und einem »edlen, Achtung gebietenden Benehmen« durch Körperhaltung, Rede und Erscheinung einherging, die »Würde des Menschen« als »innere persönliche Würde, welche dem Menschen nach seiner sittlichen Haltung zukommt«, und die Würde als einer »äußerlichen Höherstellung in der Gesellschaft«.[16] 1909 erläuterte »Meyers Großes Konversations-Lexikon« Würde als eine »ästhetisch anziehende, in Haltung, Benehmen und Sprache sich kundgebende äußere Erscheinung gefestigter Willensgefühle« und als einen »ästhetischen Ausdruck des geschlossenen, ruhigen, seiner selbst bewußten und oft dem Erhabenen sich annähernden Charakters«.[17]

Die beiden Einträge zeigen, wie eng die innere und äußere Würde, in ihren kontingenten, konditionalen und – in Ansätzen – universalen Ausprägungen im bürgerlichen Deutschland nach 1800 zusammengedacht wurden. Würdig im Sinne der Charakterwürde zu leben hatte sich als ein universal formuliertes, wenn auch nur partikular realisierbares Bildungsideal durchgesetzt. Bis weit ins 20. Jahrhundert hinein blieb die Würde mit dem Potenzial und der Fähigkeit verknüpft, sie zu realisieren, aber auch mit der Gefahr, sie zu verlieren. Allerdings sah das bürgerliche Zeitalter auch den Aufstieg der Menschenwürde zu einer emanzipatorischen Kampfformel.

Politische Würde und bürgerliche Freiheit

Mit der universalen Erhöhung des Menschen als einem zur inneren Würde befähigten Wesen ging ein bestimmtes Interesse des aufstrebenden Bürgertums einher: Die Festung der aristokratischen Standeswürde sollte geschleift werden. Sich auf die Würde zu berufen war nicht vom bürgerlichen Freiheitsanspruch zu trennen, der sich gegen die Vorherrschaft des Adels richtete. So rückte Adolph Freiherr von Knigge in seinen 1788 veröffentlichten Regeln für den »Umgang mit Menschen« die Würde ins Zentrum der von ihm aufgestellten Verhaltensregeln. Er riet seinen vornehmlichen Adressaten, bereits ökonomisch erfolgreichen Bürgern, auch eine »innere Würde« aus dem Bewusstsein ihrer grundsätzlichen »Menschenwürde« heraus zu entwickeln und diese nach außen bescheiden, aber selbstbewusst zu zeigen. Die Regeln des adeligen Umgangs müsse man zwar kennen, aber nur wenn die »Obern« durch das eigene Auftreten im Zeichen der Würde den »Werth als Mensch« fühlten, begegneten sie ihm nicht mehr mit »Verachtung«.[18]

Unter den Bedingungen der absolutistischen Herrschaft eröffnete der vielstimmige Appell, die »innere Würde« als persönliche »Erhabenheit« auszubilden, einen vorkonstitutionellen Weg, um sich Freiheitsräume zu verschaffen. Wenn Friedrich von Schiller in der Würde als Herrschaft über die eigenen Affekte den »Ausdruck einer erhabenen Gesinnung« sah, hing ihre Verwirklichung nicht nur von einem Mindestmaß an Freiheit ab, sondern war zugleich eine ihrer Bedingungen.[19] Indem die an sich unsichtbare innere Würde als »Kraft, die von den Leiden unabhängig ist«, dazu beitrug, Gefühle, Leidenschaften und andere Formen des sinnlichen Empfindens zu kontrollieren, wurde sie als wirksame Selbstbeherrschung äußerlich sichtbar.[20]

Wirkliche Freiheit erlangte demnach nur, wer sein Verhalten gegenüber anderen Menschen zu kultivieren vermochte und dadurch die innere mit der äußeren Würde in Einklang brachte. Dennoch war die romantische Menschenwürde um 1800 kein genuin politischer Begriff. Der bürgerliche Humanismus des frühen 19. Jahrhunderts verstand sie nicht als Fundament der liberalen Bürgerrechte. Sie war konditional und partikular: Um sie zu realisieren, bedurfte es persönlicher Bildung, eines bestimmten gesellschaftlichen Verhaltens und letztlich auch eines hinreichenden sozialen Status. Nur gelegentlich blitzte ein weitergehendes emanzipatorisches Potenzial des Würdebegriffs auf. »Wir glauben«, zitierte die »Neue Rheinische Zeitung« am 3. Mai 1849 aus der ersten Ausgabe des »Thüringer Volkstribuns«, »daß die reine Demokratie nur in einer solchen Staatsform sich verwirklichen lasse, in der die Würde des Menschen in Allem auf's Höchste geachtet wird, in der demokratischen Republik.«[21] Erst wenige Wochen vor dem Zeitungsartikel war in Frankfurt die liberal geprägte Paulskirchenverfassung verabschiedet worden. Ihr Makel: Die wichtigsten deutschen Staaten boykottierten sie. Ihr spätes Erbe trat schließlich das Grundgesetz an, auch wenn 1849 von Würde vor allem im Sinne der Autoritätswürde die Rede war – als der »im Mannesstamme« erblichen »Würde des Reichsoberhauptes«, also des Kaisers.[22]

Dennoch war die Verfassung wegweisend für die spätere Verrechtlichung der Würde. Nicht ohne Grund ähnelt § 138 des Entwurfs dem ersten Artikel des Grundgesetzes, da sich der Parlamentarische Rat an ihm orientierte: »Die Freiheit der Person ist unverletzlich.« Die Wendung illustriert aber, wie sich von Kant bis zur Weimarer Verfassung von 1919 nicht Würde, sondern Freiheit als roter Faden durch die bürgerliche Epoche zog. Oft übersehen, aber nicht minder wichtig war § 139, mit dem die Abschaffung der Todesstrafe begründet wurde: »Ein freies Volk hat selbst bei einem Verbrecher die Menschenwürde zu achten.« In beiden Paragraphen kam jedenfalls eine liberale Vision von Freiheit und Menschenwürde erstmals dezidiert zu sich selbst.

Die konstitutionellen Monarchien, die in Reaktion auf die Französische Revolution und die ihr nachfolgenden liberalen Emanzipationsforderungen entstanden, vermieden es, von Grundrechten zu sprechen oder sie substantiell zuzugestehen. Sie verzichteten für die wenigen Rechte, die den Bürgern gewährt wurden, auf Begründungen, die als universal verstanden werden konnten – wie auf die Idee der inhärenten Würde des Menschen. Die Herrschaftsträger wollten ihr Vorrecht nicht aufgeben, Freiheiten jederzeit wieder einschränken zu können: Standesrecht sticht Menschenrecht – das war die machtvolle Antwort der konservativen Autorität des Adels auf das bürgerliche Würdepathos des frühen 19. Jahrhunderts. Deshalb sucht man in den Verfassungen des Norddeutschen Bundes von 1867 und des Deutschen Reiches von 1871 vergebens nach Grundrechten oder nach der Würde des Menschen.

Aber selbst im Zusammenhang mit den liberalen Verfassungen des Vormärz galt Würde eher als Synonym für Ehre. Freiheit kam das größere politische Gewicht zu: Sie könne, so der Literaturwissenschaftler Friedrich Theodor Vischer, nur »Freiheit im Volke« bedeuten, nicht lediglich eine »philanthropische Anerkennung der allgemeinen Menschenwürde«.[23] Hier das harte Recht, dort das softe Gefühl: Das sollte sich im Würdediskurs immer wieder finden. Ab der Mitte des 19. Jahrhunderts lässt sich dann beobachten, wie der Begriff in der Öffentlichkeit weiter entpolitisiert und auf die Autoritätswürde begrenzt wurde.

Gleichwohl hatten Begriff und Idee der Würde des Menschen – bis hin zur weitläufigen Redeweise von der »Menschenwürde« – seit dem frühen 19. Jahrhundert auch neben den liberalen Forderungen nach Bürgerrechten an Kontur gewonnen. Die Menschenwürde entwickelte sich immer mehr zu einem Signum politischer Protestbewegungen und zum oppositionellen Kampfbegriff: Ging es um das Ende der Sklaverei, die rechtliche Gleichstellung von Juden, die Emanzipation der Frau oder den Schutz vor staatlicher Gewalt, war der Appell an die Menschenwürde nicht mehr weit.

Menschenwürde und Emanzipation

Plädoyers für eine rechtliche Gleichstellung der Juden stützten sich häufig auf die Würde, meist als innerer Wert und als Verhaltensideal, seltener als universales Prinzip. Vor allem wurde der liberale Freiheitskampf zum Vorbild und das neu gewonnene bürgerliche Bewusstsein für die Menschenwürde zum Maßstab erklärt. Der evangelische Pfarrer Georg Friedrich Schlatter, ein renommiertes Mitglied des badischen Revolutionsparlaments von 1848, wollte den Juden das Staatsbürgerrecht nicht länger verwehren, weil der zum »Bewußtsein seiner Menschenwürde erwachte Bürger« doch gelernt habe, es als das »wertvollste unter allen Gütern des Staates« zu würdigen.[24] Sein katholischer Amtskollege Max Stephan Stigelmayr befand 1847, die »Menschenfreundlichkeit« fordere für alle Menschen ungeachtet ihrer Religion die »Rechte der Menschenwürde«. Er begründete dies mit der eigenen Selbstachtung, »denn jeder Mensch, der seine Würde fühlt, empfindet die Verletzung dieser Würde an anderen gerade so, als wäre die seinige verletzt worden«.[25] In ähnlicher Weise sprach der Hamburger Gabriel Riesser als jüdischer Aktivist zugunsten der Emanzipation vom »Pulsschlag (…) für Freiheit und Menschenwürde«. Die nichtjüdischen Bürger könnten es nicht zulassen, wenn Juden ihre Rechte verwehrt würden, obwohl man sie inzwischen als »gleich erkennt in allen menschlichen freien Verhältnissen«.[26] Aber eine solch weitgehende Begründung teilten selbst nichtjüdische Befürworter einer Gleichstellung der Juden oftmals nicht.

Appelle an die Menschenwürde gingen Mitte des 19. Jahrhunderts häufig mit dem Hinweis einher, sie fühlen zu müssen, wolle man sich als sittlicher Mensch verstehen. Darin spiegelte sich neben eigenen Verfolgungserfahrungen eine wachsende Sensibilität für die Folgen von Unterdrückung und Freiheitsentzug wider. Auch in der frühen Frauenbewegung richtete sich die Forderung nach Menschenwürde gegen staatliche Repression und bürgerliche Fremdbestimmung. Kraftvoll trat in den 1840er Jahren mit Louise Aston eine Vorkämpferin für Frauenrechte und Demokratie in diesen Diskurs ein. Sie formte einen neuen Begriff: die »Frauenwürde«. Vom Staat wegen ihres Beziehungslebens und Auftretens verfolgt, verfasste sie 1846 ihre politische Autobiographie »Meine Emancipation, Verweisung und Rechtfertigung«. Sie könne, so Aston, ein »Institut« wie die Ehe »nicht billigen, das mit der Anmaßung auftritt, das freie Recht der Persönlichkeit zu heiligen (…), während nirgends grade das Recht mehr mit Füßen getreten und im Innersten verletzt wird«. In ihrer Kritik an den Machthierarchien der bürgerlichen Ehe bezog sie sich auf Kants Norm, dass der Mensch nicht nur als Zweck behandelt werden dürfe. Die Ehe mache »zum Eigenthume (…), was nimmer Eigenthum sein kann: die freie Persönlichkeit«.[27]

Aston orientierte sich an George Sand, die zur selben Zeit als gesellschaftskritische Schriftstellerin in Paris für Furore sorgte. Wie Sand »der heiligen, oft entweihten Liebe einen Tempel zu bauen«, sei »die einzige Frauen-Emancipation, an der auch meine Sehnsucht hängt, das Recht und die Würde der Frauen in freieren Verhältnissen, in einem edleren Cultus der Liebe wieder herzustellen«. Auch Fanny Lewald wandte sich gegen die Zwänge der bürgerlichen Ehe und andere Zumutungen eines fremdbestimmten Lebens als Frau, die »aus tausend Frauenherzen den Aufschrei nach Emancipation hervorgebracht« hätten. Es lebte, wie sie für die »Leidensjahre« ihrer »Lebensgeschichte« festhielt, in ihr als Widerstandsmoment das »Gefühl von der wahren Menschenwürde, die man erniedrigt, wenn man den Menschen zwingen will, gegen sein eigenstes Wesen zu handeln«.[28] Nur wenige Jahre nach Aston konnten bürgerliche Frauen dann bei Julie Pfannenschmidt pointiert lesen: »Frauenwürde ist Menschenwürde in ihrer reinsten Bedeutung.«[29]

Louise Otto, Mitgründerin und jahrzehntelang Vorsitzende des bürgerlichen Allgemeinen Deutschen Frauenvereins, leitete aus dem Verhaltensideal der inneren Würde den Anspruch sittlicher Selbsterziehung ab. Diesem Ideal verlieh sie eine politische Bedeutung, indem sie die Menschenwürde gegen die herrschende Geschlechterordnung als »Recht der freien Selbstbestimmung« definierte, das auch Frauen zuzugestehen sei. Wer in diesem Sinne »selbständig handelnd im Leben« stehe, werde durch ihre Männer und Väter vom politischen Leben ferngehalten.[30] Dem müssten sich die Frauen jedoch »mit dem ganzen Bewußtsein ihrer sittlichen Würde (…) so lange widersetzen, bis denn endlich doch der Sieg der Humanität zu einem allgemeinen wird«.[31]

Früher Humanitarismus

Das neue Interesse an der Würde des Menschen um 1800 stand im Zusammenhang mit dem Aufkommen des frühen Humanitarismus, dem Einsatz für hilfsbedürftige Menschen. Zum ersten Mal wurden in dieser Phase vielfältige Widerstände transnational und wirkmächtig gegen Gewaltverhältnisse mobilisiert, die aus heutiger Sicht als entwürdigend betrachtet werden: Folter und Sklaverei, Gefängniswesen und Armenfürsorge, Züchtigung und Unterdrückung, Demütigung und Ungleichheit – Forderungen, die schließlich in die großen Bewegungen des späten 19. Jahrhunderts für Wahlrecht, Gleichstellung und Frauenrechte hineinreichten. Vielfach aus christlichen Motiven gespeist, breitete sich eine neue »humanitäre Sensibilität« (John Haskell) heraus, die das Leiden anderer empathisch wahrnahm und es gemildert oder verhindert wissen wollte. Philosophen wie David Hume oder Adam Smith, aber auch Gotthold Ephraim Lessing erklärten die Fähigkeit, Mitgefühl zu empfinden, zu einer wesentlichen emotionalen Qualität des Menschseins. Zugleich eröffnete die Literatur der Zeit ihren Lesern neue Gefühlswelten und eine Kultur der Empfindsamkeit, die zur großen Resonanz der Menschenrechte um 1800 beigetragen hat.

Überschätzen sollte man die neue humanitäre Sensibilität des 19. Jahrhunderts aber nicht. Zeitlich ging sie mit dem Aufstieg von Anthropologie und Rassismus einher. Insbesondere Sklaven und Einwohner kolonisierter Gebiete waren nicht nur rechtlos, sondern wurden auf der untersten Stufe des Menschseins eingeordnet, deren höchste Form die europäischen »Weißen« für sich reklamierten. Die meisten Denker der Aufklärung forderten zwar Freiheit und Gleichheit, aber eben nicht für alle. Sie gehörten zu den Ersten, die zwischen verschiedenen »Rassen« unterschieden, indem sie Menschen nach äußeren Merkmalen bewerteten, ihnen bestimmte Charaktereigenschaften zuschrieben und in einer Rangordnung klassifizierten. Auch ein moralischer Universalist wie Kant war wie die meisten seiner Zeitgenossen anthropologisch zutiefst von einer konstitutiven Ungleichheit menschlicher »Rassen« überzeugt.

Gleichzeitig spielte der Rekurs auf Würde im Kontext von Humanität und Menschlichkeit eine gewisse, wenn auch semantisch nicht hervorstechende Rolle bei der Abschaffung der Sklaverei. Im Mai 1787 hatten zwölf religiöse Aktivisten in London die »Gesellschaft zur Abschaffung der Sklaverei« gegründet, vorbereitet durch verschiedene Pamphlete und Petitionen, die eine moralische Öffentlichkeit schufen. Vor allem die beteiligten Quäker argumentierten mit der christlichen Nächstenliebe und einer grundsätzlichen, von Gott verliehenen Gleichheit der Menschen, die für alle zu gelten habe. Statt durch das Konzept der universalen Würde waren die meisten Abolitionisten durch »feelings of humanity« sowie den Widerspruch zwischen der Sklaverei und einem »common sense of mankind« motiviert.[32] Die Bewegung durchzog aus heutiger Sicht ein Widerspruch: Griffen Abolitionisten überhaupt auf die religiös begründete Idee einer inneren, universalen Würde zurück, wurde den Sklaven abgesprochen, dieses Potenzial verwirklicht zu haben. Daraus leitete 1791 einer ihrer prominentesten Vertreter, der britische Parlamentarier William Wilberforce, einen Erziehungsauftrag ab: »To give them power of appealing to the laws, would be to awaken in them a sense of the dignity of their nature.«[33]

Augenzeugenberichte ehemaliger Sklaven führten die verheerenden Umstände von Sklaverei und Sklavenhandel vor Augen. Ihre Entwürdigung mussten sie aber in ein Leitmotiv des bürgerlichen Entwicklungsromans einbetten, um Gehör zu finden: ihre eigene moralische Läuterung. Kundgebungen, Petitionen, Publikationen und Boykottaktionen der Abolitionisten moralisierten die Öffentlichkeit. 1807 wurde der Sklavenhandel im britischen Herrschaftsbereich verboten: Im Konflikt mit Frankreich wollte Großbritannien seine moralische Überlegenheit demonstrieren. 1834 wurden alle Sklaven im britischen Herrschaftsbereich für frei erklärt. Dieser Schritt erfolgte in Nordamerika erst 1865 mit dem Ende des Bürgerkriegs. In anderen Ländern zog es sich noch länger hin – in Brasilien etwa bis 1888. All das bedeutete kein Ende der Sklaverei: Neben dem Halten von Sklaven waren im 19. Jahrhundert illegale und alternative Praktiken des Handels von Menschen als Arbeitskräften weit verbreitet, gerade innerhalb des afrikanischen Kontinents. Formen der Unterdrückung und Zwangsarbeit wurden rechtlich validiert. Abhängigkeitsverhältnisse blieben meist nach der Befreiung bestehen.

Auch wenn vor allem politische und ökonomische Interessen zur formellen Eingrenzung der Sklaverei führten, spielten moralische und religiös fundierte Motive eine wesentliche Rolle. Im deutschsprachigen Raum finden sich ähnliche Argumente. So hieß es im »Brockhaus Bilder-Conversations-Lexikon« von 1838, die dem »christlichen Geist angemessene Idee der Menschenwürde« und die »herrschende Vernunft« hätten einsehen lassen, »daß die Leibeigenschaft ein unwürdiges Verhältnis« darstellt. Sie abzuschaffen scheitere nur an zwei Dingen: den »eingewurzelten Besitzverhältnissen« und dem »mangelhaften Bildungsstand« der Leibeigenen.[34] Wenig später befand auch der jungdeutsche Schriftsteller Karl Gutzkow, die Abschaffung der Sklaverei ließe sich nicht »eindringlicher empfehlen als durch die Lehre von einer durch das Christenthum veredelten Menschenwürde«.[35]

Dennoch war die Würde als Begriff bei den Abolitionisten wenig präsent. In den beiden am weitesten verbreiteten Werken der Anti-Sklaverei-Bewegung – »Uncle Tom's Cabin« von Harriet Beecher Stowe (1852) und »Twelve Years a Slave« von Solomon Northup (1853) – taucht der Begriff »dignity« praktisch nicht auf und wenn, dann nur im Sinne der Autoritätswürde. Anders war es hingegen bei Frederick Douglass, dem bekanntesten farbigen Protagonisten der Anti-Sklaverei-Bewegung. Mit seinen Autobiographien, zahlreichen Porträts und Fotografien entwarf er sein Leben im Sinne der bürgerlichen Charakterwürde. Douglass beschrieb wiederholt einen gewaltsamen Konflikt mit seinem Aufseher, den er zum »turning point« seines Lebens und als Kampf gegen die Tyrannei stilisiert hat. Denn er unterwarf sich dem brutalen Aufseher nicht und nötigte ihm damit so viel Respekt ab, dass er nicht mehr handgreiflich wurde. »I was nothing before; I was a man now. It (…) inspired me with a renewed determination to be a freeman.« Diese Erfahrung ließ für ihn nur eine Schlussfolgerung zu: »A man, without force, is without the essential dignity of humanity.«[36]

Douglass wurde sich seiner Würde gleich dreifach bewusst: als vernünftiges, zielorientiertes Handeln, als Fähigkeit, moralisch zu urteilen, und als Macht, sich seines eigenen Willens zu bedienen und über sich selbst zu bestimmen. Im Moment der Auseinandersetzung verwirklichte er genau das, was die Sklavenhalter ihm absprachen: eine persönliche Identität. Dank seiner inneren Stärke konnte er sich über die Gewalt seines Gegners erheben. Sich nicht als Mensch zu fühlen sei schlimmer als jeder Schlag. Von hier aus rechtfertigte Douglass Widerstand und Gewalt als legitimes Mittel der Selbstverteidigung, um jene Freiheit zu erlangen, die ihnen als Angehörigen der göttlich begründeten, universalen menschlichen Gemeinschaft zustand.

Als zehn Jahre nach der Erstausgabe von Douglass' Autobiographie der amerikanische Bürgerkrieg zur Abschaffung der Sklaverei in den Vereinigten Staaten führte, sah die »Fürther Abendzeitung« – mit dem Untertitel »Organ des Fortschritts auf allen Gebieten des öffentlichen Lebens« – darin einen »Sieg der edleren Menschenrechte«, da die Sklaverei eine »Verletzung der Menschenwürde« sei. Jedoch sind auch hier große Vorbehalte gegenüber den Sklaven selbst unverkennbar, die ihre neue Freiheit nicht zu schätzen wüssten. Alternativlos sei ihre Befreiung trotzdem: »Diese Abschaffung der Sklaverei hat den Sinn: es darf nicht sein!« Allerdings »nicht aus Mitleid mit dem Leidenden, nicht aus Achtung vor der Menschenwürde des Sklaven«, sondern weil die »Menschen-Entwürdigung« an sich verboten sei, »gleichviel, ob der Entwürdigte sie empfindet oder der Entwürdiger das volle Bewußtsein seiner Unthaten hat«.[37]

Wer eine vergleichbar weitgehende Argumentation im frühen Völkerrecht vermutet, sucht dort vergebens. Der Würde des Menschen bot das Völkerrecht keinen Raum. Geregelt wurden internationale Verhältnisse, deren Objekte die souveränen Staaten waren. Weder spielte das Individuum als zu schützendes Rechtssubjekt eine Rolle, noch standen naturrechtliche Begründungen hoch im Kurs. Die erste Genfer Konvention von 1864 zum Schutz verwundeter Soldaten im Krieg appellierte zwar unter anderem an die Menschlichkeit von Zivilisten, die in der Nähe von Schlachtfeldern zu verschonen seien, verzichtete aber auf eine universale Legitimation dieses Prinzips durch die Menschenwürde. Auch im Standardwerk des Schweizer Staatsrechtlers Johann Caspar Bluntschli über das »moderne Völkerrecht der civilisierten Staaten« von 1868 fand die Würde allein im Zusammenhang mit Staaten, ihren Souveränen oder Diplomaten Erwähnung. Bluntschli gab nur einen Hinweis auf die »große« Würde: »Der Mensch als solcher hat eine Würde, und es gibt eine gemeinsame Menschenehre wie eine Staatsehre, die (…) nicht verletzt werden darf.« Selbst wenn sich der Mensch unsittlich verhielte, würde sein Recht auf Würde nicht zerstört. Die »Menschenehre strahlt immer wieder neu hervor aus der an sich hohen Menschennatur, dem Ebenbilde Gottes, und ebenso die Staatsehre aus dem majestätischen Wesen des Staates«.[38] Die Gleichsetzung von »Menschenehre« und »Staatsehre« nivellierte jedoch gerade jene Konfrontation von Mensch und Staat, die im Zentrum der Befreiungsbewegungen des 19. Jahrhunderts stand.

Grenzen staatlicher Gewalt

Im Bereich der staatlichen Gewalt kam es im 19. Jahrhundert zu einer gewissen Begrenzung und einem Formwandel von physischen Repressionen. Extreme Gewalt, öffentliche Strafen und dauerhafte körperliche Versehrungen wurden verboten oder eingehegt, was aber weniger sichtbare Herrschaftstechniken mit sich brachte, die sich mehr gegen die Seele als gegen den Körper richteten. Dazu gehört vor allem die formelle Abschaffung der kanonisierten Folter seit dem Ende des 18. Jahrhunderts. Ein wichtiges Motiv dabei: die Ehre der Folterer zu schützen. Mit dem aufkommenden Würdediskurs hatte das direkt zunächst nur wenig zu tun. Denn wichtiger als die aus Gründen der Humanität vorgebrachte Folterkritik waren verfahrenstechnische Aspekte. Es hatte sich immer weniger als effektiv erwiesen, Geständnisse mit Gewalt zu erzwingen. Dennoch blieben gewaltsame Methoden bei

Verhaftungen und Verhören ebenso wie Ausnahmeregelungen, die Folter in bestimmten Fällen erlaubten, an der Tagesordnung.

Ähnlich ambivalent entwickelte sich das Recht auf körperliche Züchtigungen. Im Militär, in den Gefängnissen und im Strafrecht, aber auch am Arbeitsplatz und im Lehrlingswesen wurde die Prügelstrafe im Lauf des 19. Jahrhunderts zwar über Jahrzehnte hinweg weitgehend abgeschafft oder begrenzt. Doch meist verschob dies die Gewalt in den Ermessensbereich der Verantwortlichen, ohne sie ganz verschwinden zu lassen. Nach gängiger Auffassung hatten – anders als § 139 der Paulskirchenverfassung es wollte – Straftäter durch ihr unmoralisches Verhalten jeden Anspruch auf Würde verloren. Im Bereich der Schule und der Familie traten erste Verbote des körperlichen Züchtigungsrechts nicht vor dem letzten Drittel des 20. Jahrhunderts in Kraft. Noch weit darüber hinaus vertraten zahlreiche christliche Autoren und Pädagogen die Überzeugung, auf Schläge im Sinne einer guten Erziehung nicht verzichten zu können. Damit repräsentierten sie einen breiten, schichtübergreifenden Konsens, der auf einem konditionalen Verständnis der Würde als Erziehungsziel beruhte.

Dennoch gewann die Menschenwürde im Zuge dieser »Auseinandersetzung mit obrigkeitlichen Körper- und Schandstrafen« an Einfluss.[39] Der Philosoph und Privatgelehrte Johann Adam Bergk wandte sich 1797 gegen »Strafen, welche alle Achtung vor dem Menschen vernichten«.[40] Öffentliche Beschämungen wie der Pranger oder die Anwendung von Körperstrafen galten zunehmend als unwürdig – im Sinne einer Verletzung der Würde des Straftäters, einer Selbstentwürdigung des Strafenden und eines Ansehensverlusts des Staates. Als in den 1840er Jahren die Wiedereinführung der körperlichen Züchtigung diskutiert wurde, wandte sich der Rheinische Landtag 1843 dagegen, weil sie ein »Gefühl der äußersten Demütigung und Entwürdigung erneuern« und die »herrschende Achtung vor der Würde des Menschen gewaltsam aus dem Gefühle des Volkes verdrängen« würde.[41] Ganz anderer Auffassung war aber 1850 die »Neue Münchener Zeitung«, zwei Jahre nach der zwischenzeitlichen Abschaffung von Körperstrafen in Bayern: »Nicht das Bestehen oder die Anwendung einer erniedrigenden Strafe« sei das »Grab der Menschenwürde oder Humanität, sondern das Vorhandensein solcher Thaten.«[42]

Gewaltsame Vernehmungsmaßnahmen, entehrende, kriminalrechtliche oder disziplinierende Strafen sowie die »väterliche Züchtigung« trugen weiterhin zu einem Klima gezielter Erniedrigungen bei. Sie wurden nicht selten im Namen der inneren Würde verteidigt, die aber partikular und konditional verstanden wurde. Um die Würde des Menschen zu entwickeln, sollten vor allem diejenigen erzogen und diszipliniert werden, die das Potenzial ihres Menschseins noch nicht ausgeschöpft oder es verwirkt hatten. Aus der um 1800 entdeckten inneren Würde und den folgenden Reformdebatten erwuchs noch keine unveräußerliche und universale Abwehrnorm des Menschen gegenüber staatlicher Gewalt. Die Idee der Würde wurde mit der Selbsterziehung zu einer moralisch anständigen Persönlichkeit verbunden. Der Erfolg entschied über den Wert des Menschen.

Weite Teile des wilhelminischen Bürgertums und Adels assoziierten zudem die humanistische Idee der Würde zusehends mit Verweichlichung, Zerfall und Verrat. Militarismus, Nationalismus und Rassismus begründeten einen Kult der Härte. Kaum eine literarische Figur verkörpert dies passender als Diederich Heßling in Heinrich Manns Roman »Der Untertan«. Wie einen Abgesang auf die emanzipatorische Würdeidee des 19. Jahrhunderts inszenierte Mann die Begegnung Diederichs mit dem »alten Herrn Buck«, dem »großen Mann von Netzig«, als dieser ihn ebenso »würdevoll« wie erfolglos mahnte: »Haben Sie immer Achtung vor den Rechten Ihrer Mitmenschen! Das gebietet Ihnen Ihre eigene Menschenwürde.«[43]

3

FÜR EIN WÜRDIGES LEBEN: DIE SOZIALISTISCHE ALTERNATIVE

»Meine Herren«, so erklärte Ludwig Windthorst am 10. Juni 1872 im Berliner Reichstag, »man muss die Erfahrungen einer Diktatur gemacht haben, wie sie viele von uns hier im Hause gemacht haben (...), um zu wissen, was es heißt, vollkommen rechtlos dem Willen eines einzelnen Mannes gegenüber zu stehen.« Der Abgeordnete des katholischen Zentrums fuhr fort: »Das ist etwas so Niederdrückendes, etwas so Demoralisierendes, etwas so der Menschenwürde Widersprechendes, dass ich meinerseits nie und nimmer für eine Diktatur sprechen kann.« Damit unterstrich Windthorst seine Forderung, den Ausnahmezustand in Elsaß-Lothringen aufzuheben, das nach dem Deutsch-Französischen Krieg von 1871 vom Deutschen Reich annektiert worden war. Für die von ihm vertretene partikulare Auffassung der menschlichen Würde ist aber der Fortgang seiner Rede bezeichnend: Eine solche Politik wie in Elsaß-Lothringen sei nur legitim, wenn »es uns einmal gelänge, wilde indianische Volksstämme zu erobern«. Denn sie »mögen eine Diktatur nöthig machen, aber gebildete Nationen sollen über gebildete Männer und über Männer ihres Stammes solche Maßregeln nicht verhängen«. Als Schutzschild gegen die staatliche Obrigkeit gestand Windthorst die Würde nur denjenigen zu, die in der Diktion seiner Zeit als »zivilisiert« galten.[44]

Für wen die Menschenwürde als Maßstab eingefordert wurde oder gelten sollte, hing selbst für viele ihrer Protagonisten noch von Herkunft und Bildung, Geschlecht und Glauben ab. Die Menschenwürde zum politischen Argument zu machen muss dennoch als Errungenschaft der Befreiungsbewegungen des frühen 19. Jahrhunderts gewürdigt werden. Wer sich auf sie berief, widerstand Herrschaftsordnungen, die man als Unrecht empfand. Aufgrund dieser emanzipatorischen Färbung blieb der politischen Würdeformel lange Zeit eine größere Reichweite versagt. Die Standeswürde reüssierte und dominierte – die Achtungswürde wurde marginalisiert und stigmatisiert. Dazu trugen nicht zuletzt Recht und Gesetz bei. Denn im letzten Drittel des 19. Jahrhunderts konnte sich der Rechtspositivismus als herrschende juristische Lehre gegenüber dem naturrechtlichen Denken durchsetzen. Das stärkte den Staat gegenüber dem Individuum, weil dessen Rechte und Pflichten nur noch innerhalb der staatlichen Gesetzgebung begründet werden konnten.

Der Staatsrechtler Paul Laband, einer der Begründer der rechtspositivistischen Schule in Deutschland, betrachtete die »Menschenwürde« in diesem Sinne lediglich als ein Postulat des Naturrechts, das die staatlichen Gesetze zwar säumte, juristisch aber nicht verbindlich war. Dennoch konnte auch Laband die Würde nicht mehr völlig ignorieren: »Der Mensch«, so heißt es in einem Vortrag von ihm – wenn auch nicht in seiner mehrbändigen Bibel des Staatsrechts – und in Anlehnung an Kant, »ist nicht bloßes Object der staatlichen Gewalt, nicht bloßes Mittel für den Staat, sondern er ist selbst Kraft seiner persönlichen Würde Zweck. Seine Freiheit und sein Wohlbefinden sollen erreicht werden.«[45] Auch für den Soziologen Max Weber stand die Menschenwürde außerhalb des positiven Rechts. Die Würde der Persönlichkeit läge zwar in Werten begründet, für die es sich zu kämpfen lohne, aber diese seien nur »Sache des Glaubens (…) und nicht Gegenstand einer Erfahrungswissenschaft«.[46] Deshalb sei die Menschenwürde ein »pathetisches sittliches Postulat« der sozialen Demokratie und eine »antiformale Norm, die nicht juristischen«, sondern »rein ethischen Charakter« habe.[47]

Menschenwürde und früher Sozialismus

Um 1900 thematisierte nicht das Recht, sondern die Politik die Menschenwürde. Vor allem die Opposition gegen den preußisch-protestantischen Obrigkeitsstaat nahm Begriff und Idee der Würde in ihr rhetorisches Repertoire auf – vereinzelt von liberaler Seite und seitens des katholischen Zentrums, vor allem aber von der Sozialdemokratie. Die politische Dimension des Würdebegriffs wurde dadurch beträchtlich erweitert. Der Raum, in dem sie sich nun entfaltete, war die »soziale Frage«, die sich seit der Mitte des 19. Jahrhunderts immer drängender stellte. Von bürgerlicher Seite waren zuvor grundlegende liberale Rechte für den Menschen als Individuum gefordert worden, um ihn vor Übergriffen und Einschränkungen durch den Staat zu schützen. Soziale Menschenrechte traten dahinter zurück oder wurden in der Regel gar nicht berücksichtigt.

Darauf hatte bereits die Kritik des frühen Sozialismus an den liberalen Verfassungen abgezielt, die nach dessen Auffassung einem bürgerlichen Individualismus huldigten und dazu beitrugen, soziale Ungleichheiten fortzuschreiben. Bereits in ihrem »Kommunistischen Manifest« hatten Karl Marx und Friedrich Engels 1848 formuliert, im entfesselten Kapitalismus sei die »persönliche Würde (…) in den Tauschwert aufgelöst« und durch die »gewissenlose Handelsfreiheit« ersetzt worden.[48] Engels stützte sich dabei auf seine Beobachtungen über die »Lage der arbeitenden Klassen in England«, die er als Mittzwanziger gemacht und in revolutionärer Absicht notiert hatte: »Der Proletarier ist in die empörendste, unmenschlichste Lage versetzt, die ein Mensch sich denken kann.« Als »willenloses Objekt« verfüge er nur noch über das »nackte Leben«, das durch die von den Unternehmern gewährten Lebensverhältnisse zerstört werde. Wolle er »dieser, eines Menschen unwürdigen Lage« entkommen, könne er sich nur gegen die Bourgeoisie auflehnen.[49]

Marx und Engels hatten für Versuche, die Lage der Arbeiter durch sozialreformerische Maßnahmen zu ändern, zunächst nur Spott übrig. Später sollte Engels dem englischen Vorreiter dieser Bewegung, Robert Owen, seine Referenz erweisen: Er habe zu Beginn des 19. Jahrhunderts durch seine experimentelle Werkssiedlung im schottischen New Lanark, die Verkürzung von Arbeitszeiten, ein Verbot von Kinderarbeit und Bildungsangebote für Heranwachsende für »menschenwürdige Umstände« gesorgt. Owen, der seine Streitschrift »A New View of Society« dem Abgeordneten und Abolitionisten William Wilberforce widmete, hatte »in pity to suffering humanity« nur zwei Wege gesehen: »Either keep the poor (...) as near as possible to animal life; or (...) form them into rational beings, into useful and effective members of the state.«[50] Der Frühsozialist folgte mit seiner Idee einer »formation of the human character« dem zweiten Weg. Doch wurde sein Modell vom aufkommenden »Manchesterliberalismus« zunächst an den Rand der industriellen Gesellschaft gedrängt.

Wie Owen vertrat auch Karl Marx einen deutlich weiter gefassten Würdebegriff als Kant oder der bürgerliche Liberalismus. Er schloss die Sicherung elementarer, gleicher Lebensbedingungen und eine sozial gestaltete Arbeitsordnung als unverzichtbare Bedingungen von Freiheit und Selbstverwirklichung ein. Diesem Würdebegriff sah sich kurz darauf auch Ferdinand Lassalle verpflichtet, dessen »Arbeiterprogramm« von 1862 ein Jahr später zur Gründung des Allgemeinen Deutschen Arbeitervereins führte, einem der beiden Vorläufer der SPD. Wie bei vielen liberalen Reformern findet sich auch bei Lassalle ein zweifaches Verständnis von Würde. Einerseits nahm er den Staat im Sinne der Anspruchswürde in die Pflicht, angesichts der »kummervollen und notbeladenen materiellen Lage der arbeitenden Klassen« die Voraussetzungen für ein »wahrhaft menschenwürdiges Dasein« zu schaffen.[51]

Lassalles Würdeverständnis beinhaltete andererseits nicht nur die »Möglichkeit geistiger Bildung« zu einem menschenwürdigen Dasein, sondern im Sinne der Charakterwürde auch die Pflicht des Arbeiters, seinem Stand ein »würdevolles und tiefsittliches Gepräge« zu verleihen. Um dies zu erreichen, bedurfte es einer anderen Lebenshaltung als bisher. Der Arbeiter müsse sich der zukünftigen Bedeutung seines Standes als würdig erweisen. Er dürfe sich nicht mehr den »Lastern der Unterdrückten« oder den »müßigen Zerstreuungen der Gedankenlosen« hingeben. Keine Arbeiterwürde – keine Freiheit: Den »sittlichen Ernst dieses Gedankens« müssten sich die Arbeiter jederzeit bewusst machen, ob an der Werkbank oder auf dem Spaziergang. Auf die Verbürgerlichung der adeligen Standeswürde sollte nun die Selbsterziehung der Arbeiterschaft folgen, um dem gesellschaftlichen Führungsanspruch auch moralisch zu entsprechen.[52]

Auch Wilhelm Liebknecht, ebenfalls einer der Gründer der SPD, erhob 1872 das Bildungspathos zum Markenzeichen der sozialistischen Bewegung: »Wissen ist Macht, Macht ist Wissen.« Der Staat und Teile der Gesellschaft unterdrückten demnach den Wunsch des Volkes nach mehr Bildung. Eine rein physische Ausbildung und die Arbeitsteilung der industriellen Produktion würden den »lebendigen Menschen (…) in den Staub« treten. Doch eine »elastische Feder« im Innern des Menschen ließe ihn »nach jahrzehntelanger Unterdrückung wieder emporschnellen« und nun nach der ihm bisher vorenthaltenen Bildung streben.[53] In diesem Ideal der Menschenbildung sind unschwer Motive des bürgerlichen Würdekonzepts zu erkennen. Sozialdemokraten wie August Bebel griffen auch Kant auf: »Diejenigen werden also als die schlechtesten Menschen erkannt werden, welche ihre Mitmenschen (…) zu Mitteln selbstischer Zwecke herabwürdigen.«[54] Das liberale Verständnis von Humanität war für ihn jedoch nur ein »leeres Wort«, ein »Mode-Ausdruck übertünchter Barbarei«, deren Bedeutung durch »Selbstsucht, Tücke und Heuchelei« immer wieder »entwürdigt« werde.[55]

Kampfformel im Reichstag

Im Reichstag des Kaiserreichs tauchte die Würde vor allem dann auf, wenn Arbeitsbedingungen von der Opposition skandalisiert wurden. Nachdem Liebknecht am 13. März 1877 die Zustände bei der Reichspost kritisiert hatte, war die soziale Frage nicht mehr vom Topos einer kapitalistischen Entmenschlichung des Menschen zu trennen: »Wer die Menschen als Maschinen betrachtet und behandelt und die größte Verachtung des Gewissens und der Menschenwürde an den Tag legt«, dürfe sich nicht »wundern, wenn (...) überall Unzufriedenheit aufschießt.« Zumal es nicht gelingen werde, in den »Untergebenen das Gefühl der Menschenwürde und der Unabhängigkeit auszurotten und fühllose Maschinen aus ihnen zu machen«.[56] Liebknecht griff hier auf die Rhetorik des sozialen Protests seit dem 18. Jahrhundert zurück. Unter dem Eindruck des schlesischen Weberaufstands von 1844 hatte sich schon die bürgerliche Frauenrechtlerin Louise Aston mit dem Proletariat solidarisch erklärt, das »verdammt« sei, »nimmer frei und unbefangen den Blick emporzurichten mit all' der Majestät der Menschenwürde; verdammt, die Maschine zu sein, die gedankenlos von Tag zu Tag sich abarbeitet für fremden Genuß«.[57] Das Bild der erniedrigenden Maschine verließ den Reichstag nicht mehr: Zwanzig Jahre nach Liebknecht mahnte der einflussreiche Parteivorsitzende Paul Singer am 29. Januar 1897, niemand könne es gutheißen, »an Stelle denkender, auf Menschenwürde haltender Beamter (...) nur über menschliche Maschinen zu verfügen«.[58]

Nachdem die Menschenwürde in den Debatten über die soziale Frage zur politischen Vokabel geworden war, wurde sie auch aufgerufen, wenn es um andere Formen der Unterdrückung ging: Mädchenhandel, Prostitution und polizeiliche Kontrollen, die Entrechtung psychisch Kranker, die Rechtlosigkeit und Gewalt in den Kolonien, die Prügelstrafe oder die entwürdigende Behandlung von Rekruten aus der Arbeiterschaft im Militär. So wandte sich August Bebel mehrfach vehement gegen die »Prügelkultur« in den deutschen Kolonien, wo man die indigene Bevölkerung einem Sonderstrafrecht und körperlichen Züchtigungen unterworfen hatte, die im eigenen Staatsgebiet meist nicht mehr gestattet oder verpönt waren. Sie wurden als Mittel zur allgemeinen Disziplinierung, der »Erziehung zur Arbeit« und als Teil einer Zivilisationsmission aus dem Bewusstsein der eigenen geistigen und moralischen Überlegenheit betrachtet. Dies wurde legitimiert, indem den Einheimischen die menschliche Würde abgesprochen wurde: Wohlmeinenderen Auffassungen zufolge waren sie noch nicht weit genug entwickelt, um Rechtsgleichheit beanspruchen zu können. Radikalere Kolonialisten sprachen ihnen das Menschsein ganz ab. »Exterminate all the brutes!« lautete das rassistische Credo des wahnhaft-mörderischen Mr. Kurtz in Joseph Conrads »The Heart of Darkness«.

Um 1900 skandalisierten Zeitungsberichte und sozialdemokratische wie freisinnige Reichstagsabgeordnete wiederholt und teils über Monate hinweg mit plastischen Schilderungen grausame Strafpraktiken, willkürliche Misshandlungen, sexuelle Gewalt und die systematische Ausbeutung der Einheimischen. Das war beileibe nicht nur in den deutschen Kolonien so. Das wachsende Angebot an Postkarten, Wissenschaftsaufnahmen und Reklamebildern sparte zwar die Gewalt selbst weitgehend aus, zeigte aber das breite Spektrum einer Bereitwilligkeit, den unterworfenen Menschen keine Würde zuzugestehen. Es reichte von einer lustbesetzten Exotisierung über hämische Karikaturen bis hin zu rassistischen Vermessungsoptiken. In den Alben kolonialer Selbsterhöhung erschienen die Einheimischen als zur Ware entwürdigte Objekte – so 1906 auf einer Postkarte zum Jahreswechsel: Mehrere Männer tragen Buchstabenschilder um den Hals, die zusammen die Worte »bonne année« ergeben.

Die Menschenwürde war zu einem gängigen Begriff der politischen Auseinandersetzung geworden. Die Sozialdemokratie verstand die Gesellschaft als ein organisches Ganzes gleicher Menschen mit einer unveräußerlichen, universalen Würde, die es aber mit Arbeiterstolz zu kultivieren galt. Konservative und monarchische Kreise verfolgten ein partikulares, exkludierendes und exklusives Würdekonzept, um die ständische Ordnung zu rechtfertigen. Gegen Ende des Kaiserreichs entbrannte dieser Gegensatz noch einmal im Streit über die Behandlung der Soldaten und eine Reform des Militärstrafgesetzes. Anlässe dafür gab es genug: entehrende Musterungen, übermäßiger Disziplinzwang, schwere Misshandlungen, Fälle von Suizid. Auch hier lieferten Presse und Abgeordnete regelmäßig plastische Einzelbeispiele, wobei die Anschaulichkeit des konkreten Falls einen höheren Wert besaß als der Persönlichkeitsschutz der Betroffenen. Angesichts dieser Zustände im Militär fragte Gustav Noske 1911 im Reichstag für die Sozialdemokraten, warum man »dem gemeinen Soldaten nicht dasselbe Ehrgefühl und dieselbe Menschenwürde« zugestehe wie dem Offizier.[59] In eine ähnliche Kerbe schlug sein Parteikollege Arthur Stadthagen, lange Zeit der einzige Jurist unter den sozialdemokratischen Reichstagsabgeordneten und häufig Fürsprecher der Menschenwürde: »Fühlt er denn nicht«, so Stadthagen wenige Monate vor Beginn des Ersten Weltkriegs ungläubig über den »Kriegsminister«, wie das »Empfinden von Menschenwürde in Tausenden und aber Tausenden geradezu geknickt wird?«[60]

In den Jahrzehnten um 1900 war der sozialdemokratische Kampf um die Würde des Menschen ein Teil des politisch ausgetragenen Klassenkampfes. Dennoch findet sich dazu in den programmatischen Dokumenten der Sozialdemokratie keine Entsprechung. Auch über den Ersten Weltkrieg hinweg standen plastischere Ausdrücke wie »Not und Elend« oder politisch eindeutiger besetzte Begriffe wie Befreiung und Gerechtigkeit, Demokratie und Sozialismus im Vordergrund. Auch die kämpferische Rosa Luxemburg sprach nicht von Würde oder Menschenwürde. Am nächsten kam sie dem noch am 7. März 1914 in ihrem antimilitaristischen Appell, »eine Gesellschaftsordnung wahr zu machen, die des Menschengeschlechts würdig ist, eine Gesellschaft, die keine Ausbeutung des Menschen durch den Menschen kennt«.[61] Das materielle und ideelle Dasein der Arbeiter verbessern zu müssen und zu wollen war zwar Ausgangspunkt, Mittel und Ziel des Sozialismus um 1900. Aber die Agitation zielte unabhängig vom heftigen Richtungsstreit über »Revolution« oder »Reform« darauf ab, politische Teilhaberechte und die Änderung der Besitzverhältnisse an den »Produktionsmitteln« zu erreichen. Die Sozialdemokratie nutzte die Menschenwürde mithin zwar als Kampfbegriff in der politischen Arena, nicht aber programmatisch, weil ihre Arbeit auf eine Änderung der kollektiven Ordnung hin zu einem sozialistischen Gemeinwesen, nicht aber auf die Garantie individueller Persönlichkeitsrechte ausgerichtet war.

Anders der jüdische Philosoph und Neukantianer Hermann Cohen: Kurz vor dem Ersten Weltkrieg machte er sich zum Fürsprecher einer sozialen Demokratie im Namen der »Würde des Menschen«. Er erklärte sie kurzerhand zum »Urwert«, aus dem sich alle anderen moralischen Werte ableiteten: »Die Natur des Menschen ist die Würde des Menschen.«[62] Sie komme allen Menschen zu, die deshalb über die gleiche »Fähigkeit zur sittlichen Würde« verfügten, und sei zugleich die »Bestimmung« eines jedes Menschen: »Die Liebe zur Natur des Menschen empfängt somit ihren tiefsten Grund in dieser Achtung vor der Würde des Menschen in allen Menschen.«[63] Dem entsprach das jedem »empirischen Ich« und auch »nationalen Mehrheiten« übergeordnete kosmopolitische Ideal der »Menschheit«, auch wenn Cohen selbst wenige Jahre später dem Nationalismus der Kriegszeit heftige Avancen machen sollte. Cohen griff Kants Unterscheidung zwischen Würde und Wert auf: Der Mensch dürfe nicht als Ware ausgenutzt werden. Um aber Selbstbestimmung und Selbstgesetzgebung als Grundlage der Würde leben zu können, sei die Mitbestimmung durch Wahlen und Parlamente erforderlich. Die Fähigkeit zur Autonomie könne jedoch nur entfaltet werden, wenn der Staat die soziale Subsistenz aller Bürger im Sinne eines menschenwürdigen Daseins sicherstelle.

Soziale Reformen als Weg zur Würde

Von der sozialdemokratischen Politisierung der Menschenwürde markant unterschieden war das Würdeverständnis im breiten Spektrum der bürgerlichen und christlichen Sozialreformer. Es war mit der sich ausbreitenden betrieblichen, kommunalen und staatlichen Sozialpolitik eng verflochten. Statt das bestehende System unter Berufung auf die politische Würdeformel zu stürzen, wollten die Sozialreformer die soziale Frage innerhalb des monarchisch-konstitutionellen Systems lösen, als Alternative ebenso zu einem ungezügelten Kapitalismus wie zu einem sozialistischen Kollektivismus. Ungeachtet aller Unterschiede bewegten sich die Reformer innerhalb eines gemeinsamen Zielbildes aus verbindlichem Arbeitsschutz, organischer Unternehmenskultur, staatlicher Absicherung, moralischer Besserung der Arbeiterschaft und patriarchalischer Fürsorge.

Zugleich richteten Teile der Politik, die Sozialwissenschaften und vor allem die Kirchen einen neuen Blick auf den Arbeiter als Menschen. Er sollte nicht mehr als reine Ware und Untergebener, sondern als Wert an sich und als Gehilfe betrachtet werden. Da der Arbeiter einen Anspruch auf eine »menschenwürdige Existenz« habe, so der protestantische Pfarrer und christliche Sozialist Rudolf Todt 1878, solle man auch seiner Arbeit ihren »sittlichen Werth, ihre Ehre« zurückgeben.[64] Unternehmer, Staat und Kirchen hätten für die Bildung und die sittliche Entwicklung des Arbeiters Sorge zu tragen sowie angemessene Bedingungen für ein menschenwürdigen Dasein zu schaffen. Mit oder ohne ausdrücklichen Bezug auf den Begriff machten diese Debatten am Ende des 19. Jahrhunderts die Würde des Menschen zur Grundlage und regulativen Idee einer Reform der sozialen Verhältnisse und des modernen Sozialstaats.

Doch weder im Protestantismus noch im Katholizismus war die Sozialreform mit dem Ziel verknüpft, die politische und soziale Ordnung grundsätzlich zu verändern. Vielmehr setzten sich prominente Vertreter beider Konfessionen an der Schnittstelle zwischen Kirche, Politik und Öffentlichkeit für eine Veränderung der proletarischen Arbeits- und Lebensbedingungen ein, um einen Umsturz der sozioökonomischen Verhältnisse zu verhindern. So hielt eine von Theodor Lohmann, einem führenden bürgerlichen Sozialreformer des Kaiserreichs und Vordenker des sozialen Protestantismus, formulierte Denkschrift 1884 den »sozialistischen Irrtümern« die ausgleichende Wirkung unternehmerischer Gemeinschaftsbildung und genossenschaftlicher Strukturen entgegen. Würden die Arbeiter an den Aufgaben des Gemeinwesens beteiligt, träte an die Stelle des »niederdrückenden Gefühls unbedingter Abhängigkeit« das »befriedigende Bewußtsein, (…) einer jedes Glied in seiner Menschenwürde achtenden Gemeinschaft anzugehören«.[65]

Seitens der Kirchen wurde mit wachsender Sorge betrachtet, wie sich die Arbeiterschaft im Zeichen von Industrialisierung und Urbanisierung von ihr entfremdete. Dem sollte innerhalb des gegebenen staatlichen Ordnungsrahmens durch den Ausbau karitativer Einrichtungen, geistlicher Seelsorge und kirchlicher Gemeinschaftsbildung entgegengewirkt werden. Aber die Hauptlast sah man bei den Arbeitern selbst. Nachdem Christus den »Arbeiterstand aus dem Zustande der Sklaverei auf seine jetzige Höhe erhoben« hätte, so der Mainzer Bischof und Mitbegründer der katholischen Arbeiterbewegung Wilhelm Ketteler 1864, müssten sie ihrer neuerlichen Entsittlichung mit »Selbstverläugnung (…), Selbstbeherrschung und Selbstbeschränkung« begegnen.[66] Ein dutzend Mal sprach Ketteler in seinem Buch »Die Arbeiterfrage und das Christentum« von »Menschenwürde«, aber immer nur im Sinne des persönlichen Gewissens und einer sozial gebundenen Freiheit.

Vor allem die neue katholische Soziallehre stützte sich seit dem Ende des 19. Jahrhunderts auf einen christlich-naturrechtlichen Würdebegriff. Er stand im Zentrum der wegweisenden päpstlichen Enzyklika »Rerum Novarum« von 1891: »Arbeiter dürfen nicht wie Sklaven angesehen und behandelt werden; ihre persönliche Würde, welche geadelt ist durch ihre Würde als Christen, werde stets heilig gehalten; (…) unwürdig ist es, Menschen bloß zu eigenem Gewinne auszubeuten und sie nur so hoch anzuschlagen, als ihre Arbeitskräfte reichen.« Die Fronten des katholischen Würdeverständnisses waren jedoch klar gezogen: Albert Stöckl, Philosophieprofessor im katholischen Münster, wetterte gegen Liberalismus und Materialismus. In ihrer Theorie tauchten »Recht, Sitte, Freiheit und Menschenwürde« zwar so häufig auf wie nirgends sonst, aber das sei reine Heuchelei.[67]

Auch Friedrich Naumann, protestantischer Theologe und ein führender Liberaler des Kaiserreichs, sah die Freiheit im »Innenleben« des gläubigen Menschen als hinreichend verwirklicht an und forderte deshalb 1893 auf dem Evangelisch-Sozialen Kongress, er solle »inmitten aller Socialpolitik stille« werden vor Gott.[68] Gleichwohl war Naumann als einer der ersten Vertreter des Protestantismus bereit, liberalen Individualismus, christliche Persönlichkeitsidee und einige der sozialdemokratischen Forderungen zusammenzudenken. 1904 lobte er die Arbeiter für ihren sittlichen Anspruch: »Der einzelne will menschenwürdig leben!«[69] Insgesamt verhielt sich der Protestantismus jedoch distanziert zur Menschenwürde, weil er in ihrem individualistischen Potenzial eine Gefahr für die kirchliche Ordnung sah. Wenn, dann ging es Kirchen und Theologen bei der Würde des Arbeiters nicht um dessen äußere, politische Selbstbestimmung, sondern um eine innere, von Gott verliehene Freiheit, nicht um den Schutz gegenüber dem Staat, sondern um die Pflege der Seele als Verkörperung der christlichen Persönlichkeit.

Das kaum überschaubare Feld der sozialen Reformdebatten um 1900 war durchtränkt von Bezugnahmen auf den Menschen als Person in seinen sozialen Verhältnissen, dessen Achtung angemahnt wurde. Institutionell fand das seinen Ausdruck in den bis heute existierenden kirchlichen Sozialwerken, die sich der christlichen Menschenwürde verpflichtet sahen – so der bereits 1849 gebildeten Inneren Mission und der 1897 gegründeten Caritas. Mit Blick auf das Grundgesetz kann man die langfristige Bedeutung des sozialdemokratischen Kampfes für ein »menschenwürdiges Dasein« und die der christlichen Soziallehren um 1900 nicht hoch genug einschätzen: Wichtige Akteure der Beratungen über das Grundgesetz wie Adolf Süsterhenn oder Theodor Heuss waren durch die Vertreter der katholischen und protestantischen Sozialreform unmittelbar geprägt worden. Mit Carlo Schmid hatte ein gemäßigter Sozialdemokrat entscheidenden Anteil an der Würdeformel des Grundgesetzes. Er hatte sich früher als weite Teile seiner Partei vom Ziel einer proletarischen Revolution verabschiedet und dem sozialreformerisch motivierten Streben nach einer freiheitlichen, sozialen Demokratie zugewandt.

Philanthropie im Namen der Würde

Neben der Sozialdemokratie und den bürgerlichen Sozialreformern entfaltete sich um 1900 ein drittes Feld, das sich die Würde des Menschen auf die Fahnen schrieb. Abseits des Staates bildete sich eine Vielzahl philanthropischer und humanitärer Initiativen: Nichtregierungsorganisationen, die sich teils auch über den nationalen Rahmen hinaus engagierten. Neben den zahlreichen lokalen Stiftungen, gemeinnützigen Einrichtungen und mäzenatischen Aktivitäten aus bürgerlicher Hand, bei denen Selbstdarstellung und Machtsicherung, aber auch Gemeinwohlorientierung und Emanzipationsstreben fließend ineinander übergingen, entwickelten sich vor allem aus dem Kontext eines fürsorgerisch-missionarischen, konfessionellen Denkens heraus verschiedene international tätige Hilfswerke. An der Wende zum 20. Jahrhundert erlebten sie im Zusammenhang mit der Kritik am Kolonialismus einen Boom, der mit dem Ersten Weltkrieg und seinen Folgen noch verstärkt wurde. Zahlreiche »anti-atrocity campaigns« vor allem im britischen und französischen Kontext gegen die Methoden der Kolonialherrschaft hatten eine starke Ausstrahlung auf den gesamten europäischen Kontinent und begründeten eine gewisse Kultur der Empathie. Zugleich etablierte sich hier – erstmals mit dem Medium der Fotografie – eine Bildsprache, die eine Ambivalenz zweifacher Entwürdigung etablierte: Der zunächst gewaltsam entwürdigte Körper wurde ungeschützt einem breiten Publikum präsentiert, um Mitgefühl auszulösen.

Auf dem Grundtenor dieser Mitgefühlsästhetik konnte auch in Deutschland eine philanthropische Hilfe für die »Fernsten« entstehen. Ein Vorbild für vergleichbare Einrichtungen war das Armenische Hilfswerk von Johannes Lepsius, das der Theologe, Orientalist und Missionar kurz nach den Massakern an den Armeniern im Osmanischen Reich zwischen 1894 und 1896 ins Leben gerufen hatte. Er leitete es über die Jahre des Völkermords an den Armeniern während des Ersten Weltkriegs hinweg bis in die 1920er Jahre. Lepsius stützte sich auf die Idee der christlichen Nächstenliebe und einer daraus erwachsenden Selbstverpflichtung zur Hilfe, die er in zahllosen Werbereisen und Vorträgen vertrat, um Geld für Waisen- und Kinderheime zu sammeln. Auf der Basis eindrücklicher Augenzeugenberichte schilderte Lepsius bereits Mitte der 1890er Jahre, während des Ersten Weltkriegs und anschließend in mehreren Dokumentationen die Gewaltverbrechen an den Armeniern anschaulich und konkret. Um das Osmanische Reich als Bündnispartner zu schützen und die deutsche Mitverantwortung zu kaschieren, unterlagen seine Berichte der Zensur, die er jedoch mit privaten Publikationen unterlief. In seinen Augen hatte das Christentum eine besondere historische Verantwortung, gegen die mörderische Politik zu intervenieren: »Recht und Menschlichkeit«, so sein Credo, dürften nicht außer Kraft gesetzt werden, bis eine »seelenlose Politik« ihren Sieg errungen habe.[70]

Auf einem verwandten Feld und in ähnlicher Form war die jüdische Frauenrechtlerin Bertha Pappenheim aktiv. Sie begann etwa zeitgleich mit Lepsius, sich mit dem Schicksal von zwangsverschleppten Mädchen und Frauen zu befassen. Auch sie setzte auf die Authentizität der Augenzeugin, indem sie mehrfach vor und nach dem Ersten Weltkrieg nach Galizien reiste, um die dortigen Zustände zu dokumentieren. Sie organisierte in Frankfurt Hilfsmaßnahmen und Schutzräume für durchreisende junge Frauen, wo 1902 der zweite Kongress zur Bekämpfung des Mädchenhandels stattfand. Solche internationalen Aktivitäten bildeten den vorläufigen Höhepunkt des seit den 1860er Jahren vor allem von Einzelpersonen und Nichtregierungsorganisationen geführten Kampfs gegen die »white slavery«. Er führte vor dem Krieg zu zwei internationalen Abkommen von 1904 und 1910 gegen das »verbrecherische Treiben« des Mädchenhandels. Sie erklärten den Handel von Frauen und Mädchen zu »Zwecken der Unzucht«, selbst wenn die Betroffenen eingewilligt hatten, zu einem Straftatbestand und regelten Verfahrensfragen, um die zwischenstaatliche Strafverfolgung zu ermöglichen und zu verbessern.

Zwei Dinge fallen daran besonders auf: Zum einen behielten sich die unterzeichnenden Staaten die Umsetzung dieser Abkommen in ihren Kolonien vor. Der mit ihnen geltend gemachte Sittlichkeitsanspruch und Mädchenschutz galt also keineswegs universal. Zum anderen gab es – ganz im Sinne des auch im Völkerrecht vorherrschenden Rechtspositivismus – keine Äußerungen zur Motivation oder Begründung für eine solche Vereinbarung. So war es auch in dem 1921 vom Völkerbund verabschiedeten »Übereinkommen zur Unterdrückung des Frauen- und Kinderhandels«, mit dem die vorherigen Abkommen bekräftigt und hinsichtlich der transnationalen Ermittlungsverfahren erweitert wurden. Flackerte im Kontext internationaler Vereinbarungen der Bezug auf die Menschenwürde auf, so blieben dies Einzelfälle. Erst die am 2. Dezember 1949 von der Generalversammlung der Vereinten Nationen verabschiedete »Konvention zur Unterbindung des Menschenhandels und der Ausnutzung der Prostitution anderer« sollte beide Sachverhalte für »mit der Würde und dem Wert der menschlichen Person unvereinbar« erklären.

Im Reichstag war über den »Mädchenhandel« seit Mitte der 1880er Jahre wiederholt verhandelt worden. Dort erhobenen Anwürfen, es handele sich um eine besondere Frage »jüdischer Sittlichkeit«, trat Bertha Pappenheim entschieden entgegen. Sie bestritt den augenfälligen jüdischen Anteil am Mädchenhandel um 1900 keineswegs, erkannte dafür aber neben einer allgemeinen Verelendung zwei Ursachen: Die Frau sei vor dem jüdischen Religionsgesetz »kein Individuum, keine Persönlichkeit«, sondern nur ein »Geschlechtswesen«, was es erleichtere, sie zur »Ware« zu machen. Zudem sei die Emanzipation der Juden mit einer moralischen Krise verbunden. Da »Wahrheit und Recht« als »höchste ethische Werte« des Judentums nicht mehr wie früher geachtet würden, seien die »Würde des Einzelnen und das Ansehen der Gemeinde« nicht mehr gewährleistet.[71] Ihre unermüdliche Aufklärungsarbeit zugunsten der ausgebeuteten und entwürdigten Mädchen setzte Bertha Pappenheim auch in den 1920er Jahren fort. Nachdem die Gestapo sie im April 1936 trotz schwerer Krankheit noch einem Verhör unterzogen hatte, starb sie wenige Wochen später.

4

WÜRDE IN GEMEINSCHAFT: DAS PERSONALISTISCHE MODELL

»So groß (…) die Verschiedenheit an Geist zwischen dem Menschen und den höheren Thieren sein mag, sie ist doch sicher nur eine Verschiedenheit des Grads und nicht der Art«: Mit diesem Satz wischte der englische Biologe Charles Darwin 1871 in seinem Buch »The Descent of Man« die Grundlage des christlichen wie des humanistischen Würdekonzepts handstreichartig vom Tisch.[72] Der Mensch galt seither zumindest den Naturwissenschaften nicht mehr als ein besonderes, einzigartiges Lebewesen. Aber was ist der Mensch dann? Nur noch das zufällige Ergebnis evolutionärer Prozesse, genetisch von anderen Säugetieren kaum verschieden, neuronal fremdbestimmt statt von Vernunft gelenkt und autonom handelnd? Eine solche Perspektive schien allen Idealen von Würde, Humanität und Gewissen die Grundlage zu entziehen, die den Menschen als inhärent besonders und von allen anderen Wesen verschieden dachten. Auch die industrielle Mechanisierung und eine damit einhergehende soziale Entfremdung stellten dieses Menschenbild in Frage.

Doch dem Menschen seine selbst verliehene Krone der Schöpfung rauben zu wollen blieb nicht unwidersprochen. Neu entstehende Disziplinen wie die Soziologie, Psychologie und Psychoanalyse beschrieben und analysierten um 1900 den Menschen aus ganz neuen Perspektiven. Als Person, Selbst und Individuum betrat er mit Macht die Bühne der Wissenschaft, um auf die gesellschaftlichen und politischen Transformationen passende Antworten zu finden. Kaum eine andere Phase der modernen Würdegeschichte ist deshalb von ähnlichen Widersprüchen geprägt, die sich in einem breiten Spektrum an Deutungsangeboten zwischen humanistischer Persönlichkeitsidee und rassistischer Eugenik entfalteten. Sie spiegeln nicht nur die immensen gesellschaftlichen Gegensätze der Wende zum 20. Jahrhundert wider, sondern bildeten auch heterogene Ressourcen, an die ebenso in der Weimarer Republik wie nach 1933, aber auch nach 1945 angeknüpft werden konnte.

Die Anomie der Moderne

1914 schrieb Franz Kafka seine fünf Jahre später veröffentlichte Erzählung »In der Strafkolonie«. Sie veranschaulicht ein zentrales Thema dieser Jahre: den Zugriff moderner Apparaturen auf den Menschen und seine Transformation zum Objekt durchregulierter Systeme, wie es mit der Idee der inneren Würde und ihrer Entfaltung, aber auch mit Kants Postulaten nicht vereinbar war. Die Erzählung stellt einen Offizier in den Mittelpunkt, der um seine Ehre kämpft. Auf einer abgelegenen Insel ist er der oberste Richter und verantwortlich für die Vollstreckung der Todesstrafe, aber zugleich der einzige verbliebene Verfechter eines mörderischen Apparats, der das Urteil in den Körper des Delinquenten im wahrsten Sinne des Wortes einschreibt, was ihn langsam zu Tode quält. Die Opfer dieser Maschine schildert Kafka als Inkarnation des entwürdigten und entrechteten Menschen: Sie haben weder das Anrecht auf ein Gerichtsverfahren noch auf eine Verteidigung, kennen ihr Vergehen und das Urteil nicht, sind nackt und wehrlos einer ebenso brutalen wie perfiden Kombination aus Folter und Todesstrafe ausgesetzt. Doch der Offizier hat einen neuen, liberaleren Vorgesetzten, der die Strafpraktiken nicht fortsetzen möchte.

Ein reisender Wissenschaftler ist die letzte Hoffnung des Offiziers, das von ihm vertretene Erbe des »alten Kommandanten« zu bewahren. Der Gast lehnt die Methode zwar ab, ist sich allerdings über seine Rolle unschlüssig: Er beobachtet und verhält sich distanziert zu den emphatischen Beschreibungen des Offiziers, interveniert aber nicht. Suggestiv versucht der Offizier den Reisenden von seiner Position zu überzeugen: Jedes unvorsichtige Wort gegenüber dem Kommandanten könne das Ende der Maschine bedeuten, einmal ausgesprochen, sei es zu spät: »Sie wollen eingreifen, Sie haben nicht das gesagt, was er verkündet, Sie haben mein Verfahren nicht unmenschlich genannt, im Gegenteil, Ihrer tiefen Einsicht entsprechend, halten Sie es für das menschlichste und menschenwürdigste, Sie bewundern auch diese Maschinerie.«[73] Als der Reisende ihm zu verstehen gibt, dem Kommandanten seine Ablehnung der »Maschinerie« unter vier Augen mitzuteilen, entschließt sich der Offizier als sein eigener Richter zur Selbstopferung, entehrt sich durch Entkleidung sowie die Zerstörung seiner militärischen Ehrenzeichen und legt sich selbst unter die Maschine. Nun ist diese aber so eingestellt, dass der Tod zügig und ohne stundenlange Folterqualen eintritt.

In der Erzählung verdichten sich viele der moralischen Ambivalenzen des frühen 20. Jahrhunderts: die Forderung nach bürgerlichen Grundrechten und der Anspruch auf eine menschenwürdige Behandlung als Delinquent, ein humanitäres Bewusstsein, das sich gegen bestimmte Gewaltpraktiken des Staates wandte, die sich in dieser Form in der bürgerlichen Gesellschaft nicht mehr durchsetzen ließen, schließlich ein Ausnahmezustand kolonialen Unrechts, das selbst einem gewissen Reformzwang unterlag, und die Macht von Staat, Bürokratie und Gesetz. Während der Reisende noch aus diesem geschlossenen System der Strafkolonie fliehen kann, gelingt dies K. als Protagonist in Kafkas unvollendetem Roman »Der Process« nicht: Das für ihn zuständige Gericht erweist sich als eine surreale Parallelwelt zur regulären Justiz, die sich ebenso als Dystopie der modernen Welt wie als Vorahnung eines totalitären Herrschaftssystems verstehen lässt. Erst wird der Status von K. als Rechtsperson, dann seine Persönlichkeit durch einen unentrinnbaren Kreislauf aus Schuldgefühlen und Gewissenszweifeln zerstört.

Viele Analogien zwischen Kafkas Erzählungen und dem Skandal um den französischen Hauptmann Alfred Dreyfus liegen auf der Hand. Die antisemitischen Kampagnen, Intrigen und Urteile gegen den jüdischen Offizier prägten das humanitäre Bewusstsein in Frankreich und Europa in den letzten Jahren des 19. Jahrhunderts. Neben den Fälschungen und Falschaussagen, die 1894 zur unberechtigten Verurteilung von Dreyfus wegen Landesverrats führten, kumulierten folterähnliche Verhörmethoden, Missachtungen des Militärstrafrechts, seine demütigende Degradierung, unerträgliche Haftbedingungen und das jahrelang aufrechterhaltene Schweigegebot zu einer Kaskade der Entwürdigung. Ihnen war Dreyfus, der Sohn eines jüdischen Textilunternehmers, zunächst weitgehend schutzlos ausgeliefert: Sein Aufstieg innerhalb der französischen, antisemitischen Offizierskaste sollte mit allen Mitteln verhindert werden.

Im Unterschied zu Kafkas Welt kam es zu Solidaritätskampagnen für Dreyfus. Sie legten ein komplexes Geflecht aus militärischer Ehre, der sich auch der Angeklagte weitgehend unterwarf, und einem tiefreichenden gesellschaftlichen Antisemitismus bloß, ebenso massive Rechtsverletzungen durch Staat und Militär, mit denen ein Exempel gegen die jüdische Emanzipation statuiert werden sollte. Die Unterstützer erhoben ihre Forderung auch im Namen der Menschenwürde und der Menschenrechte. Gleichwohl war von beidem im berühmtesten Beitrag dieser Skandalgeschichte, Émile Zolas »J'Accuse« von 1898, nicht die Rede. Denn der Zorn des Schriftstellers richtete sich allein gegen die Missachtung der Würde von Nation, Staat und Justiz durch die verantwortliche Elite seines Landes. Er sorgte sich um den Ruf Frankreichs im Ausland. Ganz Frankreich trage nun diese »Besudelung auf der Wange«, weil niemand für die Wahrheit eingetreten sei: »Welch ein Jammer, sie so ins Angesicht geschlagen, so verkannt und so verdunkelt zu sehen, jene Wahrheit, jene Gerechtigkeit, nach der wir uns so leidenschaftlich gesehnt haben!«[74]

Die Affäre war ein europäisches Medienereignis. Auch in Deutschland standen Positionen der konservativen, monarchisch ausgerichteten und der liberalen, republikanisch ausgerichteten Presse einander diametral gegenüber. Für oder gegen Dreyfus zu sein wurde zur Bekenntnisfrage – nicht nur im Sinne der Menschenrechte, sondern auch zugunsten eines zivilgesellschaftlichen Engagements von kritischen Intellektuellen gegen staatliches Unrecht. Bei vielen Liberalen löste der erniedrigende Umgang mit Dreyfus große Empörung aus. Im konservativen und rechten Spektrum fügte sich die Affäre hingegen in ein antisemitisch geprägtes Weltbild. Vertreibungsphantasien und die verbale Unterstützung von Pogromen in Osteuropa waren nicht nur im eindeutig völkischen Spektrum verbreitet. Weit verbreitete Bildpostkarten mit entwürdigenden Darstellungen von Juden lieferten den visuellen Kontext einer antiemanzipatorischen Ausgrenzung, die sich als »kultureller Code« (Shulamit Volkov) bis weit in das Bürgertum hinein ausbreiten sollte.

Genau zu dieser Zeit rückte mit dem französischen Soziologen Émile Durkheim einer der originellsten Beobachter der Moderne um 1900 den Menschen als Person und seine Würde ins Zentrum seiner Soziologie. Durkheim ging von einer weitreichenden Vereinzelung des modernen Menschen aus. Sie werde durch die industrielle Arbeitsteilung, eine Versachlichung der sozialen Beziehungen und die Säkularisierung verursacht. Wie ließe sich angesichts dieser bedrohlichen Anomie, so fragte Durkheim, eine stabile Ordnung herstellen, ein neues »gesellschaftliches Band« knüpfen? Seine Antwort: allein durch moralische Regeln. Sie aber setzten zunächst eine kollektive »Verherrlichung« des Menschen als moralische Person voraus. Nicht umsonst hat Hans Joas Durkheim zum Kronzeugen seiner These einer »Sakralisierung der Person« in der Moderne gemacht.

Die Würde des Menschen und die Moralität, mithin der Zusammenhalt der Gesellschaft, waren wechselseitig verbundene Elemente der modernen funktionalen Differenzierung. Die Moralität basiere auf einem »Kult des Individuums«, den Durkheim allerdings mit einer gewissen Skepsis beobachtete: »Wir haben für die Würde der Person einen Kult, der, wie jeder starke Kult, bereits seinen Aberglauben aufweist.«[75] Für Durkheim war die Würde nichts Gegebenes. Er leitete aus ihr auch keine vorsozial geltenden Rechte ab. Vielmehr sei es die Gesellschaft, die »das Individuum geheiligt hat« und es zu dem »verehrungswürdigen Gegenstand par excellence macht«.[76] Die Menschenwürde und ihre Schutzwürdigkeit betrachtete Durkheim zwar als etwas, das Merkmale des Heiligen übernommen hat, aber das Ergebnis eines historischen Prozesses ist: »Je weiter die Geschichte voranschreitet, desto größeres Gewicht erlangt die Würde der Person.«[77] Staat und Gesellschaft, Gesellschaft und Individuum hätten einander zu ergänzen: Hier die Garantie individueller Rechte, dort das moralische Fundament einer gegenseitigen Anerkennung als moralisch handelnde und zum Mitleid fähige Individuen.

Parallel zu Durkheim analysierte in Berlin der Soziologe Georg Simmel, wie die Allmacht des Geldes zwar die Befreiung des Menschen ermöglicht, aber zugleich seine Entfremdung vorangetrieben habe. Er lebe im Stadium einer »vollentwickelten Individualität«. Vom Christentum auf den Weg gebracht, habe der »abstrakte Individualismus« der Aufklärung, auf dem die Idee der Menschenwürde gründe, den Menschen zu einem durch nichts vertretbaren, in sich besonderen Gattungswesen erklärt. Der moderne Mensch habe sich davon distanziert, durch Geld verfügbar gemacht zu werden. Aber zugleich sei er in der industrialisierten Gesellschaft gänzlich vom abstrakten Medium des Geldes abhängig geworden. Die »in tausend Gestalten verkleidete Geldhaftigkeit der Beziehungen« habe sich wie eine »unsichtbare, funktionelle Distanz zwischen die Menschen« geschoben.[78] Bei Simmel findet sich die ganze Ambivalenz der Würde unter den Bedingungen der sozial ausdifferenzierten Moderne entfaltet. Der Mensch begann nicht nur zwischen Entfremdung und Selbstentfaltung zu pendeln, er entwarf auch die Kategorien, um dies zu reflektieren. Individualität als Begründung der liberalen Würde, ihre Eingrenzung durch Formatierung: Der Vielreisende Stefan Zweig klagte in seiner Autobiographie darüber, wie oft er seine Menschenwürde durch Passfotografien, das Abnehmen von Fingerabdrücken oder das Vorlegen diverser Zeugnisse verloren habe. Die Freiheit des Reisens war nicht ohne den zu beklagenden Preis zu haben, zum Objekt staatlicher Kontrollprozeduren zu werden.[79]

Wege in die Freiheit

Das Prinzip der inneren, absoluten Würde des Menschen als Ursache seiner Entfremdung? Simmels paradoxe Lesart ihrer Geschichte muss als einer von vielen Versuchen verstanden werden, die Widersprüche seiner Zeit zu erklären. Wirkmächtige geistige und soziale Bewegungen formierten sich gegen die industrielle Moderne, die Aufklärung und liberale Vorstellungen von Freiheitsrechten. Die Kulturkritik der Jahrhundertwende sah die Menschheit, zumal die Deutschen, in einer Phase des krankhaften Verfalls. Die Diagnosen kreisten um Dekadenz und Degeneration, Vermassung und Verlust der Individualität, Überrationalisierung und Intellektualisierung, Zerstörung des Schöpferischen und Mechanisierung des Menschen. Während die »Masse« weithin zum Grundproblem erklärt wurde, machten sich viele auf den Weg, um den Menschen als »Person« oder »Persönlichkeit« zu bewahren. Diese vielgestaltige Bewegung nahm Impulse aus ganz verschiedenen Richtungen auf und zielte auf Reformen bestehender Strukturen ab, die nicht an der Würde des Menschen orientiert waren, hatte aber zugleich viele Berührungspunkte zum entstehenden eugenischen Optimierungsdenken und stand keinesfalls im Zeichen eines universalen Würdekonzepts.

Der beklagten Verdinglichung durch die technische Moderne, wie sie viele dann mit den verheerenden Zerstörungen des Ersten Weltkriegs bestätigt sahen, hielt die einflussreiche Lebensphilosophie um Henri Bergson, Wilhelm Dilthey oder Georg Simmel in den ersten Jahrzehnten des 20. Jahrhunderts das sinnliche Erleben und den schöpferischen Willen des Menschen entgegen, die es wiederzugewinnen galt. Sie stand Pate für die Bewegung der Lebensreformer: Im »Freiheitskampf des Leibes«, wie ihn der Pädagoge Gustav Wyneken forderte[80], sollte die urbane und industrielle Entfremdung des Menschen überwunden werden. Reformkleidung und Vegetarismus, Naturheilkunde und Ökoesoterik, Malerkolonien und Landkommunen, um nur wenige Beispiele dieser vielfältigen Lebensreformbewegung zu nennen, sollten Leben und Natur einander annähern. Bürgerliche wie sozialistische Aktivisten, darunter Mediziner, Intellektuelle und Künstler, träumten von einem »neuen Menschen«. Die Lebensreformbewegung fächerte sich zwischen einer volkstümlichen Achtsamkeit für den eigenen Körper und einem biologistischen Optimierungsdenken auf, das in Vorstellungen antiindividualistischer Gemeinschaftsformen mündete. Wo die Kritik an der Moderne nationalistisch und antisemitisch aufgeladen war, bot sich für einen universalen Würdebegriff kein Platz, aber als konservativ-völkisches Gegenüber zur Entfremdung taugte er gleichwohl: Die »Zivilisation«, so Ludwig Klages 1913 auf dem »Hohen Meißner«, zerstöre »Würde, Inbrunst, Anmut, Wärme, Mütterlichkeit«.[81]

Am anderen Ende des lebensphilosophischen Spektrums stand mit seinem Ansatz der »Ehrfurcht vor dem Leben« der Arzt, Philosoph und Theologe Albert Schweitzer. Zum »absoluten Grundprinzip alles Ethischen« erklärte er, »allem Willen zum Leben die gleiche Ehrfurcht vor dem Leben entgegenzubringen wie dem eigenen«.[82] Dem »denkend gewordenen Menschen« gelte als gut: »Leben erhalten, Leben fördern, entwickelbares Leben auf seinen höchsten Wert bringen«, hingegen als böse: »Leben vernichten, Leben schädigen, entwickelbares Leben niederhalten«.[83] Die christlichen Wurzeln von Schweitzers Forderung, die Heiligkeit des Lebens zu achten, sind unverkennbar, zumal er die Einsicht in den unbedingten Wert des Lebens als eine Form der mystischen, persönlichen Erkenntnis beschrieb. Seine Sicht der Welt verweist auf ein Würdekonzept, wie es auch einige andere bürgerliche Intellektuelle seiner Zeit verfolgten: den Menschen mit seiner eigenen Persönlichkeit gegen die Macht von Bürokratie, Militär und Nationalismus, vor allem aber vor dem Krieg zu schützen.

So entstand aus dem Entsetzen über den weit verbreiteten Nationalismus um 1900 der frühe Pazifismus. Persönlichkeiten wie Albert Einstein oder Heinrich Mann legten ihren antinationalistischen und antifaschistischen Positionen ein idealistisches Menschenbild zugrunde. Einstein erklärte die individuelle Persönlichkeit zum »höchsten menschlichen Wert«.[84] Kriegsdienst, militärische Ausbildung und Uniformierung des Menschen, Drill und Gehorsam waren damit nicht vereinbar. Einstein sollte 1931 – lange vor ähnlichen Formulierungen im Zusammenhang mit dem Grundgesetz – die Maxime aufstellen, der Staat sei »für die Menschen da und nicht die Menschen für den Staat«. Er müsse das »Individuum schützen«, damit es sich zu einer »schöpferischen Persönlichkeit« entwickeln könne.[85] Da er sich wie Schweitzer oder Mann nicht für eine bestimmte politische Partei oder Weltanschauung einsetzte, galten und klangen viele ihrer Äußerungen politikfern und naiv. Sie übersetzten ihre Nähe zu einem universalen Verständnis der Menschenwürde nicht in eine politische Kategorie. Ihre Positionen waren auch nicht frei von Widersprüchen: Kurz vor seinem Bekenntnis zur Persönlichkeit als höchstem Wert hatte Einstein für die Tötung »wertloser oder gar schädlicher Individuen« plädiert.[86] Aus Misstrauen gegenüber dem Staat träumte er von einem intellektuellen Adel aus Persönlichkeiten, um die als ungebildet betrachteten Massen anzuführen.

Auch Heinrich Mann vertrat ein elitäres, intellektuelles Konzept, das sich an der inneren, konditionalen Würdeidee des 19. Jahrhunderts orientierte. Im »Geist«, also in Kultur und Gelehrsamkeit, sah er den Garanten der Würde des Menschen. Ihm schwebte eine Republik der Gelehrten vor. Die »richtig verstandene Demokratie« müsse das »Mittel zur Züchtung der Besseren und Besten sein«. Denn nur eine »geistig unempfindliche Menschenart« verlege sich auf das Mittel der »Entrechtung«. Dem Sozialismus wies er schließlich die Aufgabe zu, »die Menschenwürde wiederherzustellen. Seine Bestimmung wäre nicht so groß, wenn es nicht diese wäre.«[87] Wie Schweitzer oder Einstein nahm Mann den Impuls auf, jedes einzelne Leben aufgrund seiner natürlichen Gleichheit zu schützen und den Menschen zur selbstbestimmten Person zu entwickeln. »Anfang und Ziel« sei »der Mensch«, nicht der Staat.[88]

Doch gegen einen Obrigkeitsstaat anzuschreiben, der das Selbstentfaltungsrecht des Individuums missachtete, wie Heinrich Mann das mit dem »Untertan« und in seinen pazifistischen Beiträgen tat, fand nicht nur im Bürgertum insgesamt wenig Zuspruch: Zu seinem Bruder Thomas hatte er in der Hochphase des legendären Bruderzwists während des Ersten Weltkriegs keinerlei Kontakt, weil der spätere Literaturnobelpreisträger das Kaiserreich und den Krieg gegen den »Zivilisationsliteraten« vehement verteidigte. In seinen »Betrachtungen eines Unpolitischen«, die 1918 erschienen, setzte Thomas Mann die »Kultur« mit dem Wesen der Deutschen und der für ihre Entfaltung sorgenden Monarchie gleich, während er die »Zivilisation« als westliche Aufklärung und ihre Idee der Demokratie ablehnte. Die deutsche Seele bewähre sich durch Gehorsam, ihre Leidensbereitschaft und im Kampf gegen den Tod. Darin lag für ihn die eigentliche »Würde« des Menschen als Verhaltensideal begründet. Menschlichkeit hielt er für »Schwäche«. Die Idee einer universalen Menschenwürde? Für den Thomas Mann dieser Jahre war das nur einer von vielen Begriffen, die er als »undeutsch« ablehnte. Unter dem Eindruck des Zweiten Weltkriegs sollte er sich davon abwenden.

Die Freiheit der Person und die Macht der Ordnung

»Frühlings Erwachen«: Mitten hinein in die bürgerliche Ordnung der Moral platzten um 1900 literarische und Theaterskandale wie Frank Wedekinds Stück über jugendliche Homosexualität und die Verzweiflung an den Unterdrückungsmechanismen der bürgerlichen Moral. Gegen die herrschende Meinung die Anerkennung des anderen und mehr sexuelle Selbstbestimmung zu fordern äußerte sich in öffentlichem Protest im Namen der Würde. So wurde auch die menschliche Fortpflanzung zu einem ihrer zentralen Themen. Im Kontext von Großstadtkultur, sozialer Frage und freier Liebe wurden Sexualität, Körperlichkeit und der Umgang mit Schwangerschaften nicht mehr nur als eheliche Fortpflanzungspflicht begriffen, sondern auch als Möglichkeit, die eigene Persönlichkeit selbstbestimmt zu verwirklichen.

So setzte sich die Frauenrechtsaktivistin Helene Stöcker entschieden für das Recht auf Abtreibung, eine Liberalisierung der Sexualmoral, die Straffreiheit männlicher Homosexualität und den Schutz lediger Mütter ein. Kants Würdebegriff aufnehmend, »dass jeder Mensch als Selbstzweck, nicht als Mittel zu betrachten sei«, stellte sie für die Frauen ihrer Zeit das Gegenteil fest: Sie würden »nicht als Mensch, als Seele, als Persönlichkeit gewertet«, sondern nur »als Sache, als Leib, als Mittel zum Genuss oder Kindergebärerin«.[89] Stöcker trug mit dem »Bund für Mutterschutz« wesentlich dazu bei, dass der Kampf gegen das Verbot von Abtreibung und Verhütung zu einem heftig umstrittenen Thema wurden. Auf der einen Seite standen staatliche Sanktionen und kirchliche Verbote, auf der anderen die Forderung nach weiblicher Emanzipation und eine zivilgesellschaftliche Protestbewegung. Medizinischer Fortschritt und industrielle Produktion fachten die Debatten mit an, indem sie – von Kondomen bis zu ärztlichen Methoden der Abtreibung – neue Möglichkeiten der modernen Geburtenkontrolle hervorbrachten.

Was selbstbestimmte Eingriffe in die Schwangerschaft anging, zogen jedoch Staat und Kirche an einem Strang: Mit der Reichsgründung war 1871 die Strafbarkeit privater, gewerbsmäßiger und medizinischer Abtreibung über die §§ 218 bis 220 des Strafgesetzbuches reichseinheitlich geregelt worden. Die Vereinheitlichung fiel aufgrund recht ähnlicher Regelungen in der territorialstaatlichen Gesetzgebung nicht schwer. Staatlicherseits ging es schlicht um Bevölkerungspolitik. Die Kirche legte das Verbot jeglicher Handlungen zugrunde, die das Leben des Fötus in Gefahr brachten. Erst zwei Jahre vor der Reichsgründung hatte die katholische Kirche die bis dahin bestehende Annahme einer schrittweisen Beseelung der befruchteten Zelle aufgegeben. Im Einklang mit der embryologischen Forschung vertrat sie nun, dass der Fötus vom Moment der Zeugung an mit einer Seele ausgestattet war. Abtreibungen waren damit aus kirchlicher Sicht vom ersten Tag an eine schwere Sünde. Strafrechtlich wurden sie den Tötungsfällen zugeordnet, obwohl sie juristisch nicht als solche betrachtet wurden. Trotz des Verbots nahmen jährlich Hunderttausende von Frauen Abtreibungen an sich selbst vor oder gingen auf illegale Angebote von »Kurpfuschern« und »Engelmacherinnen« ein.

Der Aufgabe, das Ich aus den Zwängen der bürgerlichen, gerade der sexuellen Moral zu befreien, war sich kaum jemand so bewusst wie der Dramatiker Wedekind. Immer wieder machte er in seinen Stücken zum Thema, wie die Freiheit junger Menschen durch das obrigkeitsstaatliche System, aber auch durch moralische Rigidität beschränkt wurde. Als sich in dem Drama »Der Marquis von Keith« von 1901 eine der Figuren entscheidet, in eine Heilanstalt zu gehen, muss er sich des Vorwurfs erwehren, auf seine Menschenwürde zu verzichten. In seiner Antwort pocht er auf sein individuelles Entscheidungsrecht: »Wenn jemand die Beschränkung, in die ich mich finde, gegen seinen Willen über sich verhängen lassen muß, dann mag er seiner Menschenwürde verlustig gehen. (…) Wer kalten Blickes wie ich mit der Wirklichkeit abrechnet, der kann sich dadurch weder die Achtung noch die Teilnahme seiner Mitmenschen verscherzen.«[90]

Wedekind griff damit ein zu dieser Zeit in seinen Kreisen brisantes Thema auf: die Angst vor dem »bürgerlichen Tod«, was bedeutete, in eine Heilanstalt eingewiesen zu werden, weil Lebenspraktiken und Verhaltensweisen als geistige Erkrankung bewertet wurden. Die Zustände in den »Irrenanstalten« wurden seit Jahrzehnten in Fachkreisen und öffentlich hochkontrovers diskutiert. Fixierungen, Peitschen, Brenneisen oder zur Erschöpfung führende folterähnliche Maßnahmen waren an der Tagesordnung. Erst mit dem Aufstieg der wissenschaftlichen Psychiatrie im Laufe des 19. Jahrhunderts etablierten sich differenziertere Krankheitsbilder und humanere Therapien. Insassen sollten sich bewegen dürfen, Verantwortung übernehmen, beschäftigt werden und therapeutische Methoden erfahren. Viele entwürdigende Zwangsmaßnahmen wurden zwar weiterhin praktiziert, aber das Bild des Menschen und der Bedingungen seiner Persönlichkeitsbildung begannen sich zu ändern: Statt der christlichen Seele rückte nun der gesamte Mensch als psychosomatische Einheit in den Blick. Die Analysen verdichteten sich um 1900 in gestuften Diagnosen, die bis zur »pathologischen Persönlichkeit« und den als unheilbar betrachteten Insassen reichten.

Gut einhundert Jahre nach seiner Begründung erwies sich um 1900 das bestehende Anstaltssystem als unzureichend: Die Einrichtungen waren trotz eines Reformschubs in den 1870er Jahren aufgrund eines deutlichen Anstiegs von Insassen überfüllt und galten als nicht mehr zeitgemäß. Skandale über Missbrauch, Verelendung und eine bloße Verwahrung der Betroffenen führten zur Entstehung einer ersten Anti-Psychiatrie-Bewegung. In zahlreichen »Irrenbroschüren« ergriffen frühere Insassen selbst das Wort. Sie sahen sich zu Unrecht als »geisteskrank« diagnostiziert und betrachteten sich als Opfer von Denunziationen, familiären Intrigen, Nachbarschaftskonflikten oder der moralischen Diskriminierung ihrer privaten Vorlieben. Sie forderten die Achtung ihrer Persönlichkeit und Intimsphäre ein, um sich zugleich von den Anstaltsinsassen abzugrenzen, die auch in ihren Augen alle Merkmale des Menschlichen verloren hatten.

Infolge der Kritik kam es zu einem Ausbau und einer Modernisierung der Anstalten. Dies ging mit einem baulichen wie therapeutischen Paradigmenwechsel einher: Von symmetrisch angelegten, großen Korridorbauten, die einer besseren Überwachung gedient hatten, ging man zu freistehenden Pavillons über, die in parkähnliche Anlagen eingebettet wurden und die Betreuung der Patienten in Kleingruppen ermöglichten. Statt der strikten räumlichen Isolation wurde das Krankenbett zum Ort der individuellen Behandlung, Ruhigstellung und Fixierung. Zugleich entstanden anstaltseigene Werkstätten, landwirtschaftliche Betriebe und Gärtnereien: Arbeit wurde zum festen Bestandteil des therapeutischen Konzepts. Doch da weder alle Ärzte die Reformen für sinnvoll hielten und die Möglichkeiten einer medikamentösen Behandlung noch wenig entwickelt waren, prägten weiterhin physische Zwangsmaßnahmen, große Schlafsäle und ökonomische Knappheit allen reformerischen Ansätzen zum Trotz die Anstaltserfahrungen der meisten Patienten.

Im Zeichen von Eugenik und Rassismus

Ein genauerer Blick auf die Anstaltspsychiatrie macht deutlich, wie eng die Reformen der Jahrhundertwende mit Fragen einer Hierarchisierung der Insassen und ihrer Selektion verflochten waren. Staat und Kirche entwickelten ihre Pflegeeinrichtungen komplementär zueinander: Medizinisch als heilbar betrachtete Patienten kamen eher in die klinikähnlichen Anstalten, während dauerhaft Kranke in die kirchlichen Fürsorgeeinrichtungen gelangten. Dies sollte sich als Einfallstor für eine rassistische Eugenik und eine antiliberale, biologistische und organische Vorstellung des Menschen als Naturwesen durchsetzen. Spätestens in der Weimarer Republik wurde systematisch zwischen »heilbaren«, »nützlichen« und »hoffnungslosen« Fällen unterschieden. Nicht wesentlich anders war es im Bereich der »Krüppelfürsorge«, wie die Behandlung von körperlich behinderten Menschen Anfang des 20. Jahrhunderts hieß. Sich an der Produktivität als Wertmaßstab des menschlichen Lebens zu orientieren kam hier noch stärker zum Tragen, erst recht mit und nach dem Ersten Weltkrieg, als die Kriegsinvaliden in den Wirtschaftsprozess eingegliedert werden sollten. Schon 1908 hatte die »Zeitschrift für Krüppelfürsorge« in ihrer ersten Ausgabe für sich mit dem Ziel geworben, die »Almosenempfänger« in »Steuerzahler« verwandeln zu wollen – nicht aber mit der Würde dieser Menschen.

Die Verschmelzung von gesellschaftlichem Fortschritt und sozialhygienischem Denken findet sich zu dieser Zeit in allen westlichen Staaten. Kaum ein Text macht das so deutlich wie Ellen Keys Erfolgsbuch »Das Jahrhundert des Kindes«. 1900 im schwedischen Original und zwei Jahre später auf Deutsch erschienen, erlebte es innerhalb der folgenden zwei Jahrzehnte mehr als dreißig Auflagen. Key, die sich auch für eine biologische Bestimmtheit der Frau als Mutter aussprach, plädierte als eine der Ersten dafür, Kinder in ihrer Besonderheit als Kinder wahrzunehmen und die Erziehung an ihren Bedürfnissen statt an autoritären Ordnungsidealen auszurichten. Doch zugleich verfocht Key ein eugenisches Denken, das sich harsch von der Würdeidee des Christentums und humanitärer Mildtätigkeit abgrenzte. Dort habe man aus einer falsch verstandenen Barmherzigkeit zugelassen, das »Leben des psychisch und physisch unheilbar kranken und missgestalteten Kindes zur stündlichen Qual für das Kind selbst und seine Umgebung« werden zu lassen.[91] Die anzustrebende »Erhöhung des Menschentypus« und die »Veredelung der menschlichen Rassen« bleibe zudem immer noch dem Zufall überlassen.[92]

Der Erste Weltkrieg verschaffte dem eugenischen Denken einen weiteren Schub. Mit der Geburt verfügten demnach Menschen über Eigenschaften, die sie zu unterschiedlich »wertvollen« Wesen machten. Ein solcher Ansatz war mit einem universalen Würdeideal nicht kompatibel und wollte es auch nicht sein. Es wurde zusehends attraktiver, im Sinne des in England weit verbreiteten Utilitarismus nicht von der Würde des Menschen, sondern vom Nutzen bestimmter Maßnahmen für die Gesellschaft oder den Einzelnen auszugehen. Der extensive Gebrauch des Wortes »Wert« stand bei den Befürwortern der Sterilisierung im Gegensatz zu Kants Forderung, Menschen nur als Zweck an sich selbst zu betrachten. Den Weg dieses Denkens in die öffentlichen Debatten ebnete 1920 eine Schrift von gut sechzig Seiten unter dem Titel »Die Freigabe der Vernichtung lebensunwerten Lebens«, verfasst von dem Juristen Karl Binding und dem Mediziner Alfred Hoche. »Unheilbar Blödsinnige« waren für sie das »furchtbare Gegenbild echter Menschen«, »absolut zwecklos« und ohne »Lebenswillen« oder Empfindungen. Sie plädierten dafür, das Leben von solch »geistig Toten« aus volkswirtschaftlichen Gründen und im Namen einer »höheren staatlichen Sittlichkeit« aktiv zu beenden.[93]

Was kennzeichnete nun die »geistig Toten« nach Binding und

Hoche im Unterschied zu anderen Menschen? Sie wurden von ihnen als »leere Menschenhülsen« bezeichnet. Ihnen fehle jedes Selbstbewusstsein, geistig befänden sie sich auf dem Niveau einfacher Tiere, und sie könnten keinen »subjektiven Anspruch« auf ihr eigenes Leben erheben. Mitleid mit ihnen zu haben sei nicht möglich, weil sie nicht wie andere Menschen leiden könnten. Die »Vernichtung« dieses »nicht lebenswerten Lebens« sei daher im Sinne aller als ein ökonomisch wie sozial »nützlicher Akt« zu betrachten.[94] Binding und Hoche stellten dabei das Recht, über den eigenen Körper zu verfügen, zwar ausdrücklich fest – sprachen es aber den »geistig Toten« grundsätzlich ab. Der Wert des Menschen wurde in Übernahme sozialdarwinistischer Anschauungen vollständig an seinen Nutzen für die Gesellschaft gebunden. Wer einen solchen Nutzen nicht zu erbringen vermochte, hatte in den Augen der Eugeniker jeden Rechtsanspruch auf sein Leben verloren.

Wie bei vielen Eugenikern seit dem Ende des 19. Jahrhunderts wurden Kategorien wie Wert, Mitleid oder Humanität gerade zu Beginn der Weimarer Republik konträr zum vorherigen Verständnis neu besetzt: Neugeborene Kinder mit Behinderungen oder Schwerstkranke umzubringen sollte nun »humaner« sein, als sie am Leben zu lassen, Sterbehilfe ein Ausdruck von Würde. Die damit verbundene Verachtung gegenüber dem im 18. und 19. Jahrhundert verbreiteten humanitären Bewusstsein und – mithin – dessen Würdeverständnis brachte Fritz Lenz, zwischen den 1920er und den 1950er Jahren einer der führenden deutschen Rassehygieniker, ebenfalls bereits 1920 klar zum Ausdruck: Es sei nur zu begrüßen, dass sich »führende Männer des deutschen Geisteslebens« von der »individualistischen Weltanschauung« abwandten, die eine »unbedingte Erhaltung des Individuums« verlange.[95] Immer weniger hielten daran aus grundsätzlichen Erwägungen fest. Zu ihnen gehörte der sächsische Anstaltsdirektor Ewald Meltzer: »Wir kommen mit unserer ganzen Moral ins Rutschen«, schrieb er 1932, »wenn wir auch nur die Tötung der am tiefsten stehenden Idioten bewilligen wollten.«[96]

Die Begründung des Personalismus

Zahlreiche Philosophen, Theologen und Psychologen sahen im ersten Drittel des 20. Jahrhunderts die Antwort auf die Herausforderung des christlichen humanistischen Menschenbildes in einer Aufwertung des Menschen als einer gemeinschaftsgebundenen Person. Daraus entwickelte sich seit den 1910er Jahren die intellektuelle und wissenschaftliche Strömung des Personalismus. Er war ein im christlichen Denken in Frankreich und Russland, aber auch in Teilen der deutschen Philosophie verankerter Versuch, das Postulat der persönlichen Freiheit und einer besonderen menschlichen Würde mit einer ethischen Gebundenheit des Menschen an das Soziale zu versöhnen. Seit den 1930er Jahren sollte er beträchtlichen Einfluss auf die weitere Ausgestaltung der Würdekonzepte im 20. Jahrhundert nehmen.

In Deutschland gehörten zu den Wegbereitern und wichtigsten Vertretern des Personalismus die beiden Philosophen Max Scheler und Helmuth Plessner. Die von ihnen begründete philosophische Anthropologie richtete sich sowohl gegen den evolutionären Biologismus als auch gegen die idealistischen Vernunftlehren. Scheler ging zwar vom biologischen Wesen des Menschen und seiner »Stellung im Kosmos« aus, wollte ihn darauf aber nicht beschränkt wissen. Er verstand seine Anthropologie zum einen als Gegenentwurf zu Kants Vernunftphilosophie, weil sie den Menschen zu Unrecht von seinen Empfindungen abstrahiere. Zum anderen wandte er sich gegen »Menschenliebe« und »Humanitarismus«, weil es sich dabei nur um ein Gefühl aus Protest gegen Herrschaftsverhältnisse handele.

Auf Vernunft oder die Zugehörigkeit zur Menschheit gegründete Würdekonzepte lehnte Scheler ab. Er ließ nur das Individuum als Ausgangspunkt gelten. Die Würde des Menschen sah Scheler gerade darin begründet, sich als »unmittelbar miterlebte Einheit des Er-lebten« erfahren zu können. Das eigentliche Menschsein könne nur in der unmittelbaren Begegnung mit seiner Umwelt aktiviert werden. Aber spezifisch für den Menschen sei, über das Geistige als eine »Wesenstatsache« zu verfügen, aufgrund derer er das Organische überschreiten könne. Erst durch diese »existenzielle Entbundenheit« werde die »Person im Menschen« in Kraft gesetzt und seine Würde als ideale Wirklichkeit realisiert.[97]

Ist für Schelers Anthropologie der Sprung aus dem Organischen kennzeichnend, verortete Helmuth Plessner den Menschen ausschließlich innerhalb des Organischen. Dort aber bildete der Mensch für ihn die höchste Seinsstufe. Auch bei Plessner ist der Mensch mit einer besonderen Qualität begabt: einer »exzentrischen Positionalität« im Verhältnis zu seiner Umwelt, deren Teil er zwar ist, von der er sich aber reflexiv distanzieren kann. Das befähigt ihn zu Glaube, Kultur und Vernunft, aber auch dazu, sein Verhalten zu steuern. Würde war für Plessner kein metaphysisches Konzept mehr, sondern die »Idee einer Harmonie der Seele und zwischen Seele und Ausdruck, Seele und Körper«.[98] Sie erlaube es, sinnliche Erfahrungen zu kontrollieren und ein ideales Gleichgewicht mit dem Geistigen herzustellen. Wie Scheler, so dachte auch Plessner die menschliche Würde als ein Potenzial und einen idealen Zustand der Ganzheit eines Menschen, die als Person zu ihrer Vollkommenheit gelangt. Die notwendige Bedingung dafür war nicht mehr wie bei Kant die Fähigkeit der Autonomie, sondern das persönliche Erleben: Würde bedeutete, eine Harmonie zwischen Innen und Außen herzustellen.

Vor allem Scheler beeinflusste die Entstehung des katholischen Personalismus. Seit dem Ende des 19. Jahrhunderts gab es erste Bestrebungen, den Katholizismus mit der modernen Gesellschaft zu vereinbaren. Dazu gehörte auch, die Idee der christlichen Person und ihrer Würde weiterzudenken. Die Frontstellung war aus den Jahrzehnten zuvor und der katholischen Soziallehre bekannt: Sozialismus und Individualismus sollten zurückgedrängt werden. Besonders der französisch geprägte Personalismus sollte aber seit den 1930er Jahren ein wichtiges Bindeglied zunächst zu autoritären Staatskonzepten, dann aber auch zur neu entstehenden europäischen Christdemokratie und ihren Würdekonzepten bilden. 1936 versuchte der katholische Philosoph Emmanuel Mounier, verschiedene Richtungen des konfessionell und philosophisch breit gefächerten Personalismus mit seinem »personalistischen Manifest« zu bündeln.

Mounier richtete seinen Ansatz konsequent am christlichen Naturrecht aus. Die Person dürfe nicht als »unpersönlicher Wert« oder »austauschbares Objekt« behandelt werden, sich dazu aber auch nicht durch seine Lebensweise selbst erniedrigen. Er leitete daraus Prinzipien einer zukünftigen Gesellschaftsverfassung ab, die gleichermaßen Liberalismus, Kommunismus und Kapitalismus ablösen sollte: Alles Handeln – Staat, Politik, Wirtschaft – sollte dem Prinzip einer unbedingten Achtung der Person untergeordnet und jedem Menschen der nötige Raum zur Entfaltung seiner geistigen und gemeinschaftlichen Kräfte gegeben werden – wobei dies vor allem eine Orientierung an Werten meinte, wie sie auch im Erziehungsideal der katholischen Soziallehre verankert waren.

Nach Mounier sollte an die Stelle der Gefahr einer »Tyrannei der Institutionen« die »Initiative, Verantwortlichkeit und Dezentralisation« eines jeden Einzelnen treten.[99] Diese Idee erfüllte sich nicht, aber praktischen Einfluss nahm das personalistische Denken gleichwohl in den katholisch dominierten Ländern Spanien, Portugal und Irland, wo die Würde in den 1930er Jahren einen Ankerpunkt neuer Verfassungen bildete – dies allerdings, um als Antwort auf die moralische Krise der Moderne eine hierarchische bis autoritäre, konservative und an die katholische Weltanschauung gebundene Gesellschaftsordnung zu fixieren. So wies die irische Verfassung von 1937 der Frau ausdrücklich ihren Ort »at home« zu, weil dies der natürlichen Ordnung entspreche.

In Deutschland hatten katholische Akademiker und Pädagogen bereits 1922 das Deutsche Institut für wissenschaftliche Pädagogik in Münster gegründet, um einer Säkularisierung des Schulwesens entgegenzuwirken. Eine der Aufgaben des Instituts war eine wissenschaftlich fundierte Lehrerfortbildung, die sich an der katholischen Soziallehre orientierte. Seit 1932 war dort auch Edith Stein tätig, eine Philosophin und Lehrerin, die zehn Jahre zuvor vom Judentum zum Katholizismus konvertiert war. Stein hatte in den 1910er Jahren eine wissenschaftlich aussichtsreiche Karriere in der Philosophie vor Augen, aber gleich mehrere Universitäten lehnten ihre Habilitationsgesuche ab. Dennoch forschte sie, beeinflusst von der Phänomenologie Edmund Husserls, dessen Assistentin sie zeitweise war, auch in den 1920er Jahren weiter zum Zusammenhang von sinnlicher Wahrnehmung (»Einfühlung«), Bewusstsein und Personalität.

Steins Denken wandte sich immer stärker einer christlichen Perspektive auf den Menschen zu. Sie hielt zahlreiche Vorträge und sprach im Rundfunk zur Frage, was ihn ausmacht. Angesichts der drohenden Verfolgung durch den Nationalsozialismus verließ sie 1933 das Münsteraner Institut und trat im Oktober in den Karmel-Orden ein, zunächst in Köln, dann, nach den Novemberpogromen 1938, im niederländischen Echt. Ihre Studien dieser Jahre blieben unveröffentlicht, aber sie entwickelte eine eigene Spielart des Personalismus. Für Stein erfüllte sich das Menschsein in einer begrifflich nicht fassbaren, mystischen Einswerdung mit der eigenen Seele. Denn jeder Mensch weise, so Stein, im Innersten eine ihn zum Individuum machende Eigenschaft auf, die nur jeder für sich erschließen könne. Die Würde des Menschen erkannte Stein mithin sowohl in der allgemeinmenschlichen Fähigkeit, zu einer Person werden zu können, als auch in deren individueller Verwirklichung. Sie brachte somit Inhärenz und Konditionalität der Würde in einem Konzept zusammen, das die Versenkung in das eigene Selbst als idealen Weg sah, um die geistige Freiheit der Person gegen den Materialismus der Moderne zu realisieren.

Steins Mystifizierung der Würde steht exemplarisch für ein breites Spektrum an Denkansätzen im ersten Drittel des 20. Jahrhunderts, die einen besonderen Stellenwert des Menschen als Person gegenüber den anonymen Strukturen der Moderne betonten. Sie reichten weit über die Philosophie und Theologie in die Psychologie und Pädagogik hinein. An sie konnte nicht zuletzt im Widerstand gegen den Nationalsozialismus angeknüpft werden. Tradierungsbrücken und Tradierungsbrüche verweisen auch auf die spätere Genese des Grundgesetzes. Einige tragende Figuren dieses Spektrums wie Karl Jaspers oder Romano Guardini, deren Stimmen in der Bundesrepublik einiges Gewicht entfalten sollten, überstanden den Nationalsozialismus in der inneren Emigration. Anders als zahlreiche weitere Vertreter der philosophischen Anthropologie, des Existenzialismus und der Lebensphilosophie wie Arnold Gehlen, Martin Heidegger oder Otto Friedrich Bollnow, die dem Nationalsozialismus nahestanden und ihn unterstützten, aber dennoch weit über 1945 hinaus eine wichtige Rolle spielten, mussten mit Helmuth Plessner oder William Stern wichtige Vertreter des Personalismus ins Exil fliehen. Edith Stein wurde 1942 in Auschwitz ermordet. Doch mit dem bürgerlichen Entwurf der Würde (»Freiheit«), der sozialistischen Alternative (»Gerechtigkeit«) und dem personalistischen Modell (»Gemeinschaft«) waren bereits vor dem Nationalsozialismus jene drei Linien angelegt, die im Artikel 1 des Grundgesetzes zusammenkommen sollten.

II

VOM ZIVILISATIONS-BRUCH ZUM GRÜNDUNGS-BEKENNTNIS

5

GRENZEN DER DEMOKRATIE: AUFSTIEG UND FALL DER WÜRDE NACH 1918

Macht und Skrupellosigkeit waren schon vor Beginn der nationalsozialistischen Herrschaft ein zentrales Thema in Stefan Zweigs biographischen Romanen und historischen Novellen. Nach 1933 setzte der österreichische Schriftsteller auch dem Kampf für die Freiheit literarische Denkmäler. Zwei Jahre nach »Triumph und Tragik des Erasmus von Rotterdam« erschien 1936 »Castellio gegen Calvin oder Ein Gewissen gegen die Gewalt«. Diesen Konflikt der beiden Reformatoren im Genfer »Gottesstaat« des 16. Jahrhunderts machte Zweig zur Parabel auf die nationalsozialistische Diktatur. Mit seiner strengen Kirchenzucht und puritanischen Moral habe Calvin, der in Zweigs Darstellung Züge Hitlers trägt, nur ein Ziel verfolgt: »Um der Idee Gottes die vollkommenste Würde zu geben, entrechtet und entwürdigt er die Idee des Menschen (...) zugunsten der Gemeinschaft«.[1] Sein Gegenspieler Castellio tritt als Verteidiger von Humanismus, Gewaltlosigkeit und Menschenwürde auf.

Obwohl Zweig die Rolle des Schriftstellers als unpolitisch verstand, schärften Verfolgung, Flucht und Exil seinen Blick wie den vieler anderer Schriftsteller und Intellektueller für die Gefährdung von Freiheit und Menschenwürde durch den totalitären Staat. Kaum ein Werk dieser Jahre hat den nationalsozialistischen Foltermethoden und der damit verbundenen Zerstörung der menschlichen Psyche und Würde einen so prägnanten und verstörenden Ausdruck verliehen wie Zweigs letztes Werk »Die Schachnovelle«. Die Wiener Gestapo hatte den geheimnisvollen Schachspieler Dr. B. vier Monate lang in einem Hotelzimmer vollständig isoliert. Ohne den Begriff der Menschenwürde zu verwenden, beschrieb Zweig, wie subtile Foltermethoden zu einer systematischen Deprivation der Persönlichkeit von B. führten. Doch »wie lange eine Zeit im Raumlosen, im Zeitlosen währt«, könne man niemandem erklären, auch nicht, »wie es einen zerfrißt und zerstört, dieses Nichts und Nichts und Nichts um einen«.[2] Die Druckfahnen erreichten Zweig nur wenige Tage vor seinem Selbstmord am 23. Februar 1942 im brasilianischen Exil.

Eine Republik zwischen Freiheit und Entfremdung

Der Erste Weltkrieg hatte das Zerstörungspotenzial der Moderne im Übermaß sichtbar werden lassen. Menschenverachtende Gewalt und die Technisierung der Kriegsführung verstärkten bei pazifistisch denkenden Intellektuellen wie Heinrich Mann, Stefan Zweig oder ihrem gemeinsamen Freund, dem französischen Literaturnobelpreisträger und Kommunisten Romain Rolland, den Appell an Humanität, Universalität und Menschenwürde. Karl Kraus entwarf in den »Letzten Tagen der Menschheit« ein dunkles Panorama aus Nationalismus, Unterdrückung und Gewalt. In einer der dichtesten Passagen dieser fundamentalen Anklageschrift gegen Krieg und Militarismus wandte er sich gegen die Naivität, die zerstörerische Eskalation des Krieges nicht vorhergesehen und ihr nicht widerstanden zu haben. »(Ihr) spürtet nicht, daß die geringste Maßnahme eurer Besessenheit der Menschenwürde ein unauslöschliches Schandmal aufprägen würde?«[3]

Zum Kern der »Tragödie« erklärte Kraus das Scheitern der vorherigen, auf den Werten von Menschheit und Persönlichkeit fußenden »Ordnung der Welt« des bürgerlichen 19. Jahrhunderts. Weil gegen sie die »Ordnung der Natur« gesiegt habe, zerbreche der zur Marionette gewordene Mensch nun »an der Lüge: die Wesenlosigkeit, an die er den alten Inhalt seines Menschentums verloren hat, in den alten Lebensformen zu bewähren«. Gleichwohl stand gerade das Nachkriegseuropa im Zeichen sozialer und politischer Experimente. Demokratie und Sozialismus eröffneten Chancen, um die »alten Lebensformen« zu überwinden. Jedoch wurde die Menschenwürde in der politischen Sprache durch die Rhetorik der Revolution und das Pathos der Freiheit überrollt. Sie entwickelte sich nicht zum Ankerpunkt des demokratischen Selbstverständnisses der Weimarer Republik.

In deren Verfassung findet sich die Würde nur an einer Stelle. In Artikel 151 heißt es, die »Ordnung des Wirtschaftslebens« müsse »den Grundsätzen der Gerechtigkeit mit dem Ziele der Gewährleistung eines menschenwürdigen Daseins für alle entsprechen«. Dies nahm entsprechende Forderungen der Sozialdemokratie auf und betonte den sozialstaatlichen Anspruch der neuen Republik. Offen blieb, wann ein »menschenwürdiges Dasein« erreicht war. Dennoch stellte die Weimarer Verfassung eine große Errungenschaft dar: Sie schrieb die Selbstverpflichtung des Deutschen Reiches auf das Modell eines parlamentarisch-demokratischen Sozialstaats fest. Als Vorläufer des Artikels 1 des Grundgesetzes erklärte Artikel 114: »Die Freiheit der Person ist unverletzlich.« Dem Parlament und dem Reichspräsidenten räumte die Verfassung allerdings sehr weit gehende Rechte und Möglichkeiten ein, im Sinne der »öffentlichen Sicherheit und Ordnung« wesentliche Grundrechte einzuschränken oder außer Kraft zu setzen. Die Freiheit war nicht unverletzlich.

Die Verfassung sollte die bürgerliche Agenda der liberalen Grundrechte mit sozialistischen Gesellschaftsvorstellungen versöhnen. Aber sie ließ viele Fragen offen und eröffnete damit Vertretern eines autoritären Staatsdenkens wie Carl Schmitt die Möglichkeit, auf die Weimarer Republik beträchtlichen Einfluss zu nehmen. Er diskreditierte die Gleichheitsmoral einer »Menschheitsdemokratie« ebenso vehement, wie er den Parlamentarismus als das eigentliche Herz des Rechtsstaats ablehnte. Im Sinne einer starken liberalen Demokratie dachten nur wenige die Weimarer Republik produktiv weiter. Zu ihnen gehörte der sozialdemokratische Staatsrechtler Hermann Heller. Als akademischer Lehrer von Carlo Schmid, Ernst Fraenkel und Wolfgang Abendroth sollte der bereits 1933 im spanischen Exil jung verstorbene Jurist nachhaltigen Einfluss auf die spätere Bundesrepublik nehmen. In der Weimarer Republik vertrat er – kontrovers gegen Schmitt wie gegen den rechtspositivistischen Demokratiebefürworter Hans Kelsen oder die marxistisch geprägte Mehrheitsmeinung in der SPD – eine dezidiert an der menschlichen Lebenswirklichkeit orientierte Staatslehre.

Heller ebnete der Sozialdemokratie den Weg zu einem staatsbejahenden Konzept der sozialen Demokratie nach 1945. Er wollte den Rechtsstaat ebenso »materiell« fundiert, also auf Werten begründet, wie »sozial« ausgestaltet wissen. »Freiheit und Gleichheit« waren für ihn nur auf der Basis eines vom Staat gesicherten »menschenwürdigen Daseins« möglich. Inmitten der Weltwirtschaftskrise betrachtete er den Ausgleich der sozialen Gegensätze als eine wesentliche Voraussetzung, um sich der Zerstörung des Rechtstaats durch den Faschismus erwehren zu können. Doch strukturelle Probleme, akute Krisenlagen und ein Mangel an parteipolitischer Agilität sowie eine Ideologisierung und Radikalisierung des Politischen verengten die Handlungsspielräume der Republik. Negative Erbschaften wie eine verbreitete monarchistische und militaristische Gesinnung, die Kriegslasten und das Revisionsstreben sowie eine fundamentale Ablehnung von Moderne, Demokratie und Liberalisierung wurden gegen die Republik in Stellung gebracht. Dagegen konnte die Weimarer Demokratie keine hinreichende Binnenkohäsion entfalten, um die hochgradig diverse und parteipolitisch konfrontativ organisierte Gesellschaft zusammenzuhalten.

Neben ihren politischen und ökonomischen Belastungen war die Weimarer Republik durch eine Vielzahl gesellschaftspolitischer Konflikte gekennzeichnet. Die »Krisenjahre der klassischen Moderne« (Detlev Peukert) standen im Zeichen grundlegender Widersprüche zwischen industrieller Rationalisierung und steigenden Konsumchancen, staatlicher Fürsorgepolitik und emanzipatorischen Freiheitspostulaten, technologischem Fortschritt und sozialhygienischen Ordnungsmodellen. Über die politischen Lager hinweg war dabei »Entfremdung« ein Grundthema der kulturellen Selbstvergewisserung nach dem Ersten Weltkrieg. Als »Massenglieder allein«, so das Gesellschaftsbild von Siegfried Kracauer, »nicht als Individuen, die von innen her geformt zu sein glauben, sind die Menschen Bruchteile einer Figur«.[4]

Dem pessimistischen Bild einer inneren Entleerung widersprach ein breites Spektrum an Möglichkeiten der Selbstbestimmung und Selbstverwirklichung. Ein prägnantes Beispiel für die damit verbundenen gesellschaftspolitischen Konflikte ist der Kampf gegen das Abtreibungsverbot. Es ging um die Selbstbestimmung der Frau, um menschenwürdige Bedingungen für Schwangerschaftsabbrüche und um die Beendigung einer Klassenpolitik, von der bürgerliche Frauen profitierten. Mehrfach lagen dem Parlament in den 1920er Jahren Anträge auf Gesetzesänderungen und Petitionen zur Freigabe der Abtreibung vor, die aber keine grundsätzlichen Änderungen herbeiführten. Die Enttäuschung darüber entlud sich am Ende des Jahrzehnts: Intellektuelle und Künstler erklärten ihre Solidarität mit ungewollt Schwangeren. Theaterstücke, Bücher und Filme thematisierten mit Titeln wie »Kreuzzug des Weibes« (1926), »Cyankali« (1930) oder »Gequälte Menschen« (1930) die Nöte, Zwänge und Leiden von Frauen in der Abtreibungsfrage. Der Kampf um ihre Würde reichte bis in die Politik. Vor allem kommunistische Parlamentarier und Prominente machten den Kampf gegen die Abtreibung zu ihrer Sache. Manche Ärztinnen und Ärzte bekannten öffentlich, Abtreibungen auch ohne eine medizinische Indikation vorgenommen zu haben, die seit 1927 erlaubt war.

Um so mehr sorgte die Enzyklika »Casti Connubii« 1930 für große Empörung, in der Papst Pius XI. die Heiligkeit der Ehe und das Verbot der Abtreibung bekräftigte, nachdem sich einige anglikanische Bischöfe für eine Änderung ausgesprochen hatten. Zugleich fand das Kriterium einer eugenischen Indikation für Abtreibungen und Sterilisationen immer mehr Fürsprecher, wie sie in anderen westlichen Ländern bereits praktiziert wurden. Als aber die beiden Galionsfiguren des Kampfes gegen den § 218 – der Arzt Friedrich Wolf und seine Kollegin Else Kienle – verhaftet wurden, wuchs der Protest 1931 zeitweilig zu einer nationalen Massenbewegung an. Kienle griff dabei im Rahmen ihres Einsatzes für den »Kampfausschuß gegen § 218« auf den Würdebegriff der frühen Frauenbewegung zurück: »Es gibt ein Gesetz, das höher steht als alle Paragraphen, das ist das Gesetz der Menschenwürde und der Frauenwürde.«[5]

Erosion eines Kompromisses

Die erste deutsche Republik basierte auf einem Gründungskompromiss von Interessengruppen, die unterschiedliche Gesellschaftsmodelle vertraten. Doch die Leitprinzipien des neuen Staates wurden von großen Teilen der Eliten sowie vom rechten wie vom äußeren linken politischen Lager und bis weit in eine monarchistisch geprägte Gesellschaft hinein nicht geteilt. Mit der Gründungsallianz aus Sozialdemokraten, Liberalen und Zentrum sollten auch Freiheit, Gerechtigkeit und Menschenwürde erodieren. Stattdessen erhielten partikulare Normen und exklusionistische Weltanschauungen immer größeren Zuspruch. Vor allem das Ideal, im Namen der Würde den Einzelnen zu schützen, geriet dabei unter die Räder des politischen Diskurses.

Anders als im Kaiserreich spielte die Menschenwürde im Parlament keine nennenswerte Rolle: Der Sozialdemokratie war als Regierungspartei ihre Kampfformel abhandengekommen. Allerdings galt das nicht für ihre Presseorgane: »Vorwärts«, »Freiheit« und »Sozialdemokrat« griffen häufig auf das Bild der »mit den Füßen getretenen« Menschenwürde zurück, um Ausbeutung, Unterdrückung oder Ungerechtigkeit in den Arbeitsverhältnissen der neuen Republik zu kritisieren. Sie wurde als Maßstab für die Wohlfahrtspolitik oder das Gefängniswesen angemahnt, aber auch für das Erziehungswesen und Familienleben eingefordert. Die »Frauenstimme« warnte 1927, das Proletariat müsse »fürchten, die Menschenwürde in den Kindern zu erschlagen, den aufrechten Menschen«.[6] Regelmäßig wurden die Zustände in der Sowjetunion als Missachtung der Menschenwürde kritisiert.

Vor allem diente die Menschenwürde in der sozialdemokratischen Presse als Appell an den eigenen Zusammenhalt: Zum 1. Mai 1926 feierte der »Vorwärts« diesen Tag als »Symbol des kommenden Frühlings endlicher Menschenwürde und der brüderlichen Solidarität im Welttreibhaus der Arbeit«.[7] Die Arbeiter sollten sich, so hieß es ebenso wiederholt wie nachdrücklich, ihrer Würde als Menschen bewusst werden. Mit besonderem Pathos wurden dabei Jugendliche angesprochen. Je heftiger die Auseinandersetzungen um die Republik tobten, desto stärker trat die Forderung hervor, sich für die Menschenwürde einzusetzen, gerade im Kampf gegen den Faschismus. Nach der Reichspräsidentenwahl von 1932, die den Aufstieg der Nationalsozialisten fortgesetzt hatte, deklamierte der »Vorwärts«: »Gegen die Apostel der stumpfen Gewalt, für Freiheit, Gleichberechtigung und Menschenwürde – nun erst recht!«[8]

Jenseits von Parlament und Parteien hätten Verfassungsfeiern ein Ort sein können, um der Menschenwürde öffentliche Geltung zu verschaffen. Der Verfassungstag war 1921 zwar zum Nationalfeiertag erklärt worden, aber auch wenn auf Reichsebene ein bestimmtes Ritual entwickelt wurde, tat man sich vor Ort schwer damit, entsprechende Veranstaltungen durchzuführen. Meist erschöpften sie sich in Reden von Honoratioren und Wissenschaftlern. Sie fanden wenig Aufmerksamkeit und konkurrierten mit anderen Veranstaltungen wie den monarchistischen und nationalistischen Sedanfeiern, die aus dem Kaiserreich übernommen worden waren. Zudem war von der Würde des Menschen bei diesen Anlässen kaum die Rede. Nicht das Recht des Einzelnen, sondern die Nation stand im Vordergrund.

Reden bei den Verfassungsfeiern waren kaum dazu angetan, die Idee der Menschenwürde zu stärken. 1929 zeigte sich der Historiker Hermann Oncken skeptisch, ob sich über das »vielleicht zu ideal« formulierte Ziel des »menschenwürdigen Daseins« nicht die »Hypothek« der Verpflichtungen aus dem Versailler Vertrag gelegt hätten.[9] Der Sozialpsychologe Willy Hellpach bildete eine große Ausnahme: 1926 erklärte er die Menschenwürde zum »innersten sittlichen Kern aller Demokratie«.[10] Ein Jahr nach Hellpach forderte Hermann Heller eindringlich zur unbedingten Verteidigung der Verfassung gegen seine Gegner auf, da der »soziale Rechtsstaat« erst im Wachsen sei, sich aber der monarchische Konservatismus und der liberale Rechtsstaat überlebt hätten.

Doch selbst in Hellers emphatischem Bekenntnis zur Verfassung blitzte die politische Idee der Menschenwürde, wie sie in bestimmten Kreisen durchaus vertreten wurde, nur indirekt auf. So hatte sich der Sozialwissenschaftler Eduard Heimann, der eng mit dem Kreis religiöser Sozialisten um den Theologen Paul Tillich verbunden war, in seiner »Theorie des Kapitalismus« 1929 mit Verve für die Würde eingesetzt. Der »irrationale Anspruch« des Menschen auf »Würde und Sinn« als »Selbstzweck« sei die »eigentliche Tiefenschicht des Lebens« und mit dem liberalen Vernunftbegriff nicht zu begreifen. Er stünde in einem unauflösbaren Widerspruch zur »Entwürdigung der lebendigen Arbeit zu einem bloßen Mittel für den Sachzweck der Güterherstellung«.

Die leitende »soziale Idee« der Arbeiterschaft bleibe deshalb, die »Freiheit und Würde der Arbeit« sicherzustellen.[11]

Trotz solcher Erinnerungen an den kämpferischen Würdediskurs des Kaiserreichs gerieten in der Weimarer Republik sowohl die Idee als auch der Begriff der Menschenwürde immer mehr in die Defensive, lange bevor die Nationalsozialisten an die Macht kamen. Die Würde des Menschen war nicht als normative Basis von Staat, Verfassung und Gesellschaft verankert und fand in der immer stärker und parteiübergreifend auf die »Volksgemeinschaft« setzenden politischen Sprache keinen Widerhall. Die erstmals mit der Weimarer Verfassung in Deutschland verbrieften Grundrechte standen von Beginn an unter massiven Belastungen, weil Nation, Volk und Staat, aber auch die kirchlichen Milieus und die Sozialdemokratie als antiliberale Weltanschauungen die soziale Wirklichkeit dominierten. Allen Möglichkeiten einer individuellen Lebensgestaltung zum Trotz, die sich durch die Demokratisierung von Politik, Konsum und Medien ergaben, trat das kollektivistische Denken mit jeder Krise immer stärker in den Vordergrund. Daran änderten schließlich die vielen Appelle an individuelle Freiheitsrechte und die Entfaltung der Persönlichkeit zu wenig, wie sie oppositionelle Intellektuelle, zahlreiche Reformpädagogen oder Verfechter einer aufgeklärten staatsbürgerlichen Bildungsarbeit äußerten.

Angesichts dieser Marginalisierung individueller Rechte in der politischen Kultur kam es nicht zu einer produktiven Versöhnung der liberalen, christlichen und sozialdemokratischen Würdekonzepte aus dem 19. Jahrhundert. Einen solchen Konsens verhinderte nicht zuletzt eine konservative Allianz der alten Eliten, weil sie darauf hoffte, den monarchistischen Ständestaat wiederherzustellen, und dafür gerade eines elitären und konditionalen Würdebegriffs bedurfte. So scheiterte die Weimarer Republik auch daran, was erst der Bundesrepublik durch eine Gründungsallianz aus christlichen, liberalen und sozialdemokratischen Werten gelingen sollte: einen offen gehaltenen, dennoch universal verstandenen Würdebegriff an den Anfang ihrer Geschichte zu setzen.

Angriff auf die Menschenwürde

»Freiheit der Presse, der Äußerung überhaupt, Gewissensfreiheit, persönliche Würde (…) sind jetzt beseitigt«, hielt der österreichische Schriftsteller Robert Musil im März 1933 konsterniert fest, »ohne daß es auch nur einen einzigen zum äußersten empörte.«[12] Im selben Jahr sprach der bereits im Exil lebende Schriftsteller Lion Feuchtwanger in seinem Roman »Die Geschwister Oppermann« nach einem Panorama von Gewalt und Entrechtung vom Nationalsozialismus als »organisiertem Sadismus«, seinem »raffiniert ausgeklügelten System von Demütigungen« und der »bürokratisierten Zerschlagung der Menschenwürde«.[13] Durch die Außerkraftsetzung der Grundrechte am 28. Februar 1933 und seine führergebundene, völkische und rassistische Rechtsetzung beseitigte der nationalsozialistische Staat die Person als Rechtsträger, das Individuum als Schutzobjekt und die Persönlichkeit als zu förderndes Gut: »Mensch sei nicht (mehr) gleich Mensch.«[14]

Massenverhaftungen und Terrorgewalt fanden ihren sichtbarsten Ausdruck in den öffentlichen Demütigungen von politischen Gegnern, Juden und Menschen, die des Vergehens gegen die nationalsozialistischen »Rassegesetze« beschuldigt wurden. So gingen Pressebilder des Münchner jüdischen Anwalts Michael Siegel um die Welt, der von der SA am 10. März 1933 wie bei einem Prangerumzug durch die Straßen getrieben wurde, um den bereits brutal Zugerichteten zusätzlich zu beschämen und ein Exempel zu statuieren. »Ich werde mich nie mehr bei der Polizei beschweren«, stand auf dem Schild um seinen Hals. »Pogrome machen«, so Heinrich Mann 1938, das »können sie. Eine Nation regieren, so daß sie das Leben und halbwegs die Menschenwürde hat, das können sie nicht.«[15] Vielmehr: Sie wollten es nicht. Unter dem Eindruck von Terror und Pogromen nahm Manns politische Haltung immer klarere Konturen an: Die Menschenwürde rückte als Telos des Staates, seiner Führung und »Gesittung« ins Zentrum des von ihm angestrebten »sozialistischen Humanismus«. Zivilisation – das war für ihn gleichbedeutend mit »Recht, Ehre, Menschenwürde«.[16] Daraus entwickelte er einen neuen Imperativ der postnazistischen Ordnung: »Ist die Menschenwürde staatsfeindlich, dann fort mit dem Staat.«[17]

Das sahen die Nationalsozialisten grundlegend anders. Mit Hitler kam unter aktiver Mitwirkung der konservativen Eliten eine Bewegung an die Macht, die christliches Mitleid und humanitäre Sensibilität als Schwäche diffamierte, liberale Grundrechte und bürgerliche Individualität zum Grundübel der modernen Welt erklärte sowie die sozialistische Forderung nach Gleichheit und Gerechtigkeit ebenso heftig ablehnte, wie sie die Juden für all diese Maximen verantwortlich machte und bekämpfte. Die damit verbundene Radikalisierung des biologistischen, eugenischen und antisemitischen Denkens bedeutete einen fundamentalen Angriff auf die Idee der absoluten, inhärenten Würde und ihre in Ansätzen erfolgte Verwirklichung – aber vor allem auf jene Menschen, denen Recht und Moral keinerlei Schutz vor ihrer Verfolgung und Ermordung mehr boten.

»Führerprinzip« und »Volksgemeinschaft« waren mit der universalen Würdeidee und einem liberalen Freiheitsrecht unvereinbar. Bereits in seiner Rede vor dem Reichstag am 23. März 1933 machte Hitler das Leitmotiv des NS-Staates deutlich: »Nicht das Individuum kann Mittelpunkt der gesetzlichen Sorge sein, sondern das Volk.«[18] Bei vielen, die sich noch nicht den Nationalsozialisten angeschlossen hatten, aber in Kollektivkategorien von Nation und Volk dachten, traf er damit auf offene Ohren, denn gerade die Weimarer Republik war jahrelang als krisenhafter Auswuchs des modernen Liberalismus und Individualismus angegriffen worden. Joseph Goebbels sekundierte, das Jahr 1789 werde aus der Geschichte gestrichen: »Wir wollen die Weltanschauung des Liberalismus und die Anbetung der Einzelperson beseitigen und ersetzen durch einen Gemeinschaftssinn, der wieder das ganze Volk umfasst.«[19] Unter dem Titel »Totale Revolution« stellte er im November 1933 fest: »Die Grenzen des individuellen Freiheitsbegriffs liegen deshalb an den Grenzen des völkischen Freiheitsbegriffs.«[20] Freiheit sollte es nur für die Nation geben und der Verlust ihrer individuellen Dimension im Gewand der antiliberalen, radikal-exklusionistischen »Volksgemeinschaft« schmackhaft gemacht werden.

Dagegen wurde nun die Menschenwürde wieder als oppositioneller Kampfbegriff mobilisiert. Bedrückend oft sprach die bedrängte Arbeiterpresse weit über die ersten Wochen des NS-Regimes hinaus von der »grausam«, »brutal«, »mit Füßen getretenen« und »vergewaltigten« Menschenwürde. Diese Diskreditierung des Nationalsozialismus sollte auch dazu dienen, seine Avancen an die Arbeiterschaft zu unterlaufen: »(D)er deutsche Faschismus (…) schwätzt von Menschenwürde und degradiert den Träger der Arbeit zum Objekt des kapitalistischen Ausbeuters.«[21] Manche Äußerungen in der Exilpresse nahmen nahezu flehenden Charakter an, endlich den Unrechtscharakter der nationalsozialistischen Herrschaft zu erkennen. So schrieb der in Prag erscheinende »Neue Vorwärts« im Zusammenhang mit antijüdischen Pogromen in Berlin am 21. Juli 1935, die »Barbarei« herrsche im Herzen Europas. »Mord, Folterung, Menschenraub, Vergewaltigung aller Menschenwürde« standen am Beginn einer langen Liste von Verletzungen, die in einem Satz zusammengefasst wurden: »Das ist Hitlerdeutschland!«[22]

Angesichts von Gewaltwillkür und Parteiverbot erlangte die Menschenwürde nun auch in der Sozialdemokratie einen gewissen programmatischen Status: Unter dem Druck linkssozialistischer Widerstandsgruppen ließ der Vorstand der ins Exil geflohenen SPD den früheren Finanzminister Rudolf Hilferding 1934 das »Prager Manifest« verfassen. Ging die bisherige Reformsozialdemokratie von einem Zusammenbruch des Kapitalismus aufgrund seiner eigenen Widersprüche aus, proklamierte das Manifest eine sozialistische Revolution gegen den Nationalsozialismus. Sie sei mehr als nur eine »materielle Angelegenheit«, sondern »Mittel zum Endziel der Verwirklichung wahrer Freiheit und Gleichheit, der Menschenwürde und vollen Entfaltung der Persönlichkeit«.[23]

Zeugen ihrer Entwürdigung

Freiheit, Menschenwürde und Persönlichkeit – drei Grundbegriffe des späteren Grundgesetzes – zu betonen war durch die bisherigen Terrorerfahrungen motiviert und wurde durch alle folgenden umso mehr bestätigt. Über seine Begegnung mit dem Pazifisten, Intellektuellen und Herausgeber der »Weltbühne« Carl von Ossietzky im KZ Esterwegen im Oktober 1935 schrieb der Schweizer Carl Jacob Burckhardt: »Ein zitterndes, totenblasses Etwas, ein Wesen, das gefühllos zu sein schien, ein Auge verschwollen, die Zähne anscheinend eingeschlagen.«[24] Berichteten in diesen Jahren Verfolgte des nationalsozialistischen Regimes, die physische Gewalt erlitten hatten, über ihr Schicksal, griffen sie kaum auf den Würdebegriff zurück. Die meisten sparten zwar nicht mit drastischen Szenen oder eindeutigen Bewertungen und benannten ihre Erfahrungen als Schikane, Demütigung oder Diffamierung. Aber gerade bei den aus politischen Gründen Verfolgten standen eher Begriffe wie Freiheit, Frieden, Solidarität, Menschlichkeit oder Zivilisation im Vordergrund. Auf einen universalen Würdebegriff, um sich selbst als entwürdigt zu bezeichnen, konnten die Betroffenen noch nicht zurückgreifen.

Stattdessen wurde von den Verbrechen als »Schmach« für das deutsche Volk und als Vergehen an seiner »Ehre« gesprochen.

Würde wurde meist eher im Sinne der Charakterwürde verstanden. Sie war an Eigenschaften oder Handlungen gebunden, die Menschen erwerben mussten und verlieren konnten. So notierte der Romanist Victor Klemperer Ende 1933 in seinem Tagebuch: »Dies ist das charakteristischste Faktum des abgelaufenen Jahres, dass ich mich von zwei nahen Freunden trennen musste.« Von einem, weil er Nationalsozialist, von einer anderen, weil sie Kommunistin geworden sei. »Beide sind damit nicht einer politischen Partei beigetreten, sondern ihrer Menschenwürde verlustig gegangen.« Klemperer verurteilte beide Weltanschauungen: »Beide mißachten und negieren die Freiheit des Geistes und des Individuums.«[25]

Auch für das Verhalten von Verfolgten untereinander galt Würde vorwiegend als Ausdruck zivilisierter oder politisch wertvoller Verhaltensweisen. So wurde von Mithäftlingen in den frühen Konzentrationslagern erwartet, nicht alles mit sich machen zu lassen oder nicht aus Feigheit die »Ehre der Partei« zu verraten. In einem frühen Bericht über NS-Konzentrationslager von 1934 heißt es, der SPD-Politiker Ernst Heilmann sei »seines Benehmens wegen sofort außerhalb unserer Kommune gestellt« worden.[26] Auch der Schauspieler und Theaterregisseur Wolfgang Langhoff ging in einem der ersten Selbstzeugnisse über die frühen Konzentrationslager – dem 1934 verfassten und im Jahr darauf erschienenen Bericht »Die Moorsoldaten« – auf Heilmann ein, bekräftigte aber, die Kommunisten im Lager, zu denen er gehörte, hätten sich bei aller Distanz nicht zu »Handlangern der Nationalsozialisten« gemacht. Dennoch präsentierte sich Langhoff als standhafte und ideologisch gefestigte Gegenfigur zu Heilmann, dem er ein »unmännliches Wesen« attestierte.

Anders als in vielen Berichten spielte bei Langhoff der Würdebegriff eine wichtige Rolle. Ihn ließen wenige Tage nach seiner Einlieferung in das Düsseldorfer Gefängnis »Ulmer Höh« am 28. Februar 1933 die ersten Schläge und Fußtritte der SS spüren,

»daß wir keine Menschen mehr sein sollen«. Er empfand zudem »Scham« darüber, einem Kameraden, der noch schlimmer zugerichtet worden war, nicht zu Hilfe gekommen zu sein. »Es ist nicht wahr, es kann nicht sein«, so Langhoff, »daß ab heute deine Vorstellungen von Recht, Gerechtigkeit, Menschenwürde ungültig sein sollen!« Auf die Schilderung einer Folterszene lässt Langhoff die Sätze folgen: »Darf ich noch ein Mensch sein? – Habe ich dafür gelebt (…), aufgewachsen mit allen Vorstellungen von Würde, Menschenrecht und Achtung vor dem Lebenden? (…) Menschenwürde, Haltung, Mut und Todesverachtung – Lügen, lauter Lügen!« Für die unmittelbaren körperlichen und seelischen Auswirkungen griff er jedoch nicht auf den Würdebegriff zurück: »Scham überfiel mich, brennende Scham und Ekel vor mir selbst.«[27]

Langhoff ging zwar über das Verständnis von Würde als Verhaltensnorm hinaus, kleidete seinen Bezug auf die universale Menschenwürde aber in rhetorische Fragen. Denn seiner kommunistischen Lesart nach handelte es sich beim Nationalsozialismus um eine Form pervertierter bürgerlicher Herrschaft, die wiederum für das liberale Konzept der Menschenwürde stand. Die kapitalistische Bourgeoisie entlarvte sich nun selbst, indem ihr vermeintliches Menschenideal, andere menschenwürdig zu behandeln und sich selbst menschenwürdig zu verhalten, zugrunde ging. In ähnlicher Weise kritisierte der Sozialphilosoph Max Horkheimer 1936 im New Yorker Exil, wie die Grundidee der »Würde des Menschen (…), sich selbst zu bestimmen«, unter den Bedingungen des bürgerlichen Kapitalismus in eine »Idealistische Vergottung des Menschen« umgeschlagen sei. Nicht die »inneren Energien« bestimmten über das menschliche Leben, sondern das »äußere Schicksal«, und dies schreibe im Gegensatz zum humanistischen Ideal gravierende Ungleichheiten fest, über die der Einzelne gerade nicht bestimmen könne.[28]

Langhoff rief als gefeierter Interpret klassischer Heldenrollen das humanistische Würdemodell auf, um es zugunsten einer Ideologie zu desavouieren, die den bürgerlichen Individualismus ablehnte und deshalb mit dem Begriff der Würde unverkennbar fremdelte. Er nutzte ihn deshalb vor allem, um seinen eigenen politischen Weg bestätigt zu sehen: Hatte er sich schon am Ende der Weimarer Republik in den Dienst der KPD gestellt, übernahm er im KZ Börgermoor die Leitung des illegalen, kommunistisch dominierten Lagerkomitees, ehe er nach Entlassung und Flucht in die Schweiz am Zürcher Schauspielhaus für eine verboten tätige kommunistische Zelle verantwortlich wurde und schließlich nach dem Krieg zu einer zentralen Figur des Theaters in der frühen DDR aufstieg.

Wie sich bei Langhoff andeutet, avancierte die Würde zu einem der wichtigsten Themen des Exils. In Klaus Manns Emigrantenroman »Vulkan« ist es mit dem früh in die USA emigrierten Professor Benjamin Abel ein Intellektueller, der wiederholt die Menschenwürde zur moralischen Norm erhebt. Faschismus bedeute die »Entwürdigung des Menschen« durch eine »Horde dekadenter Barbaren« als »Entwürdigung des Geistes«.[29] Für viele der vom Nationalsozialismus Verfolgten hieß Würde aber vor allem, den erlebten Demütigungen erhobenen Hauptes zu widerstehen. Sieben Jahre lang hatte die renommierte jüdische Ärztin Hertha Nathorff in ihrem Tagebuch vom Verlust ihrer Zulassung 1933 bis zur Auswanderung nach New York die zunehmenden Grausamkeiten der Nationalsozialisten mit Schrecken registriert. Doch erreichte ihr Leben seinen Tiefpunkt erst nach der Ankunft im Exil: »Oh, ich schäme mich so (…) für die anderen, die (…) uns nicht ein paar Dollars vorgestreckt haben, damit wir ein menschenwürdigeres Obdach hätten nehmen können.«[30] Noch unwürdiger als ihr eigener Zustand erschien Nathorff das Verhalten der anderen, auf deren Hilfe sie angewiesen war. Indem sie sich für jene schämte, von denen sie sich Hilfe versprochen hatte, versicherte sie sich zugleich ihrer eigenen Würde.

Deutlich weiter ging im Herbst 1939 der jüdische Philosoph Hans Jonas. Er appellierte an die Würde, im Sinne von »Pflicht«, »Bedürfnis« und »Ehre« der eigenen Unterdrückung zu widerstehen. Voller Leidenschaft rief er die »jüdischen Männer« nach dem jahrelangen »ohnmächtigen Erdulden jeder Schmach und jedes Unrechts« zum Kampf gegen Hitler auf.[31] Aber Jonas verknüpfte dies mit der inhärenten Menschenwürde: Er war motiviert durch das Prinzip der »Selbstachtung«. Denn mehr als nur auf Einzelne ziele »das Naziprinzip (…) ins Zentrum unserer Menschenwürde und zugleich unserer nackten Daseinsmöglichkeit«. Plastisch stellte er seinen Lesern die vorherigen sechs Jahre vor Augen: »Tausende jüdischer Menschen geplündert, gequält, verjagt; in den Selbstmord getrieben; wie Vieh verfrachtet und ins Nichts gestoßen. (…) Wo wir Bürger waren, hat man uns unter das Tier erniedrigt (…).«[32]

Jonas erinnerte an den unverzichtbaren jüdischen Beitrag zur »Ethisierung der Menschheit«, die der Nationalsozialismus gerade bekämpfe. Werde diesem physischen wie metaphysischen »Vernichtungskrieg« nicht mit aller Macht Einhalt geboten, könne nur die »Ausrottung« des jüdischen Volkes an seinem Ende stehen – oder »jene letzte Entwürdigung, die noch schlimmer ist als sie«, nämlich kampflos überlebt zu haben.[33] Unter dem Eindruck dieser Vorahnung des Holocaust verwob Jonas zwei Formen der Würde miteinander: die Charakterwürde, sich nicht zum »Paria« degradieren zu lassen, und den fundamentalen Angriff des Nationalsozialismus auf die universale Menschenwürde, wie sie für ihn im Wesen und in der Geschichte des jüdischen Volkes verkörpert war. Davon waren die Deutschen in ihrer Mehrheit weit entfernt. Denn ihnen sei, so der »Vorwärts« im April 1934, der »siegreiche revolutionäre Durchbruch der Menschenwürde nie zum aufwühlenden nationalen Erlebnis« geworden.[34]

6

VERFOLGUNG UND WIDERSTAND: DIE MENSCHENWÜRDE ALS VISION

Der Weg der Würde ins Grundgesetz begann im Exil. Im September 1936 widersprach Hans Nawiasky – Staatsrechtler, Exilant aus Deutschland und nur mit einem prekären Aufenthaltsstatus ausgestattet – auf einer juristischen Fachtagung im schweizerischen Solothurn seinem Vorredner Hans Huber ebenso entschieden wie gewagt. Der Bundesrichter und spätere Staatsrechtsprofessor aus Zürich hatte bei den jährlich stattfindenden »Verhandlungen des Schweizer Juristenvereins« die Idee der Grundrechte zusammen mit ihrer vorrechtlichen Begründung für überholt erklärt und eine allmächtige Exekutive gefordert. Nawiasky meldete sich zu Wort: In einem solchen Staat, so warnte er, verliere das Individuum seine »Persönlichkeitswürde«. Wie ein Menetekel stand damit die nationalsozialistische Gewalt im Raum.[35]

Nawiasky sollte in den Verfassungsberatungen der Nachkriegszeit wesentlich dazu beitragen, die Würde als Verfassungsbegriff zu verankern. Eine wichtige Stufe dafür war seine im schweizerischen Exil mehrfach erhobene Kritik an den antidemokratischen Entwicklungen in der Schweiz und in Österreich. 1936 sprach er allerdings noch nicht von der Würde des Menschen, sondern von der Würde der »Persönlichkeit«. Damit knüpfte er den Anspruch auf Würde an bestimmte Eigenschaften oder sittliche Qualitäten, wie er sie unter anderem mit dem herausgehobenen Stand des Akademikers verband. Den Verlust dieser Würde hatte Nawiasky selbst erfahren, denn im Frühjahr 1933 musste der Münchner Professor überstürzt in die Schweiz fliehen, um seiner Verhaftung durch die SA zu entgehen. Kurz zuvor war ihm die Lehrberechtigung entzogen worden. Das war nicht nur eine Folge des mit dem »Gesetz zum Schutz des Berufsbeamtentums« eingeführten »Ariernachweises«, sondern hatte eine besondere Vorgeschichte.

Im Juni 1931 hatte der »Völkische Beobachter« Nawiasky wegen einer Äußerung zum Versailler Vertrag des Verrats bezichtigt und in massiver, antisemitischer Weise diffamiert. Nationalsozialistische Studenten stürmten daraufhin seine Vorlesung. Mehrere Anstifter des Aufruhrs, die von sich zynisch behaupteten, die »Würde« der Universität nicht in Frage stellen zu wollen, erhoben die Forderung, Nawiasky aufgrund seiner »Unwürdigkeit« zu suspendieren. Sie diffamierten ihn wegen seiner Herkunft, seines Verhaltens und seiner Einstellungen. Noch hatte der Vorstoß der Nationalsozialisten zwar keinen Erfolg. Doch blieb Nawiasky, ein in Graz geborener und gläubiger Katholik jüdischer Herkunft mit österreichischer Staatsbürgerschaft, den Nationalsozialisten mehr als suspekt.

Nawiasky gehörte zu den wenigen Juristen der Weimarer Republik, die sie aus Überzeugung unterstützten. Er entfernte sich dabei immer weiter von einem Rechtspositivismus, der den Schutz des Individuums und seiner Freiheit als eine dem Rechtsstaat ohnehin innewohnende Aufgabe verstand. Unter dem Eindruck von Faschismus und Nationalsozialismus setzte sich Nawiasky stattdessen dafür ein, ideelle, vorrechtliche Begründungen zu berücksichtigen, um die Geltung der Grundrechte abzusichern. Da er keine Renaissance des Naturrechts anstrebte, sprach er nach 1945 von einem »positivierten überpositiven« Rechtsdenken.

Menschenwürde und Völkerrecht: Eine Utopie

Als sich Hans Nawiasky im Schweizer Exil für die »Würde der Persönlichkeit« starkmachte, suchte der Schriftsteller Hermann Broch nach dem ethischen Fundament einer zukünftigen posttotalitären Ordnung. Er wurde zu einem vehementen Verfechter des Würdebegriffs. Broch, wie Nawiasky ein zum Katholizismus konvertierter Österreicher jüdischer Herkunft, hatte Anfang der 1930er Jahre in seiner erfolgreichen Romantrilogie »Die Schlafwandler« der Gegenwartskritik an einer verbreiteten individuellen Orientierungslosigkeit und an einer vom Werteverfall gekennzeichneten Moderne Ausdruck verliehen. Schon 1932 bezeichnete Broch die »ewig innewohnende« Menschenwürde als »das letzte Ziel, dem alles philosophierende Denken, dem alles dichterische Schauen, kurzum dem jedes ethische Tun zuzustreben hat«.[36] Mehr noch: Werde einem Individuum seine Würde und »göttliche Unsterblichkeit« abgesprochen, müsse mit einer »pathetischen Tat« widerstanden werden.[37]

Die Menschenwürde als höchster Wert war mithin bereits ein Thema für Broch, bevor der Nationalsozialismus an die Macht kam. Wie Nawiasky, wenn auch mit noch deutlich größerer Verve, forderte Broch, die Menschenwürde als den absoluten Kern der menschlichen Existenz gegen ihre Verletzungen rechtlich zu schützen. Er stand darüber auch mit Jacques Maritain im Austausch, ohne selbst zu den Personalisten zu gehören. Die seit der Aufklärung formulierte Idee der Menschenrechte sah er angesichts einer »Krise der Demokratie« an ihre Grenze gelangt. Bereits 1937 formulierte er deshalb den Entwurf einer »Völkerbund-Resolution«, um die »Humanitätsidee neu in seiner Struktur zu verankern«.[38] Broch entwickelte darin Zusammenhänge und Formulierungen, die dem späteren Grundgesetz bereits nahekamen und die Menschenwürde erstmals zum grundlegenden politischen und rechtlichen Leitprinzip erklärten. Im »Anblick einer terrorerfüllten Zeit, die mit Menschenleben und Menschenwürde und Menschenleid so unbedenklich wüstet« und den Menschen zum »bloßen Provisorium« degradiere, sollten, so forderte Broch, nationale wie internationale gesetzliche Maßnahmen »ausschließlich der Würde (…) dienen«. Den Völkerbund imaginierte er als einen Schutzwall gegen versklavende Mächte, die er im Kapitalismus und Kommunismus gleichermaßen erkannte.

Broch stützte den Resolutionsentwurf auf eine dem Menschen »eingeborene ethische Absolutheit«, deren Achtung und Verteidigung er zugleich als die obersten Rechte und Pflichten jeder Gesellschaft ansah. Sie machte für ihn zusammen mit ihrer »Unabänderlichkeit« die Menschenwürde aus. Broch verband damit weitgehende Forderungen: alles als »Unrecht« zu deklarieren, was gegen die »absolute Würde des Menschen« verstoße, die nationale Souveränität aufzuheben, sobald die Menschenwürde bedroht sei, und jede Art von »Ungerechtigkeit«, insbesondere die »Entwürdigung des Menschen«, als einen solchen Verstoß zu bekämpfen und strafrechtlich zu verfolgen. Den Völkerbund wollte er zum »unbedingten Hüter und Schützer der menschlichen Würde und ihrer Unantastbarkeit« weiterentwickelt wissen. Der Frieden ließe sich nur wahren, wenn der Völkerbund sein Wirken nicht auf das Verhältnis von Staaten, sondern auf den »einzelpersönlichen Menschen als den Urträger jeglicher ethischen Haltung« abstelle. Anders als Maritain ging es Broch dabei nicht um eine Begründung aus dem christlichen Naturrecht. Er sprach stattdessen von einem universalen »Ethos der Welt«, ließ aber unbestimmt, was dies genau sein sollte.

»The City of Man«

Nachdem Broch im März 1938 für einige Tage inhaftiert worden war, konnte er zunächst nach Großbritannien und im Oktober mit Unterstützung von Albert Einstein und Thomas Mann nach New York emigrieren. Broch, der sich im Exil rasch mit anderen liberalen Sozialisten vernetzte, und Mann, dem der Österreicher 1932 eine »protestantische Würde« attestiert hatte, waren und blieben einander seit dem Ersten Weltkrieg in einer Mischung aus Respekt und Freundschaft, Distanz und Kritik verbunden. Brochs Hang zur Mystik und Manns literarischer Realismus waren allerdings nicht recht miteinander vereinbar. Persönlich kamen sie sich am nächsten, als Mann von 1938 bis 1940 in Princeton residierte und lehrte. In dieser Zeit formulierte Broch den ersten Entwurf eines »Gesetzes zum Schutz der Menschenwürde«.

Trotz ihrer Unterschiede als Schriftsteller gingen Broch und Mann politisch unter dem Eindruck des Krieges einen ähnlichen Weg. Der in den USA gefeierte Mann hatte 1938 in vielen amerikanischen Städten einen Vortrag gehalten, in dem er angesichts der faschistischen Bedrohung an das Wesen der Demokratie erinnerte. Den Unterschied beider Systeme erkannte er explizit in ihrem jeweiligen Verhältnis zur Würde des Menschen. Der Faschismus sei »ohne Gefühl und Verstand (…) für die Verbundenheit des Menschen mit dem Absoluten und ohne Begriff für die unabdingbare Würde, die ihm aus dieser Verbundenheit« erwachse. Nur die Demokratie mache den Menschen in diesem Sinne zum Menschen. Mann plädierte dafür, sie nicht nur in einem technischen Sinne zu verstehen, sondern »in Beziehung zu des Menschen unveräußerlicher und durch keine Gewalterniedrigung zerstörbarer Würde« zu setzen.[39] Wie Broch kontrastierte Mann die Würde des Menschen gezielt mit radikalen Gewaltbegriffen. Auch war hier bereits in verblüffend ähnlichem Duktus vorgedacht, was in das Grundgesetz Einzug halten sollte.

Mann war sich vollauf bewusst, wie schal sein Plädoyer für die Menschenwürde in manchen Ohren klingen konnte. Deshalb rechtfertigte er sie als »tiefes Gefühl«, das gerade in der »Behandlung der Juden«, den Konzentrationslagern und jeder Art von »Pranger, Entehrung, schimpflicher Auszeichnung, Haareabschneiden, den gelben Flecken« und der »Schändung des Rechts durch Gewalt« krankhaft verletzt werde.[40] Doch dass sich Politik und Gesellschaft im Kampf gegen den Nationalsozialismus engagieren würden, war angesichts der jahrzehntelangen Politik des »non-interventionism« der USA nicht selbstverständlich. Indifferenz, Unwissen, aber auch Antisemitismus kamen hinzu. Vor diesem Hintergrund forderte Mann einen entschlossenen Kampf zur Erhaltung von Humanität und Demokratie. Er löste sich in dieser Phase endgültig vom Ideal eines nationalen »Deutschtums« und wandte sich einem universalen Verständnis der Menschenwürde zu. In seinen Reden an »Deutsche Hörer«, die er von Oktober 1940 an bis Kriegsende regelmäßig hielt, forderte Mann eine »Revolte des Menschentums«, einen Kampf des Guten gegen das Böse, der Menschlichkeit gegen den Terror. Die Menschenwürde erklärte er dabei wiederholt zum Maßstab aller zukünftigen Politik.

Der Kriegsbeginn hatte offenkundig gemacht, dass alle bis dahin unternommenen Bemühungen im Kampf gegen den Nationalsozialismus nicht ausreichten, um Zerstörung und Verfolgung zu unterbinden. Nun begann eine Zeit der Manifeste, Reden und Erklärungen, in denen der universale Würdebegriff immer stärker hervortrat. So war es Thomas Mann, der Ende Mai 1940 eine Gruppe von 18 amerikanischen und europäischen Intellektuellen für einige Tage in Atlantic City zusammenbrachte, um ein Konzept für eine zukünftige Weltdemokratie zu entwerfen. Akademische Institutionen, Wissenschaften, Literatur und Kunst waren vielfältig vertreten. Die heute bekanntesten Namen von amerikanischer Seite waren der Publizist und Historiker Herbert Agar, der Historiker Lewis Mumford und der Theologe Reinhold Niebuhr. Unter den fünf europäischen Teilnehmern waren exilierte Juden wie Hans Kohn, Verfolgte des Faschismus wie Manns zukünftiger Schwiegersohn Guiseppe Antonio Borgese – und Hermann Broch.

Im November 1940 erschien das Ergebnis dieser Beratungen: »The City of Man. A Declaration on World Democracy«. Viele Positionen, die Mann und Broch zuvor vertreten hatte, finden sich darin wieder: das Bekenntnis zum Kampf gegen Faschismus und Kommunismus, ein universaler Friede als Ziel, die besondere Rolle Amerikas, die Krise der Demokratie. Dennoch sahen die Autoren in der Weiterentwicklung der Demokratie zu einer »universal and total democracy« den einzigen Anlass zur Hoffnung. Gestützt auf Recht, Gleichheit und Gerechtigkeit sollte sie zur einheitlichen Staats- und Gesellschaftsform auf der Welt werden, weil allein sie das Prinzip der »dignity of man« gegen das »principle of slavery« verkörpere: »The dictatorship of humanity, on the basis of a law for the protection of human dignity, is the only rule from which we may hope for life for ourselves and resurrection for the nations that have fallen.«[41]

Kirchliche Proteste

Während Broch und Mann im amerikanischen Exil für die Idee der Menschenwürde fochten, formierte sich in den deutschen Kirchen erstmals Widerstand gegen die nationalsozialistische Erbgesundheitspolitik. Der Schritt war überfällig, blieb aber widersprüchlich: In den 1920er Jahren waren eugenische Denkmuster tief in das theologische und praktische Denken der Kirchen eingedrungen. So führte die Innere Mission seit 1931 jährlich »Evangelische Fachkonferenzen für Eugenik« durch. Dort bekannte sich der für das evangelische Anstaltswesen verantwortliche Hans Harmsen zu einer »sittlichen Pflicht zur Sterilisierung aus Nächstenliebe und Verantwortung (...) für die künftige Generation«.[42] Während auf evangelischer Seite entsprechende erbbiologische Maßnahmen immerhin noch an die Zustimmung der betroffenen Personen gebunden sein sollten, lehnte die katholische Kirche – wenn auch nicht alle ihre Theologen – solche Eingriffe noch aus grundsätzlichen Erwägungen des christlichen Lebensschutzes ab. Spätestens seit 1933 sank in beiden Konfessionen die Schwelle, Zwangssterilisationen zuzustimmen. So wurden sie nicht nur in den Betheler Anstalten ab 1934 zur gängigen Praxis.

Erst nachdem sich im Frühjahr 1940 in einigen Anstalten die Anzeichen einer systematischen Ermordung von Behinderten verdichtet hatten, wandten sich der Leiter der Betheler Anstalten, Friedrich von Bodelschwingh, sowie seine Amtsbrüder Paul Gerhard Braune und Theophil Wurm in amtsinternen Schreiben an verschiedene staatliche Instanzen bis hin zu den verantwortlichen Ministern. Sie führten konkrete Fälle an, wiesen auf die mangelnde Rechtsgrundlage der geheim betriebenen Vorgänge hin und weigerten sich, die angeordneten Erfassungen von Anstaltsinsassen durchzuführen. Braune, seit 1922 Leiter der Hoffnungstaler Anstalten in Lobetal und Vizepräsident des Centralausschusses der Inneren Mission, verhinderte im Frühjahr 1940 den Abtransport von Insassen aus seiner Anstalt und begann daraufhin, reichsweit Informationen einzuholen, bis er im Juli eine »Denkschrift« mit detaillierten Belegen fertigstellen konnte. Hoffte Braune darauf, mit den eindrücklich beschriebenen Einzelfällen Mitgefühl auszulösen? Der geplanten »Ausmerzung« von »Lebensunwerten«, »Asozialen« und »Gemeinschaftsunfähigen« hielt Braune die »Unverletzlichkeit des Menschenlebens« entgegen. Insgesamt argumentierte er aber, dass die Maßnahmen nicht nützlich seien. Eine Tötung ohne ärztliche Prüfung und aus »reiner Zweckmäßigkeit« lehnte er ab.[43]

Während von evangelischer Seite trotz der Schreiben und Gespräche ein öffentlicher Widerstand um jeden Preis vermieden werden sollte, gingen ein gutes Jahr später einzelne katholische Kirchenführer einen Schritt weiter: Predigten und Hirtenbriefe wurden zum Sprachrohr ihres Protests gegen die Mordaktion »T4«, ohne dass die grundsätzliche Zustimmung zum Regime und dem verbrecherischen Krieg in Frage gestellt oder andere Verfolgtengruppen einbezogen wurden. Ein katholisches Hirtenwort vom 26. Juni 1941 zählte es zu den »heiligen Gewissenspflichten«, »nie (…) außerhalb des Krieges und der Notwehr einen Unschuldigen (zu) töten«.[44] Daran knüpfte der Münsteraner Bischof Clemens Graf von Galen wenige Wochen später an, als er in seiner bekannten Predigt vom 3. August gegen die NS-Euthanasie protestierte. Statt einer Aufteilung in »wertes« und »unwertes« Leben forderte er das unbedingte Recht aller Menschen auf Leben als »Mitmenschen« ein. Wenn Produktivität zum Maßstab für das Lebensrecht werde, seien, so von Galen, bald alle Kranken, Invaliden und Alten davon betroffen.

Am 13. Juli hatte von Galen bereits die »physische Übermacht« der Gestapo beklagt, der sich »jeder deutsche Staatsbürger völlig schutzlos und wehrlos gegenüber« sähe. Selbst der »treueste Staatsbürger« sei nicht mehr sicher davor, »aus seiner Wohnung geholt, seiner Freiheit beraubt, in (…) Konzentrationslagern (…) eingesperrt« zu werden.[45] Doch bei aller Kritik an der totalitären Bedrohung durch staatliche Instanzen in diesen Wochen, die mit dem Schutz von Leben, Freiheit und Privatraum einige Kernmomente des liberalen Würdekonzepts übernahm, bekräftigte und forderte von Galen weiterhin die Pflicht zum Gehorsam gegenüber der Obrigkeit und die Opferwilligkeit im Krieg. Aber Mord? Wie seine protestantischen Amtskollegen sah von Galen hier eine Grenze überschritten.

Erst zwei Jahre später wurden die Kirchenvertreter deutlicher. Am 19. August 1943, veranlasst durch weitere Transporte aus kirchlichen Anstalten, verabschiedeten die katholischen Bischöfe den »Dekalog-Hirtenbrief«. Er wandte sich gegen die Tötung von »schuld- und wehrlosen Geistesschwachen«, »unheilbar Siechen«, »tödlich Verletzten«, »erblich Belasteten und lebensuntüchtigen Neugeborenen«, »unschuldigen Geiseln und entwaffneten Kriegs- und Strafgefangenen« sowie »Menschen fremder Rassen und Abstammung«.[46] Ein Jahr zuvor hatten die Kölner und Paderborner Bischöfe noch unter dem Titel »Achtung und Erhaltung der Menschenrechte« ihre »Genugtuung« über den »Kampf gegen die Macht des Bolschewismus« bekundet.[47] Das Bußtagswort der 12. Synode der Bekennenden Kirche der Altpreußischen Union vom 20. Oktober 1943 kritisierte den Mord an den Juden und an Menschen mit Behinderungen: Ein Recht dazu sei der Obrigkeit nicht von Gott gegeben, da das Leben heilig sei, »ohne Unterschied der Rassen, Völker und Religionen«. Doch weder der christliche Würdebegriff noch die universale Menschenwürde finden sich in diesen Verlautbarungen, auch kein ausdrücklicher Bruch mit dem nationalsozialistischen Staat.

Ein protestantischer Personalist

Das Bußtagswort trug die Handschrift eines jungen evangelischen Theologen, den »Führerprinzip«, »Arierparagraph« und Judenverfolgung sowie die Krankenmorde in den Widerstand gegen das NS-Regime, aber auch in Widerspruch zu seiner eigenen Kirche führten: Dietrich Bonhoeffer. Nach 1945 inspirierte er in der Bundesrepublik und in der DDR viele Ansätze, die Kirche in der modernen Welt neu zu denken. In den Kriegsjahren entwarf er eine theologische Ethik, die Welt und Kirche, das Äußere des Staates und das Innere des Menschen nicht mehr als zwei getrennte »Reiche«, sondern als miteinander verschränkt betrachtete. Bonhoeffer vertrat einen christlich geprägten, nach innen gerichteten und zugleich unbedingt der Welt zugewandten Personalismus: Als Person könne sich der Mensch nur in der zweifachen Bezogenheit auf Gott und auf den Menschen als dialogisch zu erfahrenden »Nächsten« entfalten. Deshalb lehnte er einen liberalen Individualismus ebenso ab wie einen sozialistischen Kollektivismus. In der »Masse« gehe die Person verloren, ein allein weltlich ausgerichtetes Individuum verliere die Möglichkeit einer nur im Glauben gründenden Tiefe. Auf der anderen Seite führte für Bonhoeffer der Weg zu Gott nur durch die Welt.

Bonhoeffer hielt es für anmaßend, sich mit theologischen Lehren über das Leiden der Menschen in der konkret erfahrbaren Wirklichkeit zu stellen. Die Kirche sollte vielmehr in die Welt hineinwirken und sich nicht nur um die Seelen der Gläubigen sorgen. Sie müsse weniger auf das achten, »was sie tun und unterlassen, als auf das, was sie erleiden«.[48] Schon im April 1933 hatte er sich gegen die Diskriminierung von Christen mit jüdischen Angehörigen gewandt und davon gesprochen, »dem Rad (…) in die Speichen« fallen zu müssen.[49] Kategorisch lehnte er den »Ausschluß des Schwachen und Unansehnlichen, des scheinbar Unbrauchbaren aus einer christlichen Lebensgemeinschaft« ab: Dies sei gleichbedeutend mit dem »Ausschluß Christi«.[50] Entschieden wandte er sich gegen jeden Versuch, die Gesellschaft durch »Rationalismus und Biologisierung« zu optimieren. Der »Nutzwert« des Menschen dürfe in keinem Fall seine Tötung rechtfertigen, denn auch krankes sei »menschliches Leben«.[51] Zudem sei niemand befugt, einen solchen Wert zu bestimmen.

Mit dem unbedingten »Recht auf das leibliche Leben« und auf dessen grundsätzliche Unantastbarkeit erhob Bonhoeffer die »natürlichen Menschenrechte« zur Grundlage seiner Ethik, während sich die Kirchen von diesem Begriff bis dahin ferngehalten hatten. Die Menschenrechte waren für Bonhoeffer »natürlich«, allem anderen vorgeordnet und »angeboren«, weil er sie in Gottes Willen begründet sah, dem Menschen das »ewige Leben zu schenken«.

Recht und Freiheit kämen dem Menschen als Einzelnem jedoch nur innerhalb der von Gott ausgehenden Ordnung zu. Leib, Recht und Freiheit waren dabei für Bonhoeffer nicht voneinander zu trennen: »Die Erhaltung des leiblichen Lebens (ist) die Grundlage aller natürlichen Rechte.«

Anders als von den Rechten des Menschen sprach Bonhoeffer kaum von Würde. Dennoch hat er in seiner Ethik das Programm einer christlich fundierten Menschenwürde entfaltet: »Der Hungernde braucht Brot, der Obdachlose Wohnung, der Entrechtete Recht, der Vereinsamte Gemeinschaft, der Zuchtlose Ordnung, der Sklave Freiheit.« Bonhoeffer forderte den »Schutz vor willkürlicher Antastung der Freiheit des Leibes«, der nicht durch die »uneingeschränkte Gewalt« anderer zum bloßen Ding oder Mittel zum Zweck gemacht werden dürfe. In diesem Sinne zu handeln ordnete er dem »Vorletzten« zu, das dem Eintritt in das Reich Gottes als dem »Letzten« den Weg bereiten sollte. Dieser Weg würde erschwert, aber nicht verhindert, wenn der Mensch das »Vorletzte« nicht leben könne, sondern »zum Ding, zur Ware, zur Maschine« geworden sei.

Auch wenn sich viele von Bonhoeffers Maximen unschwer als Kritik am nationalsozialistischen Regime lesen lassen, ging es ihm nicht explizit um den Staat, sondern um den individuellen Weg zum Menschsein. Seine Überzeugung, das »Vorletzte« selbst leben zu müssen, spiegelt sich besonders in den Briefen und Gedichten wider, die er nach seiner Verhaftung am 5. April 1943 schrieb. Bonhoeffer hatte sich schon vor Kriegsbeginn dem frühen bürgerlichen Widerstand gegen das NS-Regime angeschlossen und durfte sich alsbald nicht mehr öffentlich äußern. Dank seiner ökumenischen Kontakte konnte er im Ausland Informationen über den Widerstand verbreiten. Durch seinen Schwager Hans von Dohnanyi hatte er enge Kontakte zum Widerstandskreis um Wilhelm Canaris, den Leiter des militärischen Geheimdienstes der Wehrmacht. Auch wenn alle drei nicht unmittelbar in das Attentat auf Hitler am 20. Juli 1944 und dessen Vorbereitung involviert waren, war der Pazifist Bonhoeffer zum Tyrannenmord bereit – eine der ganz wenigen Ausnahmen vom absoluten Tötungsverbot, die er einräumte. Kurz vor Kriegsende wurde er zusammen mit Canaris im KZ Flossenbürg wie sein Schwager am selben Tag im KZ Sachsenhausen umgebracht. Bonhoeffers Briefen aus der Haft ist zu entnehmen, wie er für sich zu bewahren suchte, was andere die »innere Würde« nannten: »Was Menschen uns auch zufügen«, schrieb er am 13. Dezember 1943 an seine Verlobte Maria von Wedemeyer, »sie müssen in allem doch nur dem Gott dienen, der sich im Verborgenen als Liebe offenbart und die Welt und unser Leben regiert.«[52]

Zukunftsprogramme

Vielleicht war »The City of Man« dem US-Präsidenten Franklin D. Roosevelt vor seiner »State of the Union Adress« im Januar 1941 zugänglich. Bei dieser Gelegenheit proklamierte er jene »vier Freiheiten« der Meinung und des Glaubens sowie des Menschen vor Not und Furcht, die später Bestandteil der UN-Charta werden sollten. Roosevelt erklärte zudem den »decent respect for the rights and the dignity« aller Menschen zum leitenden Maßstab der amerikanischen Politik.[53] Im Nachgang zu dieser Rede entstanden zahlreiche Entwürfe für Menschenrechtserklärungen. Sie konnten auf Vorarbeiten aus den Jahren im und nach dem Ersten Weltkrieg zurückgreifen, wo die Würde als Begriff noch keine Verwendung gefunden hatte. In den Entwürfen dieser Jahre stand das Ziel im Vordergrund, die Menschenrechte als universales Rechtsgut festzuschreiben. Der Würdebegriff findet sich weder im Vorschlag des American Law Institute vom Dezember 1941 für eine »International Bill of Rights« noch in den verschiedenen Fassungen der »Natural Rights of Man« des Schriftstellers und Publizisten Herbert G. Wells oder in der 1943 erhobenen Forderung des Völkerrechtlers Hersch Lauterpacht, den Menschenrechten einen unbedingten Schutz im internationalen Recht einzuräumen.

Aber gerade für Lauterpacht war die Idee einer universalen Menschenwürde zweifelsohne grundlegend. Der britische Jude galizischer Herkunft, der einen Großteil seiner Familie im Holocaust verloren hatte und dessen Rechtsdenken stark durch naturrechtliche Einflüsse geprägt war, die er in das Völkerrecht integrieren wollte, unterschied wie nur wenige andere nicht grundsätzlich zwischen dem zwischenstaatlichen und dem Individualrecht. Er forderte, »that the individual human being – his welfare and the freedom of his personality in its manifold manifestations – is the ultimate unit of all law«. Diesen völkerrechtlichen Paradigmenwechsel gründete Lauterpacht auf ein naturrechtliches Verständnis der Menschenrechte, das nicht dogmatisch oder spekulativ, sondern aus Erfahrungen mit tyrannischen Staaten erwachsen sei. Lauterpacht sprach zwar nicht von Würde, aber vom historisch gewachsenen »respect for the sanctity of human personality«.[54]

Auch aus Kreisen des Exils und des Widerstands kam es in dieser Phase zu einem Schub an programmatischen Texten für die Nachkriegsordnung. Bereits 1940 hatte im schweizerischen Exil der spätere bayerische Ministerpräsident und frühere SPD-Reichstagsabgeordnete Wilhelm Hoegner eine künftige Reichsverfassung entworfen. Dabei ließ er sich unter anderem von Hans Nawiasky beraten, so dass es nach Kriegsende aus verschiedenen Gründen für Hoegner nahelag, ihn zum Sachverständigen für die Entwicklung der bayerischen Landesverfassung zu machen. Erstmals wurde hier der Entwurf für eine deutsche Verfassung am Ideal der Menschenwürde ausgerichtet. Hoegner hatte sich unter dem Eindruck von Gesprächen mit dem Austromarxisten Rudolf Hilferding, dem Verfasser des sozialdemokratischen »Prager Manifests« von 1934, immer mehr der Auffassung zugewandt, Staat und Recht müssten von einem ihnen übergeordneten Ideal geleitet werden – dem »Geist der abendländischen Humanität und der christlichen Liebe«. Hoegner beklagte wie viele andere in diesen Jahren eine Zerstörung des Geistigen und des Glaubens. Jede Verfassung müsse ein »Schutzschild der Menschenrechte und der Menschenwürde für die abendländischen Kulturvölker« sein, weil der Mensch eine »geistige Persönlichkeit und jede Person kostbar und Selbstzweck« sei.[55] Damit wandte er sich gegen Positionen in der deutschen Sozialdemokratie, die dem Würdebegriff keine besondere Bedeutung beimaßen und einen strengen Föderalismus mit den Zielen des Sozialismus für kaum vereinbar hielten.

Seinen Überlegungen für eine zukünftige Verfassung bereitete Hoegner über die 1943 gebildete Exilgruppierung »Das demokratische Deutschland« einen Weg in die späteren Verfassungsberatungen. An ihr wirkten unter anderem der ehemalige Reichskanzler und Zentrumsabgeordnete Josef Wirth sowie der frühere preußische Ministerpräsident Otto Braun mit. Diverse Gesetzentwürfe und Memoranden mündeten 1945 in »Grundsätzen und Richtlinien für den deutschen Wiederaufbau«, die neben einer »Wiederherstellung der Freiheitsrechte« eine »menschenwürdige Zukunft« im Sinne eines »sittlichen, christlich-humanistischen Geistes« forderten.[56] Auch in London, Stockholm oder New York wandten sich inzwischen weitgehend vergessene Intellektuelle des Weimarer Sozialismus wie Willi Eichler, Willy Strzelewicz oder Siegfried Marck einem ethischen, liberalen oder demokratischen Sozialismus und einem universalen Verständnis der Menschenwürde zu. Sogar das Gründungsmanifest des kommunistischen »Nationalkomitees Freies Deutschland«, zu dessen schweizerischer Gruppe Wolfgang Langhoff gehörte, hatte im Juli 1943 neben Frieden und Demokratie gefordert, »alle gegen die Freiheit und Menschenwürde gerichteten Gesetze der Hitlerzeit« aufzuheben.[57] In seiner weiteren Arbeit sollte der Begriff aber nicht mehr genutzt werden: Sozialistischer Kollektivismus und humanistischer Individualismus erwiesen sich als nicht miteinander vereinbar.

Widerstand im Namen der Würde

Angesichts einer wahrscheinlicher werdenden Niederlage und genauerer Informationen über die nationalsozialistischen Verbrechen formierten sich auch im Deutschen Reich Widerstandsgruppen wie der Kreisauer Kreis, der Freiburger Kreis oder die Gruppe um Carl Friedrich Goerdeler und Ludwig Beck. Sie vereinten ein weltanschaulich, sozial und beruflich breites Spektrum an Regimegegnern, das von Konservativen und Liberalen über Geistliche und Gewerkschafter bis zu Sozialdemokraten reichte und deren Ablehnung des Nationalsozialismus oft bereits Mitte der 1930er Jahre eingesetzt hatte. In illegalen Arbeitstreffen entstanden programmatische Zukunftsüberlegungen. In ihnen spiegelte sich nicht nur die zum Teil ausgeprägt christliche Prägung der meisten Mitglieder wider, sondern auch ihre gleichzeitige Fundamentalkritik am Liberalismus und an der Moderne einerseits, an kollektivistischen Herrschaftsordnungen wie dem Nationalsozialismus oder dem Kommunismus andererseits.

Die Mitglieder des Kreisauer Kreises waren sich darin einig, dass eine politische, aber auch wirtschaftliche Neuordnung nur auf einer sittlichen Grundlage beruhen konnte, als deren Quelle sie vor allem das Christentum betrachteten. Ins Zentrum ihrer Überlegungen zur Gesellschaftsordnung rückte deshalb ein Menschenbild, das von der christlichen Idee der Menschenwürde ausging. Die innere Freiheit und sittliche Persönlichkeit des Menschen sollten als unveräußerliche Merkmale einer zukünftigen gesellschaftlichen Verfassung geschützt werden, als deren Grundlage eine christliche, »göttliche Ordnung« galt. Der Weg dorthin sollte nicht über das demokratische Amerika führen, wie es im Exil favorisiert wurde, sondern über einen inneren Zusammenbruch Deutschlands, um den Weg für eine souveräne Neuordnung frei zu machen.

Bereits 1940 hatte Helmuth James Graf von Moltke seine Maximen für eine zukünftige Gesellschaft in einem Brief an Peter Graf Yorck von Wartenburg formuliert und eine radikale Abkehr vom Obrigkeitsstaat gefordert. Es sei nicht die »Bestimmung des Staates, Menschen zu beherrschen«, erst recht nicht durch Gewalt. Er habe vielmehr der »Hüter der Freiheit des Einzelmenschen« zu sein, der aber in die »Gemeinschaft« und eine »natürliche Ordnung« eingebettet sei.[58] Dementsprechend forderte der Kreisauer Kreis in seinen »Grundsätzen für die Neuordnung« vom 9. August 1943 die »Brechung des totalitären Gewissenszwangs und (die) Anerkennung der unverletzlichen Würde der menschlichen Person als Grundlage der zu erstrebenden Rechts- und Friedensordnung«.[59] Ähnlich hatte es bereits drei Monate zuvor der Sozialdemokrat Carlo Mierendorff in seinem eigenständigen Programm für eine »Sozialistische Aktion« formuliert. Mierendorff wollte Sozialismus, Christentum und Liberalismus vereinen und forderte sogar eine »sozialistische Ordnung der Wirtschaft, um Menschenwürde und politische Freiheit zu verwirklichen«.[60]

So einig sich die Kreise auch weitgehend in der Diagnose einer lange vor dem Nationalsozialismus eingetretenen »seelischen Verwüstung« waren, der nur mit einer ethischen, christlich geprägten Neuordnung begegnet werden könne, so beträchtlich waren auch die Unterschiede. Während der konservativ-militärische Beck-Goerdeler-Kreis ein Attentat auf Hitler erwog, lehnten Moltke und Wartenburg das für den Kreisauer Kreis ab. Setzten Letztere auf die Selbstverwaltung kleiner Gemeinschaften, um die Macht des Staates zu begrenzen, wollte der Freiburger Kreis zumindest einen regulierenden Staat und Goerdeler sogar die Beibehaltung bestimmter autoritärer Strukturen. Sie trafen sich aber wiederum darin, das Individuum als unverzichtbaren Bestandteil einer stabilen, sittlich fundierten und organischen Gesamtgemeinschaft zu betrachten.

Allerdings: Demokratische Verfahren, Menschenrechte oder ein liberaler Individualismus standen nicht im Zentrum ihrer Aufmerksamkeit oder waren erst gar nicht vorgesehen. Christlicher Konservatismus und völkisches Gemeinschaftsdenken standen einem liberalen oder sozialistischen Modell der Menschenwürde entgegen. Goerdeler war zudem seiner konservativ-nationalen Prägung wie auch andere Angehörige des Widerstands so verhaftet, dass er zu keiner eindeutigen Verurteilung des Antisemitismus gelangte und die Ermordung der Juden nicht als Kern des verbrecherischen Handelns der Nationalsozialisten erkannte. In seinen Grundsätzen von 1943 hatte sich der Kreisauer Kreis zwar gegen eine »Herabwürdigung, Verfolgung oder Unterdrückung fremden Volkstums« ausgesprochen. Aber das Verständnis des Zusammenhangs von Menschenwürde, Demokratie und Rechtsstaat war im bürgerlich-konservativen Widerstand bei weitem nicht so weit entwickelt wie später im Grundgesetz.

Wie bei vielen Angehörigen des Kreisauer Kreises war die Abwendung vom Nationalsozialismus auch bei Hans und Sophie Scholl christlich motiviert. Verbunden mit einer tiefen Sinnkrise und religiösen Wende entschieden sie, sich keinem Staat mehr unterordnen zu wollen, der ihre persönliche Freiheit missachtete und »in langsamer, trügerischer, systematischer Vergewaltigung jeden einzelnen in ein geistiges Gefängnis gesteckt« hat, wie es im ersten Flugblatt der Widerstandsgruppe Weiße Rose vom 27. Juni 1942 hieß.[61] Bis zum 12. Juli folgten drei weitere, das fünfte und sechste schließlich im Januar und Februar 1943. Von der auch inhaltlichen Nähe zwischen dem Kreisauer Kreis und der Weißen Rose zeugt, dass Moltke das sechste Flugblatt nach dem Tod der Geschwister Scholl nach Skandinavien brachte und für eine englische Übersetzung sorgte, die von britischen Bombern über Deutschland abgeworfen wurde.

Die Mitglieder der Weißen Rose trafen sich vornehmlich als Lesezirkel von Gleichgesinnten, die sich über religiöse und philosophische Literatur austauschten. Darunter waren die auf Hans Scholl prägend wirkenden Werke des russischen Religionsphilosophen Nikolaj Berdjajew wie »Von der Würde des Christentums und der Unwürde des Christen« oder »Die menschliche Persönlichkeit und die überpersönlichen Werte«. Über Berdjajew, der sich in seinem Pariser Exil mit dem führenden französischen Personalisten Emmanuel Mounier austauschte, kam Hans Scholl in engeren Kontakt zum Personalismus, während seine Schwester Sophie mit Jacques Maritain einen anderen Vertreter dieser intellektuellen Bewegung las. Zu den vielen Einflüssen, die beide und einige ihrer Freunde den Schritt zum aktiven Widerstand gehen ließen, gehörten nicht zuletzt die BBC-Reden von Thomas Mann, die Hans Schmoll und Alexander Schmorell aufmerksam verfolgten.

Die Geschwister Scholl und nicht wenige ihrer Mitstreiter orientierten sich an einem von Humanität, Christentum und Personalismus geprägten Verständnis menschlicher Würde und Freiheit. Je sinnlicher und spiritueller die Wahrnehmung ihres eigenen Lebens in dieser Phase wurde und sich zudem mit einer wachsenden Abkehr von materiellen Werten verknüpfte, desto empörter reagierten sie auf die »scheusslichsten, menschenunwürdigsten Verbrechen« und auf die »unwürdige« Apathie der Deutschen. Trotz ihrer Nähe zur Würde des Menschen als Person stand aber schließlich ein anderer Begriff bei den Geschwistern Scholl im Zentrum: Freiheit. Im fünften Flugblatt, als »Aufruf an alle Deutsche« formuliert und wenige Wochen vor ihrer Verhaftung und Ermordung verteilt, forderten sie: »Freiheit der Rede, Freiheit des Bekenntnisses, Schutz des einzelnen Bürgers vor der Willkür verbrecherischer Gewalttaten, das sind die Grundlagen des neuen Europa.« Es heißt, Hans Scholl sei bei seiner Hinrichtung am 22. Februar 1943 mit den Worten »Es lebe die Freiheit!« gestorben. Keine Würde ohne Freiheit, keine Freiheit ohne Würde: Im Widerstand gegen den Nationalsozialismus konnte die Basslinie des Grundgesetzes von 1949 über die verschiedenen Richtungen des bürgerlichen Konservatismus hinweg bis hin zur Sozialdemokratie im Exil erstmals eindrücklich vernommen werden.

7

NACH DEM KRIEG: DIE SUCHE NACH EINER NEUEN ORDNUNG

Acht Wochen lief der Prozess gegen die 24 deutschen Hauptkriegsverbrecher in Nürnberg am 17. Januar 1946 bereits. Nun kam erstmals der französische Chefankläger zu Wort, François de Menthon, Angehöriger der Résistance und ein enger Vertrauter von Charles de Gaulle. Sein wichtigstes Argument bewahrte er sich für das Ende seiner Rede auf. Er folgte damit der Reihenfolge der vier Anklagepunkte: Verschwörung zur Begehung von Verbrechen gegen Frieden, Kriegsrecht und Humanität; Planung und Durchführung eines Angriffskriegs; Begehung von Kriegsverbrechen gegen Angehörige feindlicher Truppen und Zivilisten; Verbrechen gegen die Menschlichkeit (»crimes against humanity«). Der vierte Anklagepunkt war erstmals im August 1945 im »Londoner Statut« formuliert worden, der völkerrechtlichen Basis des Nürnberger Prozesses. Er umfasste demnach »Mord, ethnische Ausrottung, Versklavung, Deportation und andere unmenschliche Akte gegen die Zivilbevölkerung oder: Verfolgung aufgrund von rassistischen, politischen und religiösen Motiven«.[62]

Was in der Anklageschrift fehlte, war die Menschenwürde. Es war de Menthon, der sie ins Zentrum seiner Anklage rückte. Für ihn bildeten die Verbrechen gegen die Menschlichkeit den eigentlichen Maßstab, nach dem die Angeklagten zu verurteilen waren. Anders als die Anklageschrift sprach der französische Jurist von »crime contre la condition humaine«, was in den amtlichen Protokollfassungen als »human status« oder als »Menschenwürde«

übersetzt worden ist. Im Deutschen ließe sich auch von einem »Verbrechen gegen das Menschsein« sprechen. De Menthon benutzte zudem das Wort »dignité«, dies aber nicht gleichbedeutend mit »condition humaine«. Letztere führte er als klassische französische Kategorie des Rechts und der Philosophie ein. Sie meine die »Gesamtheit der Fähigkeiten, deren Ausübung und Entwicklung den Sinn des menschlichen Lebens bilden« und die sich in materiellen wie geistigen Freiheiten ausdrückten. Die Angeklagten hätten sich der systematischen »Korruption und Perversion« dieser Freiheiten und damit der »condition humaine« schuldig gemacht.

De Menthon ging dabei von Gesetzen zivilisierter Gesellschaften aus, die von einem bestimmten Bild des Menschen und seiner Natur geprägt seien: der »Würde der menschlichen Person«, die für jedes Individuum gelte, und der »immerwährenden Dauer der menschlichen Person« als Teil der gesamten Menschheit. Er erinnerte an die bis dahin unvorstellbaren »Verbrechen gegen physische Personen, wie willkürliche Einsperrung, schlechte Behandlung, Deportation, Totschlag und Mord« und betonte ausdrücklich die »besonders gehässigen Maßnahmen (…), die den persönlichen Status und die Menschenwürde der Juden verletzten«. Letzteres war nicht selbstverständlich, da die Verbrechen an den europäischen Juden nicht im Zentrum des Prozesses standen. De Menthon wollte aber an einem Befund keinen Zweifel aufkommen lassen: »Der Kampf der Nazis gegen die Menschenwürde vervollständigt das tragische und ungeheuerliche Gesamtbild (…) und stellt dieses unter das Zeichen der Erniedrigung des Menschen (…). Damit gibt sie ihm den wahren Charakter einer systematischen Rückkehr zur Barbarei.«[63] Während nur die wenigsten Deutschen sich als schuldig sahen, empfanden viele Verfolgte selbst de Menthons Worte als unzureichend.

Vom Sinn des Überlebens

Nach dem Ende des Nationalsozialismus versuchten viele Verfolgte, ihre Erfahrungen öffentlich zu machen. Zwei, drei Jahre lang konnten sie mit einer gewissen Aufmerksamkeit rechnen, dann brach das Interesse ab. Unter den Publikationen waren auch zahlreiche Berichte ehemaliger Häftlinge der nationalsozialistischen Konzentrationslager. Sie lieferten ein Schreckensbild der Entwürdigung, das sich aber nicht in Gewaltdarstellungen erschöpfte. Es lieferte Deutungen, die einerseits die Sprachlosigkeit reflektierten, andererseits neue Begriffe prägten. 1946 analysierte der Buchenwald-Überlebende David Rousset in seinem Buch »L'Univers concentrationnaire« die Konzentrationslager als ein System des absoluten Terrors. Es lasse die zum Tode verurteilten Häftlinge ihre Ermordung schon vorher spüren. Sie sollten sich nicht mehr als Mensch wahrnehmen. »Die KZ-Menschen haben jahrelang in den phantastischen Kulissen einer Welt gelebt, in der alle Würde vernichtet war.«[64] Ähnlich sagte Leonardo de Benedetti, Freund und Mithäftling von Primo Levi in Auschwitz-Monowitz, im August 1945 aus: Noch vor dem physischen Menschen sei dessen Persönlichkeit vernichtet worden. »Binnen weniger Tage sank jeder Deportierte auf das Niveau eines Tieres herab.«[65]

Primo Levi beschrieb ein Jahr nach Rousset das Lager in seinem Buch »Ist das ein Mensch?« als eine grundsätzlich andere Zone der menschlichen Existenz. Geltende Regeln der normalen Gesellschaft waren im Lager, so Levi, außer Kraft gesetzt. Jedem einzelnen Häftling sei das Menschsein genommen worden. Er war »beschränkt auf Leid und Notdurft und verlustig seiner Würde und seines Urteilsvermögens«. Die Sprache der vertrauten Welt, ihre Rationalität und das Denken in Zwecken – alles wurde zerstört und durch eine eigene Ordnung der Entmenschlichung ersetzt. »Wir sind in der Tiefe angekommen«, schrieb Levi mit einer von ihm häufig verwendeten Metapher. »Noch tiefer geht es nicht;

ein noch erbärmlicheres Menschendasein gibt es nicht, ist nicht mehr denkbar.«[66]

David Rousset versuchte, der Lagererfahrung einen Sinn abzugewinnen. Das Überleben nahm bei ihm die Form einer heroischen Charakterwürde an: »Dynamisches Bewusstwerden der Kraft und der Schönheit der schieren Tatsache, am Leben zu sein«, so Rousset, »des Lebens an sich, roh und ohne jeden Überbau, trotz der schlimmsten Erschütterungen und härtesten Rückschläge.«[67] Der Psychiater Viktor E. Frankl verknüpfte seinen Augenzeugenbericht mit einem ähnlichen Menschenbild. Frankl sah durch die Extremsituationen der Verfolgung seine Theorie eines »Willens zum Sinn« bestätigt, den Menschen in unterschiedlicher Stärke mobilisieren könnten. In seinem 1946 erschienenen Erlebnisbericht »… trotzdem Ja zum Leben sagen« orientierte sich Frankl an einer bürgerlich-humanistischen Würde des Menschen, die er in eine Heroisierung des Überlebens transponierte: »Der Mensch im Konzentrationslager, sofern er sich nicht in einem letzten Aufschwung des Selbstwertgefühls dagegen stemmt, verliert das Gefühl, überhaupt noch Subjekt zu sein, geschweige denn ein geistiges Wesen mit innerer Freiheit und persönlichem Wert.«[68] Frankl unterschied zwischen Häftlingen, die ihr »Selbstwertgefühl« bewahrten, und den »›typischen‹ Lagerhäftlingen«. Die innere Haltung war ihm wichtiger als das universale Recht auf Würde. Dafür ist Frankl später stark kritisiert worden: Viele Überlebende konnten sich von den Folgen der Verfolgung nicht frei machen.

Dialog über die Menschenwürde

Im Nachkriegsdeutschland bildeten Überlebende der nationalsozialistischen Verfolgung umgehend lokale Hilfsausschüsse. Bereits am 14. Juni 1945 gründeten sie mit dem »Hauptausschuss Opfer des Faschismus« eine gesamtdeutsche Dachorganisation. Ihr zentrales Anliegen war neben der unmittelbaren Versorgung der Verfolgten der Kampf um Wiedergutmachung. Im September wurde der erste »Tag der Opfer des Faschismus« an vielen Orten veranstaltet, der in der DDR zum Staatsfeiertag erhoben und in der Bundesrepublik durch den Volkstrauertag abgelöst wurde. Ehemalige Widerstandskämpfer engagierten sich, Überlebende gründeten eigene Verbände, und erste Mahnmale entstanden, oft auf Initiative von Verfolgten. Trauerveranstaltungen waren oftmals große Kundgebungen unter Beteiligung der lokalen Repräsentanten von Staat und Politik.

Doch bald zeichneten sich auch hier die politischen Spaltungen dieser Jahre ab: Die 1947 aus lokalen Komitees und überregionalen Verbänden von Überlebenden und Widerstandskämpfern gegründete »Vereinigung der Verfolgten des Naziregimes« (VVN) galt vielen rasch als Sammelbecken von Kommunisten, weshalb SPD und CDU eigene Verfolgtenorganisationen gründeten. Während sich die VVN in den westlichen Besatzungszonen auch zu einer gesellschaftskritischen Oppositionsbewegung entwickelte, übernahm sie in der DDR zunächst staatstragende Funktionen, bevor sie 1953 aufgelöst wurde. Auf dem Gebiet der späteren Bundesrepublik verebbte die öffentliche Präsenz der NS-Verfolgten noch vor ihrer Gründung. Zwar waren in der Politik – nicht zuletzt in den Verfassungsdebatten der Länder und des Bundes – viele Personen vertreten, die eine eigene oder familiäre Verfolgungserfahrung hatten oder im Widerstand aktiv waren, aber die Breite und Tiefe der verbrecherischen Gewalt des Nationalsozialismus wurde zusehends von anderen Themen überlagert: den eigenen Kriegsfolgen, der nationalen Souveränität, dem »Wiederaufbau«.

Nur in Anspielungen, opaken Formulierungen und pauschalen Begriffen schienen selbst die Judenverfolgung und der Holocaust noch auf, bestenfalls wie ein Phantom, das keiner genaueren Betrachtung oder eigenständigen Reflexion unterzogen werden sollte. Statt zwischen Diktatur, Krieg und Verbrechen zu differenzieren, waren die Nachkriegsjahre von apokalyptischen Bildern und pauschalen Verallgemeinerungen geprägt. Hinzu kamen, wie Hannah Arendt es 1950 im Bericht über ihren »Besuch in Deutschland« festhielt, eine ostentative Suche nach Ausflüchten und Entschuldigungen, eine allgegenwärtige Gleichgültigkeit gegenüber dem Schicksal der Opfer des Nationalsozialismus sowie eine grundsätzliche Unfähigkeit, um sie zu trauern. »Die Sentimentalität«, schrieb sie am 14. Dezember 1949 an ihren Mann Heinrich Blücher, »bleibt einem im Halse stecken, nachdem sie einem erst in die Kehle gestiegen ist. Die Deutschen leben von der Lebenslüge und der Dummheit. Letztere stinkt zum Himmel.«[69]

Hermann Broch verzichtete darauf, nach Österreich zurückzukehren. 1946 unternahm er einen letzten Anlauf, um seiner Idee einer völkerrechtlichen Garantie der Menschenwürde Gehör zu verschaffen. Die Kriegsjahre hatte er mit der Arbeit an seiner »Massenwahntheorie« und an seinem Roman »Der Tod des Vergil« verbracht. Wie Thomas Mann war er Mitglied der »American Friends of German Freedom«, die Widerstandsgruppen in Deutschland mit Informationen versorgte. Zudem entwarf er das Konzept für eine Internationale Universität, an der das »Humane schlechthin« erforscht werden sollte. Doch vor allem entstand 1943 nach dem gewaltsamen Vorgehen gegen soziale Proteste von Schwarzen in Detroit im Juni 1943 eine erste Fassung seiner »Bemerkungen zur Utopie einer ›International Bill of Rights‹«. Zwei Jahre später formulierte er seine Forderung weiter aus und ließ sie kurz darauf Eleanor Roosevelt zukommen, als diese für die Erarbeitung der internationalen Menschenrechtserklärung im Auftrag der Vereinten Nationen verantwortlich war. Der Krieg hatte Broch in seiner Überzeugung bestärkt, den Frieden und die Würde des Menschen nur im Rahmen einer internationalen Rechtsordnung sichern zu können. Brochs Ideen verhallten aber nicht nur im Echoraum der frühen Nachkriegsdiplomatie. Er sollte auch keinen Einfluss auf das Grundgesetz nehmen.

Aber auf Brochs Text, der wie viele seiner Arbeiten nur als Typoskript zirkulierte, wurde Hannah Arendt aufmerksam, die er bereits zuvor gelegentlich in der New Yorker Wohnung der Künstlerin Annemarie Meier-Graefe getroffen hatte. Sie lebte mit ihrer Familie seit 1941 im Zentrum der deutschen Exilanten an der amerikanischen Ostküste. Broch sollte Meier-Graefe 1949 schließlich heiraten, aber die Beziehung zerbrach kurz darauf an seiner Arbeitswut. Arendt sichtete als Erste den Nachlass des Schriftstellers, als dieser 1951 starb. In den Jahren zuvor hatten die beiden Briefe zu der Frage ausgetauscht, wie die Menschenwürde am besten zu schützen sei. Broch favorisierte eine völkerrechtlich abgesicherte Strafverfolgung als freiwillige Einschränkung des staatlichen Souveränitätsprinzips und mit einem eigenen internationalen Strafgerichtshof, sollten die Würde und Rechte von Einzelnen verletzt werden: Eine »Weltmoral wiedererwachter Humanität« sei die »erste Voraussetzung einer künftigen Weltdemokratie«.[70]

Doch Arendt vertraute nicht auf internationale Institutionen. Die absolute Entrechtung in den totalen Herrschaftssystemen hatte ihr gezeigt, dass ethnisch Verfolgte allein durch den Besitz einer unveräußerlichen nationalen Staatsbürgerschaft vor willkürlicher Staatsgewalt bewahrt werden könnten. Arendts 1949 in deutscher und englischer Fassung veröffentlichter Text »Es gibt nur ein einziges Menschenrecht«, in dem sie die Formel »das Recht, Rechte zu haben« prägte, war drei Jahre zuvor als Reaktion auf Brochs Überlegungen entstanden.[71] Meist wenig beachtet, verwendete sie hier wie schon zuvor und auch in späteren Schriften wiederholt den Würdebegriff. Wie Broch hatte Arendt die im Juni 1945 verabschiedete Charta der Vereinten Nationen und den Nürnberger Prozess vor Augen. Sie argumentierten beide aus der gemeinsamen Erfahrung von Flucht, Emigration und Exil. Broch, der Schriftsteller, arbeitete an politischen Zukunftsentwürfen, Arendt, die Philosophin, war zur überzeugten Zionistin geworden und forderte den Aufbau einer jüdischen Armee. Beide versuchten den Nationalsozialismus in ähnlicher Weise als ein Regime zu verstehen, das den gesamten Menschen durchdrang, ihn »versklavte«.

Arendts Ansichten waren weitaus stärker durch den Holocaust geprägt als die Brochs: Seine Interpretation stand bereits fest, als 1941 die systematische Ermordung der europäischen Juden einsetzte, Arendt entwickelte die ihrige, als immer mehr bekannt wurde, was geschehen war. Broch fragte, warum sich die deutsche Gesellschaft hatte verführen lassen, Arendt ging von den Opfern aus. Ihre Grundforderung nach einem unbedingten Schutz individueller Menschenrechte vertrat sie in Reaktion auf die 1948 verabschiedete Allgemeine Erklärung der Menschenrechte und die prekäre Situation des gerade gegründeten jüdischen Staates noch entschiedener. Ihre Überlegungen zu den »Aporien der Menschenrechte« übernahm sie in ihr 1951 veröffentlichtes Buch »The Origins of Totalitarianism«. Es war bereits zwei Jahre zuvor als Manuskript abgeschlossen und erschien 1955 erstmals auf Deutsch in einer erweiterten Fassung, in der Arendt nun auch den Stalinismus stärker berücksichtigte.

Arendt ordnete die Entwicklung der Menschenrechte in ein dreistufiges Geschichtsmodell ein: Mit der Aufklärung habe man begonnen, diese Rechte nicht mehr historisch oder als Gebot Gottes, sondern aus dem ewigen Naturrecht heraus zu begründen. Inzwischen sei aber die Macht des Menschen über die Natur bis hin zur Möglichkeit seiner Selbstzerstörung so gewachsen, dass diese nicht mehr zur Herleitung der Rechte herangezogen werden könne. Vielmehr sei die Idee der »Menschheit« selbst an ihre Stelle getreten. Eine universale Würde konnte sich für sie somit nur aus einem moralischen Selbstverständnis herleiten, das die Menschen ihrem Zusammenleben selbst zugrunde legen müssten. Sie plädierte für einen universalen, aber erst durch die menschliche Gemeinschaft selbst zu gewinnenden Würdebegriff.

In den ersten Nachkriegsjahren betrachtete Arendt die nationalsozialistischen Verbrechen gerade deshalb als »Verbrechen gegen die Menschheit«, weil sie das Prinzip der gegenseitig garantierten Würde zerstörten. In der Produktion »lebender Leichname« lag für Arendt das Wesensmerkmal der totalen Herrschaft. Mit den Konzentrationslagern habe man das Ziel verfolgt, »die Menschen der Bedingung ihrer menschlichen Existenz zu berauben und trotzdem leben zu lassen«.[72] Angesichts dessen konnte die Menschenwürde für Arendt keine hinreichende Rechtskraft entwickeln. Allein erschien sie ihr sogar als Gefahr. Für sie war diese Idee des Menschen »abstrakt« und verletzungsoffen, sie war das, was dem Menschen blieb, wenn ihm alle einzelnen Menschenrechte genommen wurden, er aber immerhin noch Teil einer »politischen Gemeinschaft« war. Daher war für Arendt das »Recht auf Rechte« unverzichtbar.

Schuld, Scham, Gewissen

Rückkehrer aus dem Exil waren ebenso konsterniert wie alliierte Beobachter: Die Deutschen zeigten keine Empathie mit den Opfern, kaum Scham und vor allem keinerlei Bereitschaft, eine Mitschuld einzugestehen. William L. Shirer führte dies 1945 auf eine tiefreichende »Leblosigkeit der deutschen Seele« zurück, die jegliche Bindung an ihre humanistischen Wurzeln verloren habe. Auf deutscher Seite gaben Worte wie »Trümmerhaufen« und

»Abgrund«, »Inferno« oder »Hölle« der materiellen und seelischen Lage in Deutschland ein Bild. Die Jahre vor 1945 als »Zusammenbruch« oder »Katastrophe« zu bezeichnen machte immerhin eine grundlegende Krise des Selbstverständnisses als Nation und ihres Geschichtsbildes anschaulich. Das eigene Leben wurde angesichts der Verwüstungen des Krieges als Entwürdigung beschrieben. Der Schriftsteller Hans Erich Nossack notierte am 1. November 1946 in seinem Tagebuch ein »Zurückgeworfensein aufs Tierhafte und Kreatürliche«.[73] Von Würde und Entwürdigung zu sprechen behielten sich jene Deutschen weitgehend für sich selbst vor, die nicht unmittelbar vom Nationalsozialismus verfolgt worden waren.

Fragen nach Schuld oder Scham wurden vor allem behandelt, um sich davon zu distanzieren oder um die »Schmach« an die nationalsozialistischen Führer zu delegieren. Kamen Schuldahnungen zum Vorschein, stellten sich die Deutschen zumeist als Opfer der Alliierten dar. Gab es, so wurde gefragt, zweierlei Maß für die Geltung der Menschenwürde? Bestenfalls ließ man sich darauf ein, das eigene Gewissen zu befragen. Dem kamen die 1946 veröffentlichten Überlegungen des Philosophen Karl Jaspers zur »Schuldfrage« entgegen, weil sie auf eine moralische Selbstbesinnung zielten. Schon im Geleitwort zur ersten Ausgabe der Zeitschrift »Die Wandlung« hatte Jaspers im November 1945 geschrieben: »Wir haben (…) verloren (…) alle verbindenden Normen, die moralische Würde, das einigende Selbstbewußtsein als Volk.«[74] Eine solche gemeinsame »moralische Würde« für die Zeit vor 1933 im Sinne einer inneren Haltung anzunehmen war womöglich zu optimistisch, eröffnete aber einen in die Zukunft gerichteten Fluchtpunkt. »Unser eigenes Leben« könne, so Jaspers, »seine Würde nur noch durch Wahrhaftigkeit uns selbst gegenüber haben.«[75] Von den Verletzungen der Menschenwürde an den Opfern sprach Jaspers nicht.

Während Jaspers die Würde appellativ nutzte, um die Deutschen als verantwortliches Kollektiv anzusprechen, erlebte sie zunächst vor allem in anderer Form eine Renaissance – als »kleine« Würde des Amtes und des Charakters, der aber angesichts ihrer Missachtung im Nationalsozialismus eine große Bedeutung zukam. So setzte sich der erste Präsident des Bayerischen Landtags, Michael Horlacher, in seiner Antrittsrede am 16. Dezember 1946 wie schon einige Monate vorher bei der Eröffnung der bayerischen Verfassunggebenden Landesversammlung ausdrücklich zum Ziel, die »Würde des Hauses« wiederherstellen zu wollen. Nur so könnten Parlament und Demokratie die notwendige »Achtung vor dem Volk« gewinnen. Horlachers erste Anordnung: Er verhängte ein Rauchverbot für das Parlament, da man sich nicht in einem »gewöhnlichen Lokal« befände. »Wir müssen«, so Horlacher, »zunächst die Achtung vor uns selbst wiederherstellen. Wir müssen Achtung vor der Meinung anderer, gegenüber den Anschauungen unserer Mitmenschen haben (...).«[76]

Auch die Wiedereröffnung von Universitäten bot sich an, das Bild einer an sich ungebrochenen, aber mit Gewalt unterbrochenen Würde dieser Institution zu betonen. Dabei blieben akademische Arrangements mit dem und wissenschaftliche wie politische Selbstmobilisierungen für den Nationalsozialismus in der Regel unausgesprochen. Verantwortliche appellierten zwar an die zukünftige akademische Elite, Kraft zur Besinnung und Sittlichkeit aufzubringen, orientierten sich aber an bürgerlichen und humanistischen Vorstellungen von Person, Wissenschaft und institutioneller Ordnung. Würde meinte, Ansehen und Autorität der Universität wiederherzustellen. Das war mit einer Rückbesinnung auf Traditionen verbunden, die Demokratie und Liberalismus fernstanden, und ging mit einer weitgehenden Absage an eine grundlegende Vergangenheitspolitik und an eine konsequente Neuordnung nach demokratischen Prinzipien einher.

Den Nationalsozialismus als etwas Fremdes, Dämonisches und Schicksalhaftes zu betrachten stand der Demokratisierung wie einer zumindest innerlichen Besinnung im Weg. Wenn auch manche die Ursachen des Nationalsozialismus in spezifischen deutschen Traditionen wie dem Obrigkeitsstaat, dem Militarismus oder der Vorherrschaft Preußens verorteten, galt er zusammen mit dem Kommunismus weithin als Folge einer materialistisch orientierten, sittlich verfallenen Massengesellschaft, die über keine leitenden Werte mehr verfügt habe. »Wer das Wort Vermassung richtig gebraucht,« so 1947 der Publizist Karl Korn, später Mitgründer der »Frankfurter Allgemeinen Zeitung«, »denkt (...) an einen Habitus Mensch, der besser der Habitus des Unmenschen genannt würde.«[77] Das zeitgenössisch mit der »Masse« aufgerufene Feindbild galt rasch mehr dem sowjetischen Sozialismus als dem Nationalsozialismus. Die spätere Ausbildung der Menschenwürde zur antitotalitären Chiffre zeichnete sich bereits ab. So hieß es in der »Zeit« am 12. Dezember 1946 in einem Artikel über Sozialisierungspläne, man habe doch den »Schrecken des Überstaates gründlich in den Gliedern«, unter dessen Herrschaft die »Menschenwürde als erstes Opfer auf der Strecke« bleibe.[78]

Ein wichtiger Kristallisationspunkt der meisten Diagnosen war das Bild einer totalen Entpersonalisierung des Sozialen durch eine technokratische Übermacht, die als hypertrophe Zuspitzung der modernen Industriegesellschaft gesehen wurde. Schon der Kreisauer Kreis hatte 1943 von einem »Zusammenbruch bindungslos gewordener, ausschließlich auf die Herrschaft der Technik gegründeter Machtgestaltung« gesprochen.[79] Auf dieser Basis bestand weitgehende Einigkeit in dem Wunsch nach einer grundlegenden Neuausrichtung der Gesellschaft. »Unsere Aufgabe«, so Alfred Weber 1946, »ist die Umwandlung des deutschen Massenmenschen aus einem geduldig gehorsamen Massentier in einen (...) charakterlich selbständigen, aufrechten, selbstbewußten (...) Menschen.«[80] Weber, der als Vertrauter von Carlo Mierendorff dem Kreisauer Kreis nahestand, aber mit seiner Forderung nach einem »freien Sozialismus« immer mehr an den Rand der intellektuellen Nachkriegsdebatte rückte, versuchte Individualismus und Kollektivismus in Einklang zu bringen: »Höchstentfaltung der Masse durch möglichste materielle und geistige Hebung aller Einzelmenschen und freie Persönlichkeit in der durch Menschlichkeit verbundenen Masse«, schrieb er zusammen mit Alexander Mitscherlich ein Jahr nach dem Krieg, »sind daher für uns Ziel und Grundlage des politischen Handelns.«[81]

Aber dafür auf das Modell einer Demokratie nach den Vorstellungen der westlichen Alliierten zu setzen war bei weitem kein Selbstläufer. Sie war zunächst wenig mehr als eine unbestimmte Formel und meist kein mit Pathos oder großen Hoffnungen besetzter Begriff. Zu negativ waren die Erinnerungen vieler an die Weimarer Republik, zu sehr sahen sich viele in ihrer schon damals bestehenden Skepsis gegenüber der Moderne bestätigt. Man sprach nicht von »Umbildung«, sondern distanziert von »Umerziehung«, wenn die alliierte »Re-education« gemeint war. In den intellektuellen Nachkriegsdebatten schälte sich zwar die später gängig werdende Formel vom Kampf für »Freiheit und Menschenwürde« bereits heraus, aber dies im Rahmen einer Demokratie westlicher Prägung verwirklichen zu müssen galt nicht nur als Souveränitätsverlust.

Denn in den Nachkriegsdebatten äußerte sich auch eine verbreitete Skepsis an liberal oder sozialistisch geprägten Demokratievorstellungen, die mit den schon vor 1933 kritisierten Bewegungen des Individualismus und des Kollektivismus gleichgesetzt wurden. Beide galten als Gefahr für die freie Entfaltung der menschlichen Persönlichkeit. Um diese aber zu gewährleisten, bedürfe es, so der Buchenwald-Überlebende, Politologe und Publizist Eugen Kogon, einer Demokratie als einer »gegliederten Ordnung der aufeinander abgestimmten natürlichen Kräfte des Volkes, das aus Persönlichkeiten im vollen kulturellen Sinne bestehen soll«. Jeder sei dazu verpflichtet, an diesem »kunstvollen Organismus« nach seinen Fähigkeiten mitwirken. Gleich sei allen ein »hohes Minimum«: die allgemeinen Menschenrechte.[82] Auch aus dieser verbreiteten Suche nach einem eigenen, deutschen Weg zur Demokratie erklärt sich die zentrale Rolle, die das Grundgesetz der freien Entfaltung der Persönlichkeit zusammen mit der Würde des Menschen zukommen ließ.

Die personalistische Restauration

Wie ließ sich aber das Verhältnis von Mensch, Staat und Werten neu gestalten, um eine Wiederkehr des Nationalsozialismus und einen Triumph des sowjetischen Sozialismus zu verhindern? Auf diese Kernfrage der Nachkriegsdebatten gaben christliche, liberale und sozialistische Intellektuelle, aber auch Vertreter von »dritten Wegen« unterschiedliche Antworten. Unter dem mahnenden Schirm, die »Verhöhnung jeglicher Menschenwürde nicht noch einmal erleben« zu wollen, konnten sich fraglos die meisten Deutschen symbolisch versammeln.[83] Chiffren wie »Person«, »Freiheit« oder »Menschenwürde« erschienen als strahlende Fluchtpunkte, um die kollektive Sinnkrise zu überwinden.

Besonders prononciert trat die Würde in christlich inspirierten Beiträgen der Nachkriegszeit hervor. Eine herausragende Figur, die den Sinnbedarf dieser Jahre wie ein Prisma bündelte, war der nationalkonservative, tief katholisch geprägte Schriftsteller Reinhold Schneider. Er gehörte in der Nachkriegszeit zu den meistgelesenen deutschsprachigen Autoren. Ohne je Republikaner oder Demokrat gewesen zu sein, hatte Schneider den Nationalsozialismus früh abgelehnt. Er widersprach seinem Bekenntnis zu Aristokratie und Monarchie, seiner Nähe zum politischen Katholizismus und einem christlichen Reichsgedanken, woran er auch nach 1945 festhielt. Schneider blieb aus Überzeugung in Deutschland, schloss sich aber nicht dem aktiven Widerstand an. Den Tyrannenmord lehnte er ab. Neben seinen engsten Gesprächspartnern

Jochen Klepper und Werner Bergengruen unterhielt er Kontakte zu Mitgliedern von Widerstandsgruppen, darunter auch zu Helmuth James Graf von Moltke, ohne jedoch dem Kreisauer Kreis anzugehören.

Obwohl Schneider den Schritt zur konspirativen Tat nicht ging, gehörte er nach 1945 zu den Ersten, die aus tiefer Überzeugung das Attentat vom 20. Juli als Glaubensentscheidung zu nobilitieren versuchten. Er selbst hatte gegenüber einer Gegenwart, deren Entwertung, Verflachung und Unfreiheit ihn vor allem seit 1933 immer stärker bewegte, eine Haltung politischer wie geistiger Distanz auf der Suche nach der »Wahrheit«, dem »Ewigen« und dem »Echten« eingenommen. Seine kulturgeschichtlichen Arbeiten, historischen Romane, Gedichte und Traktate, die ab 1940 nicht mehr legal in Deutschland erscheinen durften, aber dennoch als Geheimdrucke in großer Stückzahl und Reichweite bis in den Widerstand hinein zirkulierten, verstand er als mehr oder weniger offene Auseinandersetzungen mit einem totalen nationalsozialistischen Zugriff auf die Person. Sie sollten dem Einzelnen christlich fundierte Werte zur inneren Orientierung und als Trost an die Hand geben.

Schneiders tiefe Verhaftung im abendländischen Christentum und seine bleibende Nähe zum Ideal einer geistigen Aristokratie machten ihn vor wie nach 1945 für konservative Kreise anschlussfähig, die gerade aus solchen Quellen eine religiöse Konversion als Rechristianisierung der in ihren Augen gefallenen Welt herbeiführen wollten. Dem diente auch Schneiders christlicher Traktat »Die Würde des Menschen« vom November 1945.[84] Wie einen Dämon nannte er den Nationalsozialismus darin nicht beim Namen und legte über alles Konkrete eine religiöse Metaphorik. Auf den »Schlachtfeldern und Trümmerstätten«, so Schneider gleich zu Beginn, sei an der »Wahrheit« des Menschen als Gottes Ebenbild der »furchtbarste Frevel« begangen worden. Da aber die Würde des Menschen nur »zertrümmert«, aber nicht »zerstört«

werden könne, erklärte Schneider sie zur Quelle eines Neuanfangs: »Was hier am Menschenbild gesündigt wurde, das fordert einen neuen, heiligen Entschluß, das Menschenbild zu wahren und zu erhöhen.«

Schneider verlieh der erlebten Gewalt einen christologischen Sinn: Gegen die lange vorgebahnten »Ströme des Todes« und den »satanischen Mißbrauch« müsse sich der Mensch, um seine eigentliche Freiheit zu erlangen, aus der Leidenserfahrung heraus wieder der »geoffenbarten Wahrheit« zuwenden und nicht mehr leugnen, die »Krone der Ebenbildlichkeit« zu sein. Schneider reaktivierte auch einen weiteren Aspekt des partikularen christlichen Würdeideals: Sie konnte verlieren, wer bestimmte sittliche Standards nicht einhielt. Auf diese Weise für die Würde des Menschen zu plädieren entsprach der nach 1945 verbreiteten Forderung einer religiösen Neuordnung unter dem Schirm des christlichen Abendlandes. Aufklärung, Demokratie und die Trennung von Staat und Gesellschaft galten eher als Ursache der Ereignisse vor 1945 denn als Weg für die Zukunft. Schneider war zwar ein energischer Verfechter der Würde des Menschen, aber weit davon entfernt, ein Ideengeber der liberalen Demokratie zu sein.

Humanistische Ideale und liberale Entwürfe

Eine zweite Richtung bildete in den intellektuellen Nachkriegsdebatten das weite Dach des liberalen Humanismus, dessen Konturen zugleich angesichts der Katastrophe neu zu bestimmen waren. Er bot sich vor allem für jene an, die eine Wertebildung jenseits der christlichen Ordnung anstrebten. Dem Bösen und Dämonischen des 20. Jahrhunderts wurden die Ideale der Sittlichkeit und Menschlichkeit als dem Menschen eingeschrieben gegenübergestellt. Der Weg zur Würde war von hier aus nicht weit. Angesichts des »Massendaseins« des modernen Menschen und seiner »Verlorenheit«, die das »Triebhafte« habe hervortreten lassen, wollte Karl Jaspers die »Humanität als Anerkennung der Menschenwürde in jedem Menschen« zur Grundlage des »kommenden Humanismus« machen. Der Mensch sei mehr als seine weltliche Existenz. Er gewinne seine eigentliche Kraft als immer unvollendetes Wesen aus der Transzendenz. Die daraus erwachsende Würde bildete für Jaspers die Voraussetzung, um die Freiheit gegenüber einem totalen Machtanspruch von Technik und »politischen Apparaten« behaupten zu können.[85]

Die Trias aus Humanität, Menschenwürde und Freiheit zum leuchtenden Pfad der Zukunft zu erklären sollte einen verschütteten geistigen Raum beleben. Ihn dokumentierte Hans von Eckardt 1947 mit der Herausgabe von Stimmen zu »Freiheit und Würde des Menschen (...) aus drei Jahrtausenden«. Im selben Jahr legte Herschel Baker eine erste Ideengeschichte der Würde vor. In großer Auflage versammelte 1946 das Bändchen »Humanität und Menschenwürde« einige Auszüge von Lessing, Herder, Schiller, Kant und Humboldt. Die Unterschiede ihrer Würdekonzepte verschwanden hinter dem Ziel einer sittlichen Bildung des Menschen. »Vorwärts und aufwärts zu Schiller!« war die Parole, bekräftigt durch einige Nachkriegsausgaben von Schillers »Anmut und Würde«. Würde hieß hier wie bei Jaspers, die innere Würde, das Gute im Menschen, seine Sittlichkeit und Güte zum Tragen zu bringen. In diesem Sinne wurden auch Überlegungen des amerikanischen Dichters und Essayisten Archibald MacLeish zustimmend vernommen, der schon seit den 1930er Jahren dem Faschismus und dem Zusammenbruch der Werte mit einem säkular begründeten Humanismus als »Glaube des Menschen an seine eigene Würde« begegnete.

Liberale Gesellschaftsmodelle, die einen »dritten Weg« zwischen Kapitalismus und Kommunismus anstrebten, wollten den »Massenmenschen« der Vorkriegszeit wie die »Tyrannis« seiner totalitären Beherrschung verhindern. Einer ihrer Vertreter, der

Nationalökonom Wilhelm Röpke, den die Nationalsozialisten 1933 ins Exil vertrieben hatten, forderte bereits 1942, der zukünftigen Ordnung einen »politisch-moralischen Rahmen« zu geben. Sie sollte am Ziel einer bestmöglichen ökonomischen Leistungsfähigkeit und Selbstständigkeit der Bürger ausgerichtet sein, aber das liberale Prinzip des Laissez-faire durch staatliche Interventionen überwinden. Nicht das von sozialistischer Seite geforderte »menschenwürdige Dasein« bildete den Maßstab, sondern ein humanistisch, personalistisch und universal geprägter Liberalismus: Die »Einmaligkeit« des Menschen verbiete es, »ihn zum bloßen Mittel zu erniedrigen«.[86] Im Vorgriff auf das Grundgesetz und die »Objektformel« gehörte Röpke zu jenen Übergangsdenkern, die verschiedene Traditionen des Würdebegriffs zusammenbrachten: christliche Wurzeln, personalistische Vorstellungen, liberale Elemente.

Der Zweck war so eindeutig wie 1949: Es galt, eine sozialistische Neuordnung zu verhindern. Die Marktwirtschaft hielt Röpke für die einzige Wirtschaftsform, mit der die Würde des Menschen gewahrt werden könne, aber er wollte, stark von der katholischen Soziallehre geprägt, die ökonomische in eine vom Staat zu verantwortende moralische Ordnung eingebettet wissen. Die Demokratie war für Röpke dabei keineswegs bereits selbst ein Garant der Würde des Menschen. Die Grundrechte als Basis einer neuen staatlichen Ordnung zu betrachten relativierte er unter Berufung auf bestimmte Ideale des personalistischen Würdediskurses. Röpke forderte einen »ökonomischen Humanismus«, der Gemeinschaftsbindung, Leistungswillen und Gewinnorientierung vereinte. Damit wurde er zu einem der wichtigsten Vordenker der »sozialen Marktwirtschaft«. Von Würde zu sprechen bot jedoch keine Garantie, die Menschenrechte zum obersten Ziel zu erklären. Weder Verfolgungserfahrungen noch sein Würdekonzept hinderten Röpke daran, sich in späteren Jahren äußerst wohlwollend über das südafrikanische Apartheidsystem zu äußern.

Weder in christlichen noch in liberal-humanistischen Ordnungsvorstellungen war nach 1945 die Verknüpfung von Demokratie, Freiheit und Menschenwürde in einem universalen Verständnis ausgemacht. Die Würde war vielmehr partikularen Weltanschauungen nachgeordnet, selbst wenn entschieden für sie Stellung bezogen wurde. Immer wieder schoben sich zudem die Charakterwürde und die konditionale, innere Würde über andere Ansätze, die Menschenwürde und die Menschenrechte enger im Sinne einer Anspruchswürde verknüpften. Eine innere Würde, die allen Menschen nur als grundsätzliche Befähigung zum moralischen Handeln zugeschrieben wurde, war zudem unabhängig von Rechtsstaat und Liberalismus denkbar: Mit Menschenrechten, Demokratie und Pluralität verknüpften sie längst nicht alle, die über eine Neuordnung Deutschlands nachdachten – und umgekehrt: Wer dies tat, setzte nicht automatisch auf die Würde als Leitbegriff.

Als der Würde des Menschen auf dem Weg ins Grundgesetz immer größere Bedeutung zukam, geschah dies somit nicht aus der Überzeugung, mit der liberalen, rechtsstaatlichen Demokratie westlicher Prägung der bestmöglichen Ordnung zu folgen, sondern aus einer grundlegenden Skepsis ihr gegenüber. Dennoch findet sich die wechselseitige Kopplung von Menschenwürde und Demokratie vereinzelt. »Der demokratische Gedanke«, so der Bildungspolitiker Adolf Grimme, »erkennt den Menschen als Menschen an.« Demokrat zu sein bedeute »nichts anderes, als in jedem Menschen seinen Wert und seine Würde als menschliche Person zu bejahen«.[87] Und Carlo Schmid hielt 1948 fest, die Staatsgewalt habe »überall dort Halt zu machen, wo sie die unveränderlichen Ideen der Menschenwürde, der Freiheit und Gerechtigkeit« zu verletzen drohe.[88] Erst solche Positionen ebneten der Würde des Menschen einen Weg ins Grundgesetz, ohne sie weltanschaulichen Prämissen preiszugeben. Aber trotz der inzwischen langen Geschichte der Menschenwürde als politischer Kampfformel, gesellschaftlichem Modell und personalistischer Norm, die sich im Exil der vom Nationalsozialismus Verfolgten und in den Nachkriegsplanungen des deutschen Widerstands verdichtet hatten, kam der Sprung der »Würde des Menschen« auf den Logenplatz des Grundgesetzes überraschend.

8

KONSENS OHNE EINIGUNG: DER WEG INS GRUNDGESETZ

Am Tag, als die Bundesrepublik Deutschland auf den Weg gebracht wurde, lag heller Sonnenschein über dem Rheintal. Nach vielen Jahren des Terrors und der Zerstörung, von Mangel und Entwurzelung mochte das manchen als ein gutes Omen erscheinen. In der Aula der ehemaligen Bonner Pädagogischen Akademie, einem Gebäude im Bauhausstil aus den frühen 1930er Jahren, kamen am 23. Mai 1949 die Angehörigen des Parlamentarischen Rates ein letztes Mal zusammen. Sie hatten zuvor neun Monate lang das Grundgesetz ausgearbeitet. Wenig später sollte in dem benachbarten, bereits im Bau befindlichen Plenarsaal der erste Deutsche Bundestag seine Arbeit aufnehmen. Die Nüchternheit der Sitzungsräume des Rates und des zukünftigen Bundeshauses waren nicht nur der nach wie vor bestehenden räumlichen Not infolge der Kriegsschäden geschuldet, sondern Programm.

In dem viel zu engen Saal stritten sich Journalisten um die besten Plätze. Draußen säumten Schaulustige die hohen Fensterfronten. Anwesend waren auch die Minister- und Landtagspräsidenten aus der westlichen Besatzungszone sowie, als Gäste, die obersten Repräsentanten Berlins. Unter den Klängen der g-Moll-Fantasie von Johann Sebastian Bach eröffnete Konrad Adenauer als Vorsitzender des Rates die Sitzung überaus förmlich. Einziger Tagesordnungspunkt: die Verkündung des Grundgesetzes, das mit Ablauf des Tages in Kraft treten sollte. Gerahmt vom kargen Schmuck der Szenerie, einem goldenen Tintenfass von 1899 mit zwei langflügeligen Engelsfiguren aus dem Kölner Ratssilber, waren nach einer halben Stunde alle Unterschriften geleistet.

Noch wenig staatstragend und eigentümlich militärisch präsentierte sich über dem Tisch die Flagge der zukünftigen Bundesrepublik wie ein Heeresbanner. Zudem hatte Carlo Schmid – Tübinger Staatsrechtler, versierter Kenner klassischer Musik und wichtigster Vertreter der Sozialdemokratie im Parlamentarischen Rat – den Organisten gerade noch daran hindern können, die Zeremonie mit Motiven aus dem Kaiserquartett von Joseph Haydn zu begleiten. Dazu hatte einst Hoffmann von Fallersleben das »Lied der Deutschen« gedichtet, dessen dritte Strophe zwar 1952 zur Nationalhymne erklärt werden sollte, aber bei Gründung der Bundesrepublik durch die Alliierten noch verboten war. Jeder Schritt auf dem Weg zur erneuten staatlichen Unabhängigkeit wurde von ihnen aus guten Gründen ebenso besorgt wie argwöhnisch beobachtet.

Eintritt in die Geschichte

Das wenig feierliche, nur mit einigen pathetischen Glanzlichtern und widersprüchlichen Reminiszenzen an die vorherigen reichsdeutschen Staatsformen versehene Ambiente hinderte Adenauer nicht daran, die historische Bedeutung des Augenblicks zu betonen: »Heute wird (…) die Bundesrepublik Deutschland in die Geschichte eintreten. (…) (D)as neue Deutschland entsteht.«[89] Auch deshalb hatte man, anders als für die eröffnende Sitzung des Parlamentarischen Rates am 1. September 1948 und dessen Abstimmung über das Grundgesetz am 8. Mai 1949, kein historisch symbolkräftiges Datum für seine Verkündung gewählt. Aber trotz Adenauers Anrufung der Geschichte waren sich die meisten Anwesenden darin einig, nur einem Provisorium ins Leben zu verhelfen. Mit seinem letzten Artikel war dem Grundgesetz ein zukünftiges Verfallsdatum bereits eingeschrieben: Es verliere »nach Vollendung der Einheit und Freiheit Deutschlands für das gesamte deutsche Volk« seine Gültigkeit, wenn eine vom »deutschen Volke in freier Entscheidung« beschlossene Verfassung in Kraft trete.

Während die Bevölkerung der Arbeit des Parlamentarischen Rates nur wenig Interesse entgegengebracht hatte, blickten viele der Beteiligten mit Sorge und Skepsis auf Gegenwart und Zukunft jener Bundesrepublik Deutschland, an deren Gründung sie mitgewirkt hatten: Gravierende soziale und ökonomische Lasten des Krieges sowie die moralischen und politischen Folgen der nationalsozialistischen Herrschaft waren weit von einer Lösung entfernt. Millionen Flüchtlinge und Vertriebene, Kriegsopfer, Displaced Persons und vom Nationalsozialismus Verfolgte waren noch nicht adäquat versorgt, viele Kriegsschäden erst oberflächlich beseitigt und trotz der Währungsreform noch kein erlösender Wirtschaftsboom in Sicht. In der Bevölkerung paarte sich immense Lebenslust mit beißendem Zynismus, erstaunliche Emsigkeit mit ausgeprägtem Pessimismus, eine hohe Erwartung an den neuen Staat mit einem ebenso großen Misstrauen ihm gegenüber.

Zudem bestanden wesentliche Einschränkungen der nationalen Souveränität durch die westlichen Besatzungsmächte fort. Schon das gesamte Vorhaben, eine Verfassung auszuarbeiten, stand unter der Belastung, von den Alliierten gefordert worden zu sein und ihrer Zustimmung zu unterliegen. Die meisten der Anwesenden betrachteten die Bundesrepublik als einen unvollständigen Rumpfstaat. Die Eskalation des Kalten Kriegs – erst wenige Tage vor der Verkündung des Grundgesetzes war am 12. Mai die sowjetische Blockade Berlins beendet worden – dämpfte zwar die Hoffnung auf eine allseits erwünschte Vereinigung zumindest aller Besatzungszonen. Aber Bonn, die Bundesrepublik und das Grundgesetz waren für die meisten nur Chiffren einer Lösung auf Zeit. Kurz vor Abschluss der Beratungen hatte die SPD sogar noch vorgeschlagen, lediglich ein »Organisationsstatut« statt des Grundgesetzes zu verabschieden. Noch am 8. Mai bezeichnete Schmid, der zu Beginn der Verhandlungen des Parlamentarischen Rates die Existenz eines »westdeutschen Staatsvolkes« bestritten hatte, das Grundgesetz wenig charmant als »Bauriss für einen Notbau«.[90]

Angesichts der unverhohlenen und verbreiteten Skepsis gegenüber dem neu gegründeten Staatsgebilde traten zeitweilig jene Errungenschaften des Grundgesetzes zurück, die es zum wesentlichen Baustein der allmählichen Verwandlung einer autoritär durchformten Gesellschaft mit lediglich temporärer Demokratieerfahrung in einen stabilen und demokratischen Rechtsstaat sowie eine liberale und pluralistische Gesellschaft haben werden lassen. Denn 1949 war noch völlig offen, wie das Grundgesetz unter seinem sperrigen, technischen Begriff und ohne Zustimmung durch das Volk überhaupt eine Wirkung mit Verfassungskraft entfalten sollte – einhundert Jahre nach der Frankfurter Paulskirchenverfassung von 1849, die nie in Kraft treten konnte, und dreißig Jahre nach der Weimarer Verfassung, die an den Machtkämpfen verschiedener Parteien und Interessengruppen gescheitert war. Zumal Bayern dem Grundgesetz als einziges Bundesland gar nicht erst zugestimmt hatte. Dem Staat werde, so das bayerische Parlament, auf Bundesebene zu viel Macht eingeräumt.

Dabei waren der Artikel 1 des Grundgesetzes und die dort als unantastbar erklärte »Würde des Menschen« im Parlamentarischen Rat vergleichsweise wenig kontrovers gewesen – dies vielleicht auch, weil ihr viele im Vergleich zu staatsrechtlichen Grundsatzfragen eine eher ornamentale Bedeutung beimaßen. Im Vordergrund standen strukturelle Fragen der Staatsorganisation, die Aufgaben von Regierung und Parlament sowie die föderalistische Machtverteilung zwischen Bund und Ländern. Neben der insgesamt viel diskutierten Präambel waren symbolische Aspekte wie die Gestaltung der Bundesflagge oder die Wahl der

Hauptstadt sowie einige Themen in den Bereichen Kultur, Kirche und Erziehung weitaus mehr umstritten als die Würdeformel. Bis sie in das Grundgesetz gelangte, hatte sie – gemessen an ihrer staatsrechtlichen Marginalität bis dahin – eine vierjährige Erfolgsgeschichte erlebt.

Internationale der Würde

War bis 1945 von Würde in staats- und verfassungsrechtlichen Zusammenhängen kaum die Rede gewesen, hatte sie seit den letzten Kriegsjahren rasch Eingang in das Verfassungsdenken und in viele Gesellschaftsmodelle gefunden. Den wichtigsten internationalen Orientierungspunkt bildete hierfür die Charta der Vereinten Nationen, mit der die Würde des Menschen in das internationale Recht eingeführt wurde. Am 26. Juni 1945 in San Francisco von fünfzig Staaten unterzeichnet, sollte sich die UN-Charta zu einer der wichtigsten Wegmarken in der politischen Geschichte des Würdebegriffs entwickeln. Erstmals war in einem Rechtsdokument von solcher Bedeutung überhaupt und dann bereits an zweiter Stelle der Präambel von »the dignity and worth of the human person« die Rede. Zeitgleich tobte im pazifischen Raum der Zweite Weltkrieg weiter. Die verheerenden Atombombenabwürfe von Hiroshima und Nagasaki standen noch bevor.

Während die alliierten Großmächte mit der Konferenz das Ziel verfolgt hatten, stabile Abläufe einer internationalen Staatenorganisation festzulegen, war unter dem Eindruck des Krieges und der breiten Diskussion unter den vertretenen Staaten das Ziel entstanden, mit der Charta eine möglichst universale Werteordnung festzulegen. Maßgeblich für die Präambel der UN-Charta war ein Vorschlag des südafrikanischen Ministerpräsidenten Jan C. Smuts, einem stark christlich geprägten Befürworter der Rassentrennung, der sich bereits nach dem Ersten Weltkrieg ebenso für die Aufnahme von Menschenrechten in die Satzung des Völkerbundes wie für Apartheidmaßnahmen in Südafrika eingesetzt hatte. Smuts hatte im Vorfeld der Gründungssitzung der Vereinten Nationen im April 1945 gefordert, die recht technisch formulierte Absichtserklärung internationaler Zusammenarbeit von Dumberton Oaks aus dem Jahr zuvor um gehaltvoll formulierte Werte und Überzeugungen zu ergänzen. Tatsächlich findet sich die Würde in der Erklärung gar nicht und ein Verweis auf die Menschenrechte nur einmal gegen Ende des Textes.

Als Vertreter Südafrikas legte Smuts in San Francisco gleich zu Beginn einen Entwurf vor, in dessen Präambel er die »Unantastbarkeit« (sanctity) und den »höchsten Wert« (ultimate value) der »menschlichen Persönlichkeit« (human personality) zur wesentlichen Grundlage der zukünftigen Weltorganisation erklärte. Die Bezüge zum christlichen Personalismus sind unverkennbar. Zahlreiche lateinamerikanische und asiatische Staaten kritisierten aber grundsätzlich, dass in den vorliegenden Dokumenten die Menschenrechte nicht ausreichend beachtet waren. Nachdem zahlreiche Änderungsvorschläge diskutiert worden waren, proklamierte die Präambel der Charta schließlich »to reaffirm faith in fundamental human rights, in the dignity and worth of the human person, in the equal rights of men and women and of nations large and small«.[91]

Die Änderungen gegenüber dem Entwurf von Smuts waren nicht nur stilistischer oder begrifflicher Natur. Zum einen war die finale Fassung universeller, ohne weniger pathetisch als die Entwürfe zu sein. Statt des engeren, auf einen bestimmten Charakter zielenden Begriffs der »Persönlichkeit«, den Smuts bis zum Ende aufgrund seiner rassistischen Haltung präferierte, stellte »human person« alle Menschen unabhängig von ihren Eigenschaften auf eine Stufe. »Value« klang weniger materialistisch als »worth« und »dignity« weniger religiös als »sanctity«. »Dignity« tauchte dabei erstmals in einem Vorschlag der neuseeländischen Delegation auf (»to assert the dignity of man, so grievously outraged«). Die endgültige Formulierung »the dignity and worth of the human person« geht offenbar vor allem auf Virginia Gildersleeve zurück. Als einzige Frau der US-Delegation notierte die protestantische Akademikerin und Frauenrechtlerin Ende Mai 1945 mehrere Fassungen, die dem späteren Text der Charta sehr nahe kamen.[92]

Gildersleeve hatte als Dekanin des renommierten Barnard-Frauencolleges in New York die Aufnahme jüdischer Studentinnen behindert, Sympathien für die nationalsozialistische Politik gezeigt und entwickelte sich nach dem Krieg zur bekennenden Antizionistin. Den Begriff »dignity« vorzuschlagen dürfte bei ihr nicht mit dem Holocaust verbunden gewesen sein. Aber auch an anderer Stelle erweist sich der gemeinhin angenommene direkte Zusammenhang zwischen dem Mord an den europäischen Juden und dem Einzug der Menschenwürde in Recht und Politik nach 1945 als wenig belastbar. So stand im Nürnberger Prozess gegen die »Hauptkriegsverbrecher« nicht der Holocaust als Verbrechen oder die nationalsozialistische Diktatur im Vordergrund, sondern der verbrecherische Charakter des Krieges insgesamt. Die Verfolgungen der Jahre zwischen 1933 und 1939 kamen deshalb erst gar nicht zur Anklage. Gleichwohl gilt der Prozess zu Recht als bahnbrechend, weil erstmals ein internationales Gericht die Souveräne eines Staates wegen des Straftatbestandes der »Verbrechen gegen die Menschlichkeit« belangte. Damit sollten solche Verbrechen erfasst werden, die noch nicht durch das bestehende Recht allein abgedeckt waren, wohl aber dem »sittlichen Empfinden« widersprachen, wie es der amerikanische Ankläger Robert H. Jackson formulierte.

Doch war der Stellenwert der »crimes against humanity« vor allem aus juristischen Gründen umstritten. Ereignisse, die eigentlich unter diese Kategorie fielen, wurden nur behandelt, wenn sie außerdem den Verbrechen gegen Frieden, Kriegsrecht und Humanität, der Verantwortung für einen Angriffskrieg oder den

Kriegsverbrechen im engeren Sinne zugeordnet werden konnten. Gleichwohl avancierten Menschlichkeit (»humanity«) und Zivilisation (»civilization«) zu den zentralen Begriffen der Ankläger. Der von den Deutschen begonnene und verbrecherisch geführte Krieg stand als fundamentale Verletzung und Krise des kontinentaleuropäischen Humanismus vor Gericht, um von einem neuen Modell, der angloamerikanischen, liberalen Demokratie, abgelöst zu werden. Doch auf dieser internationalen Bühne war der Begriff der Menschenwürde noch nicht angekommen. Er war in den beteiligten Rechtskulturen nicht beheimatet und juristisch nicht erforderlich, nachdem man sich auf die »Verbrechen gegen die Menschlichkeit« geeinigt hatte.

Bekenntnisse zur Menschenwürde

Als in San Francisco die letzten Formulierungen der UN-Charta abgewogen wurden, konkretisierten deutsche Exilpolitiker ihre Vorstellungen für die Zukunft des Landes. In ihren »Grundsätzen und Richtlinien für einen Wiederaufbau« vom Mai 1945 erklärte die Gruppe »Das demokratische Deutschland« um Wilhelm Hoegner »die Achtung vor der Würde des Menschen und die Ehrfurcht vor dem Leben« zum »schlichten sittlichen Prinzip«, das allen Bildungsbemühungen zugrunde gelegt werden sollte.[93] Es war aber die in Gründung befindliche CDU, die in ihren »Kölner Leitsätzen« vom Juni 1945 die Würde zum grundständigen Prinzip erhob: »Ein freies Volk soll wiedererstehen, dessen Grundgesetz die Achtung menschlicher Würde ist.« Sie gegen »Diktatur und Tyrannei« zur Geltung zu bringen wurde an eine »ehrliche Besinnung auf die christlichen und abendländischen Lebenswerte« geknüpft.[94] Anfängliche Versuche, die Partei in der Britischen Zone auf einen christlichen Sozialismus auszurichten, verhinderte ihr erster Vorsitzender, Konrad Adenauer. Dennoch blieb das

Parteiprogramm vom März 1946 (»Neheim-Hüsten«) dabei, die »materialistische Weltanschauung« als Ursache des Nationalsozialismus zu betrachten und durch eine »christliche« ersetzt wissen zu wollen. »An der Würde und den unveräußerlichen Rechten der Person«, stand dort gleich nach der Präambel, »findet die Macht des Staates ihre Grenzen.«[95]

Diese Position bekräftigte Adenauer wiederholt zwischen dem Frühjahr 1946 und dem Sommer 1947. Viel zu lange habe man, so der spätere Bundeskanzler in einer Grundsatzrede am 6. März 1946, »die Einzelperson, ihre Würde und ihren Wert« einem zum »Götzen« gemachten Staat geopfert. Obrigkeitsstaat, Militarismus und Werteverfall hielt der spätere Bundeskanzler die christliche Auffassung der Menschenwürde und die »unveräußerlichen Rechte eines jeden einzelnen Menschen« entgegen.[96] Das neue Deutschland sollte seine Zukunft aus einem ewigen, von Gott gegebenen Reservoir christlicher Werte schöpfen. In diesem Sinne machte auch die CSU vom Würdebegriff Gebrauch. In ihren programmatischen »30 Punkten« vom 31. Oktober 1946 stand mit dem »Schutz der Würde« die soziale Existenzsicherung des Menschen und die »Förderung seines Wohlergehens« im Zentrum – aber nicht der Schutz des Einzelnen vor dem Staat oder die Menschenrechte an sich.[97]

Deutlich weniger relevant war der Würdebegriff zunächst bei der politischen Linken: Die SPD rief 1945 die »Höhen einer menschenwürdigen Kultur« als Ziel aus[98]; die KPD forderte, »mit aller Kraft (…) aus Not und Tod (…) die Freiheit des Volkes und ein würdiges Leben erstehen« zu lassen.[99] Wesentlich zentraler positionierte im Londoner Exil die 1941 gegründete »Union deutscher sozialistischer Organisationen« das Würdeprinzip in ihren »Richtlinien für eine deutsche Staatsverfassung« vom November 1945: »Die Achtung und der Schutz der Freiheit und der Würde der Persönlichkeit sind die unveräußerlichen Grundlagen des staatlichen und gesellschaftlichen Lebens der deutschen Republik.«[100] Damit lag bereits früh eine Formulierung vor, die dem Geist des späteren Artikels 1 des Grundgesetzes nahe kam. Die Richtlinien des SPD-Verfassungsausschusses vom Oktober 1946 sprachen hingegen nur recht allgemein von den »ewigen Wahrheiten der Menschenwürde, der Freiheit und der Demokratie«. Bei SPD und KPD standen Freiheit, Gerechtigkeit und Sozialismus eindeutig im Vordergrund. Menschenwürde war dem als ein Maßstab für die sozioökonomischen Lebensbedingungen nachgeordnet.

Die verschieden akzentuierten verfassungspolitischen Programme der heterogenen FDP betonten zwar die freie Entfaltung der Persönlichkeit und die Grenzen der Staatsgewalt, aber die Menschenwürde erhoben nur die Liberalen in der Britischen Zone 1946 zum erklärten Ziel der staatlichen Sozialpolitik.[101] Angesichts der liberalen wie der sozialistischen Programme kam somit der CDU zunächst eine wichtige Rolle dabei zu, das Würdeprinzip im politischen Diskurs zu verankern. Indem Adenauer die »einzigartige Würde« ausdrücklich zum »Fundamentalsatz« des CDU-Programms erklärte, nahm er ihren späteren Status im Grundgesetz vorweg. Allerdings schwand in der Parteirhetorik die Bedeutung des Würdebegriffs, je eindeutiger dieser antikommunistisch ausgerichtet und »Freiheit« zur politischen Leitvokabel wurde. Im Ahlener Programm von 1947 fand sich die Würde nur noch als Fundament der sozialpolitischen Leitlinien. Nicht mehr ihr universaler Wert wurde betont, sondern eher wie bei den linken Parteien die wirtschaftlichen Voraussetzungen eines »menschenwürdigen Daseins«.

Trotz der frühen politischen Bekenntnisse zur Würde wurde sie in der Nachkriegszeit nicht konsequent zum Leitwert der neuen politischen Ordnung erklärt. Es lag schon von daher keineswegs auf der Hand, den Begriff in die Verfassungssprache aufzunehmen. Dort dominierte nach wie vor die Schule des Rechtspositivismus mit ihrem dogmatischen Verzicht auf dem Recht vorhergehende ethische Begründungen. Doch kam es in diesen Jahren zu einem Richtungsstreit unter den Rechtsgelehrten: Hatte womöglich der Rechtspositivismus eine Mitschuld am Erfolg des Nationalsozialismus, weil er auf vorgelagerte Werte verzichtet hatte – und war es nun nicht mehr als geboten, die neue Staatsordnung naturrechtlich, gar christlich zu fundieren? Indem namhafte Juristen in diesen Jahren nachdrücklich für eine normative Grundlegung des Rechts plädierten, beförderten sie eine kurzfristige Renaissance des Naturrechts, aber auch die Suche nach Alternativen, um eine Wertefundierung der Verfassung zu begründen. Sie sahen sich dabei im Einklang mit den Vorstellungen des Widerstands für eine Neuordnung und weiten Teilen der intellektuellen Debatte in den westlichen Besatzungszonen.

Dies spiegelte sich in den Länderverfassungen der Bundesrepublik wider. Sie entstanden in zwei Schüben, einmal vor, einmal nach ihrer Gründung: Innerhalb weniger Tage wurden zwischen dem 30. November und dem 2. Dezember 1946 die ersten Verfassungen in der amerikanischen Besatzungszone für Württemberg-Baden, Hessen und Bayern angenommen. Im Oktober 1947 sollte Bremen folgen. In der französischen Besatzungszone wurden am 18. und 19. Mai 1947 die Verfassungen für Rheinland-Pfalz, Württemberg-Hohenzollern und Baden sowie am 15. Dezember für das Saarland verabschiedet. Die Länder der britischen Besatzungszone – Schleswig-Holstein, Nordrhein-Westfalen, Niedersachsen und Hamburg – erhielten ihre Verfassungen erst nach Gründung der Bundesrepublik.

Bis auf die Verfassungen Hessens und Bremens waren die vor 1949 verabschiedeten Länderverfassungen christlich geprägt. Sie orientierten sich am Naturrecht und an der katholischen Soziallehre. So legte die Verfassung für Rheinland-Pfalz in Artikel 41 fest, dass die »Staatspolitik« nach den »Grundsätzen des Christentums« auszurichten und zu bestimmen sei. Der Entwurf dazu stammte von Adolf Süsterhenn, der in den ersten Nachkriegsjahren verschiedene Ministerämter in Rheinland-Pfalz wahrnahm. Den bekennenden Katholiken hatten während des Studiums der Rechts-, Sozial- und Wirtschaftswissenschaften in seiner Heimatstadt Köln besonders Vertreter naturrechtlicher Anschauungen geprägt. Bis 1933 Zentrumsabgeordneter in der Stadtversammlung, hielt Süsterhenn Distanz zur NSDAP und arbeitete als Wirtschaftsanwalt, verteidigte aber mehrfach katholische Politiker, Geistliche und Schwestern vor Gericht, stellte Verbindungen zwischen der katholischen Arbeiterbewegung im Rheinland und in den Niederlanden her und unterhielt vereinzelte Kontakte zum militärischen Widerstand. Nach dem Krieg sondierte der CDU-Mitbegründer auf Bitten Adenauers verschiedene Verfassungsmodelle und formulierte schließlich seinen von christlichem Naturrecht, katholischer Soziallehre und subsidiärem Föderalismus geprägten Verfassungsentwurf. Süsterhenn strebte eine von katholischen Moralvorstellungen durchdrungene Gesellschaftsordnung an und wollte das christliche Würdekonzept als ethisches Prinzip verankert sehen, um die Macht des Staates zu begrenzen.

Während Süsterhenn exemplarisch für den starken Einfluss der frühen Christdemokraten auf einige der Länderverfassungen steht, zeigten sich vor allem Rechtsexperten gegenüber dem Würdebegriff skeptisch, selbst wenn sie die Forderung nach fundamentalen Menschenrechten teilten. In die Präambel der Verfassung für Württemberg-Baden – einem jener drei Länder, aus denen 1953 das Bundesland Baden-Württemberg entstand – wurde auf einen Vorschlag der CDU hin ein »Bekenntnis zu der Würde und den ewigen Rechten des Menschen« aufgenommen.[102] Im weiteren Verlauf des Textes findet sich der Begriff jedoch nicht mehr. Auf ihn hatte vor allem der Staatsrechtler Carlo Schmid in seinem einflussreichen Entwurf vom 24. April 1946 verzichtet. Er tat dies aus rechtsdogmatischen Erwägungen, weil für ihn der Würdebegriff zu eng mit naturrechtlichen und christlichen Verfassungsbegründungen verbunden war. Dabei stellte Schmid zur selben Zeit in einem der ersten juristischen Beiträge zum Verhältnis von Menschenwürde und Verfassung fest, »daß der Mensch, wenn er seine Bestimmung erfüllen will, sich als Träger einer besonderen Würde muß fühlen können« und »nie zu einem Mittel zu Zwecken irgendwelcher Art herabgewürdigt werden dürfe«.[103]

Die bayerische Landesversammlung legte Mitte Juli 1946 für die Präambel fest, die Verfassung als Lehre »angesichts des Trümmerfeldes« zu begründen, »zu dem eine Staats- und Gesellschaftsordnung ohne Gott, ohne Gewissen und ohne Achtung vor der Würde des Menschen die Überlebenden des Zweiten Weltkriegs geführt hat«. Artikel 100 ging auf einen Vorschlag von Hans Nawiasky zurück: »Die Würde der menschlichen Persönlichkeit ist in Gesetzgebung, Verwaltung und Rechtspflege zu achten.«[104] In Hessen wiederum hatte der Staats- und Völkerrechtler Walter Jellinek im April 1946 nach Anhörung zahlreicher Experten dem vorbereitenden Gremium einen Entwurf vorgelegt. Wie hier kam auch in dem Verfassungsentwurf, den die Landesversammlung im Juni 1946 diskutierte, die Würde nicht explizit vor. Allerdings wurde in mehreren Artikeln formuliert, das »menschliche Leben«, die »Ehre des Menschen« oder die »Freiheit der Person« seien »unverletzlich«. In die hessische Verfassung selbst fand die Würde schließlich Eingang über verschiedene Entwürfe aus CDU-Kreisen. Neben Artikel 3 – »Leben und Gesundheit, Ehre und Würde des Menschen sind unantastbar« – wurde die Würde in zwei weiteren Artikeln zum Maßstab der sozialen und Arbeitsordnung erhoben.[105]

Auffällig ist, wie verschiedenartig in dieser Phase der Würdebegriff verwendet wurde. Er findet sich als Teil der Präambel, der Grundrechte oder in Verbindung mit bestimmten staatlichen Verantwortungsbereichen wie Arbeit oder Bildung, in manchen Fällen auch gleich an mehreren Stellen. Neben der »Würde der menschlichen Persönlichkeit« ist von der »Anerkennung der Würde«, der »Achtung« vor oder dem »Bekenntnis« zu ihr die

Rede, aber auch vom »menschenwürdigen Dasein«. Würdebegriffe finden sich oft verknüpft mit anderen wie »Ehre«, »Freiheit« oder »Leben«, gelegentlich auch mit »Gott«. In einzelnen Fällen – so in Bayern, Bremen oder dem Saarland – wurde ausdrücklich ein konkreter Bezug zu den Zerstörungen des Nationalsozialismus hergestellt. Es ist den Texten anzumerken, wie wenig bestimmt das neue Reden von der »Würde des Menschen« noch war. Nicht wenige der Beteiligten wollten den Begriff lieber vermieden wissen, auch wenn sie der Sache nach zustimmten. Der christliche Einfluss war ausgesprochen stark, aber keineswegs die alleinige Quelle der ersten konstitutionellen Würdeformeln.

Aufnahme ins Völkerrecht

Als wichtige Quelle für die Würdeformel des Grundgesetzes die Allgemeine Erklärung der Menschenrechte durch die Vereinten Nationen vom 10. Dezember 1948 anzunehmen liegt wohl auf der Hand: Mit ihr wurde der Würdebegriff erstmals im internationalen Recht, in einer engen Verknüpfung mit dem Begriff der Menschenrechte und als neuer Eckstein einer globalen politischen Moral nachhaltig sichtbar. Bereits im ersten Satz wurden die »angeborene Würde« sowie die »gleichen und unveräußerlichen Rechte« des Menschen zur Grundlage von »Freiheit, Gerechtigkeit und Frieden« erklärt. Damit waren sowohl das ethische Fundament der Menschenrechtserklärung als auch ihr überzeitlicher Autoritätsanspruch klar benannt.

Bekräftigt wurde dies durch eine weitere Nennung in der Präambel, aber vor allem durch den ersten Artikel: »Alle Menschen sind frei und gleich an Würde und Rechten geboren.« Neben dem internationalen Charakter war die wohl größte Leistung der Erklärung, den einzelnen Menschen und nicht Staat, Nation oder

Volk ins Zentrum zu stellen. Sie musste aber angesichts der Ausgangslage – Kolonialismus, Nachkriegsneuordnung, Kalter Krieg – vieles offen formulieren, damit sich alle UN-Mitglieder unter der Erklärung wiederfinden konnten. Die tagelangen Diskussionen im Vorfeld der Verabschiedung hatten gezeigt, wie weit die Staaten in vielen Fragen voneinander entfernt waren. Welche Art von Demokratie gemeint war, der Status sozialer Gerechtigkeit, und was unter Würde, Freiheit und Rechten jeweils verstanden wurde oder wodurch sie legitimiert waren, ließ die Erklärung unbestimmt.

Die ersten Formulierungen zum Würdebegriff wurden mehrfach verändert und konkretisiert: Wegweisend waren im Unterschied zu »Person« oder »Persönlichkeit« inklusive Formulierungen wie »alle Mitglieder der menschlichen Gemeinschaft« oder »alle Menschen«. Die Worte »Anerkennung« und »angeboren« oder der Ausdruck »mit Vernunft und Gewissen begabt« verwiesen auf einen vorstaatlichen Charakter der Menschenrechte und deren vorrechtliche Legitimation durch eine absolute und universale Würde des Menschen. Auf eine naturrechtliche Begründung der Würde oder eine allgemeine Gottesformel konnte man sich jedoch nicht verständigen, obwohl neben einigen europäischen vor allem die einflussreichen lateinamerikanischen Vertreter eine starke christliche Prägung der Menschenrechtserklärung gefordert hatten. Eine religiöse Grundierung fand dennoch mit der zweiten Nennung der Würde Eingang in die Präambel, wo vom »Glauben an die grundlegenden Menschenrechte, an die Würde und den Wert der menschlichen Person« die Rede ist.

Ihr sprachliches Pathos lässt die Erklärung wie den Leuchtturm eines neuen internationalen Humanismus aus den Zerstörungen der Kriegszeit herausragen. Aber Entstehung und Ausführung waren mehr ein fragiler Kompromiss als eine universale oder gar geradlinige Konsequenz aus den Ereignissen und Verbrechen der Kriegszeit. Die Entwürfe für eine UN-Charta hatten zunächst eine solche Erklärung gar nicht vorgesehen. Mit ihrer Verabschiedung wurde zu diesem Zweck immerhin eine Kommission eingesetzt. Ein von ihr bestimmter Ausschuss nahm unter Leitung von Eleanor Roosevelt im Februar 1946 die Arbeit auf. Roosevelt und ihre Kollegen konnten auf Entwürfe aus den letzten Kriegsjahren und der Nachkriegszeit zurückgreifen. So hatte der chilenische Jurist Alvaro Alvarez seinen ersten Versuch, im Zuge des Ersten Weltkriegs die Menschenrechte international festzuschreiben, mit einem grundlegenden Vorschlag erneuert. Aber auch eine Denkschrift der amerikanischen Kirchen und eine Erklärung des American Jewish Committee flossen in die Beratungen ein.

Im Sommer 1947 legte der Ausschuss seinen ersten Entwurf vor. Ein Jahr später hatte ihn die gesamte Kommission ausgiebig diskutiert und vielfach modifiziert, ehe ihn zwischen September und Dezember das zuständige Komitee der UN zurechtfeilte und finalisierte. Maßgeblichen Anteil am Text der Erklärung hatte zweifellos René Cassin, ein französischer Jurist, führender Angehöriger der Résistance und nach 1945 Inhaber wichtiger nationaler und internationaler Staatsämter. Als bekennendem Antifaschisten und Internationalisten lagen ihm zwar soziale Rechte und eine humanistische Bildung besonders am Herzen, Frauenrechte und die Interessen der kolonial beherrschten Völker aber nicht.

War der europäische Einfluss mithin beträchtlich, gingen wesentliche Bestandteile und Schärfungen auf andere Akteure zurück: Die lateinamerikanischen Staaten waren als stärkste kontinentale Gruppe in der UN darauf bedacht, die Prinzipien der von ihnen im Mai 1948 verabschiedeten »American Declaration of the Rights and Duties of Man« auch in der Menschenrechtserklärung wiederzufinden. Sie berief sich gleich im ersten Halbsatz auf die »dignity of the individual« und erwähnte die Würde an weiteren Stellen in der Präambel sowie im Zusammenhang mit sozialen

Rechten. Für Letztere machten sich die lateinamerikanischen mit einigen anderen Staaten wie der Sowjetunion stark. Indien, vertreten durch die eindrucksvolle Hansa Mehta, forderte zusammen mit Dänemark und der Dominikanischen Republik erfolgreich, die Gleichberechtigung von Frauen zu berücksichtigen. Eine unverzichtbare Rolle spielte zudem als Vermittler der Libanese Charles Malik, ein griechisch-orthodoxer Philosoph und Politiker, der stark vom christlichen Personalismus und dessen Würdekonzept geprägt war, wie es auch der Franzose Jacques Maritain in die Debatten über die Menschenrechtserklärung eingebracht hatte.

Vermittlung tat in der Tat not: Immens waren die Divergenzen zwischen den Großmächten sowie die Vorbehalte der europäischen Kolonialmächte und der Sowjetunion gegenüber Einschränkungen ihrer nationalen Souveränität. China wandte sich gegen eine zu westliche und christliche Ausrichtung. Letztlich wurde die Erklärung durch einen breiten Konsens darüber ermöglicht, »Akte der Barbarei« in Zukunft verhindern zu wollen. Sicher hatten die meisten dabei den Weltkrieg in seinen regionalen Ausprägungen vor Augen, weniger aber den Holocaust, auf den man sich in den Beratungen auch nicht explizit bezog. Einen Tag vor der Menschenrechtserklärung hatte die UN zwar die Genozid-Konvention verabschiedet und damit erstmals die Kategorie des Völkermords im internationalen Recht verankert, aber beide Dokumente waren in ihrer Genese und inhaltlich nur lose miteinander verknüpft. Zudem war nicht definiert, was genau als »Akt der Barbarei« anerkannt war: In China galt Japan spätestens seit dem 1937 begangenen Massaker von Nanjing als verbrecherischer Staat, Indien stand im Zeichen des Unabhängigkeitskriegs mit Pakistan, koloniale Gewalt und Rassismus in den USA wurden zwar thematisiert, niemand aber dafür zur moralischen Rechenschaft gezogen.

Dem Pathos der Erklärung widersprach die politische Wirklichkeit. Vor allem die alliierten Siegermächte hatten kein Interesse daran, die Erklärung auf ihr eigenes Handeln angewandt oder als Instrument anderer Staaten gestärkt zu sehen. Trotz der weitreichenden Proklamation einer universalen Moral wurden das Selbstbestimmungsrecht der bestehenden Nationen oder die globale Machtordnung nicht in Frage gestellt, das Streben kolonial beherrschter Völker nach nationaler Unabhängigkeit fand sich nicht substantiell wieder, und auf eine Verletzung der Menschenrechte konnte seitens der UN nicht mit Sanktionen reagiert werden. 1949 verbot zwar das »Genfer Abkommen über den Umgang mit verletzten oder gefangen genommenen Soldaten sowie Zivilpersonen im Krieg« unter anderem jede »Beeinträchtigung der persönlichen Würde, namentlich erniedrigende und entwürdigende Behandlung«. Aber bis in die 1960er Jahre sollten keine weiteren Abkommen die 1948 zum Ausdruck gebrachte Absicht bekräftigen, die Menschenrechte auf der Basis der Würde zu schützen. Erst in dieser Zeit sollten soziale Bewegungen entstehen, die sich an der Erklärung orientierten und sich sowohl für die Menschenrechte wie für die Menschenwürde starkmachten.

Herrenchiemsee als Meilenstein

Vor dem Hintergrund der vielschichtigen Würdebezüge in den Nachkriegsdebatten der westlichen Besatzungszonen stieg die Würde des Menschen während der zweiwöchigen Beratungen des Verfassungskonvents auf der Insel Herrenchiemsee im August 1948 zum verfassungsrelevanten Begriff auf. Sie gewann hier schlagartig – trotz aller Unbestimmtheit – an Gestalt und Charakter, weil sie dem Staat gegenübergestellt und untrennbar mit den Grundrechten verbunden wurde. Auf Herrenchiemsee erarbeiteten in der Zurückgezogenheit eines ehemaligen Klosters zwei Dutzend Delegierte der Länder aus den westlichen Besatzungszonen – zumeist höhere Verwaltungsbeamte und Juristen – und ihre Berater einen ersten Entwurf des späteren Grundgesetzes. Die prunkvollen Räume der von Ludwig II. zu, Schloss umgebauten Anlage waren nur wenigen Gelegenheiten vorbehalten. Bei aller Nüchternheit blitzte kurz vor dem Ende der Beratungen dennoch ein wenig Pathos auf: Am 18. August schlug der von bayerischer Seite geladene Sachverständige Hans Nawiasky vor, die Formel der »Würde der menschlichen Persönlichkeit« in den Verfassungsentwurf aufzunehmen.

Damit trug Nawiasky nach der bayerischen Verfassung zum zweiten Mal maßgeblich dazu bei, den Würdebegriff in einer deutschen Verfassung zu verankern. Ohne Rückgriff auf das Naturrecht sollte der Verfassung dennoch ein ethisches Prinzip so vorgelagert sein, dass dieses selbst im Zuge ihrer Rechtsetzung zum Bestandteil des positiven Rechts wurde. Was Nawiaskys Formel der »Würde der menschlichen Persönlichkeit« aber in der zukünftigen Verfassung leisten und wo sie stehen sollte, blieb zunächst unklar. Sie konkurrierte zudem mit anderen Leitsatzideen. Während manche forderten, einen dezidiert christlichen Gottesbezug an den Anfang des Grundgesetzes zu stellen, brachte Carlo Schmid die Eingangsformel ein, dass »der Mensch nicht um des Staates willen (...), sondern der Staat um des Menschen willen« da sei.[106]

Schmid hatte sein Streben nach einer akademischen juristischen Karriere 1933 aufgeben müssen und war während seiner Tätigkeit als Kriegsverwaltungsrat in Lille ab 1940 in Kontakt mit der Résistance gekommen. Seine Politikferne gab er nach dem Krieg mit dem Eintritt in die SPD und der Übernahme diverser Regierungsämter als Sozialdemokrat auf. Schmid stand in der Tradition demokratischer Staatsrechtler der Weimarer Republik wie dem Sozialdemokraten Hermann Heller, der bereits Anfang der 1930er Jahre vor einer Suspendierung der persönlichen Freiheit des einzelnen Bürgers durch einen autoritären Staat gewarnt hatte. Sein Vorschlag steht für eine »kopernikanische Wende« (Christian Bommarius) des Staatskonzepts, die sich bereits seit Beginn der nationalsozialistischen Herrschaft in manchen Vorstellungen des Exils und des Widerstands für ein »neues Deutschland« angebahnt hatte: Nicht nur sollten in einer zukünftigen Verfassung die Grundrechte des einzelnen Bürgers prominent festgeschrieben und dem Zugriff des Staates entzogen, sondern auch seinem Schutz unterstellt werden.

Ging Schmid ein prominenter Gebrauch des Würdebegriffs zu weit, sah Nawiasky mit Skepsis, wie deren absoluter Schutz durch den Staat betont wurde. Immerhin waren sich die beiden grundsätzlich darin einig, die individuellen Grundrechte gegen die Macht des Staates zu stärken. In einem anderen Punkt vertraten sie hingegen entgegengesetzte Auffassungen: Schmid, der zugleich vehement für einen Systemwechsel der staatlichen Verfassung plädierte, teilte die Mehrheitsansicht einer staatsrechtlichen Fortexistenz des Deutschen Reiches, während Nawiasky für die bayerische Seite von dessen Untergang mit dem Ende des Nationalsozialismus ausging. Damit war eine der Hauptfragen der Verfassungsdebatte verknüpft, die sich im Parlamentarischen Rat wiederholte: wie sich der Zentralismus und die Länderhoheit in einem föderalistischen Staat zueinander verhalten sollten.

In diesem Konflikt argumentierte Hermann Brill, ein Überlebender des KZ Buchenwald und der Delegierte Hessens, nur die Annahme einer kontinuierlichen Staatlichkeit über die NS-Zeit hinweg erlaube es, die NS-Verbrechen strafrechtlich zu verfolgen. Schmid ließ ihn daraufhin auf dem Gang wissen, er habe sich »außerordentlich gefreut, wie Sie es dem Nawiasky gegeben haben«. Brill ging es aber um etwas anderes: Indem er auf seine persönlichen Erfahrungen verwies, rückte er einen ansonsten auf Herrenchiemsee kaum zum Thema gemachten Zusammenhang zwischen der zukünftigen Verfassung und den nationalsozialistischen Verbrechen ins Blickfeld. Denn selbst als der Konvent über mögliche Einschränkungen der Grundrechte beriet, wurde weder auf die Weimarer Republik noch auf den Nationalsozialismus, sondern auf die Verletzung von Grundrechten durch die Besatzungsmächte und den Kommunismus Bezug genommen.

Auf dem Weg der Würdeformel ins Grundgesetz fiel während der Verfassungsdebatte in Herrenchiemsee am 21. August erstmals das Wort »unantastbar«. Es war Teil eines Vorschlags des Justizministers von Württemberg-Baden, Josef Beyerle, den auch Adolf Süsterhenn unterstützte: »Die Würde der menschlichen Persönlichkeit ist unantastbar.«[107] Den Begriff »unantastbar« hatte der Darmstädter Regierungspräsident und spätere Landtags- sowie Bundestagsabgeordnete Ludwig Bergsträsser von der SPD am 14. August 1946 als Alternative zu »unverletzlich« in die Debatte über die hessische Landesverfassung eingebracht, wo er sich schließlich in deren drittem Artikel wiederfand. Zudem hatte am 22. März 1948 der Bayerische Verfassungsgerichtshof den Wortlaut der Landesverfassung entscheidend präzisiert und den in der menschlichen Persönlichkeit liegenden Eigenwert als »unverlierbar und unantastbar« Doch was dies genau bedeuten sollte, blieb offen.

Angesichts des Konflikts zwischen Nawiasky und Schmid, ob nun die Würde- oder die Staatsformel die zukünftige Verfassung eröffnen sollte, bedurfte es des Berliner Gastdelegierten Otto Suhr, eines von den Nationalsozialisten verfolgten Sozialdemokraten, um die Vorschläge zusammenzuführen. Und so hieß es in der Endfassung des Entwurfs von Herrenchiemsee schließlich: »(1) Der Staat ist um des Menschen willen da, nicht der Mensch um des Staates willen. (2) Die Würde der menschlichen Persönlichkeit ist unantastbar.« Daran schloss sich ein weiterer Satz an, den schon der bereits genannte Beyerle vorgeschlagen hatte: »Die öffentliche Gewalt ist in all ihren Erscheinungsformen verpflichtet, die Menschenwürde zu achten und zu schützen.«[108] Aber keine der beiden hier verwendeten Würdeformeln – »Würde der menschlichen Persönlichkeit« und »Menschenwürde« – sollte am Ende im Grundgesetz stehen.

Ankunft auf Umwegen

Die Beratungen über das Grundgesetz im Parlamentarischen Rat fanden ab September 1948 zunächst in verschiedenen Fachausschüssen statt, deren Vorschläge dann vom Hauptausschuss in mehreren Lesungen diskutiert und beschlossen wurden. Entsprechende Vorlagen erarbeitete der Allgemeine Redaktionsausschuss. Wiederholt wurden die laufenden Beratungen in Ad-hoc-Gruppen des Rates und mit Parteigremien sowie den Alliierten rückgekoppelt. Im Sinne von Mehrheitsverhältnissen und Lagerbildungen konstituierte sich mit dem Parlamentarischen Rat bereits das Grundgefüge des späteren Bundestags. Entscheidend für diese Debatten war eine politische Elite, die in den ersten beiden Jahrzehnten das Gesicht der Bundesrepublik prägen sollte – nicht zuletzt durch Adenauer, der sich geschickt als Ratsvorsitzender für das Amt des zukünftigen Bundeskanzlers in Stellung zu bringen wusste. Insgesamt verfügten CDU/CSU und SPD mit jeweils 27 Mandaten über mehr als achtzig Prozent der Sitze, hinzu kamen die FDP mit fünf und die KPD, die Deutsche Partei sowie das Zentrum mit jeweils zwei Mandaten. Unter den 65 stimmberechtigten Mitgliedern des Parlamentarischen Rates – hinzu kamen fünf Vertreter Berlins – waren nur vier Frauen. Im Durchschnitt 55 Jahre alt, war fast die Hälfte der Mitglieder des Parlamentarischen Rates promoviert, zwei Drittel waren Beamte, Professoren oder Richter.

Die Parteien hatten in der Regel ihre wichtigsten und bekanntesten Politiker entsandt, von denen ein großer Teil bereits in der Weimarer Republik parlamentarische und Regierungserfahrung gesammelt hatte oder in der Nachkriegszeit erwarb. Zwei von drei

Vertretern brachten in Form von Entlassungen, Verhaftungen und Emigration unmittelbare Verfolgungserfahrungen in der Zeit des Nationalsozialismus in die Beratungen mit ein, wenn auch von unterschiedlichem Gewicht. Nur wenige hatten sich aktiv am Widerstand gegen das NS-Regime beteiligt, aber es war erklärtes Ziel, die Beratungen nicht durch Personen zu belasten, die im Nationalsozialismus Karriere gemacht oder das Regime aktiv unterstützt hatten.

Repräsentativ für dieses Spektrum waren drei Akteure, die maßgeblichen Anteil an der Würdeformel des Grundgesetzes haben sollten: Theodor Heuss, Carlo Schmid und Adolf Süsterhenn. Sie hatten sich früh vom Nationalsozialismus distanziert, gehörten aber nicht zu seinen aktiven politischen Gegnern. Alle drei privatisierten ihre jeweilige berufliche Existenz, blieben aber in Deutschland und unterstützten zeitweise Verfolgte des Regimes, die ihnen weltanschaulich nahestanden. Gegen Ende des Krieges kamen sie in Kontakt zur Widerstandsbewegung, spielten darin aber keine wesentliche Rolle. Ihre politische und moralische Prägung im Fluss verschiedener Strömungen der Weimarer Republik – dem badischen Liberalismus, der reformorientierten Richtung der Sozialdemokratie, dem linken Zentrumsflügel – prädestinierte sie ebenso wie ihre Biographie dafür, in den Nachkriegsplanungen zwar programmatisch unterschiedliche Positionen zu vertreten, aber letztlich doch eine gemeinsame Lösung anzustreben. Ihr politisches Engagement nach 1945 verstanden sie als Reaktion auf das Scheitern der Weimarer Demokratie und als Beitrag, die neue Ordnung vor ihren aktuellsten Gefahren zu schützen: dem Werteverfall und dem Kommunismus. Alle drei gehörten dem Hauptausschuss des Parlamentarischen Rates an, Heuss und Schmid zudem dem wichtigen Ausschuss für Grundsatzfragen.

Bereits zu Beginn der Beratungen des Parlamentarischen Rates hatte Schmid wesentliche Eckpunkte verankert. Zum einen sei eine Demokratie nur dann keine »Zweckmäßigkeitsentscheidung«, wenn sie auf dem Prinzip der Würde des Menschen beruhe. Zum anderen solle der Staat »nicht alles tun können, was ihm gerade bequem ist«.[109] Seinem Zugriff müssten die Grundrechte, die nicht nur »Deklamationen, Deklarationen oder Direktiven seien«, kategorisch und ausnahmslos entzogen sein. Schmid sprach aber auch die damit verbundene Frage an, ob es Gelegenheiten geben könne, die eine Einschränkung rechtfertigten. Er hielt einen solchen Notstand nur in einem Fall für gegeben: wenn die Grundrechte genutzt würden, um die Demokratie und ihre Grundlagen abschaffen zu wollen. Würde, Grundrechte, Notstand – damit war eine die Bundesrepublik seit ihrer Gründung begleitende Matrix der wiederkehrenden Selbstverständigung über das Verhältnis von Staat, Freiheit und Persönlichkeit formuliert.

Gleichwohl genoss die Würdeformel im Grundsatzausschuss des Parlamentarischen Rates zunächst keine besonders hohe Aufmerksamkeit, war an sich aber auch nicht strittig. Dort war man sich rasch darüber einig, die Grundrechte anders als in der Weimarer Verfassung an den Anfang des Grundgesetzes zu stellen. Deutlich war im Parlamentarischen Rat zudem das Bestreben erkennbar, die Bindungskraft der Grundrechte für den Staat gegenüber seinen Bürgern zu stärken. Auch über die Liste der einzelnen Grundrechte hatte man sich im Prinzip zügig verständigt. Andere, aus heutiger Sicht wegweisende Regelungen fanden nur unter großen Mühen ihren Weg in das Grundgesetz, weil sie weithin geltenden Vorstellungen jener Zeit widersprachen: eine allgemeine und nicht nur, wie in der Weimarer Republik, staatsbürgerliche Gleichberechtigung von Frauen, das Recht auf Kriegsdienstverweigerung, die Abschaffung der Todesstrafe oder ein grundsätzliches Recht auf Asyl für politisch Verfolgte. Ein Grundrecht auf die staatliche Sicherung einer sozialen Mindestexistenz oder gar weitreichende Veränderungen der privaten Besitzverhältnisse wurden trotz entsprechender Interventionen der kommunistischen Ratsmitglieder nicht diskutiert.

Vierzehn Tage nach dem Beginn der Beratungen des Parlamentarischen Rates wurde im Grundsatzausschuss am 23. September 1948 der erste Vorschlag für die spätere Würdeformel des Grundgesetzes eingebracht: »Die Würde des Menschen ruht auf ewigen, einem Jeden von Natur aus eigenen Rechten. Das deutsche Volk erkennt sie erneut als Grundlage der menschlichen Gemeinschaft an. Deshalb werden Grundrechte gewährleistet.«[110] Vor allem Schmid und dem späteren Bundespräsidenten Theodor Heuss gingen die naturrechtlichen Implikationen dieser und ähnlicher Formulierungen zu weit. Als Heuss, der in Herrenchiemsee nicht dabei war, in den Ausschussberatungen den Satz »Die Würde des menschlichen Wesens steht im Schutz der staatlichen Ordnung« formulierte, avancierte er zu einem wesentlichen Impulsgeber des späteren Artikels 1. Wie Schmid sah er die Menschenwürde als etwas dem Staatswesen Vorgelagertes, wollte aber jeden Bezug auf ein dem Gesetz vorhergehendes Naturrecht vermieden wissen. Bereits 1920 hatte Heuss auf dem Parteitag der Deutschen Demokratischen Partei es zur »ethischen Forderung« der Demokratie erklärt, »daß kein Mensch zum Mittel in der Hand eines anderen werde, sondern daß er seinen Wert und seine freie Würde als Selbstzweck und Träger von Persönlichkeitswerten hat«.[111]

Der Ausschuss für Grundsatzfragen legte am 18. Oktober 1948 einen ersten Entwurf vor, in dem der Vorschlag von Heuss den Anfang bildete. Einen Monat später präsentierte der Redaktionsausschuss eine Alternative: »Die Würde des Menschen zu achten und zu schützen, ist heilige Verpflichtung aller staatlichen Gewalt.«[112] Ein Kommentar verwies darauf, für »heilig« sei noch ein »weniger sakraler Ausdruck« zu finden. Dieser Vorschlag war weitreichender und umfangreicher als der Entwurf vom Oktober. Mit den folgenden Debatten gelangten die zuständigen Ausschüsse zu einer deutlich konziseren Fassung, die im Aufbau dem ersten Entwurf entsprechen sollte. Vor allem setzte sich eine Alternative nicht durch, die bereits in Herrenchiemsee zur Diskussion stand: eine Formulierung an den Beginn des Grundgesetzes zu setzen, die den Staat in den Dienst des Menschen stellte, wie es Carlo Schmid in den Jahren zuvor häufig vorgeschlagen hatte.

Die nachfolgenden Fassungen des Grundsatzausschusses orientierten sich am Vorschlag von Heuss. Mehrere Versuche von Süsterhenn, eine Bindung der Menschenwürde an von Gott verliehene Rechte festzuschreiben, scheiterten am Widerstand von Heuss und Schmid. Aber nicht auf diese beiden ging die schließlich verabschiedete Formulierung des Artikels 1 zurück, sondern auf eine Intervention des Allgemeinen Redaktionsausschusses vom 13. Dezember. Das Datum lässt aufhorchen, war doch wenige Tage zuvor die Menschenrechtserklärung der UN verabschiedet worden. Zudem hatten in den vorherigen Wochen insbesondere zwei Mitglieder des Parlamentarischen Rates mit Schlüsselfunktionen, Hermann von Mangoldt von der CDU und Ludwig Bergsträsser von der SPD, auf bekannte Entwürfe der Erklärung Bezug genommen. Letzterer nutzte sie für einen Katalog an Menschenrechten, den er für den Grundrechtsausschuss erstellte, wobei es nicht um die Würdeformel ging.

Auch der Formulierungsvorschlag aus dem Redaktionsausschuss des Parlamentarischen Rates weist eher auf eine andere Entwicklungslinie als die Menschenrechtserklärung hin, nämlich auf die schon angesprochenen Landesverfassungen. Dem Ausschuss gehörten neben Thomas Dehler von der FDP zwei hessische und miteinander befreundete Politiker an: der linkskatholisch geprägte CDU-Vertreter und spätere Bundesaußenminister Heinrich von Brentano, zugleich stellvertretender Vorsitzender des Hauptausschusses, und Georg August Zinn von der SPD, der auch Mitglied des Grundsatzausschusses war und von 1950 bis 1969 als hessischer Ministerpräsident amtierte. Zinn und von

Brentano waren maßgeblich an der Ausarbeitung der hessischen Landesverfassung beteiligt, die sowohl den Würdebegriff wie das Wort »unantastbar« enthielt. Ihr Vorschlag orientierte sich an dem auf Herrenchiemsee erarbeiteten Entwurf: »Die Würde des Menschen ist unantastbar. Sie zu achten und zu schützen ist Verpflichtung aller staatlichen Gewalt.«

Heuss lehnte das Wort »unantastbar« vehement ab: Er fand es »scheußlich«, weil man es eigentlich nur für Gegenstände, nicht aber für etwas Lebendiges gebrauche. Schon Nawiasky, der an den Beratungen des Parlamentarischen Rates nicht teilnahm, hatte sich dagegen auf Herrenchiemsee ausgesprochen, weil die damit verbundene Aussage dem demokratischen Rechtsstaat ohnehin inhärent sei. Dort konnte sich aber Süsterhenn mit dem Wunsch nach einer expliziten Formulierung durchsetzen. Nachdem der Hauptausschuss des Parlamentarischen Rates noch über mehrere Wochen hinweg die im Grundsatzausschuss verhandelte Fassung favorisiert hatte, schwenkte er am 8. Februar 1949 um. Nun war er bereit, den leicht modifizierten Vorschlag aus dem Redaktionsausschuss an den Anfang des Grundgesetzes zu stellen. Am 5. Mai, auf einer der letzten Sitzungen des Parlamentarischen Rates, wurde die Würdeformel abschließend diskutiert und mehrheitlich bestätigt. Zwei Provisorien, die Bundesrepublik und ihr Grundgesetz, fußten von nun an auf einem ebenso kraftvollen wie in vieler Hinsicht unbestimmten Satz: »Die Würde des Menschen ist unantastbar.«

Der Satz ist eine Art Kippfigur. Er verweist zwar auf seine vielfältigen vorrechtlichen Grundlagen und Motivationen, verzichtet aber darauf, sie zu konkretisieren und festzuschreiben. Im Hintergrund stehen verschiedene Würdekonzepte und ihre kontroversen Weltanschauungen, wie sie auch im Parlamentarischen Rat vertreten worden waren: die christliche Lehre der Gottesebenbildlichkeit, das Menschenbild aus Humanismus und Aufklärung, die Menschenrechtserklärungen des späten 18. Jahrhunderts und von 1948, ein aus der unmittelbaren Erfahrung gewonnenes Postulat, das einzelne Individuum vor unbilligen Zugriffen des Staates und den Perversionen seines Handelns schützen zu müssen. Zugleich verweist Artikel 1 auf die rechtspositivistische Tradition und begegnet der Forderung, auf die Formulierung materieller Grundlagen zu verzichten. Was er genau meint, seine Auslegung also, wurde somit zur juristischen, politischen und öffentlichen Aufgabe erklärt. Die Ewigkeitsbindung in Artikel 19, nach der kein Grundrecht »in seinem Wesensgehalt angetastet« werden darf, legte aber fest, dass sich jede gesetzliche oder juristische Fortschreibung des Grundgesetzes innerhalb des von ihr gesetzten Rahmens bewegen musste: keine »Würde des Menschen«, keine Bundesrepublik.

Zudem klingt der Satz durch sein Pathos, das die Zeitumstände widerspiegelt, wie eine Absichtsformulierung, die sich auch in der Präambel finden könnte. Er steht aber innerhalb des Paragraphenwerks, wodurch ihm eine unmittelbar rechtssetzende Kraft zugeschrieben wurde. Strittig ist aber insbesondere wegen des dritten Absatzes von Artikel 1 bis heute, ob nicht doch erst die konkreten Grundrechte in den Artikeln 2 bis 17 als »unmittelbar geltendes Recht« im eigentlichen Sinne zu betrachten sind. So oder so: Nach der wenig weihevollen Eingangsformel klang »Die Würde des Menschen ist unantastbar« zusammen mit »Jeder hat das Recht auf die freie Entfaltung seiner Persönlichkeit« und »Alle Menschen sind vor dem Gesetz gleich« in den ersten drei Artikeln des Grundgesetzes wie eine Verheißung. Dem traditionellen Obrigkeitsstaat sollten Grenzen gesetzt, einer willkürlichen Perversion der staatlichen Handlungsmacht vorgebeugt und ein Spielraum für die individuelle Lebensgestaltung geschaffen werden, der größer war, als ihn alle vorherigen deutschen Verfassungen je eingeräumt hatten.

Schließlich wäre der furiose Auftakt des Grundgesetzes ohne die unmittelbar anschließenden Passagen womöglich nur eine

Girlande geblieben. Denn »sie zu achten und zu schützen« wurde gleich im nachfolgenden Satz zur »Verpflichtung aller staatlichen Gewalt« erklärt. Dies überführte das konstitutionelle Leitprinzip in eine Handlungsanweisung, dessen Spannungsfeld sich bereits in Artikel 1 zeigt, wenn sowohl von den allgemeinen »Menschenrechten« als auch den detaillierteren »Grundrechten« die Rede ist. Wie diese sich zueinander verhalten, was als essentiell und unbedingt zu schützen zu gelten hat, somit aber auch konstitutiv ist, um dem ersten Satz von Artikel 1 Genüge zu tun, sollte zum eigentlichen Streitpunkt werden, als es daranging, das Grundgesetz in der Praxis zu konkretisieren und zu bewähren. Dabei erwies sich das Pathos der Würdeformel in einem entscheidenden Punkt als trügerisch: Es begründete zwar eine antitotalitäre Moral, blendete aber zunächst den Kern der zerstörerischen Verbrechen des Nationalsozialismus und seine Opfer aus. Mit dem Bekenntnis zur Menschenwürde trat die eigene Schuld in den Hintergrund. Weder sie noch der Holocaust oder eine Würdigung seiner Opfer hatten die Würdeformel an den Anfang des Grundgesetzes geführt, sondern die Sorge vor einer neuerlichen Diktatur, deren Aufkommen aus der konkreten Angst vor dem sozialistischen Imperialismus und aufgrund einer grundsätzlichen Skepsis gegenüber der Demokratie als Staatsform befürchtet wurde.

III

DIE SAKRALISIERUNG DER WÜRDE

9

MEHR EHRE ALS WÜRDE: REHABILITIERUNGSKÄMPFE IN DER JUNGEN REPUBLIK

Genau zwei Stunden und dreizehn Minuten dauerte die konstituierende Sitzung des Deutschen Bundestags am 7. September 1949. Zu den Klängen von Beethovens Ouvertüre »Weihe des Hauses« hatten sich die 410 gewählten Abgeordneten im ehemaligen Turnsaal der Pädagogischen Akademie in Bonn eingefunden. Darunter waren lediglich 28 Frauen, einige weniger als dreißig Jahre zuvor in der Weimarer Nationalversammlung, deren Anteil an Volksvertreterinnen erst 1983 wieder erreicht werden sollte. An der Stirnwand des Plenarsaals versinnbildlichten die Wappen der Bundesländer nicht nur die föderale Staatsform der Bundesrepublik, sondern auch deren beträchtlichen Einfluss in ihrer Gründungsphase. Erst von 1953 an sollte den Bundestag die »Fette Henne« zieren: Der vom Kölner Künstler Ludwig Gies gestaltete Bundesadler wirkte mit seinem Wohlstandsbauch und dem gleichsam friedlich gen Westen gerichteten Kopf weitaus weniger martialisch als sein Original aus der Weimarer Republik.

Kein Pomp, wenig Pathos: Der Bundestag gab sich von Beginn an nüchtern und sachlich, um sich von der politischen Propaganda des Nationalsozialismus und dessen Selbstinszenierungen abzugrenzen. Aber auch andere Gründe trugen zu dieser Zurückhaltung bei. Die immense Fülle der drängenden Probleme verlangte Pragmatismus. Allein in den ersten vier Jahren verabschiedete der Bundestag weit mehr als fünfhundert Gesetze. Und außerdem fehlte es der bundesrepublikanischen Demokratie an einem Gründungsmythos: Sie war nicht aus einer Revolution entstanden, sondern auf Geheiß der Alliierten. Heinrich von Brentano hatte noch bei der dritten Lesung des Grundgesetzes am 8. Mai 1949 betont, die Demokratie habe nicht »organisch« wachsen können. Das Grundgesetz bestünde lediglich aus Buchstaben, die mit Leben erfüllt werden müssten. Schließlich eignete sich zunächst selbst die konservative, geschweige denn die kommunistische Widerstandsbewegung nicht als weithin zustimmungsfähiges Vorbild, weil zu viele sie als Verrat an Staat und Nation begriffen. So hat der Politologe Jens Hacke völlig zutreffend geurteilt, selten habe ein Gemeinwesen wie die Bundesrepublik »so viel Aufwand betreiben müssen, um eine Idee von sich selbst zu entwickeln«.[1]

Auf dem Weg dorthin setzten die ersten politischen, legislativen und juristischen Bestimmungsversuche der Menschenwürde im Zeichen des Ost-West-Konflikts wichtige Akzente gegen einen übermächtigen Staat. Sich dabei auf das Recht zur freien Entfaltung aller Bürger zu fokussieren entsprach der Restauration »bildungsvermittelnder Persönlichkeitswerte« (Ralph Jessen) in dieser Phase. Aber daneben war die Idee der Menschenwürde erstaunlich wenig präsent. Eine grundsätzliche Gleichwertigkeit aller Menschen abzulehnen, war auch jenseits antisemitischer, rassistischer oder homophober Einstellungen kein Residualphänomen, sondern mit Blick auf Frauen, Behinderte oder Straftäter eher ein Teil des zeitgenössischen »common sense«. Dagegen wirkte die »Würde des Menschen« noch nicht wie ein kritischer Stachel, um die Gesellschaftsordnung zu hinterfragen. Vielmehr stabilisierte sie als moralische Ressource einen Wiederaufbau mit vielfältigen Modernisierungsimpulsen und Widersprüchen unter christlich-konservativen Vorzeichen.

Freiheit und Einheit

Eine »Idee von sich selbst«, wie man sie mit dem Artikel 1 des Grundgesetzes vermuten könnte, war also keineswegs bereits zu Beginn der Bundesrepublik abrufbar. Ebenso mangelte es an Vertrauen in demokratische Prozeduren, den Möglichkeitsraum individueller Freiheit und das Handeln des Staates. Angesichts der vielen Herausforderungen und der Ungewissheit, ob sich eine stabile Demokratie überhaupt etablieren ließ, hat der Historiker Eckart Conze die frühe Bundesrepublik als »Geschichte eines ständig möglichen Scheiterns« bezeichnet.[2] Wesentliche verfassungsrechtliche Fragen, die vor allem die Souveränität der Bundesrepublik und die politische Einigung der deutschen Teilstaaten betrafen, waren in diesen ersten Jahren offen. Grundlegende Abkommen und Verträge zur Außen- und Sicherheitspolitik führten zu heftigen parlamentarischen und außerparlamentarischen Konflikten. Immerhin hatte die Präambel des Grundgesetzes hier ein klares Zeichen gesetzt: Das deutsche Volk sei »von dem Willen beseelt, als gleichberechtigtes Glied in einem vereinten Europa dem Frieden der Welt zu dienen«. Dabei waren zentrale Begriffe des Grundgesetzes noch gar nicht definiert: die »Freiheit der Person«, die »freiheitlich-demokratische Grundordnung« oder eben die »Würde des Menschen«.

Doch die Menschenwürde hatte im ersten Jahrzehnt der Bundesrepublik keinen leichten Stand. In der politischen Debatte war sie von nachrangiger Bedeutung. »Freiheit« stand im konservativen Lager im Zentrum, »Einheit« und »Gerechtigkeit« bei der Sozialdemokratie, »Frieden« bei der kommunistischen und außerparlamentarischen Linken. Wer sich die Menschenwürde auf die Fahnen schrieb, folgte in diesen Jahren meist einem naturrechtlichen Personalismus. Statt Universalität zu begründen, diente die Menschenwürde als partikulares Vehikel, um die Werte des »christlichen Abendlandes« zu verteidigen. Nach dem Ende des

Nationalsozialismus stand die Bundesrepublik zunächst ganz im Zeichen des Lagerkonflikts zwischen West und Ost.

Die »Würde des Menschen« bildete einen antitotalitären Schutzwall, der zwar rhetorisch gegen den Nationalsozialismus entwickelt worden war, aber in der Gegenwart vor allem einen unüberbrückbaren Gegensatz zum Sozialismus markierte. Die Menschenwürde war erneut zum Kampfbegriff geworden, nun aber für das christlich geprägte, bürgerlich-konservative Lager. Diese Färbung wurde durch einige Juristen untermauert, die zuvor überwiegend das nationalsozialistische Regime aktiv unterstützt hatten. Dagegen wies das Bundesverfassungsgericht schrittweise einem Verständnis der Menschenwürde den Weg, das den Schutz des Individuums vor dem Staat betonte. Gewerkschaften, Widerstandskämpfer und NS-Verfolgte trugen zu einer gewissen Offenheit der Würdekonzepte bei, aber zunächst dominierte in der Adenauer-Ära eine Mischung aus politischem Pragmatismus, exekutivem Machtanspruch und christlicher Sitte, die wenig Raum für eine liberale Menschenwürde ließ.

Der Bundestag machte sich in seiner ersten Sitzung auf den Weg zu einer langwierigen Selbstfindung. Die Leitung oblag dem 1875 geborenen Paul Löbe von der SPD, der schon von 1920 bis 1932 als Präsident des Weimarer Reichstages amtiert hatte. In seiner Eröffnungsrede als Alterspräsident wurde er sogleich programmatisch. Er hob die »Wiedergewinnung der deutschen Einheit« als »erste unserer Aufgaben« hervor, versicherte aber – laut Sitzungsprotokoll unter »Bravorufen und Händeklatschen« – zugleich, dass »dieses Deutschland ein aufrichtiges, von gutem Willen erfülltes Glied eines geeinten Europa« sein wolle. Man habe sich vom »Gedanken an irgendeine Form von Vorherrschaft« verabschiedet, um »gleichberechtigt in den Kreis der europäischen Nationen zu treten«.[3] Mit den ersten offiziellen Sätzen, die im Bundestag überhaupt gesprochen wurden, berührte Löbe somit den wichtigsten politischen Streitpunkt der 1950er Jahre: die außenpolitische Orientierung der Bundesrepublik im Zeichen des Kalten Kriegs. Im Zentrum des Konflikts stand die vom designierten Bundeskanzler Konrad Adenauer forcierte Westbindung, ihr gegenüber die Forderung nach einem Primat der nationalen Einheit, wie sie nicht zuletzt die Sozialdemokratie anstrebte.

Mit dieser Grundsatzfrage hingen weitreichende Entscheidungen untrennbar zusammen: Wie sozialistisch sollte und konnte das Gesellschaftsmodell der Bundesrepublik angesichts der sowjetischen Herrschaft in Osteuropa überhaupt sein? Gingen die zahlreichen Abkommen und Verträge der frühen Bundesrepublik mit den westlichen Alliierten und insbesondere mit Frankreich nicht mit einer faktischen Konsolidierung der ebenfalls 1949 gegründeten DDR einher? Musste schließlich eine gegen die Sowjetunion gerichtete Wiederbewaffnung nicht das Ende aller Hoffnungen auf einen gesamtdeutschen Staat bedeuten?

War das Grundgesetz noch als verfassungsrechtliches Provisorium verabschiedet worden, machte Adenauer rasch Nägel mit Köpfen: Die Bundesrepublik als Demokratie ließ sich in seinen Augen nur im westlichen Bündnisraum verwirklichen. Zugleich war der Bundeskanzler fest davon überzeugt, allein unter christdemokratischer Führung die postulierte Gefahr einer sozialistischen Eroberung der Bundesrepublik von außen und von innen bändigen zu können. Das ging mit einem moralischen Leitbild einher, das sich an einer christlich-katholischen Wertetradition und dem Freiheitsversprechen eines staatlich gebändigten Kapitalismus orientierte.

Anders als es die Nachkriegsaussagen zum Profil der CDU vermuten ließen, wurde die Würde des Menschen nicht zur Losung der Adenauer-Regierung. Vielmehr prägte die Regierungspolitik und weite Teile der konservativ geprägten intellektuellen Öffentlichkeit in den 1950er Jahren eine rhetorische Trias aus Freiheit, Sicherheit und Wohlstand. So reklamierte der Bundeskanzler am 21. Oktober 1949 den Alleinvertretungsanspruch der Bundesrepublik für das deutsche Volk, da hier »die Menschen sich der persönlichen Sicherheit und Freiheit erfreuen, ohne die ein menschenwürdiges Dasein für uns nicht denkbar ist«.[4] Es dürfte kein Zufall gewesen sein, dass Adenauer – anders als das Grundgesetz – hier nicht die Menschenwürde zur Grundlage der Freiheit erklärte, sondern auf den schwächeren Begriff des »menschenwürdigen Daseins« auswich. Im Bundestag der Nachkriegszeit vom »menschenwürdigen Dasein« zu sprechen lag gleichwohl auf der Hand. Denn in den ersten Jahren der Bundesrepublik mussten rasch politische Wege aus gravierenden sozialen Krisen gefunden werden. Mehr als ein Drittel der Menschen war ganz unmittelbar durch materielle Verluste von den Folgen des Krieges betroffen. Im Zentrum der Politik stand die Sicherstellung von ausreichendem Wohnraum, die materielle Versorgung von mehr als vier Millionen Kriegsopfern, die Integration der zehn Millionen Flüchtlinge und Vertriebenen sowie die Entschädigung von Verfolgten des Nationalsozialismus, schließlich die Gewährleistung angemessener Altersrenten. Während sich die CDU dabei von ihrer anfänglichen Nähe zum christlichen Sozialismus entfernte, die »soziale Marktwirtschaft« auf ihre Fahnen schrieb und als Garant der »sozialen Sicherheit« profilierte, beharrte die SPD bis weit in die 1950er Jahre auf dem Ziel eines »demokratischen Sozialismus« mit grundlegenden Änderungen der Gesellschaftsordnung und einer strukturellen Umverteilung ökonomischer Macht und Güter. Sozialpolitische Debatten vom Bundesversorgungsgesetz (1950) über den »Lastenausgleich« (1952) bis zur »Großen Rentenreform« (1957) boten wiederholt Anlass, über die Systemfrage zu streiten.

Gerade im ersten Jahr nach seiner Konstituierung griffen viele Abgeordnete des Bundestags auf die Formel des »menschenwürdigen Daseins« zurück, um bessere Unterbringungen für die »Heimatvertriebenen« und »Kriegsversehrten«, angemessene Arbeitsbedingungen, mehr Wohnungsbau, Kinderbeihilfen oder einen Anstieg des Lebensstandards für die gesamte Bevölkerung zu fordern. Dabei blieb vage, was unter einem »menschenwürdigen Dasein« zu verstehen war. Die niedersächsische CDU-Abgeordnete Else Bröckelschen verwendete diese Formel dennoch, um die unbegrenzte Aufnahme von Flüchtlingen zu hinterfragen: Die Menschenwürde bleibe »auf dem Papier«, wenn man »Hunderttausende und Millionen« in den »überfüllten Westen« lasse, ohne ihnen ein »wirklich menschenwürdiges Leben garantieren« zu können.[5] Mit diesem Junktim, das menschenwürdige Dasein zur notwendigen Bedingung für die Menschenwürde zu erklären, war Bröckelschen jedoch eine Ausnahme. Der Parlamentarische Rat hatte es schließlich verworfen, eine solche Verantwortung des Staates verfassungsrechtlich festzuschreiben. Soziale Grundrechte waren jenseits der Verpflichtung auf das Sozialstaatsprinzip nicht vorgesehen. Immerhin: Mitte der 1950er Jahre forderte mit Hans Carl Nipperdey auch ein namhafter juristischer Kommentator des Grundgesetzes: »Menschenwürde fordert menschenwürdige Existenz.«[6]

Das Bundesverfassungsgericht war hingegen in einer seiner ersten Entscheidungen im Dezember 1951 dem Parlamentarischen Rat gefolgt. Eine Kriegerwitwe mit drei Kindern hatte geklagt: Ihre Kriegsopferversorgung reiche nicht aus, um ein menschenwürdiges Leben zu führen. Das Gericht argumentierte jedoch, Artikel 1 des Grundgesetzes verpflichte den Staat nicht zum Schutz vor materieller Not.[7] Damit blieb das Bundesverfassungsgericht hinter der Allgemeinen Menschenrechtserklärung zurück, die schon 1948 die Unverzichtbarkeit einer Lebensführung in »Gesundheit und Wohlbefinden« reklamiert hatte. In diesem Sinne befürwortete immerhin das Bundesverwaltungsgericht 1954 einen grundsätzlichen Rechtsanspruch auf staatliche Fürsorge, indem es sie als Voraussetzung einer selbstbestimmten Teilhabe am gesellschaftlichen Leben betrachtete. Sieben Jahre später sollte dann das Bundessozialhilfegesetz festlegen, dem »Empfänger der Hilfe die Führung eines Lebens zu ermöglichen, das der Würde des Menschen entspricht«.[8] Aber verfassungsrechtlich blieb es weiterhin dabei: Aus dem grundrechtlichen Schutz der Menschenwürde folgte kein Anspruch auf eine soziale Grundsicherung durch den Staat. Die »Menschenwürde« und ein »menschenwürdiges Dasein« – das waren in der geltenden Auslegung des Grundgesetzes zwei ungleiche Paar Schuhe.

Im Namen des Friedens

Die wichtigsten Meilensteine auf dem Weg der Bundesrepublik in den Westen setzte Adenauer gegen zeitweise großen Widerstand durch: die ersten europäischen Verträge, den Deutschlandvertrag von 1952, mit dem die Bundesrepublik in die Souveränität entlassen wurde, und drei Jahre später der Beitritt zur NATO sowie die Wiederbewaffnung. Die Kopplung von Westbindung und Wiederbewaffnung sorgte seit 1949 für heftige Auseinandersetzungen und mobilisierte die erste außerparlamentarische, zivilgesellschaftliche Bewegung der Bundesrepublik. Unter dem Slogan »Ohne mich!« gingen Zehntausende auf die Straßen, um ihre Weigerung gegen einen erneuten Militärdienst auszudrücken. In Meinungsumfragen sprach sich eine deutliche Mehrheit gegen die Wiederbewaffnung aus. Adenauers forsches und intransparentes Vorgehen in dieser Frage führte im Oktober 1950 zum Rücktritt des CDU-Innenministers Gustav Heinemann.

Heinemann und der bekannte protestantische Theologe Martin Niemöller, beide in den Jahren des Nationalsozialismus Mitglieder der Bekennenden Kirche, wurden in dieser Phase zu den wichtigsten Wortführern des nichtkommunistischen Flügels in der frühen Friedensbewegung. Beide hatten sich bereits 1945 für ein klares Schuldbekenntnis der Evangelischen Kirche eingesetzt. Sie forderten gegen eine deutliche Mehrheit in den Kirchenleitungen die Abkehr von der traditionellen lutherischen Obrigkeitslehre und betrachteten alles Weltliche nicht als Tabu, sondern als Herausforderung, der sich die Christen stellen müssten. Das damit verbundene Ziel eines politischen Engagements empfanden die einen als Verrat an der Idee der Kirche, die anderen als Anmaßung gegenüber dem Staat.

Niemöller hatte nach 1945 im Lichte seiner jahrelangen KZ-Haft als ebenso theologische wie existenzielle Grundlage dieser Haltung mehrfach seine persönliche Lehre aus dem Nationalsozialismus bekundet: die Einsicht in die allen Menschen zukommende Menschenwürde und ihre gleichen Rechte als Menschen. 1948 unterschied er zwei Arten von Würde: eine durch verbrecherische Taten verlorene Verhaltenswürde und eine von einem barmherzigen Gott trotz allem weiterhin zugesprochene Würde als Potenzial, das »Chaos« der Zeit als Christen zu überstehen.[9] Die Achtung eines jeden Menschen, die Freiheit des Gewissens, die Verpflichtung zu sozialer Gerechtigkeit im globalen Maßstab und zunehmend ein dezidierter Pazifismus: Daran sollte sich Niemöller fortan orientieren.

Wie Niemöller kritisierte auch Heinemann die Entwicklung der Demokratie in der jungen Bundesrepublik. Er stieß sich an Adenauers Führungsstil, der parteilichen Interessenpolitik und einem Mangel an moralischen Prinzipien. Heinemann und Niemöller verknüpften ihr Engagement als überzeugte und politische Protestanten mit einem Plädoyer für eine verständigungsbereite Politik gegenüber der Sowjetunion und eine bündnispolitische Neutralität. Je mehr sich jedoch Adenauers Kurs zugunsten der Westbindung im ersten Jahrfünft der Bundesrepublik erhärtete, auf desto stärkeren Widerstand stießen Heinemann und Niemöller. 1955 verloren beide ihre wichtigsten kirchenpolitischen Ämter. Ohne Grund wurden sie als Parteigänger des Kommunismus diffamiert, obwohl sie sich als antitotalitäre Demokraten verstanden. Allzu vielen missfiel, wie Heinemann Argumente protestantischer Theologie in die Politik einführte und Niemöller das Politische zum Thema der evangelischen Kirche machte. Mit ihrem Protest gegen die Wiederbewaffnung gehörten sie aber auch zu den ersten führenden Protestanten, in deren Äußerungen der bis dahin vor allem katholisch besetzte Begriff der Menschenwürde eine Rolle spielte.

Heinemann, der 1949 zum Präses der Synode der Evangelischen Kirche in Deutschland gewählt worden war, verantwortete im Dezember 1951 als Mitinitiator der »Notgemeinschaft für den Frieden Europas« einen Aufruf, der die Politik der Bundesregierung kritisierte. Bislang sei nicht erwiesen, dass Verhandlungen mit der Sowjetunion nicht zu einem »Staatswesen des Rechts, der persönlichen Sicherheit und der Menschenwürde« führen könnten.[10] Als Heinemann dem Drängen seiner Mitstreiter nachgab und sich zum Kopf der neugegründeten Gesamtdeutschen Volkspartei (GVP) wählen ließ, erklärte deren Gründungsmanifest vom November 1952 ein einheitliches Staatswesen auf der Grundlage von »Freiheit, Gerechtigkeit und Menschenwürde« zum Ziel.[11] Die GVP fand zwar unter Intellektuellen, jungen Akademikern und Jugendlichen einigen Zuspruch, verpasste aber 1953 den Einzug in den Bundestag deutlich. Die krachende Niederlage ebnete in den folgenden Jahren den Weg ihrer wichtigsten Köpfe in die SPD und Heinemanns Aufstieg zu einem der bedeutendsten Sozialdemokraten in den 1960er und 1970er Jahren.

Zunächst aber machten sich Heinemann und Niemöller zu politischen Außenseitern, indem sie sich für die Ideale der Menschenwürde und Frieden gleichermaßen einsetzten. Wer Anfang der 1950er Jahre von »Frieden« sprach, galt als politisch verdächtig. In der Tat war die internationale Friedensbewegung in hohem Maße durch die Sowjetunion beeinflusst und fand unter Kommunisten besonders großen Zuspruch. In der Bundesrepublik gerieten Friedensverbände wie die Deutsche Friedensgesellschaft, die 1952 gegründete Westdeutsche Frauenfriedensbewegung – ein christlich inspirierter, aber überparteilicher Zusammenschluss von Kriegsgegnerinnen – oder der im Jahr darauf entstandene Bund der Deutschen ins Visier des Verfassungsschutzes und strafrechtlicher Ermittlungen. Den vielfältigen Strömungen der frühen Friedensbewegung gelang es nicht, sich unter einem Dach zu vereinen. Die Möglichkeit dafür schwand mit den Erfolgen von Adenauers Politik.

Wider die Schmach

In der ersten Sitzung des Bundestags sprach Alterspräsident Löbe nach seinen Eingangsworten die »geistige und seelische Verwüstung« des deutschen Volkes an und wandte sich den Heimatvertriebenen, Kriegsgeschädigten und Verfolgten des NS-Regimes zu. Für sie gab es ebenso eine ehrende Bekundung der Abgeordneten wie für die »Opfer des Krieges von allen Völkern«. Doch den an sich naheliegenden Bezug zum ersten Artikel des Grundgesetzes stellte nicht Löbe, sondern der anschließend gewählte erste Bundestagspräsident her, Erich Köhler von der CDU. Wie Löbe, der 1933 und erneut gegen Kriegsende als politischer Gegner des Nationalsozialismus in mehreren Gefängnissen und Konzentrationslagern inhaftiert gewesen war, gehörte auch Köhler zu jenen Bundestagsabgeordneten, die unmittelbar unter der nationalsozialistischen Verfolgung gelitten hatten. Er hatte erhebliche Benachteiligungen erfahren, weil seine Frau jüdischer Herkunft war. Vielleicht motivierte ihn dies dazu, es als eine der »edelsten Zielsetzungen« aller Abgeordneten zu betrachten, »daß die Menschenwürde sich wieder in jedem Deutschen uneingeschränkt und nach jeder Richtung entfalten kann«.[12] War die Würde des Menschen doch nicht »unantastbar« vorhanden? Schien hier nicht vielmehr das Ideal einer Verhaltensnorm durch, die je nach Situation und Vermögen unterschiedlich stark ausgeprägt war?

Dann wandte sich aber auch Köhler der Freiheit zu. Das Grundgesetz paraphrasierend fuhr er fort: »Geistige und politische Freiheit des Menschen, Freiheit des Glaubens, des Gewissens und der Überzeugung sind die edelsten Güter einer wahrhaften Demokratie.« War hier nicht mehr von der Würde die Rede, hatte er dies gleichwohl in einem anderen Sinne bereits zu Beginn seiner Rede getan. Köhler appellierte an die Abgeordneten, »in uns selber die Würde unserer Verhandlungsweise zu verkörpern«. Der an »Herz und Nerven« erkrankte Bundestagspräsident, wie die Presse zu berichten wusste, konnte seinen eigenen Ansprüchen an die »Würde des Hauses« jedoch nicht vollauf gerecht werden. Vor allem die sozialdemokratische Opposition kritisierte seine präsidialen Interventionen als zu einseitig. Gleich mehrfach rügte er den SPD-Fraktionsvorsitzenden und früheren KZ-Häftling Kurt Schumacher, der bis zu seinem Tod 1952 gegen Adenauer energisch eine gesamtdeutsch ausgerichtete Politik vertrat. Nach wiederholten Auseinandersetzungen über seine Amtsführung trat Köhler bereits im Oktober 1950 zurück.

Auch sein Nachfolger Hermann Ehlers, der dem Nationalsozialismus als aktives Mitglied der protestantischen Bekennenden Kirche widerstanden hatte, mahnte wiederholt an, die Würde des Bundestags zu wahren und ihn zu einem Ort sachlicher Lösungsfindungen statt eines dauernden Wahlkampfes zu machen. Die Würde wurde also weiterhin eher im Sinne einer Verhaltensmaxime und einer bestimmten Haltung verstanden, die mit einer besonderen Achtung und Ehre einer Institution gegenüber verbunden war. Sie war noch nicht als ein vom Staat zu achtender und zu verteidigender Wert oder als individuelles Recht im politischen Bewusstsein hinlänglich verankert.

Mit ähnlichen Worten sprach Theodor Heuss nach seiner Wahl zum Bundespräsidenten am 12. September davon, sein Amt mit »Menschentum« füllen zu wollen. Auf diese romantische Idee der Würde stützte er sich auch bei seinem abschließenden Plädoyer, als Nation »im politischen Raum (…) zum Maß, zum Gemäßen zurückzufinden und in ihm unsere Würde neu zu bilden, die wir im Innern der Seele nie verloren«.[13] Heuss selbst sollte mit seiner »bürgerlich-zivilen und unzeremoniellen« Haltung wesentlich zu dieser Rückkehr zum »Gemäßen« beitragen.[14] Insbesondere bildete er früh eine Brücke zu zahlreichen verfolgten deutschen Juden und sprach immer wieder, wenn auch meist metaphorisch verkürzt, den Holocaust in seinen Reden an, die er als »Feldzüge gegen das Vergessen« betrachtete.

Die Würde achten, die Schmach überwinden, die Ehre wiederherstellen: In den Anfangsjahren der Republik ging es vor allem um Demütigungen, die man als Deutsche kollektiv erfahren oder als solche wahrgenommen hatte. Grundiert wurde dieser Diskurs durch die Formel, die Nationalsozialisten hätten Volk und Nation mit Blut befleckt, in Scham und Schande gestürzt, ihren Ruf verletzt. Damit wurden die Jahre zwischen 1933 und 1945 zu etwas Temporärem und Oberflächlichem erklärt, von dem es sich nun reinzuwaschen und zu befreien gelte, um das wahre Wesen der Deutschen wieder sichtbar zu machen. Mit dieser Deutung konnte sogar manch tiefe Bestürzung über die tatsächlichen Verbrechen vereinbart werden. Sie prägte die trotzige Souveränitätsmoral dieser Jahre: Schuldig waren nur wenige. Die Vorwürfe einer kollektiven Verantwortung galten als überzogen. Sich um die Anerkennung der ehemaligen Kriegsgegner bemühen zu müssen erschien den meisten als Unrecht, zumindest als ungerecht. Auch deshalb mahnten die Repräsentanten des neuen Staates wiederholt, das Ansehen des deutschen Volkes müsse überhaupt erst wiederhergestellt werden. Sie appellierten an seine Ehre als eine überzeitliche, gleichsam organische Ressource der Deutschen als Kollektiv. Konsequent vom Individuum her zu denken, wie es das Grundgesetz eigentlich nahelegte, war noch lange nicht in den Köpfen verankert, der partikulare Ruf der Nation wichtiger als die universale Würde des Menschen.

Rehabilitierungsversuche

Was für das gesamte Volk beansprucht wurde, sollte vor allem aus politischen Gründen einer Gruppe besonders zukommen: den Soldaten. Interessenverbände ehemaliger Berufssoldaten forderten lautstark, rehabilitiert zu werden. Wie bei den Entnazifizierten, die Anstellungen und Ansprüche verloren hatten, ging es nicht nur um materielle Fragen, sondern auch um das öffentliche Ansehen. Die Ehre der Wehrmacht wurde prominent zum Thema, als 1950 im Zeichen des Koreakriegs erste Überlegungen zu einer Wiederaufrüstung der Bundesrepublik angestellt wurden. Im Oktober verfassten auf Einladung der Bundesregierung fünfzehn ranghohe Offiziere der früheren Wehrmacht ein Konzept für eine zukünftige Bundeswehr. Neben der staatlichen Souveränität erhoben sie in ihrer »Himmeroder Denkschrift« drei Forderungen: die »Rehabilitierung der deutschen Soldaten« durch eine entsprechende Erklärung der westlichen Alliierten, die Freilassung der meisten als Kriegsverbrecher Verurteilten und die »Einstellung jeder Diffamierung des deutschen Soldaten«. Im Bundestag fand dieses Ansinnen breite Unterstützung. Am 8. November bekundete Hans-Joachim von Merkatz von der Deutschen Partei unter »Bravorufen« der Regierungsparteien, die »Ehre des deutschen Soldaten« sei »für uns unantastbar«. Und: »Ehrenwerte Männer« – gemeint waren Wehrmachtsoffiziere wie Erich von Manstein oder Albert Kesselring, die von den Alliierten völlig zu Recht wegen Kriegsverbrechen verurteilt worden waren – »unter zum Teil unwürdigen Verhältnissen in Haft zu halten« bedürfe des Widerspruchs, denn: »Diese Männer und wir, wir sind doch eines.«[15] Die Formel der unantastbaren Menschenwürde diente nicht nur hier als probates Mittel, um die Politik der Alliierten zu kritisieren.

Nachdem sich auch Theodor Heuss und Konrad Adenauer in den folgenden Wochen für ein Ende der »Diskriminierung« und

»Diffamierung« der deutschen Soldaten ausgesprochen hatten, stand ihnen der NATO-Oberbefehlshaber und spätere US-Präsident Dwight D. Eisenhower bei einem Deutschlandbesuch am 23. Januar 1951 nicht nach. Im Rahmen eines nichtöffentlichen Abendempfangs stimmte er gegenüber anwesenden Generälen der ehemaligen Wehrmacht der Erklärung zu, der deutsche Soldat habe »für seine Heimat tapfer und anständig gekämpft«. Eisenhower revidierte mit dieser »Ehrenerklärung« ausdrücklich frühere Äußerungen, in denen er das deutsche Offizierskorps als »identisch mit Hitler« eingeschätzt hatte. Wie damals gegen Hitler, so kämpfe er heute angesichts von »Stalin und dem Sowjetregime« gegen die »Bedrohung von Freiheit und Menschenwürde«.[16] Die eigentliche Pointe dieser Erklärung ist aber ihre Entstehung: Ob Eisenhower die Erklärung im Privatissimum in Anwesenheit der beiden früheren Generäle Hans Speidel und Adolf Heusinger, die nun Adenauer berieten, verlesen, abgezeichnet oder nur zur Kenntnis genommen hat, ist zwar nicht bekannt. Aber Speidel und Heusinger kannten den Text ohnehin: Sie hatten die von ihnen erwünschte Ehrenerklärung selbst verfasst.

Im Bundestag drängten Vertreter der Regierungsparteien auch den Kanzler zu einer öffentlichen Ehrenerklärung. Dem kam Adenauer am 5. April 1951 nach: Durch den geringen Anteil der wirklich Schuldigen geschehe der »Ehre der früheren deutschen Wehrmacht kein Abbruch«.[17] Den von vielen Seiten begrüßten Schritt kritisierte Carlo Schmid am Tag darauf als »Wettlauf um die Ehre«.[18] Adenauer bekräftigte seine Erklärung am 3. Dezember 1952 durch die Anerkennung aller Wehrmachtsangehörigen, die »ehrenhaft« gekämpft hätten, verpflichtete die zukünftigen Soldaten der Bundesrepublik aber zugleich auf die »Grundordnung« des neuen Staates. Die »sittlichen Werte des deutschen Soldatentums« seien mit der Demokratie zu verschmelzen.

Was das genau meinte, führte er nicht aus, auch nicht, was im Konfliktfall gelten solle. Tatsächlich spielte in den Planungen für die Bundeswehr das von Wolf Graf von Baudissin vertretene Konzept der »inneren Führung« gegenüber den militaristisch geprägten Leitwerten Disziplin und Gehorsam nur eine untergeordnete Rolle. Baudissin wollte den »Staatsbürger in Uniform« an »Wesen und Würde des Menschen« ausgerichtet wissen und jedes Sonderrecht für das Militär verhindern, das die Rechte des Einzelnen einschränkte: Im Lichte des Grundgesetzes war das eigentlich eine Selbstverständlichkeit, doch für die meisten Gründungsoffiziere der Bundeswehr endete die Demokratie auch nach 1949 spätestens am Kasernentor.

Die Ehrenerklärungen für die Wehrmacht waren Teil einer Rehabilitierungswelle in den ersten Jahren der Bundesrepublik: Aus politischen Gründen entlassene Beamte wurden wiedereingestellt oder entschädigt, die Entnazifizierungsverfahren weitgehend beendet und umfassende Amnestien für Straftaten während des Nationalsozialismus ausgesprochen. Dies geschah alles auch im Namen der nationalen »Ehre«, als deren Rückseite um die vermeintlich missachtete Würde der Deutschen in Gestalt der verurteilten und in Haft befindlichen Kriegsverbrecher gekämpft wurde. Der Bundeskanzler machte ihre Begnadigung auf Drängen der Öffentlichkeit und seiner rechten Regierungspartner gegenüber den Alliierten zum Preis für die Wiederbewaffnung. Wie sich an den Entlassungen und Begnadigungen sowie dem signifikanten Rückgang von Strafverfahren wegen NS-Verbrechen in den frühen 1950er Jahren ablesen lässt, setzte sich die von Adenauer in seiner ersten Regierungserklärung am 20. September 1949 verkündete Linie immer mehr durch: Nur die »wirklich Schuldigen« sollten verfolgt und bestraft werden. »Verbrecher, die sich der Vernichtung von Menschenleben schuldig gemacht haben«, so Adenauer im November 1949, seien einer »Amnestierung nicht würdig«.[19]

Widerstand und Würde

Ganz im Schatten der Ehrenerklärungen für die Soldaten standen diejenigen, die sich dem Nationalsozialismus widersetzt hatten. Bei den verfolgten Kommunisten lagen die Gründe dafür angesichts des Kalten Kriegs auf der Hand. Entschädigungsregelungen legten einen restriktiven Widerstandsbegriff zugrunde, der ihre Gewährung von der Loyalität der frühen Verfolgten zur neuen Ordnung der Bundesrepublik abhängig machte. Aber auch den nationalpatriotischen, christlich motivierten Widerstand, wie ihn die Gruppe des 20. Juli verkörperte, betrachtete ein Großteil der Bevölkerung lange Zeit als unwürdigen Verrat. Jeder Zweite, der sich ein Urteil zutraute, lehnte das Attentat ab. Politisch ließ sich ein ehrendes Gedächtnis des militärischen Widerstands nicht durchsetzen, solange die Wiederbewaffnung auf massiven Protest bei den ehemaligen Wehrmachtsoffizieren stieß, ohne die sie nicht zu realisieren war. Staatliche Bekundungen des Respekts waren zunächst selten und verhalten, Angehörige mussten jahrelang um staatliche Leistungen kämpfen. Dem Nationalsozialismus widerstanden zu haben galt in den ersten Jahren der Bundesrepublik mithin keineswegs als ehrenhaft. Öffentliches Interesse weckte das Thema kaum. Kein Wunder: Der Widerstand erinnerte an die eigenen Arrangements mit dem Regime, an das Mitwirken an seinen Verbrechen oder an die versäumten Möglichkeiten, anderen zu Hilfe zu kommen.

Wenig überraschend gehen die Anfänge eines würdigenden Umgangs mit den Widerstandskämpfern des 20. Juli wie so oft in der weiteren Geschichte der Bundesrepublik auf Verfolgte und deren Angehörige selbst zurück. Im Namen der Würde versuchten Überlebende wie Harald Poelchau oder Günther Weisenborn, Familienangehörige wie Annedore Leber oder Inge Scholl sowie Historiker wie der als Jude emigrierte Hans Rothfels, ein positives Bild der Widerstandskämpfer zu zeichnen: Sie hätten eine schwere moralische Entscheidung getroffen und sich aus Gewissensgründen zugunsten der Menschlichkeit geopfert. Dadurch wurden Würde, Gewissen und Persönlichkeit einerseits zu Leitwerten erklärt, die nicht von Nation und Volk ausgingen, sondern vom Individuum und seinen Motivationen. Andererseits avancierten Personen aus dem Widerstand durch Würdigungen und Lebensbilder zu Vorreitern einer Wiedergewinnung der Ehre des deutschen Volkes. Entsprechend hieß es in der Inschrift des 1953 im Bendlerblock in Berlin eingeweihten Ehrenmals zur Erinnerung an die Opfer des Umsturzversuchs, sie hätten »im Zeichen der Umkehr« ihr »heißes Leben für Freiheit, Recht und Ehre« geopfert. Auch hier ging die Ehrung auf Angehörige der Ermordeten zurück.

Verweise auf die Menschenwürde finden sich in diesem Zusammenhang nur selten. Annedore Leber verwendete für ihr 1954 erschienenes Buch »Das Gewissen steht auf« 64 Porträts von Widerstandskämpfern, die der Volksgerichtshof von den Angeklagten des 20. Juli angefertigt hatte. Sie wurden erst nach dem Krieg öffentlich gezeigt, weil sie nicht für ihren ursprünglichen Propagandazweck taugten. Mit allen erdenklichen Mitteln waren die Angeklagten vor Gericht und bis zu ihrer Hinrichtung gedemütigt worden. Doch Leber erkannte in den Aufnahmen, die zu Ikonen des Widerstands werden sollten, wie sich die Angeklagten bis zuletzt ihrer Entwürdigung erwehrt hatten: Würde war auch hier vor allem ihre Charakterwürde. Die Bilder zeigten den »einzelnen Menschen in seinem Schicksal« und »jene tief menschliche Haltung (...), die allen grausamen Mitteln des totalitären Staates zum Trotz Bestand behielt«.[20] Ähnlich urteilte Inge Scholl in ihrem frühen Buch »Die Weiße Rose« über ihre Geschwister Hans und Sophie: Sie hätten sich entschlossen, den »unabhängigen, freien, vom Geist geprägten Menschen« zu verteidigen.[21]

Breite Resonanz fand die Idee der Menschenwürde, zusammen mit anderen Begriffen wie »Toleranz«, »Verständigung« und

»Frieden«, in diesen Jahren aber vor allem bei den Gesellschaften für christlich-jüdische Zusammenarbeit oder dem Friedenspreis des Deutschen Buchhandels. Die Idee der Menschenwürde war hier von einer Mischung aus Idealismus, Engagement und Optimismus geprägt, als Maßstab für eine bessere Zukunft zu dienen. In großem Rahmen fand 1951 die Ehrung von Albert Schweitzer mit dem Friedenspreis in der Frankfurter Paulskirche statt. Die Laudatio hielt der Bundespräsident. Schweitzer sprach zwar nicht von Menschenwürde, aber sein Leitwort war eine universal verstandene, weit über das Christentum hinausreichende »Humanitätsgesinnung«. Diese sei dem Menschen als einem »höheren Wesen« eigen, »das ihn über alle Kreatur erhebt«. Der Mensch aber habe sich zum »Übermenschen« entwickelt und seine Fähigkeit zu Vernunft, Empathie und Mitgefühl verloren. Gegen die Friedlosigkeit in der Welt müsse die »schöpferische Kraft« des Geistes zur »Tat« erweckt werden.[22] Das klang zwar weniger konkret als mystisch inspiriert, bei seinen Zuhörern aber weckte es in Zeiten des Kalten und des Koreakriegs Hoffnung.

Der Ost-West-Konflikt, aber auch der immer wieder aufbrechende Antisemitismus boten wiederholt Anlässe, um die Menschenwürde zu thematisieren: Am 17. Februar 1952 richteten der Kongress für kulturelle Freiheit und die Gesellschaft für Christlich-Jüdische Zusammenarbeit in Berlin eine »Kundgebung gegen Antisemitismus« aus. Der Mitinitiator und SPD-Politiker Willy Brandt betonte in seiner Rede: »Wo Rassenhass herrscht, ist mit der Menschenwürde auch die Freiheit in Gefahr.«[23] Auch der Deutsche Koordinierungsrat der Gesellschaften für Christlich-Jüdische Zusammenarbeit stellte die »Achtung der Würde eines jeden Menschen« und den Kampf gegen Verletzungen der »Grundsätze der Menschenwürde und der Freiheit« ins Zentrum seiner Arbeit. Mit der »Woche der Brüderlichkeit« schufen die Gesellschaften seit 1952 ein Forum, um für Annäherung und Versöhnung zu werben, auch wenn der Schirmherr Theodor Heuss bereits in einer Radioansprache im Gründungsjahr vor einer »Formelwelt von gefrorenen oder gefrierenden Begriffen« warnte.[24] Solche Gelegenheiten, aber vor allem die Zusammenkünfte in den kleineren Kreisen der Gesellschaften boten in diesen Jahren immer wieder einen Raum, um die persönliche Haltung zur Verfolgung im Nationalsozialismus und ihre Ambivalenzen zu reflektieren. Erich Lüth, der Vorsitzende der Hamburger Gesellschaft für christlich-jüdische Zusammenarbeit, erinnerte 1958 an das »System der Barbarei« und seine Macht: »Die Entfesselung des Bösen machte uns grenzenlos einsam und hilflos, und wir selber hatten durch unsere Schwäche an der Entwürdigung des Menschen und unserer selbst bittersten Anteil.«[25]

Zu denjenigen, die sich in den 1950er Jahren nicht nur zur Menschenwürde bekannten, sondern sie auch ausdrücklich zum Leitprinzip ihres Handelns erklärten, gehörte der Hamburger Strafrichter Fritz Valentin. Er machte sich, wie es seine Biographin Ursula Büttner formuliert hat, das »Eintreten für die Menschenwürde (…) zur Lebensaufgabe«.[26] Als Jude geboren, ließ Valentin sich protestantisch taufen und wurde als überzeugter Christ von den Nationalsozialisten aus seinem Richteramt vertrieben. 1939 floh er mit seiner Familie ins englische Exil. In seinen Aufzeichnungen aus diesen Jahren bildet die Menschenwürde bereits einen zentralen Begriff, um sein Schicksal und das der anderen Verfolgten zu beschreiben. Das prägte auch Valentins Tätigkeit als Strafrichter, die er nach seiner Rückkehr nach Hamburg wiederaufnehmen konnte. In seinen Urteilen im Zusammenhang mit NS-Verbrechen bezog er sich immer wieder auf die Verletzung von Menschenwürde und Menschlichkeit sowie auf die Herabwürdigung des Menschen zu einem Objekt.

Valentin orientierte sich dabei an den Leitwerten, die dem alliierten Recht für solche Verfahren seit dem Nürnberger Prozess zugrunde lagen. In den Urteilen der frühen Nachkriegsjahre war die Verletzung der Menschenwürde tatsächlich zu einem wesentlichen Maßstab für die Schuld und das Strafmaß der Angeklagten erhoben worden. Viele Urteile zeigen, dass auf sie vor allem rekurriert wurde, wenn der Fall nicht durch sein offenkundiges Ausmaß an Gewalt oder Umfang ohnehin eindeutig genug war. Doch nach der Gründung der Bundesrepublik ging nicht nur die Zahl der Strafverfahren drastisch zurück, auch bewerteten deutsche Gerichte nun frühere Urteile aus der Perspektive des deutschen Strafrechts. Sie kamen in Revisionsverfahren reihenweise zu Freisprüchen oder Minderungen des Strafmaßes – auch weil die Verletzung der Menschenwürde nicht mehr als Kriterium angewandt wurde.

Valentin gehörte zu den Wenigen, die bei ihrer vorherigen Linie blieben. Er betrachtete die Strafverfahren und seine Urteilsfindung selbst als eine Erziehung zur Menschenwürde, nicht zuletzt in seinem Umgang mit den Angeklagten. Gleichzeitig engagierte er sich in der Öffentlichkeit mit zahlreichen Vorträgen, die immer wieder von der Degradierung der Verfolgten im Nationalsozialismus zu bloßen »Sachen« und von der »Entmenschlichung des Staates« handelten. Konsequenterweise setzte er sich für die umstrittene Resozialisierung von Gefangenen, eine Humanisierung des Strafvollzugs und die unbedingte Achtung der »Personwürde« ein, selbst wenn er Zwangsbehandlungen nicht vollständig ausschloss, solange sie dem Wohl des Gefangenen dienten.

Zwischen Anerkennung und Ausgrenzung

Fritz Valentin war zutiefst darüber bestürzt, wie viele seiner Kollegen sich freiwillig in den Dienst des Nationalsozialismus gestellt hatten. Darin war ihm Fritz Bauer verwandt, der den wesentlichen Impuls dafür gab, ein würdigendes Gesamtbild des Widerstands gegen den Nationalsozialismus normativ zu verankern. Bauer war 1933 aus politischen Gründen für acht Monate im KZ

Heuberg inhaftiert worden und als Jude aus Deutschland emigriert. Nach seiner Rückkehr wurde er 1950 zum Generalstaatsanwalt beim Oberlandesgericht Braunschweig ernannt. Gegen starke Widerstände in seinem eigenen Gericht setzte er ein Strafverfahren gegen Otto Ernst Remer durch, einen der Gründer der rechtsextremen Sozialistischen Reichspartei. Remer, der aktiv an der Niederschlagung des Umsturzversuchs vom 20. Juli beteiligt war, hatte sich wiederholt abfällig über die Widerstandskämpfer geäußert und ihnen im Mai 1951 Landesverrat vorgeworfen, da sie vom Ausland bezahlt worden seien. Daraufhin stellte Bundesinnenminister Robert Lehr einen Strafantrag, weil er sich als Angehöriger des Widerstands beleidigt sah.

Remer wurde schließlich wegen übler Nachrede und der Verunglimpfung von Verstorbenen am 15. März 1952 zu einer dreimonatigen Freiheitsstrafe verurteilt. Seine Vorwürfe, auch der des Verrats, wurden ausdrücklich als unwahr festgestellt. Im Urteil hieß es erstmals in dieser Klarheit, das NS-Regime sei ein »Unrechtsstaat« und »Verrat« deshalb gar nicht möglich gewesen. Bauer hatte in diesem Sinne für ein weitreichendes Widerstandsrecht gegenüber staatlicher Willkür plädiert: Angesichts des »schreienden Unrechts« sei eine Beseitigung des Nationalsozialismus »geboten« gewesen. Bauer rückte die Geltung überpositiver Rechte in den Blickpunkt: »Wenn der Gedrückte nirgends Recht kann finden«, so zitierte er aus Schillers »Wilhelm Tell«, »holt (er) herunter seine ew'gen Rechte.« Gutachten namhafter Theologen beider Konfessionen lieferten weitere naturrechtliche Argumente, um die Pflicht zur Menschlichkeit über die Verpflichtung auf den Eid zu stellen.

Bauer übertrug die 1946 entstandene Formel des Juristen Gustav Radbruch in das Strafrecht: Wenn Unmenschlichkeit die allgemeinen Prinzipien der Gerechtigkeit eindeutig verletzt, wird auch ein formal rechtmäßiges Verhalten zu Unrecht. Auch wenn die Menschenwürde als Begriff darin nicht auftaucht, bildet sie letztlich den inneren Kern dieses Arguments. Juristisch gelang Bauer durch den Prozess die Rehabilitierung der Angehörigen des 20. Juli. Öffentlich blieb sie umstritten. Die Wiederbewaffnung war zwar wenige Wochen zuvor vom Bundestag mehrheitlich nach heftigen Debatten beschlossen worden, aber es bedurfte zweier Ereignisse, um der Anerkennung des militärischen Widerstands politisch Geltung zu verschaffen: des Aufstands am 17. Juni 1953 in der DDR und des zehnten Jahrestags des 20. Juli. Nun erst würdigten die führenden Vertreter der Bundesrepublik die Attentäter, doch bis zu einer weitgehenden öffentlichen Anerkennung sollten noch viele Jahre vergehen. Immerhin: Die einsetzende Neubewertung des Widerstands schlug sich in gelegentlichen Äußerungen in der Presse nieder, die nun den Einsatz für die Würde forderten. Wer für »Freiheit und Menschenwürde« gekämpft und gelitten habe, werde immer »in tyrannos!« rufen, wenn es nötig sei.[27] Wer sich aber die Pflicht abnehmen lasse, »für die Menschenwürde auf eigene Gefahr einzutreten«, verliere seine Menschenwürde und dürfe sich nicht wundern, »eines Tages als bloßes Objekt des Staates« behandelt zu werden.[28]

Fritz Bauer hatte mit dem Fokus auf den 20. Juli im Remer-Prozess einen hohen Preis gezahlt: Eigentlich wollte er jede Form des Widerstands gegen den Nationalsozialismus gewürdigt wissen, und dies nicht nur, wenn die eigenen Rechte, sondern auch die anderer verletzt worden waren. Aber 1952 ließ sich – gerade mit Blick auf die nationalkonservativ geprägten Richter, die über Remer urteilen sollten – nur ein Minimalkonsens zugunsten des militärischen Widerstands erreichen. Mehr war angesichts der vergangenheitspolitischen Integration von NS-Belasteten zu diesem Zeitpunkt nicht möglich. Außerdem stützte sich der normative Konsens auf ein geschöntes Bild des 20. Juli, das abfällige Äußerungen aus dem Kreis der Attentäter über Osteuropa, antisemitische und antidemokratische Einstellungen sowie ihren ausgeprägten Nationalismus ausblendete.

Die Adenauer-Regierung vereinnahmte den 20. Juli als ehrenhaften Einsatz für die Nation. Richard Schmid, Präsident des Oberlandesgerichts Stuttgart und ein Freund Bauers, kritisierte diese Engführung kurz nach dem Urteil: In den politischen Debatten der Weimarer Republik sei die Linke vor allem deshalb in die Defensive geraten, »weil sie schlechterdings nicht bestreiten konnte, daß es für sie auch andere, und gar höhere Werte gab als das nationale Interesse, nämlich Menschlichkeit, Freiheit und Menschenwürde«.[29] Schmid wollte wie Bauer gerade diese Werte als Maßstab für die mit dem Grundgesetz verbundene »Grundordnung« verankert wissen – den Schutz des Individuums, nicht den von Staat, Nation oder Volk.

Viele andere, die unter dem Nationalsozialismus gelitten hatten, erfuhren lange Zeit keinerlei Wertschätzung ihres Leidens, zumal viele ohnehin – wie Kommunisten, Homosexuelle oder Sinti und Roma – Opfer fortgesetzter staatlicher und gesellschaftlicher Diskriminierungen blieben. Die erste Vereinheitlichung von Entschädigungsleistungen für NS-Verfolgte auf Bundesebene erklärte zwar Menschen, die »aus Gründen der Rasse, des Glaubens und der Weltanschauung« verfolgt worden waren, zu Anspruchsberechtigten. Aber im Vordergrund stand laut der Präambel des Gesetzes, wer aufgrund seiner »politischen Überzeugung« durch seinen Widerstand dem »Wohl des deutschen Volkes« gedient hatte. Ihnen war jedoch gleichgestellt, wer »auf Grund eigener Gewissensentscheidung sich unter Gefährdung seiner Person aktiv gegen die Mißachtung der Menschenwürde oder gegen die sittlich, auch durch den Krieg, nicht gerechtfertigte Vernichtung von Menschenleben« eingesetzt hatte.[30] Die »Mißachtung der Menschenwürde« galt nicht als pauschaler Entschädigungsgrund, sondern nur als ein Maßstab, um situative Entscheidungen zum Widerstand anzuerkennen, ohne die militärische Opposition gegen Hitler zu benennen. Dagegen erhielten Sinti und Roma oder als Homosexuelle Verfolgte, Zwangsarbeiter oder Kriegsgefangene keine Entschädigung. Diese konnten auch nur wenige der Zwangssterilisierten erlangen, wenn sie in entwürdigenden Feststellungsverfahren, in denen sie oft denselben medizinischen Gutachtern wie vor 1945 gegenüberstanden, nachweisen konnten, besonders schwer gelitten zu haben.

Aber war zu diesem Zeitpunkt der Maßstab der Menschenwürde nicht bereits allgemein anerkannt? Konrad Adenauer hatte doch in seiner ersten Regierungserklärung am 20. September 1949 unter großer Zustimmung bekundet, die Arbeit der Regierung werde »von dem Geist christlich-abendländischer Kultur und von der Achtung vor dem Recht und vor der Würde des Menschen« getragen sein.[31] Und in der Bundestagsdebatte über den Wehrbeitrag der Bundesrepublik hatte sich der CDU-Politiker und spätere Außenminister Heinrich von Brentano am 8. Februar 1952 leidenschaftlich für eine »echte Freiheit innerhalb der staatlichen Ordnung« als einer »tiefen sittlichen Idee« ausgesprochen. »In der Verfassungswirklichkeit, wie ich sie sehe und wünsche«, so Brentano, »muß der Mensch im Mittelpunkt des politischen Geschehens stehen.« Die Achtung vor der Würde des Menschen solle der staatlichen Gewalt eine »unüberbrückbare Grenze ziehen«.[32]

Doch längst nicht alle sahen dies als hinreichend gewährleistet an. Nicht zuletzt Fritz Bauer blieb skeptisch gegenüber der latenten Macht des Staates, in der noch jungen Demokratie die Grundrechte des Einzelnen einzuschränken. Genau deshalb wollte er mit dem Remer-Prozess auf jene Grenze hinweisen, »wo wir nicht mehr mitmachen dürfen (…) wo es wirklich um der Menschheit große Gegenstände geht. Um Leben und Tod. Wo von uns etwas verlangt wird, was unmenschlich ist und alle Würde verletzt.« Aber noch stand ein solches Verständnis der Menschenwürde eindeutig im Schatten anderer Begriffe, Werte und Herausforderungen, die das 1953 vom Schriftsteller Wolfgang Koeppen beschriebene »Treibhaus« der frühen Bundesrepublik prägten und für ein ebenso moralisch wie politisch beengendes Klima sorgten.

10

»FREIHEIT UND MENSCHENWÜRDE«: DIE ANTIKOMMUNISTISCHE PATHOSFORMEL

Zehn Tonnen Bronze. Seit dem 24. Oktober 1950 erklingen sie in Berlin für die Freiheit und die Würde des Menschen: Die »Freiheitsglocke« im Turm des Schöneberger Rathauses, dem Amtssitz des Regierenden Bürgermeisters, läutet noch heute täglich um 12 Uhr, gelegentlich auch zu besonderen Anlässen. Sie war der amerikanischen »Liberty Bell« in Philadelphia nachempfunden und ein Geschenk des im Jahr zuvor in New York gegründeten Nationalkomitees für kulturelle Freiheit, einer antikommunistischen Organisation, hinter der die CIA stand und die von namhaften amerikanischen und westeuropäischen Intellektuellen wie John Dewey, Arthur Koestler oder Manés Sperber unterstützt wurde. Als die Glocke in einem Festakt mit prominenten Gästen dem Berliner Bürgermeister Ernst Reuter offiziell übergeben wurde, hatte sie bereits eine lange Reise hinter sich: Von der Gießerei in Croydon bei London war sie zunächst in die USA verschifft worden. Nach mehreren Stationen zwischen Philadelphia, Los Angeles und New York gelangte sie über Bremerhaven gerade noch rechtzeitig an ihr eigentliches Ziel. Auf dem Weg durch die Staaten hatten 16 Millionen Amerikaner für sie gespendet und einen »Freiheitsschwur« unterzeichnet, der beinahe wie der erste Artikel des Grundgesetzes klingt: »Ich glaube an die Unantastbarkeit und an die Würde jedes einzelnen Menschen.«[33]

Die Idee der Glocke war vor allem von Lucius D. Clay propagiert worden, dem Vorsitzenden des Nationalkomitees. Er hatte sich während der »Berliner Blockade« als Militärgouverneur der amerikanischen Besatzungszone um die legendäre Luftbrücke verdient gemacht und wollte die besondere Verbundenheit der Amerikaner mit Berlin als Insel im Kampf gegen den Kommunismus unterstreichen. Die Blaupause dafür hatte die US-Regierung mit ihren »Objectives and Programs for National Security«, kurz NSC-68, im April 1950 verabschiedet. Sie war maßgeblich für alle antisowjetischen Maßnahmen der kommenden Jahrzehnte. Als grundsätzliches Ziel der US-Politik nannten die »Objectives« eingangs, »to assure the integrity and vitality of our free society, which is founded upon the dignity and the worth of the individual«.[34] Kaum anders klang es zu Beginn der bundesweiten Radioübertragung, als einer der Kommentatoren die Symbolik der Glocke beschrieb: »Sie versinnbildlicht die Begriffe Freiheit und Menschenwürde durch ein Relief, das fünf Menschen zeigt, die sich mit einer Fackel in den Händen brüderlich zu einem Kreis zusammenschließen.«

John J. McCloy, von 1949 bis 1952 der amerikanische Hochkommissar in der Bundesrepublik, betonte in seiner Rede den Gegensatz zwischen dem liberalen »Reich der Freiheit« und dem sowjetischen »Reich der Unterdrückung«. Allein Freiheit könne das Fundament für Frieden und Demokratie darstellen. Entschieden warnte er vor den falschen Versprechungen und repressiven Methoden der totalitären Machthaber im östlichen Europa, die sich nicht wesentlich von den Nationalsozialisten unterschieden. In seiner Dankesrede sprach Ernst Reuter von dem unveräußerlichen Recht der Freiheit, das den Menschen allein zum Menschen mache. Aber erst bei der feierlichen Übergabe der Glocke fiel das Wort »Menschenwürde«, als der besagte Schwur verlesen wurde. Vor allem das Prinzip der Freiheit wurde abschließend pathetisch bekräftigt, indem ganz im Sinne der amerikanischen Unabhängigkeitserklärung Gott als ihr höchster Garant angerufen wurde. Die wöchentliche Übertragung von Geläut und Gelöbnis durch den Rundfunksender RIAS sollte für viele Berliner über lange Jahre hinweg ein prägendes Ritual werden.

Kreuzzug gegen den Kommunismus

Wenige Monate vor der Übergabe der Glocke hatte das Nationalkomitee im Juni 1950 den internationalen »Kongreß für kulturelle Freiheit« in Berlin veranstaltet. Daran nahmen mit Hannah Arendt, Raymond Aron, Margarete Buber-Neumann, Albert Camus und Eugen Kogon führende europäische Intellektuelle teil, die in diesen Jahren auf unterschiedliche Weise den Diskurs um Menschenwürde und Menschenrechte prägten. Die Zusammenkunft sollte dazu beitragen, vor allem linksliberale Politiker, Intellektuelle und Künstler auch in der Bundesrepublik zum geistigen Kampf gegen den Kommunismus zu mobilisieren. Im Manifest des Kongresses wurden Freiheit und Demokratie zur unverzichtbaren Voraussetzung für eine friedliche Gesellschaft erklärt, während »totalitäre Staaten« die Freiheit grundsätzlich missachteten und eine schlimmere Bedrohung als frühere Despotien darstellten. Dem »Menschengeschlecht« stelle sich nur eine Alternative: der »Weg zum Konzentrationslager-Staat oder zur Freiheit«. Hinter der Freiheit als oberstem Ziel und Wert stand die Würde auch hier zurück: Das Manifest kam ohne sie aus.[35]

Neben Ernst Reuter gehörten auch andere prominente Sozialdemokraten wie Carlo Schmid oder der aufstrebende Willy Brandt zu den Mitgliedern und Unterstützern, ebenso Theodor Heuss und der Direktor der Hamburger Pressestelle, Erich Lüth, von dem noch die Rede sein wird. Enge Verbindungen bestanden zu Schriftstellern wie Rudolf Hagelstange, Heinrich Böll oder Siegfried Lenz. Ohne Mittel der CIA und ohne die Ford Foundation hätte der Freiheitskongress nicht durchgeführt und in Paris zeitweilig verstetigt werden können. Er wirkte über den 1953 in Hamburg konstituierten »Kongress für Wissenschaft und Freiheit« – unter anderem durch Beiträge von Max Horkheimer oder Helmuth Plessner – auch bis weit in die akademische Wissenschaft hinein. Ende der 1950er Jahre verloren jedoch beide institutionellen Foren des organisierten linksliberalen Antikommunismus zunehmend an Bedeutung.

Die Freiheitsglocke war das wichtigste Symbol des antisowjetischen »Kreuzzugs für Freiheit« in den 1950er Jahren. Ihre Einweihung bildete den Auftakt zur gleichnamigen Kampagne, die ganz im Zeichen des Antitotalitarismus stand. In diesen Jahren bürgerte es sich ein, vom »totalitären Staat« als Gegenmodell zur freiheitlichen Demokratie zu sprechen. Besonders unter dem Eindruck des im Juni 1950 ausgebrochenen Koreakriegs betonten zahlreiche Wissenschaftler und Intellektuelle ideologische und strukturelle Gemeinsamkeiten zwischen italienischem Faschismus, Nationalsozialismus und sowjetischer Herrschaft. Unterschiede wurden so in den Schatten gerückt, insbesondere die zentrale Rolle von Rassismus und Antisemitismus für den Nationalsozialismus. Während die wissenschaftlichen Totalitarismus-Konzepte vor allem die Sowjetunion und den Nationalsozialismus verglichen, betrachtete eine Mehrheit der bundesdeutschen Politiker die SED-Regierung als eine Form totalitärer Herrschaft. Nachträglich legitimierte das Deutungsmuster des Totalitarismus noch einmal den Antibolschewismus der Jahre vor 1945, zu dem sich viele Deutsche bis weit ins nationalkonservative, bürgerliche Spektrum hinein bekannt hatten.

Indem sich der Antitotalitarismus im Zeichen des Ost-West-Konflikts aufs engste mit dem Antikommunismus paarte, konnten rechte Denkansätze sowie politische Muster des nationalen Konservatismus und aus der Zeit des Nationalsozialismus mühelos in die Bundesrepublik übertragen werden. Dabei spielte auch die hohe personelle Kontinuität in den Ministerien und der übrigen Verwaltung eine wesentliche Rolle. So lebte die antimoderne

Kritik an der »Masse«, an der Säkularisierung oder am Liberalismus ebenso fort wie das Denken in agonalen, nicht selten auch rassistisch aufgeladenen Stereotypen. Sie ließen sich aber nicht einfach unbesehen übernehmen, je mehr sich die Bundesrepublik dem Westen annäherte. Als zunächst recht beständig erwies sich jedoch das Denken in Kollektiven und damit verbundenen Gegensätzen, die mit organischen Vorstellungen von »Volk«, »Nation« oder »Gemeinschaft« einhergingen.

Antitotalitärer Konsens

Der Totalitarismus lieferte einen wesentlichen Baustein für jenen »antitotalitären Konsens«, von dem bald als Klammer der jungen Demokratie in der Bundesrepublik gesprochen wurde. »Freiheit und Menschenwürde« wurde ohne nähere Klärung, was damit gemeint war, zur pauschalen Abgrenzungsformel gegenüber dem sozialistisch beherrschten Osteuropa. Den »Marxismus in der Praxis« setzte ein Artikel in der »Zeit« 1949 mit dem »Tod aller Freiheit und Menschenwürde« gleich, ein anderer betrachtete die »neue Zeit« als »Verlust alles dessen, was bisher Menschenwürde war«.[36] Konrad Adenauer brachte den Geist des »antitotalitären Konsenses« auf dem CDU-Parteitag in Goslar am 20. Oktober 1950 auf den Punkt: »In unserer Zeit wird sich entscheiden«, so der Vorsitzende und Bundeskanzler, »ob Freiheit, Menschenwürde, christlich-abendländisches Denken der Menschheit erhalten bleiben oder ob der Geist der Finsternis und der Sklaverei für eine lange Zeit seine Geißel über die hilflos am Boden liegende Menschheit schwingen wird.«[37] Nicht wenigen wird er dabei Bilder von Menschen vor Augen gerufen haben, deren Würde unter den Bedingungen von Terror und Krieg verletzt worden war. Doch die frühen Aufnahmen aus den befreiten Lagern der NS-Zeit waren inzwischen weitgehend aus der Öffentlichkeit verschwunden. Eine selbsterklärte Opfergemeinschaft der Deutschen war an ihre Stelle getreten.

Die Medien berichteten nun vor allem über »Konzentrationslager« in der DDR und in Osteuropa, Berlin galt als »Gefangenenlager«. Die restlichen deutschen Kriegsgefangenen in der Sowjetunion wurden in reichweitenstarken Kampagnen zugunsten ihrer Rettung als ausgemergelte, kahlrasierte Männer hinter Stacheldraht und damit als Opfer von Hunger, Zwangsarbeit und Folter präsentiert. Das Konterfei des Kriegsgefangenen als Ikone totalitärer Entwürdigung fand auf Briefmarken, Plakaten oder Postkarten millionenfache Verbreitung: Es sollte den sowjetischen Totalitarismus als systematischen Feind der Menschenwürde vergegenwärtigen. Die wichtigste Mittlerrolle spielte dabei der aus Bundesmitteln finanzierte Verband der Heimkehrer mit seinen jährlichen Gedenkwochen, zahlreichen Publikationen und Ausstellungen. Seine Begleitbroschüre zur Ausstellung »Wir mahnen«, die seit 1951 zunächst unter dem Titel »Kriegsgefangene reden« in insgesamt mehr als dreißig Städten der Bundesrepublik zu sehen war, beginnt mit dem Satz: »Wir haben jahrelang auf der untersten Grubensohle des menschlichen Daseins vegetiert.«[38] Diesen Bezug auf die verletzte Menschenwürde veranschaulichten viele Bilder und Exponate, die auf die christliche Leidensikonographie zurückgriffen. Ihre Botschaft: In Gestalt des deutschen Mannes wurde, so das noch ganz einem kollektivistischen Denken verhaftete Bild, mit dem Einzelnen und seiner Familie das gesamte Volk angegriffen. Aber die Gefangenen hätten dem mit einer eindrücklichen, für alle Deutschen stellvertretenden Kraft der Selbstbehauptung widerstanden.

Seinen bekanntesten Ausdruck fand dieses Motiv 1955 in dem Romanbestseller »So weit die Füße tragen« von Josef Martin Bauer, der vier Jahre später für das Fernsehen erfolgreich als Mehrteiler verfilmt wurde. Bauer erzählt die Geschichte der jahrelangen Flucht eines deutschen Kriegsgefangenen aus einem Arbeitslager in Sibirien, der das »Leben eines Tieres und bei den Tieren führen mußte«.[39] Der Roman schildert, wie der Landser Forell auf seinem Weg unerträglichen Zumutungen ausgesetzt ist, steckt aber voller abwertender Stereotype, die er auf Russen, Juden und Asiaten projiziert. Forells Wanderung am Rande und jenseits der Zivilisation, auf der das Wesen des Menschlichen auf die Probe gestellt wurde, war ein populäres Entlastungsabenteuer. Im Sinne von Anstand und Ehre verkörperte er den idealisierten deutschen Soldaten, der nach nichts anderem strebte als nach »Heimat, Familie und freie(r) Arbeit«. Für den Verband der Heimkehrer waren dies nicht nur die »Grundlagen menschenwürdigen Daseins«, sondern auch die »dem Menschen gegebenen Rechte und Möglichkeiten«.

Die Ikonographie der Kriegsgefangenen als Opfer des kommunistischen Herrschaftssystems passte genau in die Zeit. Denn die Demokratie galt, wie es der Politologe Theodor Eschenburg 1957 in einer Staatsbürgerkunde schrieb, als »Gegenteil des totalen Staates, der als ausschließliche Herrschaftsmacht Menschenwürde, Freiheit und Gleichheit ablehnt«.[40] Im Windschatten eines solchen Pathos wurde die Missachtung der Menschenwürde zum Synonym für den Sozialismus. Auch von »Versklavung«, mangelnder »Menschlichkeit« und dem Verlust der »Freiheit« war oft die Rede. Es fehlte zudem nicht an Warnungen vor dem Ende des »Abendlandes« und der Zerstörung der »Menschheit«. Bei vielen Gelegenheiten nutzten Politiker die Formel »Freiheit und Menschenwürde«, um die Rechte von Deutschen im Bereich des Ostblocks zu reklamieren. Aber die Anwendung wurde weit gedehnt: Anton Besold beklagte für die Bayernpartei am 27. September 1949 im Bundestag, die Menschenwürde werde durch jede Form »zentralistischer Staatsausrichtung« gefährdet, »ob es sich um Vergasung oder Hungerlager« handele – oder um einen Mangel an Föderalismus.[41]

Einen Höhepunkt dieser gesamtdeutschen Opferrhetorik, die

für den »freien« Westen in Anschlag gebracht wurde, stellte der 17. Juni 1953 dar. Das Presse- und Informationsamt der Bundesregierung veröffentlichte kurz darauf eine Broschüre unter dem Titel »Für Menschenwürde und Freiheit. Der Aufstand der Bevölkerung im Sowjetsektor von Berlin und im sowjetisch besetzten Mitteldeutschland«. Das vereinnahmte die Proteste für das eigene Ziel, die nicht als souverän anerkannte DDR zu überwinden. Sechs Tage nach dem Aufstand sprachen bei einer Gedenkveranstaltung in Berlin der Bundesminister für gesamtdeutsche Fragen, Jakob Kaiser, und Ernst Reuter. Während Reuter dem Freiheitsbegriff eng verbunden blieb, erklärte Kaiser die Toten des Aufstands gegen das SED-Regime zu »Blutzeugen« der Menschenwürde. Der Wille zu »Freiheit und Menschenwürde« lasse sich trotz Demütigung und Not »nicht auslöschen«. Wer Frieden wolle, so schloss Kaiser seine dreifache Anrufung der Würde, müsse »Charakter (…), Freiheit, Menschenwürde und Selbstbestimmung eines jeden Volkes achten«.[42] Die Menschenwürde des Volkes – aber nicht jedes Einzelnen, wie es das Grundgesetz formuliert hatte?

Menschenwürde als Pathosformel

Sich zur Menschenwürde zu bekennen war zu einem antitotalitären Akt geworden. Aber der eigentliche Leitbegriff dieser Jahre blieb die Freiheit. So war es auch bei Eugen Gerstenmaier, dem Nachfolger von Hermann Ehlers als Bundestagspräsident. Gerstenmaier hatte das zweitwichtigste Staatsamt der Bundesrepublik fünfzehn Jahre lang von 1954 bis 1969 inne. Mit ihm repräsentierte erneut ein Verfolgter des Nationalsozialismus den Bundestag, während in den Ämtern und Ministerien, aber auch im Bundestag und in der Bundesregierung eine große Zahl an früheren NSDAP-Mitgliedern und Mitverantwortlichen für das NS-Regime

Einzug gehalten hatte. Gerstenmaier war aktives Mitglied des protestantischen Kirchenkampfs, gehörte zum Kreisauer Kreis und war am Umsturzversuch des 20. Juli beteiligt. Bei seiner Antrittsrede am 16. November 1954 ging er weit über ein zeremoniales Verständnis der Würde des Parlaments hinaus und verknüpfte sie engagiert mit den Leitmotiven der freiheitlichen Demokratie. Die Würde des Bundestags sah er darin, die »Freiheit und das Recht nicht nur zu proklamieren, sondern unter allen Umständen auch zu praktizieren«. Sie werde nicht gemindert, wenn das Parlament eine »Stätte der freien Aussprache« sei, sofern alle »der Freiheit, dem Recht und der Wohlfahrt des ganzen deutschen Volkes in West und Ost von Herzen zugetan« seien.[43] Mehrfach tangierte Gerstenmaier hier wie bei anderen Gelegenheiten das Bedeutungsspektrum der Menschenwürde, ohne sie jedoch ausdrücklich zu thematisieren. Freiheit, Recht und Einheit – das waren für Gerstenmaier zentrale Begriffe der antitotalitären politischen Kultur der frühen Bundesrepublik.

Jenseits ihrer Verwendung als antitotalitäre Pathosformel war die Menschenwürde kaum gebräuchlich. In Konversationslexika wie dem Brockhaus oder dem Herder findet sich kein Eintrag zur Menschenwürde. Ebenso verzichtet darauf das 1958 aufgelegte »Lexikon für Staatsbürger«, dessen einschlägige Einträge zu Demokratie, Freiheit der Person, Grundrechten oder Rechtsstaat sich ebenfalls nicht auf den ersten Artikel des Grundgesetzes beziehen. Wenn auf die Menschenwürde Bezug genommen wurde, blieb meist unbestimmt, was genau damit gemeint war. An die Freiheit zu appellieren eignete sich deutlich besser, um den antitotalitären Konsens aus der Gegenwart heraus zu definieren. Denn über den Hauptgegner des Westens, zu dem sich die Bundesrepublik mehr und mehr rechnete, war man sich überwiegend einig, auch wenn das Zielobjekt – die Sowjetunion, das kommunistische Herrschaftssystem insgesamt oder die DDR – nicht immer klar fixiert war. Darüber aber, welche Art von Demokratie man wollte, gab es keinen Konsens. Freiheitsrechte, Gewaltenteilung und Parlamentarismus wurden als Grundprinzipien der liberalen Demokratie zwar weithin vertreten. Doch mit solch allgemeinen Bekenntnissen war eine Kernfrage keineswegs gelöst: Wie sollte sich die gerade in Deutschland traditionell besonders ausgeprägte Macht des Staates zur Geltung der individuellen Grundrechte verhalten? Wo lagen ihre Grenzen?

Grenzen des Staates

Noch im ersten Jahr seiner Tätigkeit hatte der Bundestag im Zusammenhang mit einer Reihe von Gesetzesvorlagen über deren Vereinbarkeit mit dem Grundgesetz debattiert. Auch die Menschenwürde kam dabei wiederholt zur Sprache. Wie auf Landesebene und in maßgeblichen Gerichtsurteilen wurden durch Bundesgesetze bereits im Verlauf des ersten Jahrzehnts der Bundesrepublik erste konkrete Schutzlinien zugunsten des Individuums gegenüber dem Staat gezogen, die unterhalb extremer Verletzungen der Menschenwürde angesiedelt waren. So legte die Bundesregierung im Juni 1950 einen Gesetzentwurf zur Einführung des Personalausweises vor. Bundesinnenminister Gustav Heinemann war sich der heiklen Aufgabe bewusst, denn schon die Maßnahme selbst kritisierte die Opposition als unnötig und als einen Schritt auf dem Weg zurück in die Diktatur. Der Bundesrat hatte nur einen konkreten Bestandteil des geplanten Ausweises kritisiert: den Fingerabdruck. Vertreter der SPD, der KPD und der Deutschen Partei kritisierten, jeder Bürger werde so auf eine Stufe mit Straffälligen in Verbrecheralben gerückt. Unter wiederholtem Hinweis auf entsprechende Missbrauchspraktiken im Nationalsozialismus war von einer entwürdigenden »Diffamierungsmethode« die Rede.

Das am 19. Dezember 1950 verabschiedete Gesetz enthielt ein

ausdrückliches Verbot des Fingerabdrucks. Diese Schutzlinie zugunsten der Bürger findet sich auch in Gerichtsurteilen der Folgejahre wieder: Ein Verwaltungsgericht befand, die Aufbewahrung von Fotografien und Fingerabdrücken eines Unschuldigen verstoße gegen die Menschenwürde. Der Bürger sei vor der »Allmacht des Staates« zu schützen.[44] Aber sicher konnte man sich in diesen Jahren nicht sein: Ein Bremer Gericht hatte im Einsatz privater Tonbandaufzeichnungen als Beweismittel in einem Untreuefall keinen Verstoß gegen die Menschenwürde erkannt.[45] Gleich mehrere Bundesgerichte zogen hier jedoch Grenzen: 1955 sah das Bundesverwaltungsgericht in der »schrankenlosen Durchleuchtung persönlicher Verhältnisse durch Fragebögen« einen Verstoß gegen die Menschenwürde.[46] Drei Jahre später traf der Bundesgerichtshof gleich drei Grundsatzentscheidungen in ähnlichen Fragen unter Verweis auf die Menschenwürde: Sie werde durch den Einsatz von Lügendetektoren und durch heimliche Tonbandaufnahmen ebenso wie durch beleidigende Äußerungen von Richtern verletzt.[47]

Einen Monat nach der Beratung über den Personalausweis debattierte der Bundestag einen umfangreichen Gesetzentwurf, um die Rechtslage vor 1933 formell wiederherzustellen. Die Regierung wollte dabei auf Neuerungen weitgehend verzichten. Überkommene Regelungen für die Gerichtsverfassung, die Zivilprozessordnung und die Strafprozessordnung wurden deshalb nicht kritisch durch die neue Brille des Grundgesetzes betrachtet. Unter den Hunderten von Paragraphen, die es zu verabschieden galt, fanden sich freilich viele, die von den Nationalsozialisten in ihrem Sinne ausgelegt worden waren. Man vermied aber eine deutliche Abgrenzung von der totalitären Vergangenheit und kritisierte stattdessen vielmehr den totalitären Charakter der sozialistischen Staaten. Die Auseinandersetzungen konzentrierten sich besonders auf die Frage der Beweissicherung und Wahrheitsfindung im Rahmen strafrechtlicher Ermittlungsverfahren.

Offenkundig war dabei das Verhältnis von Staat und Individuum unmittelbar berührt. Wie weit durfte der Staat hier gehen? Als unstrittig erwies sich ein Paragraph, durch den die »Freiheit der Willensentschließung und Willensbetätigung« von Beschuldigten gegen polizeiliche Eingriffe geschützt werden sollte. Die verbotenen Maßnahmen konkretisierten zugleich, wann die Menschenwürde und die körperliche Unversehrtheit als verletzt betrachtet wurden: »Mißhandlung, Ermüdung durch körperlichen Eingriff, durch Verabreichung von Mitteln, durch Quälerei, durch Täuschung oder durch Hypnose« wurden ausgeschlossen, zudem »Narko-Analysen« und »Wahrheitsspritzen«.[48] Damit sollte das Folterverbot in den Grundlagen des Rechts der Bundesrepublik fixiert werden, um ihre Wiederkehr zu verhindern. Anders als beim Personalausweis ließ das Gesetz jedoch eine Hintertür offen: Zwangsmaßnahmen im Rahmen des Strafverfahrensrechts blieben erlaubt. Aufgrund des Widerstands der Opposition wurde jedoch ein Paragraph gestrichen, der das Recht vorsah, andere als die in Strafsachen beschuldigten Personen zu einer medizinischen Untersuchung zu zwingen, um Beweise zu sichern – vor allem Opfer, womöglich auch Zeugen. Gerade linke NS-Verfolgte im Parlament sprachen hier wie bei anderen Gelegenheiten häufig von einem »Polizeistaat«, den man überwunden glaubte, und nutzten den Bezug auf die Menschenwürde und ihre Attribute, um entsprechende Tendenzen der Regierung zu kritisieren.

Über Einschränkungen der Handlungsfreiheit des Staates informierte 1957 Theo Zimmermanns »praktischer Rechtsberater«. »Alles, was die Menschenwürde zerstören, schädigen oder sonstwie beeinträchtigen« könne, sei zu unterlassen. Wie prekär das war, verrät die Formulierung, dem Bürger sei »Sicherheit gegenüber der Allmacht des Staates« zu geben. Zum Beispiel dürfe die Polizei Lichtbilder und Fingerabdrücke von Beschuldigten anfertigen, müsse diese aber vernichten, sobald sich seine Unschuld erweise, um seine Menschenwürde nicht zu missachten. Der »Rechtsberater« erklärte sie auch zum obersten Maßstab, damit »das rechte Maß« bei der »Wahrheitsforschung« nicht verlorengehe. Ihre Reichweite veranschaulichte das Urteil eines Verwaltungsgerichts, das die Ladung eines Erwachsenen zum Verkehrsunterricht als Eingriff in die persönliche Freiheit und Menschenwürde bewertet hatte.[49] Andererseits: Das Wort »Menschenwürde« selbst findet sich in dem Buch gerade vier Mal.

Demokratie ohne Partizipation

Zeichneten sich hier erste Schutzlinien zugunsten des Persönlichkeitsrechts ab, betrachteten viele eine Gewährung aktiver politischer Freiheiten mit großer Skepsis. Die vorherrschenden Demokratiekonzepte dieser Jahre, wie sie von Politikwissenschaftlern oder Ökonomen formuliert wurden, schrieben dem Staat vor allem operative Aufgaben zu. Er sollte – je nach Ausrichtung – die soziale Stabilität garantieren, die Bedingungen der wirtschaftlichen Freiheit absichern oder das ordnungsgemäße Funktionieren der demokratischen Institutionen und Mechanismen verantworten. Ob technokratisch, ordoliberal oder prozedural: Abgesehen von der Berufung auf die Freiheit kamen diese Modelle – auch das eine Reaktion auf die Ideologisierung des Staates in totalitären Regimen – ohne emphatisch formulierte Leitideale aus oder sprachen sich explizit gegen sie aus. Während in den intellektuellen Debatten noch mit allem Gewicht das »christliche Abendland« beschworen, der »demokratische Sozialismus« als Alternative gehandelt oder über einen »dritten Weg« zwischen der westlichen Demokratie und dem östlichen Kommunismus nachgedacht wurde, gaben sich die Gesellschaftswissenschaften bereits weitgehend pragmatisch und funktionalistisch, wenn es um die Demokratie ging. Vor allem eines einte viele ihrer Vertreter: die Sorge vor einer unmittelbaren, breiten und aktiven Beteiligung der Bürgerinnen und Bürger an der Politik.

Darin wussten sie sich grundsätzlich im Einklang mit der Regierungspolitik der Adenauer-Ära. Die Bundesregierung war mit ihrem Plädoyer für Ordnung, Sicherheit und Stabilität nicht nur politisch überaus erfolgreich. Sie konnte sich auch auf eine breite Mehrheit konservativer Wissenschaftler, Intellektueller und Journalisten stützen. Politologen wie Theodor Eschenburg, Historiker wie Gerhard Ritter oder Werner Conze und Soziologen wie Arnold Gehlen oder Hans Freyer teilten eine tiefe Skepsis gegenüber einer für politisch unmündig gehaltenen »Masse«. Sie wollten Demokratie, Parlament und Justiz durch einen starken Staat geschützt wissen. Partizipation und Pluralismus betrachteten sie eher als Gefahr denn als Chance. Statt auf den »mündigen Bürger« zu setzen, der erst im Laufe der 1960er Jahre zum Leitbild avancieren sollte, herrschte ein bürgerlicher Klassendünkel vor, der noch dem 19. Jahrhundert verhaftet war und über das Recht zu politischer Mitsprache nach Bildung, Kultur und Besitz entschied. Wer dem damit verbundenen Persönlichkeitsideal nicht entsprach, sollte vorrangig zu treuen Staatsbürgern erzogen werden. Eine »Deutsche Bürgerkunde« wies 1960 den »schöpferischen Eliten« die Aufgabe zu, »die ungeschützten Massen (…), heute die proletarischen, zu Mitbürgern« zu machen.[50] Der noch junge, später prominente Politikwissenschaftler Wilhelm Hennis beklagte 1962 einen Mangel an »bürgerlich-verantwortlicher Grundhaltung« angesichts einer »Politisierung«, die sich vor allem als »momentane Protest- und Affekthaltung« äußere.[51]

Wer vor den Gefahren totalitärer Staaten warnte, musste die eigenen Bürger über ihre neuen Rechte und Pflichten in der Demokratie informieren. Ein breites Arsenal politischer Bildungsmaßnahmen flankierte den Staatsschutz: Bund und Länder schufen dafür eigene Institutionen, Gesellschaften und Arbeitskreise gründeten sich, Volkshochschulen und Akademien nahmen sich des Themas an, auch die Kirchen und Gewerkschaften. Auf Landes- wie auf Bundesebene entstanden zentrale Einrichtungen zunächst für »Heimatdienst«, dann für »politische Bildung«. Einige Jahre lang bemühte sich der Bund für Bürgerrechte, eine zivilgesellschaftliche Bewegung aus Parlamentariern, Juristen und Intellektuellen mit schließlich mehr als sechzig Ortsverbänden, um die Vermittlung von Grundrechtswissen, stellte Informationen bereit, lieferte Gutachten und half Einzelpersonen bei verfassungsrechtlichen Klagen.

Solche Maßnahmen füllten die alliierte Idee einer »Demokratisierung« der Deutschen mit Leben. In diesem Sinne sprach sich der Sozialphilosoph und Pädagoge Theodor Litt mit seiner einflussreichen und von der Bundeszentrale für Heimatdienst in mehreren Auflagen verbreiteten Schrift »Die politische Selbsterziehung des deutschen Volkes« emphatisch für eine »unabwälzbare Mitverantwortung« für die Ausgestaltung von Staat und Demokratie aus. Litt – als überzeugter Weimarer Demokrat ein intellektueller Gegner des Nationalsozialismus, der sich 1937 in den vorzeitigen Ruhestand hatte versetzen lassen – warb eindringlich dafür, sich am politischen Geschehen zu beteiligen. Denn das Geheimnis der Demokratie läge im »Kampf um die Macht in vollkommener Klarheit, mit letzter Entschlossenheit und doch ohne jede der Menschenwürde abträgliche Entgleisung«. Den besten Schutz der Menschenwürde sah Litt aber in der Selbstverpflichtung des Staates, die Vielfalt an Meinungen »ungehindert gewähren« zu lassen.[52]

Den Weg dorthin wiesen nicht zuletzt zahlreiche Broschüren, die sich vor allem an Jugendliche richteten. Sie machten unter Titeln wie »Die Menschenrechte«, »Darf das sein?«, »Jugend im Staat« oder »Jeder hat das Recht« die Grundrechte der Bundesrepublik anschaulich, warben für die Demokratie und lieferten Argumente für die politische Debatte. Auch der hessische Verband für Freiheit und Menschenwürde, der sich von der VVN aus politischen Gründen abgespalten hatte, veröffentlichte in schneller Folge mehrere Broschüren unter Titeln wie »Politik interessiert Sie nicht?«, »Sie haben das Wort« oder »Der Einzelne und der Staat«. Im Vordergrund stand der Anspruch auf den Schutz der eigenen Freiheit und die Entfaltung der Persönlichkeit: »Wir erwarten vom Staat«, so ein »Studienblatt für evangelische Jugendführung« 1953, »daß er (…) seine Macht nicht zur Entwürdigung seiner Bürger mißbraucht.«[53] Denn der Staat gehöre den Bürgern, nicht der Bürger dem Staat.

»Freiheitlich-demokratische Grundordnung«

Zum Stichwort der Stunde wurde die »wehrhafte Demokratie«, verstanden als Schutz vor jenen, die ihre Zerstörung anstrebten oder auch nur dessen verdächtigt wurden. Aus der Erfahrung der Weimarer Republik, die sich in ihren letzten Jahren ihrer Feinde nicht erwehren konnte, hatte Carlo Schmid stellvertretend für viele andere bereits vor dem Parlamentarischen Rat am 8. September 1948 gefordert, man müsse an die Demokratie »glauben als etwas für die Würde des Menschen Notwendiges«. Das erfordere den »Mut zur Intoleranz denen gegenüber, die die Demokratie missbrauchen, um sie aufzuheben«.[54] Dementsprechend standen die ersten Jahre der Bonner Republik trotz vieler rechtsextremistischer Aktivitäten und personeller Kontinuitäten zur NS-Zeit vor allem im Zeichen einer unterstellten »kommunistischen Gefahr« von innen. Im September 1950 verpflichtete Adenauer per Erlass alle Angehörigen des öffentlichen Dienstes zum Bekenntnis auf die »freiheitlich-demokratische Grundordnung«. Wer sich für Organisationen engagierte, die gegen die »demokratische Staatsordnung« vorgingen, an ihren Veranstaltungen teilnahm oder sie anderweitig unterstützte, beging eine »schwere Pflichtverletzung«. Zwei Monate nach dieser Urform des späteren »Radikalenerlasses« wurde das Bundesamt für Verfassungsschutz ins Leben gerufen. Doch was war mit der »Grundordnung« überhaupt gemeint, was galt es zu schützen?

Am Anfang einer genaueren Bestimmung der »freiheitlich-demokratischen Grundordnung«, die immerhin sieben Mal im Grundgesetz auftaucht, stand das 1. Strafrechtsänderungsgesetz vom 30. August 1951.[55] Damit sollten politische Vergehen gegen die Demokratie justitiabel gemacht werden, die nicht als »Hochverrat« verfolgt werden konnten – ein seit der NS-Zeit ausgesetzter Straftatbestand, der mit dem Änderungsgesetz wiedereingeführt wurde. Entscheidend für die Strafverfolgung von politischen Meinungen oder Handlungen war, zunächst einen bestimmten Kern an »Verfassungsgrundsätzen« festzulegen, deren Erhalt als unabdingbar betrachtet wurde. Deren Schutz konnte zwar nicht die Aufhebung der Artikel 1 bis 19 des Grundgesetzes bewirken, aber von der Möglichkeit ihrer zeitweisen oder abwägenden Einschränkung war bereits der Parlamentarische Rat ausgegangen. Mit der strafrechtlichen Konkretisierung der Grundordnung bestand nun allerdings ausdrücklich die Möglichkeit, bestimmte politische Meinungen und deren Äußerung oder ihre Unterstützung als kriminelles Vergehen zu verfolgen und zu belangen.

Als unverzichtbar bestimmte das Strafrechtsänderungsgesetz sechs Grundsätze: die Freiheit der Wahlen, das Rechtsstaatsprinzip, das Recht auf parlamentarische Opposition, die parlamentarische Verantwortlichkeit der Regierung, die Unabhängigkeit der Gerichte und eine Absage an jede Gewalt- und Willkürherrschaft. Was fehlte? Die Menschenwürde. Sie war, anders als immerhin die Grundrechte, noch nicht einmal im Entwurfsstadium des Gesetzes in den Blick genommen worden. Denn eine konsequente Umsetzung der »Unantastbarkeit« aus Artikel 1 hätte sich als Hindernis des angedachten Republikschutzes erwiesen: Dem Staat wurde vielmehr das Recht eingeräumt, die Menschenwürde und die Grundrechte nicht als unbedingten Maßstab des Handelns heranziehen zu müssen, sondern abwägen zu dürfen, wie weit konkrete Rechte eingeschränkt werden sollten, um die Grundordnung zu sichern. Am Anfang der legislativen Konkretisierung des Grundgesetzes stand somit, den grundgesetzlichen Anspruch auf die Unantastbarkeit der menschlichen Würde zu relativieren oder ihn zumindest nicht noch einmal ausdrücklich festzuschreiben. So lieferte das Gesetz eine wesentliche Grundlage für die Verfolgung von Kommunisten in der Bundesrepublik: Mindestens 125 000 Ermittlungsverfahren wurden aufgenommen, Tausende Verurteilungen ausgesprochen, nicht wenige davon gegen Personen, die bereits im Nationalsozialismus als Regimegegner verfolgt und inhaftiert worden waren.

Nur einen Monat nach dem Änderungsgesetz wurde am 28. September 1951 das mit dem Grundgesetz geschaffene Bundesverfassungsgericht feierlich eröffnet. Ganz im Duktus seiner Zeit sprach Bundespräsident Theodor Heuss bei dieser Gelegenheit das prekäre Verhältnis von Staat und Mensch an, das schon die Beratungen des Parlamentarischen Rates über die Würdeformel geprägt hatte. Gegenüber dem »mit primitivem Machtsadismus vollkommen realisierten totalitären Staat« lege das Grundgesetz ein »Bekenntnis zu Menschenrecht und Menschenwürde« ab. Das Gericht hatte sich zu diesem Zeitpunkt bereits konstituiert und erste Entscheidungen getroffen. Angesichts der Vielzahl verabschiedeter Gesetze drängte die Zeit, denn es musste über die Einhaltung des Grundgesetzes gegenüber allen Gewalten des Staates wachen. Gleich zu Beginn fällte das Gericht ein wegweisendes Urteil: das Verbot der Sozialistischen Reichspartei (SRP) vom 23. Oktober 1952.

In diesem Urteil wurde die »freiheitlich-demokratische Grundordnung« zum ersten Mal unter diesem Begriff näher bestimmt. Das Bundesverfassungsgericht stufte die SRP als eine Partei ein, die personell, ideologisch und strukturell in einer eindeutigen Kontinuität zur NSDAP stand. Zugleich bestimmte es die Gründe genauer, die das Verbot einer Partei als verfassungswidrig in Auslegung von Artikel 21 des Grundgesetzes rechtfertigten. Aufgrund der »besonderen Bedeutung der Parteien im demokratischen Staat« käme der Ausschluss einer Partei nur dann in Frage, so das Urteil, wenn sie die »obersten Grundwerte des freiheitlichen demokratischen Verfassungsstaates erschüttern« wolle. Als »freiheitlich-demokratische Grundordnung« (FDGO) definierte das Gericht eine Ordnung, die »unter Ausschluss jeglicher Gewalt- und Willkürherrschaft eine rechtsstaatliche Herrschaftsordnung auf der Grundlage der Selbstbestimmung des Volkes nach dem Willen der jeweiligen Mehrheit und der Freiheit und Gleichheit darstellt«.[56]

Damit deckte sich das Urteil zunächst weitgehend mit den entsprechenden Punkten des Strafrechtsänderungsgesetzes. Aber das Bundesverfassungsgericht nahm sich die Freiheit, darüber hinauszugehen. Es stellte in den Erläuterungen der Definition gerade das vorweg, worauf der Gesetzgeber für das Strafrecht ausdrücklich verzichtet hatte: »die Achtung vor den im Grundgesetz konkretisierten Menschenrechten, vor allem vor dem Recht der Persönlichkeit auf Leben und freie Entfaltung«. Die Verfassungsrichter begründeten ihre Auffassung mit einem ihrer später selten werdenden Rückgriffe auf das Naturrecht: Da der Mensch »in der Schöpfungsordnung einen eigenen selbstständigen Wert« besitze und »Freiheit und Gleichheit dauernde Grundwerte der staatlichen Einheit« bildeten, sei die »Grundordnung eine wertgebundene Ordnung«. Dafür griff das Urteil ausdrücklich auf den Begriff der Menschenwürde zurück. Eine Demokratie im Sinne dieser Grundordnung sei das »Gegenteil des totalen Staates, der als ausschließliche Herrschaftsmacht Menschenwürde, Freiheit und Gleichheit« ablehne. Die Karlsruher Richter nahmen sich mithin das Recht heraus, das Parteienverbot zu nutzen, um weitgehende Grundsatzfragen der jungen Demokratie zu thematisieren. Im Rückblick lesen sich die Begriffe »Persönlichkeit«,

»Entfaltung« und »Menschenwürde« wie eine Agenda, an der sich viele nachfolgende Entscheidungen des Gerichts orientieren sollten. Zugleich war mit der »FDGO« ein vordringliches Schutzgut des Staates bestimmt worden, an dem sich in den folgenden Jahrzehnten viele Protestbewegungen in der Bundesrepublik reiben sollten, weil sie dadurch ihre Grundrechte und ihre Menschenwürde eingeschränkt sahen – und sich dieser im Kampf gegen den Staat um so bewusster wurden.

11

EINE JURISTISCHE LEITPLANKE: DIE »OBJEKTFORMEL« ALS MEILENSTEIN

Leicht genervt stellte die »Zeit« Ende März 1950 fest: Es werde »viel von Menschenwürde, Menschenrechten und Freiheit der Person gesprochen und auch geschrieben«. Man sei sich aber doch in der »ganzen westlichen Welt« ohnehin darüber einig, »daß niemand dieser Rechte mehr bedarf als diejenigen, die gezwungen sind, im Machtbereich der Sowjetunion zu leben«.[57] Vier Jahre später klang bereits Skepsis an: Das »inständige Wiederholen« von Wörtern wie Humanismus, Menschenwürde oder Demokratie gewährleiste »nicht von selbst, daß die durch diese Vokabeln nur ganz verschwommen bezeichneten Werte die unbestreitbar höchsten Werte sind«.[58] Und bald darauf betrachtete ein Journalist die Menschenwürde gar als »veraltet«, da sie aus einer Zeit stamme, »als die Straßenbahnen noch modern waren«.[59]

Kaum in der Bundesrepublik angekommen, sorgte die Menschenwürde also bereits für Kritik. 1955 beobachtete Theodor W. Adorno, der die Menschenwürde ohnehin als Camouflage der bürgerlichen Werteordnung verdächtigte, wie sich das Bild des Menschen von der Würdeidee des Idealismus durch den »Jargon der Eigentlichkeit« der »Substanz seiner Ohnmacht und Nichtigkeit« annähere.[60] Besonders prominent hatte sich Hannah Arendt über die verschiedenen Auflagen ihres Hauptwerks »Elemente und Ursprünge totaler Herrschaft« zwischen 1951 und 1958 hinweg endgültig von der Idee der Menschenwürde als Grundlage des Rechts verabschiedet. »Nichts, was bloß gegeben ist«, schrieb sie im Nachwort der amerikanischen Erstausgabe, könne noch als Maßstab für das Recht dienen. Allem, was aus einem »gegebenen, umfassenden, universalen Ganzen« abgeleitet werde, sei mit einem »fundamentalen Mißtrauen« zu begegnen.[61] Denn die totalitären Regime hätten in extremer Form gezeigt, dass die Menschheit inzwischen nicht nur in der Lage sei, zu anderen erklärte Menschen durch moderne Methoden systematisch zu vernichten, sondern ihre eigene Selbstzerstörung zu betreiben. Die »Überflüssigmachung von Menschen« betrachtete sie als ein wesentliches Merkmal der Moderne. Darin erkannte Arendt eine Zuspitzung der Entfremdung des Menschen durch den Kapitalismus, wie sie bereits im 19. und frühen 20. Jahrhundert kritisiert worden war. Durch die Allmacht der totalitären Ideologie hatte sie eine Stufe erreicht, auf der die restlose Auslöschung der Würde des Menschen und seiner Subjektivität selbst zum Ziel der Herrschenden geworden sei. Alle höheren Werte, die bislang als von Gott verantwortet, der Natur zugeschrieben oder aus der Geschichte erwachsen waren, hatten sich für Arendt als Trugschluss erwiesen, so auch – und damit urteilte sie noch einmal dezidierter als 1949 – die Menschenwürde.

Angesichts des Missverhältnisses zwischen der Eigenverantwortung, die Gesellschaft selbst zu gestalten, und der Machthybris, sie zu zerstören, sah Arendt eben nur noch ein einziges Prinzip, das die konkrete Ausgestaltung des Sozialen transzendiere: das Recht, als Bürger eines Gemeinwesens überhaupt Rechte zu haben. Nur von hier aus und durch die Anerkennung einer unbedingt zu bewahrenden Pluralität der Menschen könne die unabdingbare Aufgabe bewältigt werden, das soziale Leben gänzlich neu zu denken. Wie genau das aussehen könnte, ließ Arendt in den »Elementen und Ursprüngen« offen, aber ihre Kritik an den Menschenrechten und der Menschenwürde als Ideen konnte aus dieser Perspektive nicht vernichtender ausfallen: Über Menschenrechte könne sinnvoll nur wieder gesprochen werden, wenn sie gerade als das Recht verankert würden, »niemals abhängig zu sein von einer angeborenen Menschenwürde«. Diese existiere – wie die jüngste Geschichte zeige – nicht nur nicht, sondern sei der »letzte und möglichweise arroganteste Mythos«, den die Menschen in ihrer langen Geschichte erfunden hätten.[62]

Juristische Deutungsansprüche

Hannah Arendts Generalangriff auf die Menschenwürde nahm in der Bundesrepublik kaum jemand zur Kenntnis, als die Menschenwürde ihre grundlegende, bis heute nachwirkende juristische Kommentierung erfuhr. Stand dabei am Anfang des Jahrzehnts der christlich geprägte Personalismus im Vordergrund, sollte dieser später in der allgemeiner fassbaren »Objektformel« aufgehen und von weiteren Deutungen überlagert werden, wie der Rechtswissenschaftler Manfred Baldus eingehend nachgezeichnet hat.[63] Wer sich aber zu Beginn der Bundesrepublik unter den Rechtsgelehrten zur Menschenwürde äußerte, griff deren naturrechtliche Begründung aus der unmittelbaren Nachkriegszeit auf. Für den Hamburger Völkerrechtler Hans Peter Ipsen fußte die Rechtsstaatlichkeit der Bundesrepublik 1949 auf der »vorstaatlichen Anerkennung« von »Menschenwürde und Menschenrechten« durch das Grundgesetz, die um einen »vollkommenen richterlichen Schutz gegen jeden rechtswidrigen Akt der öffentlichen Gewalt« ergänzt worden sei.[64] Angesichts des akuten Elends weiter Bevölkerungsteile kritisierte er aber den Verzicht auf soziale Grundrechte.

Auch Theodor Maunz – Staatsrechtler, NS-Karrierist, Protagonist des »Führerstaats« und vor 1945 ein entschiedener Gegner des Liberalismus – bekräftigte 1951 in einem Studienbuch zum Staatsrecht der Bundesrepublik die »Überstaatlichkeit und Zeitlosigkeit« der Menschenwürde.[65] Dabei war freilich ein gehöriges

Maß an Eigeninteresse im Spiel, denn das Prinzip der Menschenwürde müsse, so Maunz, auch jenen Entnazifizierungsvorschriften vorgeordnet sein, die zu seiner eigenen zeitweisen Entlassung geführt hatten. Erst 1952 sollte Maunz wieder eine Professur für Öffentliches und Staatsrecht in München erhalten und zum führenden Verfassungsjuristen der Bundesrepublik aufsteigen. Seine NS-Vergangenheit zwang ihn 1964 immerhin – nach sieben Jahren – dazu, als bayerischer Kultusminister zurückzutreten. Wie viele seiner Kollegen schwenkte Maunz über den Weg des Personalismus in die bundesrepublikanische Demokratie ein. Ihm ging die inhaltliche Bestimmung der Menschenwürde im Grundgesetz nicht weit genug: Der gewisse »Einschlag personhafter Haltung« werde die von ihm als problematisch betrachtete Rückkehr zu Individualismus, Liberalismus und Aufklärung nicht aufhalten. So ließen sich wesentliche Merkmale des Rechtsdenkens im Nationalsozialismus aufrechterhalten: ein starker Staat als normative Instanz, um der individuellen Freiheit Grenzen zu setzen, die Verpflichtung aller auf die »Gemeinschaft« und die Beibehaltung überhistorischer Rechtsgründe. Bemerkenswert war dabei, wie die Menschenwürde nun von Juristen vereinnahmt wurde, die zuvor noch »Führer« und »Volksgemeinschaft«, »Sondergerichte« und »Maßnahmenstaat« legitimiert hatten.

Wie Ipsen oder Maunz plädierten auch die Kölner Juristen Gotthold Bohne und Hans Carl Nipperdey in ihren Beiträgen zur Menschenwürde in der frühen Bundesrepublik für eine vorrechtliche Begründung des Grundgesetzes, die durch dessen ersten Artikel als »überstaatliches Recht« ihren Ausdruck gefunden habe.[66] Sie stellten sich dabei in die Tradition des Personalismus von Max Scheler und Nicolai Hartmann, teilweise griffen sie auch dezidiert auf das christliche Naturrecht zurück. Mehr oder weniger weit gingen diesen Begründungsgang auch andere, in die Politik gewechselte Juristen wie Hermann von Mangoldt oder Adolf Süsterhenn mit, die eine führende Rolle im Parlamentarischen

Rat gespielt hatten, oder der führende Göttinger Staats- und Kirchenrechtler Rudolf Smend, der sich schon in den 1920er Jahren für überzeitlich geltende Grundrechte als Verfassungsbasis ausgesprochen hatte. Smend gehörte nicht nur zu den Juristen, die das Bundesverfassungsgericht in seiner Anfangsphase gegen viele kritische Stimmen auch innerhalb seiner eigenen Zunft verteidigten, er nahm auch für sich in Anspruch, die Richtung der Karlsruher Auslegungen des Grundgesetzes durch seine Kommentare nicht unmaßgeblich mitbestimmt zu haben. Er plädierte dafür, die Grundrechte als ein in sich schlüssiges Wertesystem zu verstehen, das Staat, Recht und Demokratie vorgelagert sei.

Dem personalistischen Ansatz folgten vor allem Bohne und Nipperdey. Sie betrachteten die Menschenwürde einerseits als einen objektiv vorhandenen Wert, der sich von allen anderen abhob. Andererseits besaß der Mensch demnach eine singuläre Würde, weil er als einziges Lebewesen mit dem »Reich der sittlichen und geistigen Werte« unmittelbar »Fühlung« aufnehmen könne und dadurch über die »Freiheit der Entscheidung« verfüge. Indem die Würde des Menschen »den Eigenwert (…) und die Wesenheit (…) des Menschen schlechthin« ausmache und dies seine »Persönlichkeit« überhaupt erst begründe, erklärte Nipperdey sie 1954 zu einem »naturrechtlichen Elementarprinzip«, das keiner juristischen Definition bedürfe.[67] Er sprach der Menschenwürde sogar die Qualität eines Grundrechts zu, was aber von den meisten seiner juristischen Fachkollegen nicht geteilt wurde.

Aus dem besonderen zweifachen Status der Würde als objektivem, äußerem Wert und als innerem Eigenwert des Menschen leiteten Bohne und Nipperdey die Pflicht des Staates ab, sie zu achten und zu schützen: »Nur ein Staat«, so Bohne 1949 in seiner Kölner Rektoratsrede, »der sich als Schützer dieser Würde« fühle, habe überhaupt ein »Existenzrecht«.[68] Ihr Fakultätskollege Hermann Jahrreiß sprach von einer »den Staat unbedingt abhaltenden (…) Ring-Barriere«, die durch den ersten Artikel des Grundgesetzes zum Schutz des Menschen und seiner Persönlichkeit errichtet worden sei.[69] Der Mensch dürfe vom Staat nicht wie im Zweiten Weltkrieg zum »seelenlosen Experimentierstoff« gemacht werden. Auch der Bonner Völkerrechtler Fritz Münch sah die Menschenwürde vom Staat »verletzt und aufgehoben, wo der Mensch zur Sache wird«.[70] Was später als »Objektformel« bekannt wurde, war hier schon vorgezeichnet.

Viele prägende Juristen der frühen Bundesrepublik wie Ipsen, Maunz, Jahrreiß oder Nipperdey, die sich nun zugunsten der Menschenwürde starkmachten, hatten ihr wissenschaftliches Ansehen im Nationalsozialismus ausbauen können und sich aktiv an der Ausgestaltung des Unrechtsstaats beteiligt. Systemferne sah anders aus. Nach 1945 konnten Bohne, Nipperdey und Jahrreiß ihre Professuren weitgehend nahtlos und unangefochten wahrnehmen, sie amtierten als Rektoren ihrer Universität und erhielten zahlreiche Ehrungen. Das SPD-Mitglied Nipperdey war von 1954 bis 1963 sogar Gründungspräsident des Bundesarbeitsgerichts. Fritz Münch erwies sich dabei als Sonderfall: Er engagierte sich für verschiedene Vertriebenenverbände und wanderte über die CDU zur rechtsextremen NPD, für die er 1972 bei der Bundestagswahl erfolglos kandidierte.

Alle genannten Juristen bezogen sich in ihrer Warnung vor einem übergriffigen Staat konkret auf den Nationalsozialismus und nannten den totalitären Staat insgesamt als Gefahr, warnten aber auch vor einem »Versorgungsstaat«. Dies ging mit einer kritischen Grundhaltung gegenüber der »Massengesellschaft« der Moderne und ihrem Individualismus einher, die mit einer ausgeprägten Distanz gegenüber dem Liberalismus des 19. Jahrhunderts und einer liberalen Demokratie verbunden war. Gemeinschaften wie die Familie oder die Kirche bis hin zum Staat und Mensch integrierenden »Gemeinwesen« wurden favorisiert. So ließen sich konservative, patriarchalische und autoritäre Denkstile konservieren, die vor und im Nationalsozialismus aus antidemokratischen und antiliberalen Beweggründen entwickelt worden waren.

Eine Polyphonie für die Menschenwürde

Das Bundesverfassungsgericht tendierte in den ersten Jahren gelegentlich zu naturrechtlichen Begründungen, machte aber zunächst keine weitergehenden Ausführungen zum Gehalt der Menschenwürde. In einem frühen Urteil vom 19. Dezember 1951 – in dem schon angesprochenen Fall der Hinterbliebenenrente – hatte es sich auf eine minimalistische Definition beschränkt. Die Würdeformel des Grundgesetzes solle den Einzelnen »nur negativ gegen Angriffe« durch den Staat oder andere »abschirmen«, die beispielhaft als »Erniedrigung, Brandmarkung, Verfolgung, Ächtung usw.« konkretisiert wurden. Ohne sie ausdrücklich zu nennen, nahmen die Richter hier offenbar sprachlich Bezug auf die Verfolgung der Juden im Nationalsozialismus. Damit war zugleich die Latte hoch gehängt, um staatliches Handeln als einen »Angriff« auf die Menschenwürde zu verstehen. Erste Versuche einer kasuistischen Bestimmung umgingen das Definitionsproblem. Bei Hans Carl Nipperdey findet sich 1954 bereits eine deutlich längere und differenziertere Liste schwerer Würdeverletzungen: »Diffamierung, Diskriminierung, Entrechtung, Ächtung, Austreibung, Zwangsverschickung, Verschleppung, Verfolgung, Zwangsarbeit, Versklavung, Leibeigenschaft, Sklavenhandel, Mädchenhandel, Folterung, grausame, unmenschliche oder demütigende Behandlung oder Bestrafung, seelische Mißhandlung, Terror, Völker- oder Gruppenmord«. Und Nipperdey bezog Bereiche ein, die das Bundesverfassungsgericht erst in den Folgejahren immer mehr in den Blick nehmen sollte: »Nichtanerkennung als Rechtspersönlichkeit, Verletzung des Namensrechts, willkürliche Einmischung in das Privatleben, die Familienbeziehungen, das Heim, den Briefwechsel, entwürdigende Angriffe auf die Ehre und den Ruf«.[71]

Indem sich der Geltungsbereich der Menschenwürde, wie auch die im Bundestag behandelten Gesetzesvorlagen zeigen, bereits in den ersten Jahren der Bundesrepublik über scheinbar selbstverständliche Gegenstände wie Folter, Sklaverei oder Völkermord hinaus deutlich erweiterte, wuchs offenbar das Bedürfnis nach einem gemeinsamen Nenner. Einen der ersten Vorschläge dafür machte 1952 Josef Wintrich, Richter am Bayerischen Verfassungsgerichtshof: Eine Gemeinschaft aus »freien eigenständigen Personen« könne nur entstehen, wenn der Mensch »nie zum bloßen Mittel eines Kollektivs, zum bloßen Werkzeug oder zum rechtlosen Objekt eines Verfahrens herabgewürdigt« werde.[72] Auch Wintrich war der katholischen Soziallehre verpflichtet und propagierte eine wechselseitige Verpflichtung von Staat und Individuum auf das Prinzip der Gemeinschaft. Aber er hatte sich nicht mit dem Nationalsozialismus gemein gemacht, was von einer gewissen Vielfalt biographischer Motivationen in diesen Jahren zeugt, den Begriff der Menschenwürde zu füllen. Denn zu Beginn der NS-Herrschaft hatte Wintrich als Staatsanwalt wegen der ersten Todesfälle im KZ Dachau ermittelt und damit die SS erheblich verärgert, woraufhin er sich an ein bayerisches Amtsgericht versetzt sah. Im Jahr nach seiner Berufung zum Richter am Bundesverfassungsgericht wurde er 1954 zu dessen zweitem Präsidenten ernannt, verstarb aber bereits 1958.

Im Sinne von Wintrichs Formulierung hatte das Bundesverwaltungsgericht 1954 geurteilt, Fürsorgeempfänger seien nicht »lediglich als Gegenstand staatlichen Handelns« zu betrachten.[73] Staatliche Unterstützungsleistungen dürften nicht zu Lasten der persönlichen Freiheitsrechte gehen. Davor zu warnen, den Menschen nicht zum Objekt zu machen, lag in diesen Jahren nicht nur nach der Erfahrung des Nationalsozialismus und des real existierenden Sozialismus in der Luft. Intellektuelle ganz unterschiedlicher Färbung von Hans Freyer, Helmut Schelsky und Arnold Gehlen über Günther Anders bis zu Max Horkheimer und Theodor W. Adorno kritisierten die Folgen der postindustriellen Konsum- und Dienstleistungsgesellschaft als eine gefährliche Ausprägung der modernen »Massengesellschaft«. Getragen vom Ideal einer elitären, bildungsbürgerlichen Kultur, in der sie die Möglichkeit begründet sahen, eine ganzheitliche Individualität auszubilden, diagnostizierten sie allenthalten Atomisierung, Manipulation und Oberflächlichkeit, »Bürokratie«, »Apparat« und »Zivilisation« als Verfall, einen Verlust an Tiefe, der den Menschen von den Bedingungen seines Lebens vollständig abhängig und damit unfrei werden lasse. Ihren gemeinsamen Tenor erkennt der Historiker Ulrich Herbert trotz aller Unterschiede im Kampf gegen die »Entfremdung des bürgerlichen Individuums«.[74] Horkheimer und Adorno hatten bereits 1944 in ihrer »Dialektik der Aufklärung« vom Zustand einer »Pseudoindividualität« gesprochen, von »bloßen Verkehrsknotenpunkten der Tendenzen des Allgemeinen«.[75] Wichtige Stichwortgeber waren amerikanische Soziologen wie David Riesman, der 1950 in seinem weltweit einflussreichen Buch »The Lonely Crowd« den dominanten Typus des »außengeleiteten«, nämlich gänzlich von Konsum, Medien und Erlebnisreizen abhängigen Menschen beschrieben hatte.

Angesichts dieser fundamentalen Krise der Individualität im 20. Jahrhundert galt – über die intellektuellen Lagerbildungen hinweg – der bürgerliche Liberalismus des 19. Jahrhunderts weitgehend als gescheitert. Wie sollte unter diesen Bedingungen überhaupt noch so etwas wie Individualität, Persönlichkeit oder Freiheit möglich sein? Die »unsichtbare Diktatur« der »Unterbewusstseinsspezialisten« erschien manchen wie die Fortsetzung der totalitären Herrschaft unter den Bedingungen der Demokratie, deren Freiheitspathos damit selbst in Frage gestellt wurde.[76] Nur zaghaft waren optimistischere Stimmen zu vernehmen: Eine kritisch zu betrachtende »Entwürdigung des Menschen zum Endverbraucher«, so hieß es 1958 in einem Beitrag über den »Verbraucher in soziologischer Sicht«, sei doch »etwas völlig anderes als die Aktivierung des Verbrauchers als Wirtschaftsfaktor«.[77]

Auch die Gewerkschaften meldeten sich in dieser Debatte entschieden zu Wort: »Freiheit und Menschenwürde« sollten ausdrücklich auch der Arbeiterschaft zukommen. Die Münze für das Zugeständnis der Gewerkschaften zur Marktwirtschaft hieß »Mitbestimmung«. Zahlreiche Kongresse, Gewerkschaftstage und programmatische Reden erhoben dabei in den 1950er Jahren die Menschenwürde zum Maßstab, um die Entfaltung des Einzelnen gegen Bürokratie, Entfremdung und Ausbeutung sicherzustellen. Die Gewerkschaften positionierten sich damit nicht nur als Garanten einer menschenwürdigen Arbeitswelt, sondern auch einer demokratischen Ordnung überhaupt. Angesichts der Macht autoritärer Beeinflussungsmechanismen in der modernen »Massengesellschaft« warnte Willi Birkelbach 1951 davor, sich an die Entmündigung zu gewöhnen, denn das bedeute die »Preisgabe des Anrechtes auf Freiheit und auf Achtung der Menschenwürde«. An die Vernunft des Einzelnen zu appellieren, seine Würde zu wahren, wie dies die Arbeiterbewegung traditionell getan habe, reiche nicht mehr aus. Die Arbeiter müssten ihre »Unterwerfung (…) als etwas Entwürdigendes« erfahren und durch »tätige Anteilnahme« an der Arbeit der »gesellschaftlichen Gruppen« lernen, »keine willenlosen Objekte, sondern selbstverantwortliche Glieder einer Gemeinschaft« zu sein.[78]

Der Bundesregierung ging das viel zu weit. So berichtete am 21. April 1950 der CDU-Arbeitsminister Anton Storch in der Sitzung des Bundeskabinetts über das in Planung befindliche Mitbestimmungsrecht, mit dem zwar eine »Hebung der Menschenwürde« beabsichtigt sei. Doch um den Gewerkschaften keinen »unabsehbaren Einfluß« zu verschaffen, solle man »an der alten Idee der Beteiligung des Arbeiters am Geschick des Betriebes festhalten«.[79] Kämpferisch hieß es jedoch aus Gewerkschaftskreisen: »Dann werden wir ihnen zeigen, was Menschenrechte sind und was Menschenwürde bedeutet; nämlich die Mitmenschen nicht nach ihrer Stellung, sondern lediglich auf Grund ihrer Persönlichkeit und ihres Könnens zu beurteilen.«[80] Im Juli 1953 meldeten sich die Arbeitgeberverbände mit einer Denkschrift zur sozialen Ordnung zu Wort. Einer »das Wesen des Betriebs missverstehenden Demokratisierung« hielten sie »eine Humanisierung, die Wahrung der Menschenwürde und die Pflege der Persönlichkeitswerte« entgegen. Da dies die Mitbestimmung und Teilhabe der Arbeiter an den Produktionsmitteln abwehren sollte, warnten Gewerkschafter vor einem abschwächenden Missbrauch des Begriffs der »Menschenwürde«.[81]

Die Geburt der »Objektformel«

Vor diesem Hintergrund verfasste der Tübinger Staatsrechtsprofessor Günter Dürig 1958 den für die folgenden Jahrzehnte maßgeblichen Kommentar zum ersten Artikel des Grundgesetzes. Der 1920 geborene Dürig hatte nach dem Krieg rasch Karriere gemacht. Nur zehn Jahre brauchte er für sein Jurastudium, die Promotion und die Habilitation, um 1956 zum Nachfolger von Carlo Schmid ernannt zu werden. Seinem Kommentar gingen mehrere Aufsätze vorweg, in denen er den Menschen als »Wertträger« zur Voraussetzung der Würde und zum Gegenmodell des »atomisierten Individuums« bestimmt hatte.[82] Dürig orientierte sich dabei ausdrücklich am Würdeverständnis der Bayerischen Verfassung, wie es Hans Nawiasky begründet hatte. Für ihn war nur eine Auslegung der Würdeformel des Grundgesetzes denkbar, mit der er sich nahtlos in die Wertewelt des Personalismus einreihte: Da jede Verfassung auf überzeitlich gültigen, »objektiven Werten« fußen müsse, die ihr vorhergingen, habe der Gesetzgeber entschieden, das Grundgesetz zwar nicht auf Gott, sondern auf den

»sittlichen Wert der Menschenwürde« zu gründen. Sie sei ein »Eigenwert als etwas immer Seiendes, als etwas unverzichtbar und unverlierbar immer Vorhandenes«.[83] Denn jeder Mensch sei »Mensch kraft seines Geistes, der (…) ihn aus eigener Entscheidung dazu befähigt, seiner selbst bewußt zu werden, sich selbst zu bestimmen und sich und die Umwelt zu gestalten«.[84] Mehr Gott als Kant: Die Würde des Menschen betrachtete Dürig als einen allem übergeordneten, vorrechtlichen und vom Verhalten des Menschen unabhängigen Wert. Deshalb könne nur die Würde an sich, nicht aber der Einzelne in seiner Würde verletzt werden.

Für Dürig war das personalistische Würdekonzept nur die zweitbeste Wahl, um die Verfassung zu legitimieren. Seinen Kommentar begann er mit dem Bedauern, der Gesetzgeber habe zwar nicht »Gott als Urgrund alles Geschehens« durchsetzen können, aber der Parlamentarische Rat sei »bewusst oder unbewusst« von einem »christlichen Persönlichkeitsbegriff« ausgegangen.[85] Mit der inhaltlichen Bestimmung des Wesens der Menschenwürde aus dem Geist des christlichen Personalismus hielt sich Dürig dann auch gar nicht lange auf. Sie war für ihn wie für die meisten seiner Kollegen selbstverständlich. Zweifel daran, der Verfassung einer demokratischen Gesellschaft mit dem christlichen ein partikulares Wertesystem und damit auch dessen moralische und sittliche Vorstellungen zugrunde zu legen, finden sich bei Dürig nicht. Darin entsprach sein Kommentar der politischen Mehrheitsmeinung des bürgerlichen Konservatismus in dieser Zeit. So setzte Dürig auf die Menschenwürde, um zwei andere Ordnungskonzepte zu verhindern: einerseits die Herrschaft eines »totalitären Kollektivismus«, andererseits den Gedanken eines »geschlossenen Individuums«, wie er im liberalen Bürgertum des 19. Jahrhunderts gepflegt worden sei.

Ein wesentlicher Beitrag von Dürigs Kommentar zur Würdedebatte lag in wegweisenden Formulierungen, mit denen er die Funktion von Artikel 1 des Grundgesetzes aufwertete. In ihr sah er das »oberste Konstitutionsprinzip allen objektiven Rechts«, einen »wertausfüllenden Maßstab für alles staatliche Handeln« und den »Hauptwert« als »Basis für ein ganzes Wertesystem«.[86] Auch wenn der Staat keine gestaltende, sondern nur eine schützende Rolle für das Leben des Einzelnen habe, ginge ihn die Würde, anders als man es im 19. Jahrhundert postuliert habe, doch etwas an.

Daran anknüpfend ist Dürigs Kommentar durch die darin enthaltene »Objektformel« bekannt geworden. Der Gedanke war schon in früheren Beiträgen von ihm und anderen Juristen angelegt, aber in diesem Kontext gewann die Formel einen normativen Status: »Die Menschenwürde ist getroffen, wenn der konkrete Mensch zum Objekt, zu einem bloßen Mittel, zur vertretbaren Größe herabgewürdigt wird.« Allgemein geht es dabei um »Verletzungsvorgänge, die den modernen Menschen seiner Umwelt (…) wie eine Sache ausliefern«.[87] Er umging eine Definition der Menschenwürde und veranschaulichte ihren Geltungsbereich stattdessen anhand einer umfangreichen Kasuistik. In zahlreichen Konkretisierungen nahm Dürig bemerkenswert häufig auf die nationalsozialistischen Verbrechen Bezug. Neben Fällen, wie sie auch in den Auflistungen des Bundesverfassungsgerichts oder bei Hans Carl Nipperdey zu finden sind, führte Dürig auch die »Vernichtung sogenannten ›lebensunwerten Lebens‹«, »Menschenversuche«, das »Tragen eines Judensterns« oder das »Eintätowieren von Kennzeichen etwa nach der Art der KZ-Nummern« an. Die Menschenwürde sah er aber auch als verletzt an, wenn »Wertperversionen« den Menschen einem »unpersönlichen ›Ding‹ unterordnen« – Dürig stellte dies ausführlich an seiner Ablehnung der künstlichen Befruchtung dar – oder wenn der Mensch zum »Objekt eines staatlichen Verfahrens« gemacht werde. Wann genau dies eintrat, war jedoch der richterlichen Abwägung überlassen.

Dürigs Kommentar sollte zur maßgeblichen und weitgehend unbestrittenen Referenz für höchstrichterliche Entscheidungen werden, auch wenn insbesondere das Bundesverfassungsgericht sich von den christlich-naturrechtlichen Grundlagen in der Regel distanzierte. Dazu trug die »Objektformel« wesentlich bei, die bei Dürig aus dem personalistischen Menschenkonzept erwachsen war, aber später vielfach verkürzend als eine Ableitung aus Kants Moralphilosophie interpretiert wurde. Mit ihr war dem Bedürfnis Genüge getan, eine integrierende Klausel für das breite Spektrum an zu berücksichtigenden Verletzungstatbeständen zu finden. Da es zur modernen Welt gehört, den Menschen auch als Objekt zu betrachten, war unter der Maßgabe von Dürigs Formel allerdings jeweils genau zu bestimmen, wann es sich um eine Verletzung der Menschenwürde handelte. Je weniger sich der christliche Personalismus als konsensfähig erwies, desto mehr stellten Richter, Juristen und Philosophen auf die »Subjektqualität« des Menschen ab, auf seine grundsätzliche Fähigkeit zu einem selbstverantwortlichen Handeln. Mehr Kant als Gott: Das war die Grundlage der langen Dauer der »Objektformel«.

Die Würde in Gefahr

Im selben Jahr wie Dürigs Kommentar erschien die Habilitationsschrift von Wilhelm Wertenbruch, der später Kirchen- und Sozialrecht in Bochum lehren sollte. Sie war eine Streitschrift im wissenschaftlichen Gewand, denn Wertenbruch sah die Unantastarkeit der Menschenwürde in höchster Gefahr. Dafür führte er zwei Gründe an. Zum einen sei ihre Bedeutung im Grundgesetz nicht ausreichend inhaltlich bestimmt worden. Er bemängelte also genau das, was Heuss als Stärke verstanden hatte: die Offenheit der Würdeformel. Weil im Recht aber nicht verankert worden sei, was die Würde ausmache, könne sie zunächst nur als »historisch erkämpftes Faktum« gegen den Staat in Anschlag gebracht werden. Im »Kampf um den Schutz und die Anerkennung der Würde« sah der junge Jurist deshalb ein »echtes Rechtsproblem«.[88]

Zum anderen kritisierte Wertenbruch den aus dem 19. Jahrhundert übernommenen »Gesetzesvorbehalt« des Staates. Gegen ihn sei der »Wesensgehalt« der Würdeformel im Grundgesetz machtlos, um »einem dem Menschen etwa angeborenen und unveränderlichen Rechtsbestand zu genügen«.[89] Wertenbruch bemängelte mithin einen aus seiner Sicht fatalen Konstruktionsfehler des Grundgesetzes. Gegenüber der Weimarer Republik sei zwar der Schutz des Einzelnen vor der »Allmacht des Staates« gestärkt, aber die Grenze von dessen Handeln nicht festgelegt worden. Den Grundrechten läge deshalb ganz im Widerspruch zur absoluten Geltung der Menschenwürde eine »Relativität« zugrunde. Wertenbruch hegte Zweifel, ob auf dieser Basis überhaupt ein »materieller Rechtsstaat« entstehen könne. Seine Skepsis kommt am deutlichsten beim Recht auf »Leben und körperliche Unversehrtheit« zum Ausdruck. Als in den Menschenrechten fundiertes Grundrecht sei es zwar wesentlich und neu, gehe aber über die ohnehin praktizierten strafrechtlichen Verbote nicht hinaus. Denn selbst dieses fundamentale Recht stünde unter dem »Gesetzesvorbehalt« und sei deshalb nicht hinlänglich vor einer gesetzlichen Einschränkung durch den Staat geschützt.[90]

Obwohl Wertenbruch die Fortschritte des Grundgesetzes durchaus anerkannte, war es aus seiner Sicht nicht konsequent zu Ende gedacht, in sich widersprüchlich und zu sehr den Traditionen des Obrigkeitsstaats verhaftet. Vor allem kritisierte er das nur halbherzige Bekenntnis des Gesetzgebers zu überpositiven Grundlagen, die den Raum für eine neue gesellschaftliche Ordnung jenseits von Individualismus und Kollektivismus hätten öffnen können. Im Grundgesetz sei der Mensch viel zu abstrakt als »Individuum« gedacht. Stattdessen forderte Wertenbruch, das eigentliche Potenzial der Würdeformel durch ein konsequentes Bekenntnis zu einem überzeitlichen, ontologischen Konzept des

Menschen als »Person« in Kraft zu setzen. Die Menschenwürde betrachtete er im Sinne des Personalismus als einen »Sonderwert«, der nur dem Menschen als Seinsmerkmal zukomme. Wertenbruch folgte der christlichen Spielart dieses Ansatzes: Es bedürfe einer »geistigen Überhöhung« des Menschen durch die Anerkennung seiner »Personwürde als Ebenbild Gottes« und als Teil einer gottgeschaffenen Ordnung, die er formen, aber nicht selbst gestalten könne.[91] Erst auf der Basis dieses besonderen Wertes des Menschen als seiner »inneren Würde« oder seiner »Majestät« ließen sich Staat und Mensch in einer neuartigen »höheren Ordnung (…) gedanklich vereinen«.[92]

Die Ahnengalerie dieses Ansatzes reicht von Aquin über Scheler und Maritain bis hin zu den bereits genannten Kölner Juristen. Letzteres wundert nicht, da Wertenbruch seine Arbeit in Köln eingereicht hatte. Aber wissenschaftlich reüssierte er nicht. Aus der jüngeren Rechtsgeschichte ist er mitsamt seinem Würdekonzept weitgehend verschwunden. Das lag sicher auch in seinem naturrechtlichen Ansatz und dem christlichen Personalismus begründet, der seit den 1960er Jahren immer weniger Zustimmung fand. Aber es dürfte noch einen anderen Grund geben: Wertenbruchs Buch erschien in der Hochphase der Adenauer-Ära. Der Kanzler hatte die Bundestagswahl von 1957 mit absoluter Mehrheit gewonnen. Der Weg in die Konsumgesellschaft war geebnet. Im Jahr zuvor hatte der Schweizer Journalist Fritz René Allemann unter dem Slogan »Bonn ist nicht Weimar« der Bundesrepublik eine unerwartete Stabilität seiner politischen Kultur bescheinigt. Rentenreform, Römische Verträge, »Wohlstand für alle«: Adenauer bewegte sich auf einer Erfolgswelle. Außer ihm hatte die CDU als »Kanzlerwahlverein« im Grunde kein Programm.

Aber es war bereits wachsender Unmut zu spüren: Am 23. Januar 1958 forderte Gustav Heinemann, nun SPD-Abgeordneter, im Bundestag den Rücktritt des Kanzlers wegen einer verfehlten Deutschlandpolitik. Das grenzte an Majestätsbeleidigung. Adolf

Arndt, der führende Jurist der SPD-Bundestagsfraktion und in den Jahren des Nationalsozialismus dessen entschiedener Gegner, kritisierte 1959 den »bedrohlichen Grad« einer »ideologischen Unterwanderung des Grundgesetzes« durch das funktionale Ordnungsdenken und den »Machtwillen« der Bundesregierung, die danach strebten, die »Freiheitsfähigkeit des Menschen aus Angst vor ihm zu leugnen«. Die ursprünglichen Ziele des Grundgesetzes seien durch ein »halbautoritäres Staatswesen mit demokratischer Vollfassade« unterwandert worden. Der »bloßen Ordnungsdoktrin« der Adenauer-Regierung hielt er entgegen, dass wahre Rechtsgleichheit nur möglich sei, wenn man sie »von ihrem Grunde der Menschenwürde und als Ausdruck der Freiheit« begreife.[93]

In diesem Sinne – wenn auch nicht bei Heinemann selbst – sorgte CDU-Bundesinnenminister Gerhard Schröder mit seinen Entwürfen von 1956 und 1958 für ein Notstandsgesetz, das die Einschränkung von Grundrechten im Falle von äußeren oder inneren Gefährdungen des Staates beinhaltete, für einige politische Aufregung. Ein erster Gesetzentwurf wurde 1960 im Bundestag nach heftigem Widerstand der Gewerkschaften und Sozialdemokratie abgelehnt, ebenso scheiterten zwei weitere Anläufe 1963 und 1965. Zwei Jahre später passierte das Notstandsgesetz dann in deutlich abgeschwächter Form den Bundestag, war aber der Auslöser einer massiven Protestbewegung. Die Idee der Notstandsgesetze – in Herrenchiemsee befürwortet, vom Parlamentarischen Rat verworfen – erwuchs aus dem Geist der späten 1950er Jahre und der Idee eines »starken Staates«. Sie sollten der Exekutive gegenüber dem Parlament und den Grundrechten mehr Macht einräumen. Im Gesetzentwurf von 1960 hieß es dazu recht lapidar, zur »Beseitigung der Gefahr« könne es notwendig sein, »für die Dauer des Ausnahmezustandes einzelne Grundrechte über das sonst zulässige Maß hinaus einzuschränken«. Solche »Ermächtigungen« gehörten zu den »wesentlichen Merkmalen jeder Notstandsregelung«.[94] Angesichts des nationalsozialistischen »Ermächtigungsgesetzes« von 1933 war nicht nur die Begriffswahl verwunderlich, sondern man beließ es auch dabei, nur ganz allgemein festzustellen, dass die »grundlegenden Prinzipien der Artikel 1 und 3« des Grundgesetzes ebenso fortbestünden wie Artikel 19, der den »Wesenskern der Grundrechte« schütze. Der Begriff der Menschenwürde selbst taucht – noch nicht einmal als dekorative Floskel – in der umfänglichen Bundestags-Drucksache nicht auf.

Wertenbruch nahm auf die Notstandsfrage zwar nicht direkt Bezug, aber die Tendenz zur staatlichen Einschränkung der Grundrechte dürfte ihm nicht verborgen geblieben sein. Während er eine andere Gesellschaftsordnung mit der Würde des Menschen als ihrer »personalen Spitze« anstrebte, fand Dürig in seinem Kommentar zum Grundgesetz eine ganz andere Lösung für das Problem des Verhältnisses von Staat, Grundrechten und Menschenwürde: Für ihn bestand nämlich gar kein Anlass zur Sorge. Ausführlich legte er dar, dass mit dem Grundgesetz ein lückenloser Schutz des Menschen vor staatlicher Willkür gewährleistet sei. Normen, Rechte und Prozeduren, Vorbehalte und Prinzipien seien unwiderruflich im Sinne der Unantastbarkeit der Menschenwürde miteinander abgestimmt. Während Wertenbruchs Kritik an der politischen Ordnung seiner Gegenwart und ihren Gefahren aus der Zeit fiel, auch weil sich der Protest gegen eine Erweiterung der staatlichen Handlungsmacht erst später formieren sollte, erwies sich Dürigs Kommentar als geeignet, um die herrschende Regierungspraxis und nicht zuletzt deren Notstandsüberlegungen zu legitimieren. Aber seine langfristige Bedeutung gewann Dürigs Kommentar, weil die Interpretation des Grundgesetzes als Konstruktion, die den Menschen und seine Würde dem Grunde nach hinlänglich schützt, auch als Auftrag derjenigen Institution gelesen werden konnte, die über die Einhaltung des Grundgesetzes wachen sollte: des Bundesverfassungsgerichts.

12

IM ZWEIFEL FÜR DIE WÜRDE? DIE VERFASSUNGSHÜTER IN KARLSRUHE

»Kommodore«: So nannten die Kollegen Hermann Höpker-Aschoff, den ersten Präsidenten des Bundesverfassungsgerichts. Der Jurist und Finanzpolitiker war ein Vertrauter von Theodor Heuss und gehörte in der Weimarer Republik zu den liberalen Befürwortern der Demokratie. Für die NSDAP engagierte er sich nicht, aber mit Kriegsbeginn bot er dem Staat seine Dienste wieder an. Die Briten versagten ihm nach 1945 die Berufung zum Finanzminister in Nordrhein-Westfalen, weil er als zuständiger Abteilungsleiter für öffentliches Vermögen der Haupttreuhandstelle Ost an der Germanisierungspolitik im besetzten Polen mitgewirkt hatte. Im Vergleich zu anderen Einrichtungen des Bundes war aber für das Personal des Bundesverfassungsgerichts etwas anderes bemerkenswert: Die Hälfte der ersternannten Richter der beiden Senate des Gerichts waren im Nationalsozialismus verfolgt worden, ins Exil gegangen oder hatten berufliche Zurücksetzungen erlebt. Das Spektrum war gleichwohl breit: Mit Willi Geiger hatte Konrad Adenauer einen Richter als Informanten installiert, der vor 1945 als überzeugter Nationalsozialist Karriere gemacht und während des Krieges als Staatsanwalt am Sondergericht Bamberg für die Verhängung mehrerer Todesurteile verantwortlich war.

Der auch im hohen Alter noch sportliche Höpker-Aschoff war der versierteste Politiker unter den Verfassungsrichtern. Er hatte sich seinen Ehrentitel durch ein respektheischendes Auftreten verdient, das mit einer großen Wertschätzung der eigenen Erfahrungen im Ersten Weltkrieg einherging. Aber die Bedeutung der militärischen Rangbezeichnung ließ sich auch auf die Autorität des Bundesverfassungsgerichts in seinen frühen Jahren übertragen: Höpker-Aschoff war gleichsam ein Kommandant ohne eigenes Schiff. Der »Kommodore« musste das Gericht erst einmal aus der kontrollsüchtigen Regierungsflotte herausführen. Denn was seitdem durch zahlreiche Entscheidungen zum ebenso festen wie vielfach umstrittenen Bestandteil der bundesrepublikanischen Demokratie geworden ist, hatte darin zunächst keinen festen Ort. Wie die Würdeformel war auch das Bundesverfassungsgericht ein Novum und sein genauer Charakter bewusst offengelassen worden. Der Parlamentarische Rat sah in ihm einen wichtigen Baustein, um einer Zerstörung der Demokratie durch die Instrumentalisierung der Legislative vorzubeugen, wie sie mit dem Ende der Weimarer Republik eingetreten war. Weder Präsident noch Kanzler, weder das Parlament noch die Justiz sollten das letzte Wort über Recht und Gesetz haben. Dieses Recht räumte das Grundgesetz allein dem Bundesverfassungsgericht ein. Dass bestimmte Entscheidungen der Richter unmittelbar Gesetzeskraft erlangten, trug zu seiner normativen Schlüsselfunktion in der Bundesrepublik bei.

Ein trojanisches Pferd

Bereits in der zweiten Hälfte der 1950er Jahre erwiesen sich mehrere Urteile des Bundesverfassungsgerichts als wegweisend für das Verständnis der Menschenwürde in der Bundesrepublik. Dazu gehört das Verbot der Kommunistischen Partei Deutschlands (KPD) am 17. August 1956. Die Bundesregierung hatte das Verfahren am 22. November 1951 auf den Weg gebracht, drei Tage nach ihrem Antrag auf ein Verbot der SRP. Kurz darauf konfiszierte der Verfassungsschutz beträchtliche Mengen an Material, das in den folgenden Monaten im Bundesverfassungsgericht gesichtet werden musste. Doch dann stockte das Verfahren immer wieder. Als die KPD 1953 aus dem Bundestag gewählt worden war, stellte sich die Frage, ob sie noch eine reale politische Gefahr darstellte. Im Januar 1954 starb Höpker-Aschoff. Die mündliche Verhandlung zog sich durch die umfangreiche Beweissichtung und eine Fülle von Anträgen der KPD-Anwälte in die Länge. Vor allem aber waren sich die hauptsächlich mit dem Verfahren betrauten Richter nur in einem einig: Sie stimmten einem Verbot der KPD grundsätzlich zu. Ausführlich diskutiert wurde jedoch die Begründung.

Der Bundesregierung dauerte das alles zu lange. Das Innenministerium drängte wiederholt auf ein rasches Urteil. Ein Gutachten des polnischen Philosophen Joseph Maria Bocheński, zugleich Angehöriger des Dominikanerordens und ein Berater Adenauers, sollte die Sache beschleunigen. Im März 1955 lag es dem Bundesverfassungsgericht vor, ein Jahr später veröffentlichte es die drei Jahre zuvor gegründete Bundeszentrale für Heimatdienst, aus der die Bundeszentrale für politische Bildung hervorging, unter dem Titel »Die kommunistische Ideologie und die Würde, Freiheit und Gleichheit im Sinne des Grundgesetzes«.[95] Ein Drittel der Druckseiten war der Würde gewidmet. Damit handelte es sich um die umfangreichste Abhandlung dieser Jahre außerhalb der juristischen Fachliteratur. Bocheński bestimmte die Würde des Menschen naturrechtlich als einen autonomen und unbedingten Wert an sich. Sie gelte nicht für die Menschheit allgemein, sondern für jede konkrete, einzelne Person, die ein selbstständiges Subjekt, aber immer gemeinschafts- und wertgebunden sei. Die Voraussetzung dafür sei die Anerkennung unbedingter Werte, die – wie die Würde des Menschen – dem Recht vorauslägen. In all diesen Punkten, so suchte Bocheński nachzuweisen, verkörpere die kommunistische Ideologie eine konträre Auffassung und missachte nicht nur die Würde selbst, sondern die Grundlagen ihrer Geltung. So schlussfolgerte er kategorisch:

Das Würdeprinzip der freiheitlichen Demokratie sei mit dem Kommunismus nicht vereinbar.

Am 17. August 1956, gut fünf Jahre nach dem Beginn des Verfahrens, verkündete das Bundesverfassungsgericht dann sein Urteil. Da man der KPD keinen konkreten Umsturzversuch nachweisen konnte, galten ihre demokratiefeindliche Ideologie und das generelle parlamentarische wie außerparlamentarische Wirken im Sinne einer sozialistischen Revolution als hinreichend verfassungswidrig. Ein möglicher Erfolg ihrer Bestrebungen spielte für deren Bewertung keine Rolle. Langfristig gesehen setzte sich die schwächste der unter den Richtern vertretenen Varianten durch, da das Recht auf politische Willensbildung nicht, wie es auch gefordert worden war, auf den parlamentarischen Raum begrenzt wurde. Protestaktionen oder Demonstrationen hätten sonst – was aus heutiger Sicht abstrus anmutet – schon an sich als Verletzung des Grundgesetzes verfolgt werden können. Kurzfristig traf die Exekutive aber mit aller Härte die KPD und ihr Umfeld: Zweihundert Parteibüros wurden sofort geschlossen, die Zahl der Ermittlungsverfahren und Verhaftungen schoss in die Höhe, zahlreiche mit der KPD verbundene Organisationen wurden in den folgenden Jahren verboten.

Die Urteilsbegründung lieferte die bis dahin eingehendste Auslegung der grundgesetzlichen Würdeformel durch das Bundesverfassungsgericht.[96] Von der dafür höchstzuständigen Instanz wurde sie als »antitotalitäre Fundamentalnorm« (Manfred Baldus) verankert. Während sie zunehmend gegen den Kommunismus gerichtet wurde, trat der explizite Bezug auf die Erfahrung des Nationalsozialismus in den Hintergrund. Das Urteil beinhaltete gleich mehrere Leitsätze: »In der freiheitlichen Demokratie ist die Würde des Menschen der oberste Wert. Sie ist unantastbar, vom Staate zu achten und zu schützen.« Dies paraphrasierte ebenso das Grundgesetz wie der folgende Satz: »Um seiner Würde willen muß ihm (dem Menschen, Vf.) eine möglichst weitgehende Entfaltung seiner Persönlichkeit gesichert werden.« Als drittes Prinzip konstatierte das Urteil: Die freiheitliche Demokratie habe »die Würde des Menschen zu verteidigen und zu sichern«, auch und gerade gegen Parteien, die »ihrem Wesen nach auf Ausschaltung aller anderen politischen Richtungen ausgehen« und »eine Freiheitssphäre des Einzelnen gegenüber dem Staat nicht mehr anerkennen«. Darin allein sei noch keine systematische »Unterdrückung« durch den Staat zu erkennen.

Hier deutete sich ein erstaunlich fortschrittliches, weil pluralistisches Demokratieverständnis an. Es wurde von drei weiteren Grundsätzen untermauert, die aus der Würde des Menschen als oberstem Wert folgten und über den Wortlaut des Grundgesetzes hinausgingen: Erstens ermögliche das Grundgesetz »verschiedenen sozialen und politischen Kräften (einen) breiten Raum zur politischen Gestaltung«, sofern Menschenwürde und Freiheit gewahrt seien. Zweitens müsse der Staat den Weg zur Entfaltung jeder einzelnen Persönlichkeit öffnen, indem er den »geistigen Kampf, die Auseinandersetzung der Ideen«, mithin die »geistige Freiheit« gewährleiste. Schließlich: »Da Menschenwürde und Freiheit jedem Menschen zukommen (…), ist das Prinzip der Gleichbehandlung aller für die freiheitliche Demokratie ein selbstverständliches Postulat.« Das schließe auch das Verhältnis der Bürger untereinander ein: »Eine Ausbeutung des einen durch den anderen« verbiete sich deshalb.

Karlsruher Grundrechtepolitik

Was für ein Paradox: Im langen Ringen um das Verbot der KPD schien die bundesrepublikanische Demokratie erstmals als jene liberale Demokratie auf, in deren Richtung sie sich in den folgenden Jahrzehnten trotz vieler Einschränkungen entwickeln sollte – als Raum einer freien Persönlichkeitsentfaltung, als Spielfeld des politischen Streits und des außerparlamentarischen Protests, als Gesellschaft von politisch Gleichen sowie als Schutzzone vor staatlicher Willkür und unternehmerischer Ausbeutung. Die Verfassungsrichter waren zweifelsohne vom Verbot der KPD überzeugt. Aber sie wollten das Grundgesetz dadurch nicht beschädigt wissen. Vielmehr nutzten sie das Urteil, um die Verfassung weiterzuentwickeln. So formulierte das Bundesverfassungsgericht in der Hochphase der Adenauer-Ära im Namen der Würde eine Agenda, die deutlich über den engen Rahmen der parlamentarischen, paternalistischen und von konservativen Wertvorstellungen geprägten Demokratie der frühen Bundesrepublik hinauswies.

Zunächst aber erweiterte sich durch zwei wegweisende Urteile des Bundesverfassungsgerichts der Geltungsbereich der Menschenwürde: das Elfes-Urteil von 1957 und das Lüth-Urteil von 1958. Im ersten Fall ging es um Wilhelm Elfes, der aus Protest gegen die Westbindungspolitik Adenauers aus der CDU ausgetreten und den regierungskritischen Bund der Deutschen mitgegründet hatte. Elfes war aus politischen Gründen 1953 die Verlängerung seines Reisepasses versagt worden, so dass er nicht zu politischen Kongressen in das europäische Ausland reisen konnte. Er wurde vor Gericht prominent vertreten: Einer seiner Anwälte war Gustav Heinemann. Doch seine Verfassungsbeschwerde wurde am 16. Januar 1957 von den Karlsruher Richtern abgelehnt, weil weder das zugrunde liegende Passgesetz noch dessen Anwendung verfassungsrechtlich als problematisch betrachtet wurden.[97] Der entsprechende Artikel 11 des Grundgesetzes beinhalte kein generelles Recht zur Ausreise, sie könne im Falle einer damit verbundenen Gefährdung der Bundesrepublik untersagt werden.

In ihrer Erläuterung des Urteils jedoch erweiterten die Verfassungsrichter wie im Fall des KPD-Verbots die Auslegung des Grundgesetzes. Denn grundsätzlich sei das dort in Artikel 2 vorgesehene Recht auf die »freie Entfaltung der Persönlichkeit« auch im Sinne einer »allgemeinen Handlungsfreiheit« zu verstehen, die ein besonderes, aus der Menschenwürde abgeleitetes Schutzgut darstelle und vom Staat nicht ohne Weiteres eingeschränkt werden dürfe. Die Richter wandten sich damit gegen die 1953 vom Kölner Juristen Hans Peters aufgestellte »Persönlichkeitskerntheorie«. Sie hatte auf der Grundlage von »Gemeinschaftsidealen« und dem »Sittengesetz« argumentiert, dass sich die persönlichen Freiheitsrechte nur auf einen engsten »Kern« erstreckten. Vielmehr sei, so die Karlsruher Richter, die »freie Entfaltung« grundsätzlich für die gesamte »allgemeine Rechtsordnung« verbindlich. Die Handlungsmacht des Staates wurde vom Bundesverfassungsgericht unter direktem Bezug auf die Menschenwürde nachhaltig gegenüber ersten Lesarten des Grundgesetzes begrenzt: Artikel 1 beherrsche als eines seiner »tragenden Konstitutionsprinzipien« auch die Auslegung von Artikel 2.

Elfes durfte also rechtmäßig die Ausreise verweigert werden, aber die Verfassungsrichter unterwarfen solche und ähnliche Fälle dem Verdikt einer genauesten Prüfung unter Berücksichtigung von Menschenwürde, Persönlichkeitsentfaltung und Handlungsfreiheit. Mit seiner Klage erfolgreicher war ein Jahr später Erich Lüth, der Hamburger Senatsdirektor und Leiter des Presseamts.[98] Lüth hatte öffentlich dazu aufgerufen, die Kinoaufführung einer Nachkriegsproduktion des antisemitischen Filmemachers Veit Harlan zu boykottieren. Auf Betreiben der Produktionsfirma hatte das Landgericht Hamburg gegen Lüth geurteilt, er sei sittenwidrig gegen Harlan vorgegangen. Doch das Bundesverfassungsgericht sah dies anders: Das vom Grundgesetz garantierte Recht auf freie Meinungsäußerung schließe nicht nur die Meinung, sondern auch ihre Äußerung und deren mögliche Wirkung mit ein. Wie beim Elfes-Urteil wurde durch diese Entscheidung der Geltungsbereich eines Grundrechts deutlich weiter gefasst, als es das zuständige Landgericht zuvor ausgelegt hatte. Das Bundesverfassungsgericht stärkte dabei nicht nur das Grundrecht auf freie Meinungsäußerung und erklärte sich im Sinne der »mittelbaren Drittwirkung« für Streitfälle zwischen Bürgern als zuständig. Es interpretierte das Grundgesetz auch explizit als ein »Wertsystem«, das seinen »Mittelpunkt in der innerhalb der sozialen Gemeinschaft sich frei entfaltenden Persönlichkeit und ihrer Würde« habe.

Weniger eindeutig verhielt sich das Gericht in Fragen, die mit der Differenzierung von Grundrechten aufgrund von sexueller Orientierung oder Geschlecht zu tun hatten. Einige Monate nach dem Elfes-Urteil waren die Verfassungsrichter noch nicht so weit, um sich von der dominanten Moral und Sitte zu distanzieren: Die Richter lehnten im Mai 1957 die Beschwerde eines 1952 wegen homosexueller Praktiken verurteilten Hamburgers ab.[99] Er hatte sich auf sein Recht auf die freie Entfaltung der Persönlichkeit bezogen. Die Verfassungsrichter sahen aber das »Gebiet des Geschlechtlichen« sowohl durch die Verfassung als auch durch das Sittengesetz als begrenzt an. Als maßgeblich betrachteten sie die Lehre der christlichen Konfessionen, die gleichgeschlechtliche Unzucht als unsittlich verurteilten. Die Gesetzgebung dürfe aber nie im Widerspruch zum Sittengesetz stehen. Anders urteilten sie im Fall der Gleichberechtigung der Frau: Auf Drängen der Richterin Erna Scheffler hatte das Karlsruher Gericht 1953, gegen heftigen Widerstand der Regierung und der katholischen Kirche, die im Grundgesetz bereits vorgesehene Gleichberechtigung von Mann und Frau in Ehe und Familie bekräftigt.[100] Allerdings beließ es der Gesetzgeber bei einer Rechtsordnung, die eine männliche Vorherrschaft im Privatbereich ganz im Einklang mit dem vorherrschenden »Sittengesetz« legitimierte. Sechs Jahre später, auch als Reaktion auf das Gleichberechtigungsgesetz von 1957, das noch wesentliche Regelungen des väterlichen Erziehungsvorrechts aufrechterhielt, erklärte es das Bundesverfassungsgericht in Teilen für verfassungswidrig und forderte eine vollständige Umsetzung der »vollen Gleichordnung« von Frauen und Männern.

Auch bei Fragen der Menschenwürde im Zusammenhang mit der Neuaufstellung der Bundeswehr taten sich Politik und Justiz schwer, verbindliche Schutzlinien zugunsten des Individuums zu ziehen. Während der gesamten Debatte um die Wiederbewaffnung lenkten Kritiker den Blick auf die Gefährdung der Menschenwürde in den zukünftigen Kasernen. Viele Jugendliche waren skeptisch und fürchteten eine Kontinuität des obrigkeitsstaatlichen Gehorsamsprinzips. So forderte der Bundesjugendring die Adenauer-Regierung Anfang Juni 1953 dazu auf, »Persönlichkeit und Menschenwürde innerhalb der Dienstvorschriften« einzuhalten.[101] Im Oktober 1954 sprach sich die katholische Kolpingfamilie für eine parlamentarische Kontrolle des »Wehrwesens« aus, das »von einem Geist getragen sein müsse, der die Menschenwürde achte«.[102] Die »Zeit« fasste die Stimmung 1955 so zusammen: »Immer wieder klingt die Sorge um eine Fehlentwicklung der künftigen Armee an; immer wieder fürchtet man den ›Staatsstreich‹, redet man von Zwang, Unterdrückung und verletzter Menschenwürde im Soldatentum.«[103] Beispiele dafür gab es: Nachdem ein Marineoffizier vor einer Lehrkompanie die NS-Generäle Dönitz und Raeder zu militärischen Vorbildern erklärt hatte, wollte die SPD im Rahmen einer »Großen Anfrage« im Februar 1956 wissen, ob angesichts solcher Einstellungen in der Bundeswehr der »Geist einer kraftvollen Demokratie, die auf der Anerkennung der Würde (…) beruht«, lebendig werden könne. Als auch in der Aussprache im Bundestag die Menschenwürde als Grundprinzip der Bundeswehr eingefordert wurde, rief der SPD-Abgeordnete Otto Greve: »Bis es soweit ist, sind wir alle tot!«[104]

Gegen den Widerstand der alten Generäle sah das im März 1957 verabschiedete Wehrstrafgesetz zwei wesentliche Schutzregelungen für die Soldaten vor, die sich auf das Grundgesetz zurückführen ließen. Ungehorsam wurde von Strafe freigestellt, wenn ein Befehl nicht aus dienstlichen Zwecken erteilt worden war, er die Menschenwürde verletzen oder zu einem Verbrechen führen würde. Auch dem Verhalten von Vorgesetzten wurden Grenzen gesetzt, wenn auch nicht ausdrücklich unter dem Begriff der Menschenwürde. Ebenfalls ohne einen entsprechenden Hinweis kam die Strafandrohung bei körperlicher Misshandlung und gesundheitlicher Schädigung aus. Unterhalb dessen sanktionierte das Gesetz zudem die »entwürdigende Behandlung« von Soldaten. Das Gesetz ließ offen, was darunter zu verstehen war. Bald fand aber der Fall eines Soldaten den Weg in die Medien, der sich geweigert hatte, die Schuhe seines Vorgesetzten zu putzen. Darin erkannte er eine Verletzung seiner Menschenwürde. Bestraft wurde er dafür letzten Endes zwar nicht, gleichwohl aber wegen »Arbeitsverweigerung« entlassen. Bezeichnend für eine verbreitete Haltung war der Kommentar eines hessischen CDU-Bundestagsabgeordneten: Dem Soldaten wäre doch »kein Zacken von seiner Krone der Menschenwürde heruntergeplumpst«, wenn er die Schuhe geputzt hätte, zumal die Bundeswehr immense Kosten verursache, die sich so begrenzen ließen.[105]

Die Menschenwürde als Kinderschutz?

Was in der Armee schon lange verboten war, gehörte in Familie, Schule, Heimen und Ausbildung zum Alltag: Der Einsatz von Prügeln, Rohrstock und Ohrfeigen galt als legitimes Mittel, um zu erziehen und zu bestrafen. Vätern stand das Züchtigungsrecht gesetzlich zunächst allein zu, bevor es 1957 in einem eigentümlichen Akt der Gleichberechtigung de facto auch Frauen eingeräumt wurde – ein Passus im BGB wurde aufgehoben, der »angemessene Zuchtmittel« nur Männern gestattet hatte, ohne diese zu streichen. Besonders im Schulbereich waren die Regelungen auf Länderebene uneinheitlich, zumal die körperliche Züchtigung durch ein breites Spektrum an Disziplinarstrafen ergänzt wurde, die von der Strafarbeit über den Karzer bis zum Schulverweis reichten. In Hessen zum Beispiel war die Prügelstrafe 1946 generell untersagt worden, in Bayern und Nordrhein-Westfalen unter Auflagen erlaubt. Niedersachsen verbot 1951 die körperliche Züchtigung von Mädchen, gestattete sie bei Jungen aber in Fällen einer besonderen Widersetzlichkeit. Die körperliche Züchtigung in Schulen war somit nicht nur eine gewohnte Praxis, sondern auch eine rechtliche Grauzone. Juristisch auffällig wurde die Lehrergewalt immerhin, wenn sie gewisse Regeln der Angemessenheit und Notwendigkeit überschritt. Ihre Beurteilung hing stark von Schulform, Geschlecht und Alter der Betroffenen, von der Sichtbarkeit der Schädigung und der Reputation des Lehrers ab.

Gegner der Gewalt an Kindern belegten mögliche Schädigungen durch die Prügelstrafe mit neueren Erkenntnissen aus der Pädagogik, der Psychologie und der Medizin. Je nach Schwere und Rechtseinschätzung kam es zwar in der frühen Bundesrepublik durchaus zu einzelnen Verurteilungen. Doch in der Regel zählten autoritäre Erziehungsmaximen mehr als der Rechtsschutz des Kindes. Als 1954 der Bundesgerichtshof immerhin in einem Fall schwerer Misshandlung die vorinstanzliche Verurteilung eines Lehrers bestätigte, räumte er zugleich das Recht auf körperliche Züchtigung in Ausnahmefällen ein, wenn sie erzieherischen Zwecken diene.[106] Trotz dieses Zugeständnisses war das Urteil nicht mehrheitsfähig. Drei Jahre später stellte sich dasselbe Gericht eindeutig hinter das für Volksschulen geltende »Gewohnheitsrecht« von Lehrern, die Prügelstrafe anzuwenden. Rohrstockschläge auf Hand oder Gesäß betrachtete es als üblich und zweckmäßig, Ohrfeigen müssten als erzieherisch unabdingbar begründet sein. Juristisch sei nur zu prüfen, ob ein Lehrer im Einzelfall die Grenzen des Gewohnheitsrechts überschritten habe.[107]

Der Bundesgerichtshof stützte sich im Wesentlichen auf zwei Argumente: Würde die Menschenwürde, so das Gericht, durch die körperliche Züchtigung in der Schule verletzt, müsste dies auch für die elterliche Gewalt gelten, die aber wiederum ausdrücklich durch das Gesetz als statthaft angesehen werde. Man könne zudem Deutschland den Rang eines Kulturstaats nicht absprechen, wenn es die körperliche Züchtigung nach wie vor für ein nützliches und unverzichtbares Erziehungsinstrument halte. Das Urteil darüber, »was der Würde des Menschen entspricht«, werde zwar durch die »fortschreitende Erkenntnis der sittlichen Werte« bestimmt. Doch da eine »maßvolle Züchtigung« bislang als wohl begründet angesehen worden sei, lasse sich aus Artikel 1 des Grundgesetzes kein neuer moralischer Maßstab ableiten, um die körperliche Züchtigung abzulehnen. Zudem lägen keine gesicherten Erkenntnisse vor, die gegen den Nutzen der körperlichen Züchtigung sprächen. Die Tradition und der vermeintlich erwiesene Nutzen der Prügelstrafe wogen also höher als die gerade erst eingeführte Unantastbarkeit der Menschenwürde.

Auch das Recht auf körperliche Unversehrtheit sah das Gericht nicht grundsätzlich als verletzt an: Man solle diese Klausel des Grundgesetzes ohnehin auf »schwerwiegende Eingriffe« begrenzen, um sie nicht zu entwerten. Es handele sich zwar bei jeder Form der körperlichen Züchtigung von Schülern um eine Körperverletzung, aber diese müsse straflos bleiben, weil sie durch eine »Züchtigungsbefugnis« gerechtfertigt sei. Denn solange die Prügelstrafe an Schulen nicht verboten sei, handele der Lehrer rechtskonform, wenn er seine gewohnheitsrechtlichen Befugnisse nicht überschreite. Im Klartext: Die körperliche Züchtigung von Kindern in Schule und Elternhaus wurde für verfassungskonform erklärt, solange die traditionellen »sittlichen Werte« fortbestünden. Sie wurde nur als ein minderschwerer Eingriff in die körperliche Integrität bewertet, der kein Grundrecht verletzte. Auch wenn sich eine Opposition gegen diese Praxis erst später formierte, waren schon Ende der 1950er Jahre nicht alle mit dem Karlsruher Urteil einverstanden. Kritisch fragte der »Südkurier«, wo denn die Grenzen zur Verletzung der Menschenwürde lägen:

»Wann ist das Maß voll, wenn einer geohrfeigt wird, und wann läuft es über?«[108] Und eine Leserin der »Frankfurter Allgemeinen Zeitung« wollte wissen, ob die Deutschen tatsächlich noch beanspruchen könnten, ein »Kulturvolk« zu sein, wenn sie »zwischen unserer Menschenwürde und derjenigen der Kinder einen Unterschied« machten.

Nicht nur in Familien und Schulen, sondern auch in den Heimen der Jugendfürsorge und des Behindertenwesens war der Einsatz von Gewaltmitteln weit verbreitet. Zahlreiche Studien haben in den letzten Jahren ein erschreckendes Bild gezeichnet, wie selbstverständlich in solchen Einrichtungen die Menschenwürde nach heutigen wie damaligen Maßstäben verletzt wurde. Obwohl in den 1950er Jahren in Teilen der Ratgeberliteratur und in Expertenkreisen von der Anwendung körperlicher Gewalt abgeraten wurde, sah die Praxis ganz anders aus. Arrestzellen, Zwangsmaßnahmen, Stockschläge und Demütigungen, sexuelle Gewalt und die Förderung gewaltsamer Umgangsformen zwischen den Kindern und Jugendlichen gehörten zum Heimalltag. Befürworter solcher Maßnahmen verwiesen auf die schwierigen Erziehungsbedingungen infolge des Krieges und auf die Verhaltensauffälligkeiten von Kindern vor allem aus den unteren Bildungsschichten. Sie beriefen sich auf den Gebrauch von Gewaltmitteln als »Gewohnheitsrecht«, um Ordnung herstellen und konservative Erziehungsziele wie Disziplin, Sauberkeit und Anstand durchsetzen zu können.

Den Schutz von Kindern vor sexueller Gewalt, elterlicher Misshandlung und der Prügelstrafe hatte sich der 1953 gegründete Kinderschutzbund zum Ziel gesetzt. Initiator und Vorsitzender war der Hamburger Arzt Fritz Lejeune, ein gutes Beispiel für die zeitgenössischen Ambivalenzen im Einsatz für die Menschenwürde: 1923 in die NSDAP eingetreten, war Lejeune einer der ersten Medizinhistoriker in Deutschland an der Universität Köln und ein eifriger Propagandist nationalsozialistischer Medizinvorstellungen. Dem wissenschaftlich nicht satisfaktionsfähigen Karrieristen wurde 1940 die Leitung des Instituts für Geschichte der Medizin an der Universität Wien übertragen. Nach dem Krieg konnte er nicht mehr an die Universität zurückkehren. Stattdessen nahm Lejeune den Kampf gegen eine von ihm beobachtete Verwahrlosung der Sitten und für die Unterstützung von Kindern in Not auf. Neben konkreten Hilfsmaßnahmen, die von den nach und nach gegründeten Ortsverbänden des Kinderschutzbunds ergriffen wurden, propagierte Lejeune ein radikales Vorgehen gegen Sexualstraftäter, die sich an Kindern vergangen hatten, dem, so der Mediziner, »verletzlichsten Glied der Gesellschaft«. Sprachlich und ideologisch ganz auf einer Linie mit dem Vorgehen gegen Straftäter im Nationalsozialismus, forderte er, für rückfällige Sittlichkeitsverbrecher und psychisch Kranke, die eine Gefahr für Kinder darstellen könnten, »in schwer zugänglichen Gebirgstälern oder auf einsamen Inseln (...) Siedlungen für offensichtlich geisteskranke Triebverbrecher« zu gründen oder sie zu kastrieren, wie der »Spiegel« 1962 berichtete.[109] Zwei Jahre später legte er sein Amt als Vorsitzender nieder, aber seine NS-Vergangenheit sollte erst viele Jahre später publik werden.

Zwischen Kontinuität und Aufbruch

Wie sich schon im Fall von Fritz Lejeune andeutet, stellten sich die meisten Mediziner und Gesundheitsexperten die Frage nach der Menschenwürde im Sinne des Grundgesetzes gar nicht erst, wenn es um den Umgang mit den nationalsozialistischen Zwangssterilisationen ging. Denn diese entwürdigenden Eingriffe in die körperliche Unversehrtheit ohne Zustimmung der Betroffenen galten als rechtsstaatlich durchgeführt und als wissenschaftlich fundiert. Insbesondere in den Augen jener, die sie nach 1945 fortgesetzt wissen wollten, waren die Zwangssterilisationen kein nationalsozialistisches Unrecht. Nicht das Grundgesetz wurde zugrunde gelegt, sondern das »Gesetz zur Verhütung erbkranken Nachwuchses« von 1933, das unter anderem den Einsatz von Zwangsmaßnahmen und den Verzicht auf die Einwilligung der Betroffenen vorsah. Diese Haltung entsprach einem jahrzehntelang auch in der Bundesrepublik vorherrschenden eugenischen Denkmodell, das von beträchtlichen personellen Kontinuitäten in der Medizin und in den Anstalten getragen wurde. Bei der praktischen Umsetzung der Eugenik bewegte man sich aber nach 1945 in einem rechtlich uneindeutigen Bereich: Nur die Möglichkeit der freiwilligen Sterilisation wurde in der Bundesrepublik eigens geregelt. Für durchgeführte Maßnahmen ohne Einwilligung der Betroffenen gab es zunächst keine neue gesetzliche Grundlage. Faktisch galt das nach Kriegsende nur kurzzeitig ausgesetzte NS-Erbgesundheitsgesetz bis 1974 weiter.

Viele Ärzte blieben von Nutzen und Notwendigkeit dieser Maßnahmen überzeugt und erkannten in ihnen keinen Widerspruch zum Grundgesetz. So wurden jährlich im Schnitt eintausend Sterilisationen ohne Zustimmung der Betroffenen durchgeführt. Eine umfänglichere Durchführung zwangsweiser Sterilisationen und von Erbgesundheitsgerichten erwies sich jedoch – anders als in der Nachkriegszeit zeitweise erhofft und sogar bis zur Vorbereitung einer Gesetzesvorlage im Bundestag vorangetrieben – nicht als durchsetzbar. Zugleich blieb den Opfern der nationalsozialistischen Zwangssterilisationen jede Anerkennung verwehrt: Nur wenn das seinerzeit geltende Verfahren grob missachtet worden oder es zu weitergehenden Schädigungen gekommen war, konnten die Betroffenen einen Härtefallausgleich beantragen. Nur in wenigen Tausend Fällen beantragten Sterilisationsopfer überhaupt – und meist erfolglos – die Aufhebung der gegen sie ergangenen Urteile. Erst Ende der 1950er Jahre kam es zu Kritik an den nationalsozialistischen Zwangssterilisationen und der Kontinuität der Eugenik, auch weil sich erste Opfer dieser Maßnahmen zu

Wort meldeten und das von ihnen Erlebte als Verletzung ihrer Scham, Achtung und Menschenwürde benannten.

So wurden in den 1950er Jahren zwar an manchen Stellen, aber keineswegs überall und immer wieder mit Einschränkungen zugunsten staatlicher Zugriffsrechte das Grundgesetz und sein erster Artikel herangezogen, um Schutzlinien zugunsten des Individuums zu ziehen. Die Menschenwürde galt jedoch nicht bereits als absoluter Maßstab. Ihren Geltungsbereich festzulegen war eine Frage der Abwägung. Sie erlangte in der frühen Bundesrepublik noch keine hinreichende normative Macht, um vollends mit der Vergangenheit des konservativen Obrigkeitsstaats oder mit Regelungen aus der Zeit des Nationalsozialismus zu brechen. Zudem gab es in vielen Bereichen einen langen Übergang traditioneller, konservativer und autoritär geprägter Einstellungen, die durch einen Rückbezug auf christliche Werte und das Bild einer abendländischen Humanität bekräftigt wurden.

Der Adenauer-Regierung war daran gelegen, den Staat stark zu machen. Die Menschenwürde, unabhängige Institutionen wie das Bundesverfassungsgericht oder Einwände der parlamentarischen Opposition störten dabei. Das Spektrum derjenigen allerdings, die sich in diesen Jahren im Namen der Würde für die Rechte, den Schutz und die Anerkennung anderer einsetzten, war zum einen bereits erstaunlich vielfältig, zum anderen von beträchtlichen Widersprüchen geprägt. Darunter finden sich Widerstandskämpfer und Verfolgte des Nationalsozialismus, Parteigänger des Regimes, »Mitläufer« und weltanschaulich Geläuterte, Eugeniker und Gewerkschafter, wertkonservative Juristen und streitbare Strafrechtler. Um damit verbundene Kontinuitäten zu den vorliberalen und diktatorischen Regimen in Deutschland überwinden zu können, war der weitere Weg der Menschenwürde in die Bundesrepublik von einer Aufarbeitung des Nationalsozialismus und seiner weltanschaulichen wie personellen Nachwirkungen nicht zu trennen.

IV

DIE VERGESELLSCHAFTUNG DER WÜRDE

13

AUFBRÜCHE ZUR EMPATHIE: DIE WÜRDE ALS GESELLSCHAFTS-POLITISCHER WERT

Heiligabend 1959: In Köln schänden Arnold Strunk und Paul Schönen, beide 25 Jahre alt und Mitglieder der rechtsextremen Deutschen Reichspartei, die kurz zuvor wiedereröffnete Synagoge. »Juden raus« schreiben sie an die Wand links vom Haupteingang. Die Täter sind schnell gefasst. Zwei Jahre hatte der Neubau des jüdischen Gotteshauses gedauert, nachdem es im November 1938 zerstört worden war. Die Empörung ist groß, nationale und internationale Medien berichten ausführlich. In seiner Neujahrsansprache spricht der Bundeskanzler von jugendlichen Gelegenheitstaten. Von »Rowdies« und Anstiftungen aus der DDR ist die Rede. Das rückte die Täter in die Nähe der »Halbstarken«, die in den Jahren zuvor die Öffentlichkeit in Aufregung versetzt hatten. Bundesweite Nachahmungstaten summierten sich bis zum Februar 1960 auf über 800 als antisemitisch oder nazistisch motivierte Straftaten, darunter auffällig viele persönliche Beleidigungen. Nur ein kleiner Teil betraf Orte jüdischen Lebens wie Synagogen oder Friedhöfe. Ein Drittel der Taten klassifizierte ein bereits im Februar erscheinendes »Weißbuch« der Bundesregierung beschwichtigend als »Kinderkritzeleien«. Tatsächlich war die Hälfte der gefassten Täter unter zwanzig. Erst im Frühsommer 1960 sollte die Welle der enthemmten Diffamierung jüdischen Lebens in der Bundesrepublik abebben.

Zwischen der Bestürzung über die antisemitische Welle und ihrer Relativierung als Jugendkriminalität stand das Selbstbild der

Bundesrepublik zur Disposition. War der Antisemitismus zwar offiziell sanktioniert, in der Gesellschaft aber verbreiteter und weniger »latent« als angenommen? Kündigten die Taten einen neuen politischen Rechtsextremismus an? Hatten die Maßnahmen zum Schutz von Staat, Demokratie und seiner – aller – Bürger ausgereicht, darunter auch die Auseinandersetzung mit dem Nationalsozialismus? Politiker und Intellektuelle, Sozialwissenschaftler und Pädagogen stellten die Gesellschaft umfassend auf den Prüfstand. Das Ergebnis stimmte viele bedenklich: Laut Umfragen vertraten zwischen zwanzig und vierzig Prozent der Deutschen manifeste antijüdische Einstellungen. Beobachter erkannten bei einem nennenswerten Teil der Gesellschaft einen engen Zusammenhang von autoritären Neigungen, einer mangelnden Distanz zum Nationalsozialismus und einem antisemitischen Weltbild. Einen ähnlichen Befund hatte bereits ein gutes Jahrzehnt zuvor das »Gruppenexperiment« des Instituts für Sozialforschung unter Theodor W. Adorno ergeben.

Schändungen jüdischer Friedhöfe waren in den 1950er Jahren an der Tagesordnung und hatten bereits ein Jahr vor dem Kölner Ereignis zugenommen. Nach antisemitischen Äußerungen eines Offenburger Lehrers – einer von vielen vergleichbaren Skandalen – sprach der Schriftsteller Horst Krüger 1958 von »Abgründen der Vergangenheit«, die wie »verborgene Geschwüre aufbrechen«.[1] Doch Anfang 1960 zeigte sich: Es ging nicht um rückwärtsgewandte Unverbesserliche, sondern um die ersten Kinder der Bundesrepublik. Viele zeigten sich besorgt, ob das Grundgesetz, ob Menschenwürde, Freiheit und Demokratie bereits in der bundesdeutschen Gesellschaft angekommen waren. Doch sollten sich die »langen« 1960er Jahre als wichtige Phase erweisen, in der die universale Menschenwürde in der Bundesrepublik Fuss zu fassen begann.

Anfänge der Aufarbeitung

Gut einen Monat vor ihrer Verhaftung, am 15. Juli 1944, notierte Anne Frank in ihrem Tagebuch einen Satz, der nach dem Krieg eine ikonische Strahlkraft gewinnen sollte: Sie halte an ihren Idealen, Erwartungen und Träumen fest, »trotz allem, weil ich noch immer an das Gute im Menschen glaube«.[2] Anne Frank machte sich in ihrem Amsterdamer Versteck jedoch keine Illusionen über ihr Schicksal, sollte sie entdeckt werden. »Wie eine Herde armes, krankes und verwahrlostes Vieh werden die armen Menschen zu ihren schmutzigen Schlachtplätzen geführt.«[3] 1950 war die deutsche Erstveröffentlichung ihres Tagebuchs noch kaum auf Resonanz gestoßen. Fünf Jahre später profitierte die Taschenbuchausgabe vom beträchtlichen Zuspruch, den das ursprünglich amerikanische Theaterstück »The Diary of Anne Frank« auf deutschen Bühnen fand. 1957 war es das meistgespielte Werk mit insgesamt zwei Millionen Besuchern. Der zwei Jahre später folgende Hollywood-Spielfilm über das Leben von Anne Frank trug endgültig dazu bei, sie zu einer Ikone der frühen bundesdeutschen Erinnerungskultur zu machen. Die Moralisierung ihres Schicksals und die sie begleitenden Porträts machten aus der verfolgten Jüdin Anne Frank eine christianisierte Erlösungsfigur, die mehr für das universale Ideal der Menschlichkeit als für seine Verletzung einstand.

Trotz der Aufmerksamkeit für Anne Frank waren Ende der 1950er Jahre noch kaum ernsthafte Bemühungen erkennbar, sich eingehender mit den nationalsozialistischen Verbrechen zu befassen. Wenige Wochen vor der antisemitischen Welle hatte Adorno in einem Vortrag vor dem Koordinierungsrat der Gesellschaften für Christlich-Jüdische Zusammenarbeit das »kalte Vergessen« der nationalsozialistischen Verbrechen mit dem »nachlebenden« Faschismus verknüpft. Als dessen Voraussetzung betrachtete er aber nicht die manifeste Weigerung, sich empathisch der Opfer des Holocaust zu erinnern, sondern die strukturellen Gegebenheiten des Kapitalismus. Schuldabwehr, Vergangenheitsflucht, Affektmangel: Für Adorno waren die Deutschen in einem neurotischen Komplex gefangen. Die Demokratie sei nur äußerlich angenommen worden, auch weil das herrschende System die Menschen allein als Ressourcen ökonomischer Prozesse betrachte. Sie müssten und würden sich dieser Struktur anpassen, könnten sich aber nicht als »Subjekte der politischen Prozesse« begreifen.[4]

Adorno rekurrierte auf die marxistische Kritik an der Entfremdung des Menschen durch die »Kälte« der industrialisierten Welt. Den Weg, diesen Zustand der Entpersönlichung durch eine konsequente »Aufarbeitung der Vergangenheit« des Nationalsozialismus und seiner fortdauernden Ursachen zu überwinden, sei die Bundesrepublik jedoch nicht gegangen. Deshalb forderte Adorno, die Deutschen durch politische Bildung zu demokratischen Subjekten zu erziehen. Er blieb aber skeptisch gegenüber dem, was er als abstrakte Idee betrachtete: »Freiheit und Humanität«. Die Menschenwürde erwähnte er in seiner Rede nicht, sie ließe sich hier aber unschwer ergänzen. Denn derlei Konzepte, so Adorno, bedeuteten den Menschen eben nicht viel. Er sah in ihnen eine Camouflage der Herrschaftsverhältnisse, ein Alibi der bürgerlich-kapitalistischen Machtordnung und das Scheitern des liberalen Ziels, eine bessere Welt zu schaffen. Um die objektiven Gründe des Faschismus zu bekämpfen, seien vielmehr jene »unmittelbaren« Interessen bewusst zu machen, die in die »Katastrophenpolitik« geführt hätten.

So weit gingen in diesen Jahren nur wenige, aber Protestaktionen im Zusammenhang mit der Wiederbewaffnung und eine frühe politische Solidarisierung mit antikolonialen Befreiungsbewegungen spiegelten die wachsende Unzufriedenheit mit der Adenauer-Ära wider. Dabei kam es zu einer bemerkenswerten Konstellation: 1957 hatte Erich Lüth nach mehreren gescheiterten

Anläufen zum ersten Mal im Rahmen der »Woche der Brüderlichkeit« eine Pilgerfahrt zur Gedenkstätte Bergen-Belsen organisieren können. In den folgenden beiden Jahren fand diese Aktion unter dem Motto »Blumen für Anne Frank« einen noch deutlich größeren Zuspruch. 1960 führte dann ein Sternmarsch einige Hundert Teilnehmer aus mehreren norddeutschen Städten zum NATO-Truppenübungsplatz Bergen-Hohne, unweit des ehemaligen Kriegsgefangenen- und Konzentrationslagers Bergen-Belsen: Der »Ostermarsch« war nach britischem Vorbild als Protest gegen atomare Bewaffnung und Krieg entstanden. Über den »Hamburger Aktionskreis für Gewaltlosigkeit« entwickelte sich ein dezentralisiertes Netzwerk, das trotz des Vorwurfs, kommunistisch unterwandert zu sein, zahlreiche namhafte Unterstützer fand. 1962 mobilisierte ein Aufruf zur Teilnahme, indem er die Zerstörung der menschlichen Würde durch den Einsatz von Atomwaffen veranschaulichte: »Dann werden wir alle nur noch gehetzte Geschöpfe sein, die nach Unterschlupf, nach etwas nicht vergifteter Nahrung suchen.«[5]

Gleichzeitig gewannen das nationalsozialistische Herrschaftssystem und seine Verbrechen um 1960 neuerliche Aufmerksamkeit. Prozesse gegen NS-Verbrecher riefen das Bild einer »unbewältigten Vergangenheit« auf. Später als »engagierte Demokraten« titulierte Akteure wie Fritz Bauer, Eugen Kogon, Erich Lüth, Hans Werner Richter oder Josef Wulf wandten sich gegen Verdrängung und Revisionismus.[6] Der 20. Jahrestag der Novemberpogrome, Angriffe aus der DDR gegen personelle NS-Kontinuitäten in der Bundesrepublik oder die Verhaftung von Adolf Eichmann 1960 und der Prozess gegen ihn in Jerusalem im Jahr darauf machten momenthaft sichtbar, was unter die Konsumwellen des wirtschaftlichen Aufschwungs gekehrt worden war. Schülergruppen, studentische Zirkel und Tagungen in Akademien oder auf dem Evangelischen Kirchentag diskutierten über Schuld, Toleranz und Versöhnung im Verhältnis von Christen und Juden. Auf

Initiative des sächsischen Kirchenfunktionärs Lothar Kreyssig – Angehöriger der Bekennenden Kirche und der einzige Jurist, der sich der NS-Euthanasie widersetzt hatte – entstand 1958 die »Aktion Sühnezeichen«. Sie entsandte Jugendgruppen in die vormals besetzten europäischen Länder, um dort durch praktische Arbeit um Vergebung zu bitten. Ab 1961 operierte sie getrennt von beiden deutschen Staaten aus, in der Bundesrepublik bald unter dem Namen »Aktion Sühnezeichen / Friedensdienste«, womit eine stärker profane und politische Ausrichtung verbunden war.

Aber auch Lehrpläne und Schulbücher widmeten dem Nationalsozialismus mehr Raum. Erste Ausstellungen, Fernsehdokumentationen und Überblicksdarstellungen sollten für Orientierung zur Geschichte des Nationalsozialismus sorgen. Diese Bemühungen unterstrichen das eng mit der Erinnerung an den Widerstand gegen den Nationalsozialismus verknüpfte, symbolische Gewicht der Menschenwürde. So veröffentlichte der Schweizer Historiker Walther Hofer, 1957 Herausgeber einer weit verbreiteten Quellensammlung zur Geschichte des Nationalsozialismus, fünf Jahre später das Büchlein »Von der Freiheit und Würde des Menschen und ihrer Gefährdung«. Im Jahr darauf erschien Gerhard Schreebs Buch über die »Beweggründe der deutschen Opposition gegen Hitler« unter dem Titel »Menschenwürde gegen Gewaltherrschaft«. Die Rückkehr der nationalsozialistischen Verbrechen in die Öffentlichkeit der Bundesrepublik und vor allem des Holocaust als Verkörperung des menschenunwürdigen Terrors bedeutete auch einen wesentlichen Anstoß für die Errichtung und den Ausbau der KZ-Gedenkstätten in Bergen-Belsen, Dachau und Neuengamme in den folgenden Jahren. Nun konnte, wenngleich auf bescheidenstem Niveau, an einigen Orten der schlimmsten Verletzungen der Menschenwürde auf dem Gebiet der Bundesrepublik zumindest begonnen werden, an deren Opfer zu erinnern. Bis zum Beginn einer »Ära der Zeugen«, deren

Anfänge Annette Wieviorka auf die 1960er Jahre datiert hat, sollte es in der Bundesrepublik allerdings noch mehr als zwei Jahrzehnte dauern.

Strafrecht und Menschenwürde

Bereits am 2. Februar 1960 hatte Konrad Adenauer auf Einladung des Präsidenten des Jüdischen Weltkongresses, Nahum Goldmann, an einer Gedenkfeier in Bergen-Belsen teilgenommen. Angesichts der antisemitischen Vorfälle betonte der Bundeskanzler, das »jetzige Deutschland« gewährleiste die Sicherheit »aller Juden« im Land. Es stelle »an die Spitze die Achtung vor dem Recht und vor der Freiheit eines jeden«.[7] Um die internationale Kritik am sichtbar gewordenen Antisemitismus zu besänftigen, wurde ein Gesetzgebungsverfahren beschleunigt, das erst kurz zuvor auf Eis gelegt worden war: Am 20. Mai 1960 nahm der Bundestag einen Entwurf an, mit dem der § 130 des Strafgesetzbuchs geändert wurde. Seit 1871 hatte er als Instrument gegen die Proteste der Arbeiterschaft mit Strafe gedroht, wer den »öffentlichen Frieden« stört. Nach der Revision machte sich strafbar, »wer in einer Weise, die geeignet ist, den öffentlichen Frieden zu stören, die Menschenwürde anderer« durch Aufrufe zu »Haß« und »Gewalt- oder Willkürmaßnahmen« gegen »Teile der Bevölkerung« angreift oder sie »beschimpft, böswillig verächtlich macht oder verleumdet«. Unter dem Eindruck der »Schmierwelle« wurde die Menschenwürde im zwölften Jahr des Bestehens der Bundesrepublik erstmals zur zentralen Referenz eines Gesetzes der Bundesrepublik.

Im Parlamentarischen Rat hatte sich der kommunistische KZ-Überlebende Hugo Paul nicht mit seiner Forderung durchsetzen können, im Grundgesetz einen Passus aufzunehmen, der rassistische Äußerungen ausdrücklich verboten hätte, wie es die DDR in ihrer Verfassung von 1949 tat. Antisemitische und rassistische Kontinuitäten entwickelten sich jedoch zu einem virulenten Problem in der frühen Bundesrepublik. Mehrere antisemitische Skandale nahm die SPD bereits 1950 zum Anlass, ein Gesetz einzubringen, das eine »Verletzung der Menschenwürde oder der Menschenrechte« aufgrund von Rasse, Glauben oder Weltanschauung bestrafen sollte.[8] Ein 1957 eingebrachter Gesetzentwurf der Regierung, um Hetze wegen »Abstammung, Herkunft oder Glauben« strafbar zu machen, scheiterte dann jedoch am Einwand der SPD, die Menschenwürde ließe sich nicht durch das Strafrecht schützen. Doch neuerliche antisemitische Vorfälle erhöhten den Druck, zu einer Lösung zu kommen. Im Januar 1959 legte die Bundesregierung einen entsprechenden Gesetzentwurf vor, während sie gleichzeitig den Antisemitismus als gesellschaftliche Stimmung verharmloste. Erst Ende des Jahres wurde der Entwurf im Bundestag beraten. Für die SPD stellte Karl Wittrock klar: »Haßerregenden Äußerungen eines die Menschenwürde verletzenden Ungeistes entgegenzutreten, ist für uns Verpflichtung um unserer Selbstachtung willen.«[9]

Da es weiterhin Bedenken gab, wurde die Abstimmung vertagt. Durch die antisemitische Welle änderte sich die Ausgangslage. Nun kam die Menschenwürde auch formal ins Spiel. Carlo Schmid erweiterte mit einer beeindruckenden Rede im Bundestag die Perspektive: Wolle man mit dem »gleichen Recht auf Achtung und Würde« als Demokratie Ernst machen, müssten antisemitische Beleidigungen als Angriff auf den Staat an sich gesehen werden, da dieser auf der Menschenwürde als dem höchsten »Konstitutionsprinzip« des Grundgesetzes fuße.[10] Durch die Strafrechtsänderung wurde die Menschenwürde zum ausdrücklichen Kriterium erhoben, wenn Menschen wegen ihrer Herkunft beleidigt, diffamiert oder diskriminiert werden. Einer breiten Solidarität mit den Opfern des Nationalsozialismus oder einer kritischen Auseinandersetzung mit andauernden Diskriminierungen, die über die Juden hinausreichten, entsprang das Gesetz jedoch nicht. Zudem fand es in den folgenden Jahren kaum Anwendung, auch wenn es dafür hinreichend Anlässe gegeben hätte.

Verweigerung aus Gewissensgründen

In anderen Fällen war das Strafrecht schneller zur Hand: Aufgebracht erwog Bundesverteidigungsminister Franz Josef Strauß im Januar 1959, den Theologen Martin Niemöller zu verklagen. Der hessen-nassauische Kirchenpräsident hatte sich bei einer Rede in Kassel wie so oft in diesen Jahren kompromisslos gegen eine Atombewaffnung der Bundesrepublik ausgesprochen, die der Bundestag im Jahr zuvor mehrheitlich ermöglicht hatte. Niemöller wurde so verstanden, die Bundeswehr als eine »Hohe Schule für Berufsverbrecher« bezeichnet zu haben.[11] Damit bezog er sich nach eigener Darstellung zwar in einem engeren Sinne auf den Einsatz von Soldaten in einem Atomkrieg, aber so wollte Strauß das nicht verstanden wissen. Einige Jahre zuvor war der frühere Marineoffizier Niemöller zum Pazifisten konvertiert, nachdem ihm führende Atomforscher das Zerstörungspotenzial atomarer Waffen vor Augen geführt hatten. Er unterstützte die auch von seinen Gesprächspartnern getragene »Göttinger Erklärung« gegen den Einsatz von Atomwaffen von 1957, nahm für die »Kampagne gegen den Atomtod« an öffentlichen Mahnwachen teil und war bei den ersten Ostermärschen ab Anfang der 1960er Jahre aktiv präsent.

Der frühere KZ-Häftling war nicht nur als Pazifist unbequem, sondern kritisierte Hunger und Unterdrückung, engagierte sich aktiv in der ökumenischen Weltbewegung und unterstützte den antikolonialen Freiheitskampf. Auch damit hatte es wohl zu tun, dass ihn die Aussöhnung mit Israel nicht besonders interessierte. Niemöllers Grundhaltung speiste sich aus einer universalen Hinwendung zum Menschen, den er gegenüber Staat und Macht in den Mittelpunkt allen Handelns gestellt wissen wollte. So wurde der zuvor obrigkeitstreue Lutheraner im Lauf der 1950er Jahre nicht nur immer mehr zum Kritiker einer wirklichkeitsfernen Kirche, sondern auch eines Staates und einer globalen Ordnung, die Freiheit und Würde des Menschen missachteten. Als er 1964 das Amt des Kirchenpräsidenten niederlegte, war dies Ausdruck seiner zunehmenden Distanz zur verfassten Kirche. Manche Sympathien fand Niemöller jedoch an der kirchlichen Basis, wo sich erste Protestgruppen formierten. Trotz aller gegenteiligen Vorwürfe sah er selbst sich als »meilenweit« links vom Kommunismus stehend, nämlich bei den »Ausgestoßenen, den Elenden, den Hungernden und Verhungernden in unserer Welt«.[12]

Spätestens als Niemöller sich 1957 zum Präsidenten der Deutschen Friedensgesellschaft hatte wählen lassen, galt er innerkirchlich als untragbar. Die Gesellschaft hatte sich nach 1945 für die Einführung eines Rechts auf Kriegsdienstverweigerung starkgemacht, das nach kontroversen Debatten ins Grundgesetz aufgenommen wurde. Nach Gründung der Bundeswehr legte das Wehrpflichtgesetz von 1956 die Möglichkeit eines waffenlosen Ersatzdienstes oder eines Zivildienstes fest, der erst fünf Jahre später gesetzlich geregelt werden sollte. Der Wehrdienst selbst galt nicht als Verletzung der Menschenwürde oder als fundamentale Einschränkung von Grundrechten. Verfassungsrechtlich handelte es sich um eine Abwägungsfrage: Der Einzelne musste zum Wohle des Ganzen bestimmte Einschränkungen seiner Freiheit und Selbstentfaltung dulden.

Wohl aber durfte den Kriegsdienst und – vom Bundesverfassungsgericht 1960 bestätigt – die Ausbildung dazu verweigern, wer dies, wie es das Grundgesetz bereits formuliert hatte, mit seinem »Gewissen« nicht vereinbaren konnte. Die Verweigerung als Gewissensentscheidung darlegen zu müssen schloss politische Begründungen aus. Zugleich handelte es sich um eine Reminiszenz an den militärischen Widerstand gegen den Nationalsozialismus, da auch die Kriegsdienstverweigerung als moralische, individuelle *ultima ratio* betrachtet wurde. Nur war selbst dies zu Beginn der 1960er Jahre keineswegs gesellschaftlicher Konsens. Die anfänglich wenigen Tausend, die den Kriegsdienst verweigerten, galten als »Drückeberger«. Ein Leserbriefschreiber im »Spiegel« befand, entweder sei einem ein »ostzonaler Kommunist« wichtiger als die Menschenwürde, die in der DDR verletzt würde, oder man müsse bereit sein, auf einen »gewaltsam eindringenden Bolschewiken deutscher Abstammung« zu schießen.[13]

Vor allem die Kirchen hatten sich dagegen ausgesprochen, die eigentlich individuelle, ethische und religiöse Kategorie des Gewissens zum Maßstab und Gegenstand von Beweis und Überprüfung zu machen. Müsste das Gewissen nicht eigentlich grundrechtlich geschützt sein und höher gewichtet werden als die Wehrpflicht? Doch zählte hier vor allem die Realpolitik des Kalten Kriegs: Seitens des Staates bestand die Sorge vor jungen Männern, die sich dem Wehrdienst aus unlauteren Gründen entziehen wollten. Seitdem die Zahl der Verweigerungsanträge Mitte der 1960er Jahre zunahm, wurde in den mündlichen Anerkennungsverfahren ein immenser Druck auf die Betroffenen ausgeübt, um ihre Motivationen in Frage zu stellen. Noch war die Bundesrepublik nicht mehrheitlich an einem Punkt angekommen, den der sozialdemokratische Abgeordnete Adolf Arndt in der Bundestagsdebatte über das Wehrpflichtgesetz artikuliert hatte. Der Staat dürfe kein »Gewissensopfer« fordern, weil er das Gewissen »um der Menschenwürde willen als einen absoluten Wert« achten müsse, der auch die »Rechtswürde des Staates« mitbegründe.[14]

Hilfe für die Hungernden

Im zweiten Jahrzehnt der Bundesrepublik rückte der weltweite Hunger als epidemisches und strukturelles Problem in die öffentliche Aufmerksamkeit und forderte zur Empathie auf. »Was wir bisher gewußt haben,« so Kardinal Josef Frings 1958 aus Anlass der Gründung des katholischen Hilfswerks Misereor, »›sehen‹ wir jetzt. Was wir bisher über unserer eigenen Not vergessen haben, tritt jetzt in die Mitte unseres Bewußtseins.«[15] Auf internationaler Ebene war die 1945 gegründete »Food and Agriculture Organization« der Vereinten Nationen, heute bekannt als UN-Welternährungsorganisation, seit Mitte der 1950er Jahre mit konzertierten Programmen hervorgetreten. 1960 initiierte sie die fünfjährige Kampagne »Kampf dem Hunger«. Die in Großbritannien entstandene Selbstverzichtsbewegung »Miss-a-Meal« fand Nachahmer auch in der Bundesrepublik. Fernreisen und Reportagen aus dem globalen Süden vermittelten Kontrastbilder zur »Fresswelle« im eigenen Wirtschaftswunderland, die zudem mit den Hungererfahrungen der Kriegsjahre und der Nachkriegszeit verknüpft wurden.

Aufrüttelnde Berichte aus Armutsregionen und über Hilfsmaßnahmen wie die missionarisch genutzten Leprahäuser der bald viel zu unkritisch verehrten Ordensschwester Mutter Teresa in Kalkutta gaben den Anstoß, einzelne Unterstützungsmaßnahmen auf zentraler Ebene zusammenzufassen. Eine davon war die vom Sühnezeichen-Gründer Lothar Kreyssig initiierte Berliner »Aktionsgemeinschaft für die Hungernden«. Ein Jahr nach Misereor entstand nach deren Vorbild die evangelische Aktion »Brot für die Welt«. Als ihr wichtigster Fürsprecher begründete der Theologe Helmut Gollwitzer sie aus dem christlichen Erbarmen und der Verantwortung vor dem Evangelium, dem nicht weiter »Schande« durch »fromme Sprüche« bereitet werden dürfe. Die »tätige Hilfe aus eigenem Opfer« sei auch ein Akt der Vernunft, denn sonst drohe »aus dem angestauten Haß der Mehrheit von hungernden Völkern Rache und Verderben«.[16]

Gollwitzer wollte mit dieser aus heutiger Sicht problematischen Formulierung bewusst aus der »Gedankenlosigkeit des Genusses« aufrütteln. Entsprechend drastisch waren die Bilder: Die unerwartet erfolgreichen Spendenkampagnen von Misereor und Brot für die Welt veranschaulichten in den ersten Jahren vor allem das Elend von Hungernden. Nahaufnahmen ausgemergelter Kinder illustrierten Appelle wie »Gebt Ihr Ihnen zu essen« oder »Millionen hungern, sättige Einen«. Sie sollten die Betrachter direkt ansprechen, Mitleid hervorrufen, eine Beziehung entstehen lassen. Das Bild der Krisenregionen wurde so allerdings auf leidende, passive, oft unzureichend oder gar nicht bekleidete Menschen verengt, was zunehmend als Entwürdigung auf Kritik stieß und späterhin modifiziert wurde. Vor allem in den Berichtspublikationen der Hilfsorganisationen trat eine paternalistische Bildsprache hinzu, die westliche Helferinnen und Experten als Erfolgsträger in Szene setzte. Erst langsam traten die Lebensumstände der Betroffenen mehr in den Blick, zumal Misereor und Brot für die Welt begannen, über die Nothilfe hinaus längerfristige Projektmaßnahmen zu initiieren und zu unterstützen. Das erklärte Ziel bestand zunächst jedoch nur darin, Hilfe zu leisten, nicht aber, Strukturen und Ursachen zu verändern. Vor allem die Arbeit von Brot für die Welt sollte jedoch ab Ende der 1960er Jahre auf innerkirchlichen Druck hin deutlich stärker politisch ausgerichtet werden, als »Frieden« und »Gerechtigkeit« zu Leitbegriffen ihrer Arbeit wurden.

Gollwitzer stand mit seinem dystopisch klingenden Zukunftsbild keineswegs allein. Wenige Monate vor ihm hatte der neu gewählte Bundespräsident Heinrich Lübke in seiner Antrittsrede die Bekämpfung des Hungers zu seinem Hauptanliegen erklärt. Er verwies dabei mit einem zeittypischen Bild auf die »Bevölkerungsexplosion« und auf das »unvermeidliche Heranwachsen von

Milliarden hungernder Menschen, die leicht eine Beute kommunistischer Ideen werden können«. Dies sei die »Schicksalsfrage unserer Zeit«.[17] Lübke, der zuvor Bundeslandwirtschaftsminister war, rief 1960 zur »Hilfe für die hungernden Völker« auf und initiierte zwei Jahre später die Gründung des »Deutschen Ausschusses für den Kampf gegen Hunger«. Der Bundespräsident folgte damit dem Vorschlag des Generaldirektors der UN-Welternährungsorganisation, Binay Ranjan Sen, nationale Komitees zu gründen, um dauerhafte Lösungsmöglichkeiten für die zunehmenden Hungerkrisen zu finden.

Lübke hatte im Jahr zuvor bereits die »Grüne Charta von der Mainau« unterstützt, die unter Berufung auf die ersten beiden Artikel des Grundgesetzes und die bedrohte »Würde des Menschen« einen nachhaltigeren Umgang mit der »natürlichen Umwelt« einforderte. Allerdings waren wesentliche Protagonisten dieser Erklärung eng in die siedlungspolitischen Planungen im Nationalsozialismus involviert gewesen, die auf einem völkisch-organischen Konzept des Verhältnisses von Mensch und Natur beruhten. Lübke wiederum fiel trotz seines Engagements mehrfach durch herabsetzende Äußerungen bei seinen Reisen nach Afrika auf. Es dauerte zudem einige Jahre, bis die Arbeit des »Deutschen Ausschusses für den Kampf gegen Hunger« an Fahrt aufnahm. 1967 wurde er in die heutige »Deutsche Welthungerhilfe« umbenannt. Nun flossen auch staatliche Mittel, um eigene Hilfsmaßnahmen und Projekte durchzuführen.

Trotz aller Ambivalenzen, die gerade mit der Spenderansprache, der christlichen Rahmung, die sich von den kolonialen Missionszielen des 19. Jahrhunderts nicht sauber trennen ließ, und dem westlichen Paternalismus verbunden waren, trat mit der Gründung der Hilfswerke und ihrer Aufklärungsarbeit die Welt des globalen Südens um 1960 erstmals als humanitäre Herausforderung in das Wahrnehmungsfeld der Bundesrepublik. Parallel dazu wurde 1961 eine ministeriale »Entwicklungspolitik« mit der

Gründung des Bundesministeriums für wirtschaftliche Zusammenarbeit institutionalisiert, die in bescheidenem Umfang erste Maßnahmen der Vorjahre bündelte. Je mehr Organisationen und Experten sich aber im Rahmen von Nothilfe, Hilfsprojekten und Entwicklungspolitik mit Fragen globaler Krisen aus Unterernährung, Überbevölkerung und wirtschaftlicher Rückständigkeit befassten, desto deutlicher wurde, dass kurzfristige, karitative Hilfsmaßnahmen bei weitem nicht ausreichten. Ende der 1960er Jahre kristallisierte sich deshalb die »Hilfe zur Selbsthilfe« als neues Konzept heraus. Doch trotz aller Empathie und Kenntnis: Das Ziel einer Welt ohne Hunger erwies sich spätestens mit der Welternährungskrise zwischen 1972 und 1975 als Utopie. Damit sollte auch die politische Dimension dieses Themas immer deutlicher werden, die sich nicht in Mitgefühl und Spenden erschöpfte. Die Frage der Menschenwürde im Zusammenhang mit den Strukturen der globalen Ungerechtigkeit verschwand nicht mehr von der moralpolitischen Agenda der Bundesrepublik.

Leitprinzip der Gesellschaftspolitik

Um 1960 erfuhr die antitotalitäre Konsensformel »Freiheit und Menschenwürde« noch einmal viel Resonanz: Vom Arbeiteraufstand in Posen und der Niederschlagung des ungarischen Volksaufstands 1956 über den Mauerbau bis hin zur »Kuba-Krise« 1962 verfestigten sich die Fronten im Kalten Krieg. »Stacheldrähte und Bajonette«, so wandten sich die Mitglieder des Kongresses für kulturelle Freiheit 1961 an den Regierenden Bürgermeister von Berlin, Willy Brandt, »sind nicht die angemessene Szenerie für die Entfaltung einer neuen und höheren Freiheit.« Der Kongress werde nicht aufhören, jede Regierung am »Recht aller Menschen auf ein Leben in Freiheit und Würde« zu messen.[18] Die dichte Folge von Gewalt, humanitären Krisen und entsprechenden Medienberichten in dieser Phase trug aber zugleich dazu bei, die Menschenwürde nicht nur als Baustein einer antikommunistischen Rhetorik zu nutzen, sondern sich ihrem Potenzial als einer universalen Kategorie anzunähern.

Zu den unermüdlichen Protagonistinnen, die sich in diesen Jahren für eine basisnahe Rezivilisierung der bundesrepublikanischen Gesellschaft einsetzten, gehörte die jüdische Sozialdemokratin und Frauenrechtlerin Jeanette Wolff. Bereits 1933 für zwei Jahre in »Schutzhaft«, überlebte sie während des Zweiten Weltkriegs eine weitere mehrjährige Verfolgungszeit, die sie unmittelbar unter dem Titel »Sadismus und Wahnsinn« eindrücklich beschrieb: »Unsere Persönlichkeit war erloschen.« Doch trotz allem kehrte sie bereits 1946 nach Berlin zurück, um den Wiederaufbau mitzugestalten. Als Sozialarbeiterin, Gewerkschaftsaktivistin und Stadtverordnete knüpfte sie an ihren Einsatz für sozial Bedürftige in der sozialdemokratischen Arbeiterwohlfahrt vor 1933 an. Im Licht ihrer Verfolgungserfahrungen erklärte sie »Freiheit, Menschlichkeit und Völkerversöhnung« zu den Leitwerten ihres ungewöhnlichen Einsatzes für eine humane und gerechte Gesellschaft, die auch Juden wieder ein sicheres Leben auf deutschem Boden ermöglichen sollte. Wolff gehörte zu den Gründerinnen der VVN und der Christlich-Jüdischen Gesellschaft in Berlin, von 1965 bis 1975 amtierte die religiöse Jüdin als stellvertretende Vorsitzende des Zentralrats der Juden in Deutschland. Als Bundestagsabgeordnete zwischen 1952 und 1961 stritt sie im Parlament sowie später als politische Rednerin und Journalistin gegen Neonazismus und setzte sich für die Strafverfolgung von NS-Tätern sowie Entschädigungszahlungen für deren Opfer ein.

Wolfs politische Hochphase in der Bundesrepublik fiel in die Zeit einer programmatischen Neuausrichtung der SPD, die nicht zuletzt im Zeichen einer neuen Emphase der Partei für die Menschenwürde stand. Die unmittelbare Präsenz des Antikommunismus trat hinter Zukunftsfragen der westlichen Industriegesellschaften zurück. Darauf reagierte vor allem die SPD. Sie schwächte sozialistische Positionen der Nachkriegszeit deutlich ab, plädierte für einen mit dem Grundgesetz vereinbaren »demokratischen Sozialismus« und öffnete sich breiteren Wählerschichten mit dem Anspruch einer »Volkspartei«. Sie warb dafür, uneingeschränkt vertrauenswürdig und regierungsfähig zu sein. Dieser Prozess mündete im Godesberger Programm, das von 1959 an drei Jahrzehnte lang den Handlungsrahmen der SPD bestimmte. Was auffällt: Jeder zentrale Programmpunkt wurde mit der Würde des Menschen verknüpft, die gleich zu Beginn als »Grundwert des Sozialismus« mit unverkennbarem Bezug auf das Grundgesetz bestimmt worden war: »Die Würde des Menschen liegt im Anspruch auf Selbstverantwortung ebenso wie in der Anerkennung des Rechtes seiner Mitmenschen, ihre Persönlichkeit zu entwickeln und an der Gestaltung der Gesellschaft gleichberechtigt mitzuwirken.«[19]

Damit setzte sich die SPD nicht mehr eine grundlegende Revision der gesellschaftlichen Ordnung zum Ziel, sondern deren Reform unter den Prämissen des Grundgesetzes: Würde, Freiheit, Persönlichkeit. Der wichtigste Motor und Mentor dieser Neuorientierung, der ehemalige Widerstandskämpfer Willi Eichler, hatte bereits im Bundestagswahlkampf 1953 die »zutiefst sittlich fundierten Bestrebungen« des Sozialismus »zur Sicherung der Menschenwürde, der Freiheit und Gleichheit in einer solidarischen Gesellschaft« betont. Er richte sich – anders als das »Parteichristentum« der CDU – an alle Menschen, unabhängig von Glauben, Herkunft oder Einstellung.[20] Erstmals rückte das SPD-Wahlprogramm von 1957 die Würde des Menschen stärker in den Mittelpunkt. Sie wurde zusammen mit der Freiheit von Gewissen und Geist sowie der sozialen Gerechtigkeit als »Grundlage unserer Demokratie« bekräftigt.[21] Es war dann Erich Ollenhauer überlassen, als Parteivorsitzender die neue Richtung der Partei bei der Verabschiedung des Godesberger Programms nicht nur fulminant zu bekräftigen, sondern auch mit der historischen Identität der SPD als »Kerntruppe der Freiheitsbewegung« und Quelle einer »lebendigen Demokratie« zu verknüpfen.

Die um 1900 als oppositionelle Kampfformel begründete Menschenwürde wurde von ihm gleich mehrfach zum neuen Leitprinzip einer umfassenden Gesellschaftsreform erklärt. Ollenhauer hatte bereits 1938 den Faschismus als »Unterbrechung des gigantischen Kampfes der Menschheit um Freiheit und menschliche Würde« bezeichnet und kurz nach dem Krieg die »Unsterblichkeit der Ideen« der Sozialdemokratie angesichts der Entwürdigungen durch den Nationalsozialismus eindrucksvoll hervorgehoben.[22] 1959 rief er dazu auf, den Menschen und seine freie Entfaltung zum zentralen Ziel der Politik zu machen, ebenso seine »Befreiung« aus Unterdrückungsverhältnissen. Nachdem Ollenhauer diese Ziele wiederholt auf die Menschenwürde als neuem programmatischen Fokus der SPD zurückgeführt hatte, proklamierte er am Ende seiner Rede, der demokratische Sozialismus sei der einzige Weg, um »die große Menschheitsidee von der Freiheit und von der Würde des Menschen zu verwirklichen«.[23] Zwei Jahre später war es dann der neue Hoffnungsträger der SPD, der die Ziele für die bevorstehende Bundestagswahl vorstellte: Willy Brandt, der Regierende Bürgermeister von Berlin und Kanzlerkandidat seiner Partei. Bereits im ersten Abschnitt des Wahlprogramms fiel der entscheidende, schon bei Ollenhauer in diesem Sinn vorgeprägte Satz, als Brandt den Zusammenhang der »Beseitigung innenpolitischer Ungerechtigkeiten und dem Willen zur Entspannung nach außen« begründete: »Die unveräußerlichen Rechte jedes Menschen und seine Würde treten in den Mittelpunkt aller Politik.«[24]

Willi Eichler hatte 1953 noch als Leitziel des demokratischen Sozialismus betont, den Menschen aus der »sklavischen Abhängigkeit« des Kapitalismus zu befreien.[25] Das damit verbundene »menschenwürdige Dasein« sollte zwar ein Grundtenor der Sozialdemokratie bleiben, aber es trat nun hinter das Ziel eines »gerechten Wohlstands« und die »große« Menschenwürde zurück. Gleichzeitig setzten sich die Gewerkschaften weiterhin für »menschenwürdige Arbeitsbedingungen« ein. Sie kritisierten vor allem Verletzungen der Menschenwürde durch die Bedingungen der mechanisierten Produktionsweise. Neben den ermüdenden und gesundheitsschädigenden Arbeitsbedingungen betraf dies besonders das Bestreben, den Menschen »bewusstseinslos« an die Maschine anzupassen sowie eine mangelnde »Wertgebung« seiner Persönlichkeit durch den monotonen Arbeitsprozess.[26] Dagegen forderten die Gewerkschaften eine »Humanisierung der Arbeitswelt«. Das Grundsatzprogramm des DGB berief sich 1963 nicht nur auf Artikel 1 des Grundgesetzes und die allgemeine Menschenrechtserklärung, sondern bestimmte als Ziel seiner Arbeit, der »Würde des arbeitenden Menschen Achtung zu verschaffen und sie zu schützen, ihn sozial zu sichern und eine Gesellschaftsform zu erkämpfen, die allen die freie Entfaltung ihrer Persönlichkeit ermöglicht«.[27] Eine soziale Erweiterung der »großen Würde« zu fordern, widersprach der vorherrschenden Auffassung.

Engagierte Kirchenvertreter, Sozialdemokraten, Gewerkschafter: Die Menschenwürde wurde um 1960 von vielen Seiten zum Telos einer Gesellschaftspolitik erklärt, um soziale Ungleichheiten, belastende Arbeitsbedingungen und unzumutbare Lebensbedingungen zu überwinden. Selbst auf dem Bundesparteitag der CDU im April 1961 standen der Mensch und seine Würde nun wieder explizit im Vordergrund. Die auf dem Parteitag vortragenden Minister für Finanzen, für Familie und Jugend, für Arbeit und Sozialordnung sowie für Raumordnung, Bauwesen und Städtebau erklärten in einer bemerkenswerten Orchestrierung die Würde des Menschen zum zentralen Arbeitsziel ihrer Ressorts, ebenso der baden-württembergische Ministerpräsident Kurt Georg Kiesinger. Der gemeinsame Tenor: Über Modernisierung, Massengesellschaft und Wohlstand dürften grundlegende, sittliche

Werte nicht weiter verlorengehen. Gemeint war damit eine christliche, von Gott gegebene Ordnung, aus der die Würde und die Freiheit des Einzelnen abgeleitet wurde.

Diese Tonlage hatte Ludwig Erhard, von 1949 bis 1963 Bundeswirtschaftsminister, mit seiner Rede vorgegeben. An zwei Dutzend Stellen sprach er vom »Menschen«, mehrfach von dessen Würde. Die Menschen müssten aus den »Hörigkeiten materieller Abhängigkeiten« befreit werden, sonst werde ihr Leben »öde, schal und grau«.[28] Die zukünftige »soziale Ordnung« solle die inneren Werte stärker berücksichtigen: »Wohlstand und Eigentum sind keine letzten und absoluten Werte, aber sie verhelfen dem Staatsbürger zu der inneren Bereicherung, die aus dem Erlebnis der Persönlichkeit und der menschlichen Würde fließt.«[29] Während Erhard und seine Parteikollegen den Wert des mühsam Erreichten betonten und den Schutz der inneren, christlich verstandenen Würde ins Zentrum rückten, forderte Brandt einen Tag später gezielte Verbesserungen im Bereich der Sozialpolitik, mehr Demokratie und das »gleiche Recht wie wir, menschenwürdig zu leben«, auch für diejenigen, die unter Hunger und Seuchen litten.[30]

Die Programme beider Parteien standen für zwei unterschiedliche Richtungen einer Politik im Namen der Würde. Einer emanzipatorisch-demokratischen stand eine christlich-konservative Lesart gegenüber. Mit dem Mauerbau im August 1961 änderte sich die Ausgangskonstellation der Wahl jedoch gravierend. Die unerwartete Situation kam der auf Beharrung und Sittlichkeit setzenden Adenauer-Regierung am ehesten entgegen. Trotz eigener Verluste und Stimmenzuwächsen der SPD gewann die CDU die Bundestagswahl. Aber sie musste eine Koalitionsregierung mit der FDP eingehen, der eigentlichen Wahlgewinnerin, und Adenauer den Kompromiss akzeptieren, nach zwei Jahren abzutreten. Allerdings begann 1961 eine andere, die Bundesrepublik prägende Kontinuität: Der Bundestag war in den folgenden 22 Jahren eine Angelegenheit von nur drei Parteien. Es waren genau jene Parteien, deren wichtigste Vertreter in Grundsatzfragen im Parlamentarischen Rat dafür gesorgt hatten, die Würde des Menschen an den Anfang des Grundgesetzes zu stellen.

14

GEGENGEWALT – GEGEN GEWALT: DIE WÜRDE IM GLOBALEN FREIHEITSKAMPF

»Revolution is mankind's way of life today. (…) Dignity (…) never ceased to resist. (…) Capitalism is under siege, surrounded by a global tide of revolution. (…) This revolution is changing humanity.« Von unverkennbarem Optimismus getragen, leitete der argentinische Journalist Adolfo Gilly 1965 die englische Ausgabe von Frantz Fanons Analyse des algerischen Unabhängigkeitskampfs ein, die bereits sechs Jahre zuvor auf Französisch erschienen war. »The essence of revolution is not the struggle for bread; it is the struggle for human dignity«, brachte Gilly das Denken von Fanon auf den Punkt.[31] Die Schriften des Psychiaters und Vordenkers des Antikolonialismus, der bereits 1961 verstorben war, erlebten seit der zweiten Hälfte der 1960er Jahre eine wachsende Verbreitung in der westlichen Protestbewegung, vor allem das kurz nach seinem Tod veröffentlichte Hauptwerk »Die Verdammten dieser Erde«. Selbstbewusstsein statt Unterdrückung und Entfremdung, Würde statt, aber auch durch Gewalt: Solche Prinzipien machten nun auch im »Westen« nicht wenige zu Maßstäben ihres Handelns.

Fanon beschrieb eindrücklich, wie sich die jahrhundertelange europäische Herrschaft tief und alles durchdringend in die Körper und Seelen der kolonisierten Völker eingeschrieben hatte. Würde spielte für ihn dabei eine zentrale Rolle, einmal als Selbstverhältnis der Menschen zu sich, dann aber auch als Fundamentalkategorie der rechtlichen und sozialen Anerkennung. Indem den Unterdrückten ihre Würde abgesprochen worden sei, hätten sich die Unterdrückenden zu allen Formen ihrer Ausbeutung und Gewalt berechtigt gefühlt. Mehr noch: Die Zugehörigkeit der Kolonisierten zur Menschheit zu leugnen habe wesentlich zur Zerstörung ihrer Subjektivität beigetragen und sie zu bloßen Objekten fremder Herrscher gemacht, aber auch werden lassen.

Denn vom westlichen Ideal der »human dignity«, so Fanon in »Die Verdammten dieser Erde«, habe das kolonisierte Subjekt niemals gehört. »All he has ever seen on his land is that he can be arrested, beaten, and starved with impunity; (...) no priest has ever stepped in to bear the blows in his place or share his bread.«[32] Die westliche Form der Würde war für Fanon nur ein Alibi: Um sie als höchsten Wert proklamieren zu können, maskiere die westliche Bourgeoisie ihren Rassismus mit allen Mitteln. Dagegen wandte sich der antikoloniale Kampf im Namen einer eigenen Würde. Sie war nicht zuletzt ein Kampf gegen den Anspruch der westlichen Welt, mit der Würde des Menschen ein universales moralisches Prinzip zu vertreten, das weder als Prinzip dem eigenen Handeln zugrunde gelegt wurde, noch universal war.

Solidarität mit Algerien

Den afrikanischen Unabhängigkeitsbewegungen dieser Jahre wurde in der Bundesrepublik wie in anderen westlichen Ländern mit Faszination, Angst und Kritik begegnet. Aber sie lösten auch eine Welle der Empathie und Solidarität aus, die wesentlich zur protestpolitischen Sensibilisierung der westdeutschen Linken seit den späten 1950er Jahren beitrug. Die aus dem »Studentenkurier« hervorgegangene linke Zeitschrift »konkret« entwickelte sich Ende der 1950er Jahre zum führenden Kanal für Reportagen aus der damals so benannten »Dritten Welt«, die nachhaltig in die Studentenschaft hineinwirkten. Der marxistische Guerillaheld Che Guevara stieg durch seine Rolle im Kampf um die Unabhängigkeit von Kuba zwischen 1956 und 1959 zum Mythos auf. Patrice Lumumba, eine Ikone der afrikanischen Unabhängigkeitsbewegung und 1960 erster Premierminister der heutigen Demokratischen Republik Kongo, wurde nach seiner Ermordung im Januar 1961 zur Identifikationsfigur des frühen antiwestlichen Internationalismus.

Aber es war zunächst vor allem die Situation in Algerien, die viele Studierende in der Bundesrepublik für die Interessen kolonialisierter Völker sensibilisierte: Nachdem 1954 die Nationale Befreiungsfront (FLN) ihren Kampf gegen die französische Kolonialmacht aufgenommen hatte, berichteten einzelne französische und internationale Medien ab 1958 über den als polizeiliche Sicherheitsmaßnahme kaschierten Terror, Hunderte von Lagern mit bis zu einer halben Million Internierten und eine brutale Politik der »verbrannten Erde«. Zum Schlüsseldokument wurde innerhalb weniger Wochen ein Augenzeugenbericht von Henri Alleg, der im folgenden Jahr durch unabhängige Untersuchungsberichte im Prinzip bestätigt wurde. Der regierungskritische Journalist und Unabhängigkeitsaktivist war 1957 verhaftet und systematisch mit Elektroschocks, Waterboarding sowie bewusstseinsmanipulierenden Injektionen gefoltert worden.

Allegs 1958 veröffentlichtes Buch »La Question«, das in Frankreich umgehend nur noch illegal weithin erhältlich war, erschien Ende des Jahres zunächst in Auszügen in »konkret«, dann als Verlagsausgabe auch in deutscher Sprache – einmal in Wien mit Geleitworten von Jean-Paul Sartre und Eugen Kogon, zudem in Ostberlin. Der Appell an die Menschenwürde wurde durch den Authentizitätsgestus des Dargestellten anschaulich gemacht. Neben Gefolterten berichteten Journalisten und Aktivisten in drastischer Weise von ihren Wahrnehmungen vor Ort. Intellektuelle wie Sartre verfassten breit aufgenommene Appelle, die sich für die Rechte und die Würde der Unterdrückten einsetzten und damit den antikolonialen Widerstand selbst als Akt der Würde heroisierten. In mehreren Ländern bildeten sich dezentrale Algerien-Komitees. In der Bundesrepublik konnten sie an erste Solidaritätsproteste der sozialdemokratischen und sozialistischen Jugend anknüpfen, die bereits einige Jahre zurücklagen. Köln entwickelte sich zu einem Zentrum der proalgerischen Aktivitäten. War ihre praktische Unterstützung auch nicht so weitreichend wie im Fall der französischen »Kofferträger«, die mit Geld und Waffen zum Freiheitskampf beitrugen, so entfalteten Studierende in der Bundesrepublik durch Demonstrationen, eine Wanderausstellung und die Zeitschrift »Freies Algerien« dennoch eine gewisse Wirkung. Inspiriert und sekundiert wurden diese Aktivitäten durch die jungen Journalisten Gert von Paczensky und Bernd Engelmann, die sich gegen die vorherrschende Meinung zugunsten der algerischen Unabhängigkeitskämpfer positionierten.

In Köln machte sich der junge SPD-Bundestagsabgeordnete Hans-Jürgen Wischnewski, der zu einem der renommiertesten Außenpolitiker seiner Partei werden sollte, zum entschiedenen Fürsprecher der FLN. Am 15. Dezember 1958 berichtete er in einem Artikel in der Zeitschrift »Freies Algerien« von »menschenunmöglichen Verhältnissen« in den nordafrikanischen Flüchtlingslagern, von »Mord und Folterungen«, von einem »grausamen« Ausbeutungssystem.[33] Während Frankreich versuche, seine Gewalt als Herrschaftsrecht zu legitimieren, bekenne sich die FLN zur UN-Charta und der Menschenrechtserklärung. Die Sympathien waren eindeutig verteilt und wandten sich indirekt gegen die angesichts der Kriegsverbrechen kritiklose Politik der deutsch-französischen Verständigung. Bereits zum vierten Jahrestag des Beginns des Unabhängigkeitskriegs hatte ein Artikel in »Freies Algerien« am 1. November gefordert, »allen Völkern und allen Menschen den Appell für Freiheit und Würde kundzutun«, und auf den Bericht eines Gefangenen verwiesen, wie er »registriert, katalogisiert und immatrikuliert« worden sei.[34] Nach einem weiteren Jahr ähnlicher, authentisch gehaltener Berichte und Übersetzungen hieß es im Oktober 1959 unter der Überschrift »Die Lager des langsamen Sterbens«, die französischen Behörden machten sich »furchtbarer und grauenerregender Verbrechen gegen die Menschlichkeit« auch an Frauen, Kindern und Alten schuldig. Jegliche »Achtung vor dem Leben« sei geschwunden, die Internierten seien »wie Vieh zusammengepfercht, mit Lumpen bedeckt (…) und vollkommener Verwahrlosung ausgesetzt«.[35]

Auf diese Weise wurden ganz bewusst Bilder aus den nationalsozialistischen Konzentrationslagern und Ghettos aufgerufen. »Freies Algerien« begründete das proalgerische Engagement im Juni 1959 mit einer Analogie zu denjenigen, die gegen den Nationalsozialismus »für die Freiheit und Menschenwürde« gekämpft hätten. Denn heute seien »Menschen in Algerien dem Terror, der Tortur, dem Konzentrationslagerleben« unterworfen.[36] Während der Krieg 1962 mit der Unabhängigkeit des nordafrikanischen Staates endete, hallte das Echo der Solidarität bis hinein in die Studentenbewegung der späten 1960er Jahre. Auch wenn die proalgerische Unterstützung nur klein, organisatorisch zersplittert und anlassbezogen war, brachte sie dennoch bereits, wie es die Historikerin Dorothee Weitbrecht bilanziert hat, jene »Paradigmen der Solidarität« hervor, die den »späteren studentischen Internationalismus« kennzeichnen sollten. Dazu gehörte die »Idealisierung und Heroisierung« des antikolonialen Widerstands ebenso wie die »Empathie mit den Opfern westlicher Unterdrückung und Benachteiligung«.[37]

»Try to save a drowning man«

Die Unabhängigkeitsbewegungen kolonialisierter Gesellschaften standen in den 1950er und 1960er weit oben auf der Agenda der internationalen Politik. Hatte sich diese nach dem Zweiten Weltkrieg vor allem mit den Staatsgründungen von Indien, Indonesien und Vietnam auf Asien konzentriert, rückte seit den 1950er Jahren der afrikanische Kontinent in das Zentrum der politischen und öffentlichen Aufmerksamkeit. Die Vertreter von 29 Staaten der beiden Kontinente verabredeten 1955 im indonesischen Bandung, ihre ökonomische und kulturelle Zusammenarbeit zu stärken. Damit ging es ihnen auch um mehr Anerkennung, Sichtbarkeit und Einflussnahme im Feld der internationalen Politik. Im Schlusskommuniqué bekannten sich die Konferenzteilnehmer eindeutig zur Charta der Vereinten Nationen und der Menschenrechtserklärung. Sie bekräftigten das Selbstbestimmungsrecht der Völker und wandten sich mehrfach gegen jede Form von Rassismus. »Such conduct is not only a gross violation of human rights, but also a denial of the fundamental values of civilisation and the dignity of man.«[38] Noch an einer weiteren Stelle bezog sich die Erklärung indirekt auf die Würde: Die koloniale Herrschaft habe nicht nur die kulturelle Entwicklung der betroffenen Völker behindert, sondern auch ihre »Persönlichkeit«. Allerdings dominierte ein Denken in kollektiven Bezugsgrößen von Volk, Nation und Kultur. Menschenrechte, Frieden und Freiheit – die Leitbegriffe des Kommuniqués – waren auf den nationalen Souveränitätsanspruch bezogen, nicht auf das Individuum.

Ob sich die »dignity of man« überhaupt aus ihrem westlichen Entstehungszusammenhang universalisieren ließ, blieb offen. Edward Steichen versuchte dies 1955 zwar mit der überaus erfolgreichen Ausstellung »The Family of Man«. Sie zeigte ein breites Panorama an Lebenssituationen mit Aufnahmen von allen Erdteilen, um imaginär eine globale Emotionsgemeinschaft entstehen zu lassen. Aber über diese Idee einer weltumspannenden »humanity« gingen in den folgenden Jahren Bürgerkriege und Protestaktionen hinweg. In dieser Phase hatte die Menschenwürde vor allem eine symbolische und appellative Bedeutung. Im Dezember 1960, ein halbes Jahr, nachdem in Bonn über die Strafbarkeit der »Volksverhetzung« entschieden worden war, errangen die

Verfechter der Dekolonisation jedoch einen wegweisenden Erfolg auf dem Parkett der internationalen Politik. Die UN-Resolution 1514 proklamierte »an end (…) to colonialism« und aller damit verbundenen »practices of segregation and discrimination«.[39] Auf dieses Schlüsseldokument konnten sich von nun an alle beziehen, die für sich oder andere das nationale Selbstbestimmungsrecht einforderten. Gleich zu Beginn wurden die Leitbegriffe der Charta der Vereinten Nationen bekräftigt: unverzichtbare Menschenrechte, gleiche Rechte für »men and women and of nations large and small«, sozialer Fortschritt und Wohlfahrt, Freiheit. An zweiter Stelle der Aufzählung rangierte »the dignity and worth of the human person«.

Die Resolution war Auszeichnung, Menetekel und Programm zugleich. Mehr als zwanzig afrikanische Staaten hatten seit 1956 ihre Unabhängigkeit erlangt, die meisten davon im Jahr der Resolution. Noch einmal so viele sollten bis zum Ende des Jahrzehnts folgen. Die Zahl der UN-Mitglieder nahm seit Mitte der 1950er Jahre bis 1975 von 82 auf 144 zu; bei der Gründung dreißig Jahre zuvor waren es nur 51 gewesen. Aber die Wege in die Souveränität führten meist über verheerende Bürgerkriege und Gewaltakte. Die Unabhängigkeitsbewegungen waren weder strukturell noch personell oder ökonomisch auf die Gründung eigener Staaten vorbereitet. Ethnische, religiöse und weltanschauliche Konflikte breiteten sich in dieser instabilen Situation aus.

Als die Resolution 1514 verabschiedet wurde, stand vor allem der Kongo unmittelbar im Zeichen von Machtkonflikten, Abspaltungen und Bürgerkrieg. Angesichts von Massakern in der Provinz Kasai Ende August 1960 erwog der seit 1953 amtierende UN-Generalsekretär Dag Hammarskjöld kurzzeitig, dort militärisch zu intervenieren, um einen von ihm befürchteten Genozid zu unterbinden. UN-Einheiten zur Friedenssicherung waren bereits seit Juli auf Betreiben des Generalsekretärs im Kongo im Einsatz. Zum Einschreiten in Kasai kam es zwar nicht, weil sich die Situation beruhigte, aber die Episode verdeutlicht, wie Hammarskjöld vorging. Er war weder Programmatiker noch Völkerrechtstheoretiker, sondern erweiterte im festen Glauben an die Leitprinzipien der Vereinten Nationen deren Handlungsspielräume und ihr Mandat. Allerdings orientierte sich Hammarskjöld weniger am Prinzip der Menschenrechte, deren naturrechtlicher Begründung und politischer Instrumentalisierung er skeptisch gegenüberstand. Die Quellen seines Handelns hielt er in einem »spirituellen Tagebuch« fest, das 1965 posthum auch in deutscher Sprache erschien.[40] Hammarskjöld war vier Jahre zuvor bei einem mysteriösen Flugzeugabsturz unter zumindest passiver Mitwirkung westlicher Geheimdienste ums Leben gekommen.

Der schwedische Spitzenbeamte hatte sich kurz vor Beginn seiner Amtszeit vom Agnostiker zum Mystiker gewandelt, wobei er sich neben Einflüssen des lutherischen Protestantismus seines Heimatlands vor allem an den personalistisch geprägten Ansätzen von Albert Schweitzer und Martin Buber orientierte. Zudem stand er in der idealistischen Tradition der schwedischen Sozialdemokratie und ihres Wohlfahrtsstaatsmodells, das soziale Gerechtigkeit und personalistische Gemeinschaftsbindung verband. Hammarskjölds inneren Glauben bestimmte kein politischer, sondern ein mystischer Würdebegriff. Da jeder Einzelne vor Gott gleich sei, käme allen Menschen dieselbe Würde als Individuum zu. Aber die Menschen müssten sich gegenseitig entsprechend behandeln, denn nur »jene Würde ist wirklich, die nicht verringert wird durch die Gleichgültigkeit der anderen«.[41] Hammarskjöld übertrug dieses Prinzip auf das von ihm mit Verve unterstützte Selbstbestimmungsrecht der Völker. Aus dem moralischen Primat, die personale Würde des Einzelnen und die kollektive von – besonders werdenden – Nationen zu achten, leitete er aber auch sein während der Kongo-Krise geäußertes Leitmotiv ab, die gegebenen rechtlichen Grundlagen und Grenzen der UN zu überschreiten, um zügig handeln zu können: »You try to save a drowning man without prior authorization«, und dies, oft ausgespart, »even if he resists you.«[42] *In nuce* formulierte Hammarskjöld hier den Zielkonflikt humanitärer Interventionen zwischen universaler Menschenwürde, internationalem Handlungsdruck und staatlicher Souveränität.

Gegengewalt und gewaltloser Widerstand

Frantz Fanon hatte aus seinen Beobachtungen ein Recht auf »Gegengewalt« abgeleitet, um nicht nur die Freiheit, sondern auch die Menschenwürde wiederzugewinnen. Im deutschsprachigen Kontext dieser Jahre vertrat der Auschwitz-Überlebende Jean Améry vehement ein solches Konzept, um als Unterdrückte – wie etwa in den Konzentrationslagern – die eigene Würde zu wahren. Für Fanon war ein revolutionärer Sturz der Kolonisatoren erforderlich, um einen Prozess der inneren Dekolonisierung zu ermöglichen. Nur so könnten die kolonisierten Völker ein Bedürfnis nach der Würde des Menschen und ein entsprechendes Selbstbewusstsein gewinnen: »A free people living in dignity is a sovereign people.«[43] Aber von dieser politischen Souveränität aus könnten die befreiten Völker, so Fanon, nur durch eine aktive Mitgestaltung der neuen Gesellschaft zu ihrer echten Freiheit und Würde gelangen.

Fanons Ansatz erinnert an jenen Moment des Widerstands, in dem Frederick Douglass in der Mitte des 19. Jahrhunderts seine Würde erobert hatte, als er sich über die Gewalt des Sklavenaufsehers erhob. In dieser Traditionslinie wies der Kampf von Martin Luther King und weiter Teile der amerikanischen Bürgerrechtsbewegung gegen die Unterdrückung der Afroamerikaner in den USA seit den 1950er Jahren in eine andere Richtung als Fanons »Gegengewalt«. Zunächst galt es, das kollektive Bewusstsein für die jahrhundertelangen Demütigungen zu schärfen, aufzuklären, das Gefühl wachsen zu lassen, der eigenen Würde beraubt worden zu sein, und darauf das Streben wachsen zu lassen, dies nicht mehr ertragen zu wollen. Mit seinem Ideal der Gewaltfreiheit und einem ebenso unermüdlichen wie charismatischen Auftreten war King womöglich noch inspirierender für die zivilgesellschaftliche Selbstmobilisierung in der Bundesrepublik als der afrikanische Antikolonialismus.

Kings Popularität nahm dabei Anfang der 1960er Jahre weit über die USA hinaus rasch zu. Gut ein Jahrzehnt nach dem Beginn der Proteste in Alabama hatte King die Stadt Birmingham zum zentralen Schauplatz seines Kampfes gegen die Rassentrennung gemacht. Nach einer seiner zahlreichen Verhaftungen unter Anwendung brutaler Polizeigewalt begründete er 1963 in einem Brief als Reaktion an kirchliche Kritiker, warum der Protest keinen Aufschub dulde und, ganz in der Diktion der christlichen Würde, wogegen er sich richte: »Any law that uplifts human personality is just. Any law that degrades human personality is unjust. All segregation statues are unjust because segregation distorts the soul and damages the personality.« In einer Denktradition, die Henry David Thoreau in den USA mit seinem moralischen Recht auf Widerstand gegenüber dem positiven Recht des Staates oder Gustav Radbruch und Fritz Bauer in der Bundesrepublik verkörperten, war für King der gewaltfreie Gesetzesbruch der Bürgerrechtsbewegung legitim. Nachdrücklich betonte er das Momentum des zivilen Ungehorsams: »Now is the time to lift our national policy from the quicksand of racial injustice to the solid rock of human dignity.«[44]

An vielen Stellen seiner unzähligen Reden verknüpfte King den Protest gegen die Rassendiskriminierung und die damit verbundenen Opfer mit der persönlichen Würde. Sie zu ermöglichen war das politische Ziel, sie zu leben das individuelle Streben, das King als Selbstverpflichtung einforderte (»always feel that you count«), und sie nicht zu verlieren war der Grund für die Gewaltlosigkeit. »Dignity« nutzte er zweifach, als Verhaltenswürde und als inhärente, universale Würde. »We must«, so King in seiner berühmten Rede »I have a dream« beim Marsch auf Washington im August 1963, »forever conduct our struggle on the high plane of dignity and discipline. (…) We can never be satisfied as long as our children are stripped of their selfhood and robbed of their dignity.«[45] King nahm zwar viele Einflüsse anderer Widerstandsbewegungen auf, aber sein Verständnis von Persönlichkeit, Freiheit und Würde blieb immer durch und durch christlich und von personalistischen Ansätzen geprägt. Würde hieß für King, dass alle Menschen als Geschöpfe Gottes einen Anspruch darauf haben, gerecht behandelt zu werden, und befähigt sind, in diesem Sinne moralisch richtige Entscheidungen zu treffen, um so die Basis für ein gemeinschaftliches Leben zu legen. Eine friedliche Zukunft war für ihn nur als Weltgesellschaft im Glauben an Gott vorstellbar.

Monatelange Proteste, die 1964 im Marsch auf Washington gipfelten, bewogen die US-Präsidenten Kennedy und Johnson dazu, den Civil Rights Act und ein Jahr später den Voting Rights Act durchzusetzen. Wesentliche Regelungen gegen die soziale und politische Diskriminierung von Afroamerikanern galten nun landesweit und waren nicht mehr den Bundesstaaten überlassen. Für King war dieser Erfolg aber nur ein Schritt auf jener »torturous road« von Alabama nach Oslo, die er in seiner Rede zur Annahme des Friedensnobelpreises im Dezember 1964 beschrieb: »This is a road over which millions of Negroes are travelling to find a new sense of dignity.«[46] Dabei betonte er die Offenheit der Zukunft und die Gestaltungsmacht jedes Einzelnen. Das Bürgerrechtsgesetz verband King als Zeichen einer »new era of progress and hope« mit der globalen Vision einer Welt in »peace«, »love« und »brotherhood«. Jeder Mensch habe den Anspruch auf drei Mahlzeiten am Tag, auf Bildung und Kultur sowie auf »dignity, equality and freedom for their spirits«.

Was sich hier andeutete, sollte Kings Äußerungen in den Jahren vor seiner Ermordung im April 1968 immer stärker prägen. Unter dem Eindruck des Vietnamkriegs kritisierte er die imperiale Politik der USA, die Entfremdung des Menschen durch den Kapitalismus und die globale Ungerechtigkeit. In einer Rede in der New Yorker Riverside Church forderte er am 4. April 1967 eine umfassende Werterevolution von einer »thing-oriented« zu einer »person-oriented society«, die sich nicht der Herrschaft von Maschinen, Computern und Profiten unterordnen dürfe. Indem King die Trias aus »dignity«, »brotherhood« und »humanity« zum Ziel einer transnationalen Protestbewegung gegen »racism, materialism, and militarism« erklärte, wandten sich in seiner letzten Lebensphase viele Unterstützer von ihm ab. Nicht nur gleiche Rechte für die Afroamerikaner zu fordern, sondern die gesamte amerikanische Ordnung in Frage zu stellen und dabei radikale Forderungen der linken Protestbewegung dieser Jahre zu unterstützen ging vielen – schwarzen wie weißen – Bürgerrechtlern zu weit.

Internationale gegen den Rassismus

Martin Luther King nahm nicht nur die Antikriegsproteste und Kapitalismuskritik dieser Jahre auf, sondern reihte sich in die postkoloniale Bewegung des internationalen Antirassismus ein. Zwei Jahre vor seiner New Yorker Rede hatten die Vereinten Nationen im Dezember 1965 das »Internationale Übereinkommen zur Beseitigung jeder Form von Rassendiskriminierung« verabschiedet. Für die Initiierung und Stoßrichtung zeichneten vor allem postkoloniale Staaten verantwortlich, denen das Nichtdiskriminierungsgebot der UN-Charta zu vage war. Bereits 1960 hatte die UN-Generalversammlung in einer Resolution immerhin alle Formen von rassistisch, religiös und nationalistisch motiviertem Hass verurteilt. Wie eilig es aber viele der gerade von der kolonialen Herrschaft befreiten Staaten hatten, ein deutlicheres Zeichen zu setzen, zeigt sich an einer drei Jahre später verabschiedeten Erklärung, da das angestrebte verbindliche Abkommen noch mehr Zeit in Anspruch nahm. Sie bekräftigte in ihrer Präambel den zentralen Stellenwert der Menschenwürde. Die UN-Charta basiere darauf ebenso wie die Menschenrechtserklärung.

Daraus wurde der Anspruch abgeleitet, jeden Menschen vor Diskriminierung schützen zu müssen. Artikel 1 benannte den leitenden Grundsatz der Erklärung: »Discrimination between human beings on the ground of race, colour or ethnic origin is an offence to human dignity (…).« Das sollte für Staaten, Institutionen, Gruppen und Individuen gleichermaßen gelten, wobei vor allem die staatliche Ebene für den Verzicht auf entwürdigende Polizeiaktionen, für Antidiskriminierungsmaßnahmen und für die Herstellung gleichberechtigter Bedingungen unabhängig von der ethnischen Herkunft verantwortlich gemacht wurde. Das zwei Jahre später verabschiedete Abkommen übernahm die Würdeformeln an drei Stellen in seiner Präambel, verzichtete aber im Haupttext auf weitere Bezüge. Sie war mehr eine fundamentale Norm als ein eigenes Recht. Neben einem staatlichen Anzeigeverfahren bei Diskriminierungsfällen konnten auch Einzelpersonen ein Beschwerdeverfahren auf den Weg bringen. Das stärkte perspektivisch das Gewicht von Menschenwürde und Menschenrechten als Individualkategorien, auch wenn ihr Bedeutungszuwachs auf das inkriminierte Kollektiv der »Rasse« zurückging.

Mit dem Inkrafttreten des Abkommens wurde 1969 ein »Ausschuß gegen Rassendiskriminierung« eingerichtet, um seine Einhaltung zu überwachen. Er verhandelte Beschwerdeverfahren aber erst seit den 1980er Jahren, und dies zunächst nur vereinzelt. Das Antidiskriminierungsabkommen wurde zudem 1966 durch zwei weitere Abkommen ergänzt, die sich ebenfalls auf die Menschenwürde stützten und deren Status als völkerrechtlichen Maßstab signifikant aufwerteten: den »Internationalen Pakt über wirtschaftliche, soziale und kulturelle Rechte« und den »Internationalen Pakt über bürgerliche und politische Rechte«. Sie bilden den Kern des seit den 1980er Jahren um weitere sechs Abkommen – zum Beispiel gegen die Diskriminierung von Frauen (1981) und zum Schutz vor Folter und erniedrigenden Strafmaßnahmen (1987) – ergänzten »UN Human Rights Treaty System«. Das bereits in den 1960er Jahren ins Auge gefasste Abkommen gegen die Diskriminierung aus Gründen des Glaubens oder Gewissens wurde erst 1981 verabschiedet.

Zudem führte die Zunahme an kriegerischen Konflikten in den 1950er und 1960er Jahren zu Erklärungen des Internationalen Roten Kreuzes 1965 und der UN drei Jahre danach, die auf eine Einhaltung humanitärer Prinzipien im Umgang mit der Zivilbevölkerung im Krieg pochten. Daraus sollten sich ein Jahrzehnt später zwei völkerrechtlich bindende Zusatzprotokolle zur Genfer Konvention von 1949 entwickeln, die den Schutz von Zivilisten im Krieg ausweiteten. So entstand innerhalb von gut zwei Jahrzehnten im Kontext der postkolonialen Neuordnung der Staatenwelt und den damit einhergehenden Kriegen, der Radikalisierung des Apartheidsystems in Südafrika und nicht zuletzt dem Vietnamkrieg ein elaboriertes System aus internationalen Abkommen und völkerrechtlichen Verträgen, das die Menschenrechte zumindest als globale Norm verankerte und sie auf das Prinzip der Menschenwürde stützte. Über die Universalität und Wirksamkeit dieses normativen und völkerrechtlichen Schutzschirms wird aus guten Gründen bis heute gestritten. Ohne Zweifel verfügte aber, wer sich auf nationaler Ebene für die Menschenrechte und die Menschenwürde einsetzte, nun auch über einen bedeutsamen internationalen Resonanzraum.

15

WÜRDE ANDERS GEDACHT: DIE ANKUNFT DER LIBERALEN DEMOKRATIE

Auf der einen Seite des Gerichtssaals sah der junge Journalist Peter Jochen Winters »Menschen, die die Hölle« kennengelernt hatten: Überlebende von Auschwitz. Auf der anderen Seite saßen die 22 Angeklagten, ehemalige SS-Männer und Funktionshäftlinge des Lagers. Nur zwei von ihnen vermittelten Winters den Eindruck, »wirkliche Menschen vor sich zu haben«. Wie hatte, so fragte er sich während des Auschwitz-Prozesses, der vom 20. Dezember 1963 bis zum 20. April 1965 im Frankfurter Rathaus stattfand, »aus dem Ebenbild Gottes ein Teufel in Menschengestalt« werden können? »Nur wenn wir das alles ganz genau wissen«, so Winters, »haben wir die Chance, wirklich zu garantieren, was Artikel eins unseres Grundgesetzes bestimmt.«[47] Für ihn war offenkundig, was in den folgenden Jahren immer deutlicher artikuliert werden sollte: Wer in der Bundesrepublik von der Würde des Menschen sprach, durfte von den nationalsozialistischen Verbrechen nicht schweigen.

Davon unberührt setzte Bundeskanzler Erhard in seiner Regierungserklärung von 1965 wie bereits zwei Jahre zuvor, nachdem er Adenauer abgelöst hatte, eine deutliche Zäsur: »Die Nachkriegszeit ist zu Ende!«[48] Zwanzig Jahre nach dem Ende des Zweiten Weltkriegs verbinde die Hälfte der Deutschen mit dem Nationalsozialismus keine »persönliche Erinnerung« mehr, auch wenn alle an dessen »Folgen« trügen, wie es Erhard bewusst mehrdeutig formulierte. Die Politik müsse den Blick nach vorn richten. Der

Kanzler rückte wirtschaftspolitische Fragen ins Zentrum, denen der längste und wichtigste Abschnitt seiner Rede gewidmet war. Nur eine »formierte Gesellschaft« mit einem umfassend regulierenden Staat und einer kooperativen Gesellschaft aus dem »eigenen Wohl Dienenden« entwickle das Modell der »sozialen Marktwirtschaft« konsequent weiter. Forderungen nach mehr sozialer Gerechtigkeit und Mitbestimmung erteilte er eine klare Absage.

In Erhards Rede findet sich aber auch kein Hinweis auf die Grundrechte oder auf eine weitere Demokratisierung und Liberalisierung als Ziel der neuen Regierung. Selbst als der Kanzler von Frieden, Freiheit und Sicherheit sprach und auf »Unrecht« und »Unmenschlichkeit« im sozialistischen Europa verwies, fehlte die bisherige Standardformel »Freiheit und Menschenwürde«. Drohte die Menschenwürde zum antitotalitären Schmuckwerk gedenkpolitischer Akte zu verkommen? Tatsächlich verknüpfte Bundespräsident Lübke 1964 die Erinnerung an den 20. Juli mit dem Aufstand vom 17. Juni 1953 in der DDR, indem er beide Ereignisse als Ausdruck menschlicher Würde im Sinne der Verhaltenswürde deutete: Ihre Protagonisten sollten als leuchtende Vorbilder eines würdigen Charakters der Deutschen dienen. Erhards Abwehrhaltung war angesichts der aufkeimenden Protestbewegung wie seine Kanzlerschaft selbst ein Übergangsphänomen: Bereits 1966 wurde er mit der Bildung der Großen Koalition von Kurt Georg Kiesinger abgelöst. Die SPD machte sich auf den Weg zur Übernahme des Kanzleramts durch Willy Brandt drei Jahre später. »Mehr Demokratie wagen« sollte auch heißen: mehr Menschenwürde wagen.

Abgesang des Personalismus

Bevor aus der politischen Erstarrungskrise der Bundesrepublik die sozialliberale Reformkoalition hervorgehen sollte, kam es zu einschneidenden Neubestimmungen der Menschenwürde. Der christlich geprägte Personalismus verlor ebenso an Einfluss wie die katholische Sozialmoral und der Regierungsanspruch der CDU. Nach den wesentlichen ordnungspolitischen Entscheidungen des ersten Gründungsjahrzehnts hatte sich die Bundesrepublik Mitte der 1960er Jahre nach außen wie im Innern stabilisiert, ihre ersten Konsumwellen hinter sich und konnte auch infolge des Mauerbaus immer weniger als ein Provisorium betrachtet werden. Vielmehr sollte das »Wirtschaftswunder« im Zeichen eines »nüchternen Tons sachlicher Expertise« in eine langfristige und zielgerichtete Zukunftsgestaltung überführt werden.[49] Das dystopische Bild eines neuerlichen Zusammenbruchs des Wirtschaftssystems hatte sich nicht bewahrheitet, auch wenn sich eine Krise der Staatsfinanzen anbahnte, ein wirtschaftlicher Abschwung drohte und die Mängel des elitär strukturierten und unzureichend ausgestatteten Bildungssystems bereits unverkennbar waren, als der Philosoph Georg Picht 1964 mit großer Resonanz eine »Bildungskatastrophe« prophezeite. All dem wurde mit einem optimistischen Dreiklang aus Planung, Wissen und Fortschritt begegnet, der die unübersehbaren Widersprüche und Brüche der »Industriegesellschaft« überdecken sollte.

Demgegenüber verfing das kulturpessimistische, gegen die moderne Massengesellschaft gerichtete Raunen der Nachkriegszeit nicht mehr. In ihrem Windschatten war die Würde des Menschen gegenüber den düsteren Szenarien eines liberalen Individualismus einerseits, eines totalitären Kollektivismus andererseits profiliert worden. Noch ganz in diesem Sinne und aus der Position einer konservativen Distanz zur Moderne argumentierte der französische Philosoph und Dichter Gabriel Marcel, ein breit wahrgenommener christlicher Existenzialist und das katholische Pendant zu Jean-Paul Sartre. 1964 wurde er mit dem Friedenspreis des Deutschen Buchhandels ausgezeichnet, den vor ihm unter anderem Albert Schweitzer, Martin Buber und Reinhold Schneider erhalten hatten. Die Laudatio hielt Carlo Schmid, der Marcels Einsatz für die deutsch-französische Aussöhnung aus dem Kern seines Denkens heraus begründete, den »Anderen« als »Du« wahrzunehmen und so die Entfremdung der modernen Welt zu überwinden. Schmid warb für ein Denken und Handeln jenseits von Weltanschauungen gleich welcher Art, das sich an einem höheren Gut orientieren solle.

Ein Jahr nach der Ehrung erschien Marcels Buch »Die Menschenwürde und ihr existenzieller Grund«, in dem noch einmal die personalistische Grundlegung der Würde aufleuchtete. Marcel beschrieb sie darin als ein »geheimnisvolles Prinzip« und eine »heilige Qualität«, die alle Menschen unveräußerlich in sich trügen und die sich in einer gelebten »Brüderlichkeit« verwirkliche.[50] Würde war für Marcel ein christliches Lebensprinzip, das sich nicht in der individualistischen Selbsteinkehr erschöpfen, sondern zu einem »lebendigen Bund zwischen den Menschen« beitragen sollte. Zwar gestand Marcel auch »Nichtgläubigen« die grundsätzliche Fähigkeit eines »sehr feinen Bewußtseins der menschlichen Würde« zu, die sich gerade in der Gemeinsamkeit einer »tatbereiten Haltung den Unterdrückten gegenüber« zeige. Aber letztlich führte er die Möglichkeit der Würde auf Gottes Schöpfung und den christlichen Glauben zurück.[51]

Doch könnten sich die Menschen dieser Würde angesichts eines »gigantischen Prozesses der Entwertung« der Person durch Rationalismus, Bürokratie und Technisierung nicht bewusst werden. Obwohl »Worte wie menschliche Würde, menschliche Persönlichkeit und dergleichen so unausgesetzt hergesagt« würden wie nie zuvor, nehme der Mensch sich selbst gar nicht als würdig war.[52] Marcel begründete dies mit einem Mangel an Glauben und

Heiligkeit, den er auch als Einfallstor für totalitäre Herrschaftssysteme betrachtete. Damit bewegte er sich ganz in den Verfallsszenarien der Nachkriegszeit, die in der säkularisierten Moderne die Wurzel allen Übels vom Mangel an Entfaltung der eigenen Person bis hin zur Massenvernichtung gesehen hatten. Marcel machte die Würde zum maßgeblichen Schlüssel seiner kulturkritischen Gesellschaftsanalyse: Die tiefgreifende Entfremdung des Menschen konnte nur durch eine Resakralisierung der Welt bekämpft werden.

Marcel gehörte wie Reinhold Schneider oder Romano Guardini zu den wichtigsten Intellektuellen der katholisch geprägten geistig-moralischen Fundierung der frühen Bundesrepublik. Besonders Guardini konnte als Gegner von Aufklärung, Fortschrittsglauben und Liberalismus eine langanhaltende Wirkung entfalten. Wie er versuchten vor allem katholische Intellektuelle, die Würde des Menschen als Gegenmodell zu jener autonomen Persönlichkeit zu begründen, die das Bundesverfassungsgericht in der zweiten Hälfte der 1950er Jahre mit seinen Entscheidungen tendenziell gestärkt hatte. Doch ging die Bedeutung des katholisch geprägten, antiliberalen Personalismus in den folgenden Jahren deutlich zurück. Schneider war 1958 gestorben, Guardini musste seinen legendären Münchner Lehrstuhl vier Jahre später altersbedingt aufgeben. Die »Erosion des katholisch-konservativen Einflusses« (Axel Schildt) ging mit einer Existenzkrise wichtiger Zeitschriften des katholischen Milieus wie dem »Rheinischen Merkur« oder gar deren Einstellung mangels Nachfrage einher. Die katholische Kirche bekämpfte gleichwohl weiterhin, was sie als Anzeichen eines neuen Atheismus interpretierte: Gerhard Szczesny, einem leitenden Redakteur des Bayerischen Rundfunks, untersagte sein katholischer Vorgesetzter die Ausstrahlung mehrerer Sendungen, die als kirchenfeindlich eingestuft wurden.[53] 1962 sollte er wegen seines Antiklerikalismus entlassen werden.

Kritische Aufbrüche

Nicht zuletzt aus Protest gegen die Macht der Kirchen hatte Szczesny am 6. Juni 1961 zur Gründung der »Humanistischen Union« aufgerufen. Die vom Grundgesetz garantierten Rechte seien durch eine »konfessionalistische Regierungspraxis ausgehöhlt« worden. Ein »totaler Machtanspruch« christlicher Prinzipien habe es geschafft, sich das Grundgesetz zu unterwerfen.[54] Entsprechend forderte er die »Befreiung des Menschen aus den Fesseln obrigkeitsstaatlicher und klerikaler Bindungen«. In den 1960er Jahren entwickelte sich die Humanistische Union zu einer linksliberalen Arena, um die grundgesetzlichen Freiheitsrechte zu verteidigen. Polizeiliche Gewalt, Rechtseinschränkungen aus politischen Gründen, Strafvollzug oder Abtreibung: Das Themenspektrum wuchs, je weiter die Nachkriegszeit zurücklag. Die Arbeit der Humanistischen Union kreiste um die Leitbegriffe Freiheit und Recht, während man mit der »Würde des Menschen« aufgrund der starken religiösen Prägung fremdelte. Die von der Humanistischen Union diskutierten Fragen hatten ein weites Resonanzfeld. Im Herbst 1963 fand ein Drittel der vom Allensbacher Institut befragten Bundesbürger, die »demokratischen Spielregeln« müssten besser eingehalten werden, vierzig Prozent forderten, den Einfluss der Kirche zu verringern, und die Hälfte verstand unter »Freiheit« vor allem »Meinungsfreiheit«.

Die Kritik an den normativen Grundlagen der frühen Bundesrepublik und ihrer von einem christlichen Konservatismus bestimmten Ordnung nahm zu. Konrad Adenauer hatte seine Gegner in den letzten Jahren seiner Kanzlerschaft wiederholt auf den Plan gerufen, als er ein Regierungsfernsehen forderte, sich selbst zum Bundespräsidenten machen wollte, um seinen Nachfolger zu kontrollieren, und im Zuge der »Spiegel-Affäre« von 1962 zeigte, wie wenig Respekt er vor einer pluralistischen Demokratie hatte. In der SPD erkannte Adenauer auch nach deren Godesberger

Wende keine legitime Opposition, sondern das Ende des Abendlands Seit dem Ende der 1950er Jahre gewannen aber linke und linksliberale Intellektuelle mit ihrem Protest gegen die Fixierung auf soziale Sicherheit und einen entpolitisierten Massenkonsum zunehmend an Einfluss. Den Eindruck eines gesellschaftlichen Stillstands der Bundesrepublik fasste der Schriftsteller Hans Magnus Enzensberger 1962 stellvertretend für viele ähnliche Stimmen in das Bild einer »kleinbürgerlichen Hölle«.[55]

Neben Enzensberger gewann mit Heinrich Böll, Günter Grass oder Rolf Hochhuth eine neue Generation kritischer Schriftsteller nicht zuletzt über ein linksliberales Verlagsumfeld zunehmend an Einfluss auf die Kultur der Bundesrepublik. Nicht wenige arbeiteten sich an deren weltanschaulicher und moralischer Prägung durch die katholische Sozialmoral ab. Am prononciertesten tat dies Böll, der 1958 mit seinem »Brief an einen jungen Katholiken« den Zorn der katholischen Kirche auf sich gezogen hatte. Sie sei Allianzen mit dem preußischen Militarismus, den Nationalsozialisten und dem CDU-Staat eingegangen, allein um an ihren Sittlichkeitsvorstellungen festhalten zu können. Doch Bölls literarische Gesellschaftsporträts beanspruchten, noch tiefer in die seelischen Zustände der Deutschen vorzudringen. 1960 schrieb er: »Da strömen die Gebäude Weihe und Würde aus (...). Wie wenige Gesichter in diesem Land lassen erkennen, dass der Besitzer der Trauer und der Erinnerung fähig ist. (...) Gefühllosigkeit, Sentimentalität beherrschen den Markt (...). Der Tod ihrer Nachbarn und Freunde hat sie nicht gelehrt, das Leben zu würdigen; Schmerz ist nicht Weisheit, Trauer nicht Kraft geworden (...).«[56]

Böll diagnostizierte eine innere Leere, die aus einer Abspaltung der mörderischen Vergangenheit des Nationalsozialismus resultierte. Sie hinderte die Deutschen daran, die Idee der Menschenwürde zu internalisieren. Sich wie Böll nicht nur vom Nationalsozialismus zu distanzieren, sondern ihn einschließlich seiner

Folgen zu analysieren, kristallisierte sich in den 1960er Jahren als intellektuelle Grundforderung heraus. Das Umfeld, in dem sich diese Transformation der Vergangenheitsmoral entfalten konnte, war die zur selben Zeit beginnende Ära liberal geprägter Medien. Die anfangs deutschnational geprägte »Zeit« löste 1963 die protestantische Konkurrenz »Christ und Welt« als Marktführerin ab und entwickelte sich zusammen mit dem »Spiegel« zum »Zentralorgan« der gesellschaftlichen Liberalisierung.[57]

Zu den aufsteigenden Sternen am bundesrepublikanischen Journalistenhimmel, in dem nun investigative Reportageformate und regierungskritische Beiträge florierten, gehörte Ulrike Meinhof. Seit 1959 schrieb sie für »konkret«, die sich mit finanzieller Unterstützung durch die DDR zu einer linken Szenezeitschrift entwickeln konnte. Von der Würde des Menschen zu sprechen gehörte gleichwohl eher nicht zu Meinhofs sprachlichem Repertoire. Diese Leerstelle teilte sie mit vielen linken Autoren. Aber 1962 machte sie in einem Beitrag bewusst eine Ausnahme, denn sie sah die Grundlage des Rechtsstaats in größter Gefahr. Dessen erste, vom Grundgesetz garantierte Säule war in Meinhofs Augen bereits 1956 mit dem Beschluss zur Remilitarisierung hinfällig geworden. Nun sah sie auch die zweite bedroht, die Klammer aus Demokratie, Menschenwürde und Freiheit. Denn die Bundesregierung drängte darauf, nun endlich die seit längerem geplanten »Notstandsgesetze« zu erlassen, die gravierende Einschränkungen von Grundrechten im Falle äußerer oder innerer Gefährdungen des Staates vorsahen.

In den »Gewerkschaftlichen Monatsheften« warf der junge Jurist und Politologe Jürgen Seifert der Bundesregierung vor, durch die Notstandsgesetze die doch gerade für Notfälle geschaffene Garantie der Menschenwürde zugunsten eines »Übergewichts der Staatsgewalt« auszusetzen.[58] Anders als die Gewerkschaften zeigten sich die Sozialdemokraten konzilianter. Es war diese Kehrtwende, die Meinhof in ihrem Beitrag kritisierte, denn eine

Zweidrittelmehrheit für die Verfassungsänderung wurde nun wahrscheinlicher. Die Journalistin erkannte in den Notstandsgesetzen eine Abkehr vom Gründungskonsens der Bundesrepublik, sich vom deutschen Machtstaatsprinzip und seiner nationalsozialistischen Hybris zu distanzieren. »Die Erkenntnis: Nur Demokratie sichert Menschenwürde, nur Waffenlosigkeit Friede«, so Meinhof, »wäre damit aufgehoben, die Manifestationen der Umkehr wären erloschen, die Bereitschaft zur Bewältigung aufgegeben.« Ihre Konsequenz: »Die Würde wäre wieder antastbar.«[59]

Als Meinhofs Artikel erschien, erholte sie sich gerade von einer schweren Hirnoperation nach der Frühgeburt ihrer Zwillinge. Die christlich geprägte Studentin, die sich zunächst neben Hermann Hesse und Wolfgang Abendroth von Albert Schweitzer, Romano Guardini und Jean-Paul Sartre inspirieren ließ, hatte sich in der frühen Anti-Atom-Bewegung engagiert und war darüber zur Kommunistin geworden. Ihr persönliches Umfeld stand dem linken und liberalen Protestdenken nahe: Meinhofs Pflegemutter, die Pädagogin Renate Riemeck, sympathisierte mit Gustav Heinemann und galt Ende der 1950er Jahre als prominente Gegnerin der atomaren Aufrüstung. Sie gründete 1960 die von der DDR unterstützte Deutsche Friedens-Union und wurde kurz darauf vom CDU-initiierten Komitee »Rettet die Freiheit« in einem »Rotbuch« neben Hunderten anderen als Parteigängerin des Kommunismus denunziert. Auch für Meinhof selbst waren die Notstandsgesetze eine persönliche Angelegenheit. Sie gehörte zu den ersten Mitgliedern des Sozialistischen Deutschen Studentenbunds (SDS), die als Angehörige seines linksradikalen Flügels von einer Zusammenarbeit mit der SPD ausgeschlossen wurden.

Während linke gesellschaftskritische Studierende in den kommenden Jahren ihre Heimat im SDS fanden, ging Meinhof immer häufiger eigene Wege. Sie lotete bis zu ihrem Abtauchen in die Illegalität mit der Befreiung von Andreas Baader am 14. Mai 1970 beständig die Grenzen eines kritischen Journalismus, von öffentlichen Protesten und gesetzeswidrigem Widerstand aus. Ihr Einsatz zugunsten von Heimkindern, gegen schlechte Arbeitsbedingungen oder Zensurmaßnahmen ging in ihre Rolle als Aktivistin der Außerparlamentarischen Opposition seit 1967 über, die vehement alle Formen einer Missachtung der Menschlichkeit als Faschismus verdammte. Kam die Menschenwürde verbal auch kaum bei ihr vor, kämpfte sie in diesen Jahren doch permanent gegen ihre Verletzung. Eine Kombination aus persönlichem Idealismus und »emotionaler Radikalität« (Alois Prinz) führte schließlich zu ihrem endgültigen Sprung aus dem »bürgerlichen Leben«, von dem sie sich immer mehr in Gestalt von Staat und Medien verfolgt und unterdrückt gefühlt hatte.

Freiheit anders denken

In die auch von Meinhof verkörperte anschwellende Zeitkritik an der Bundesrepublik brachte sich mit Verve und breiter Wahrnehmung auch der eher konservative als liberale Philosoph Karl Jaspers ein. Weder Freiheit noch Menschenwürde waren in seinen Augen bereits hinlänglich verwirklicht. Wie eine wachsende Gruppe anderer Intellektueller wollte er jene einseitig konfessionellen Prägungen aus der Nachkriegszeit überwinden, die von dem protestantischen Juristen und späteren Verfassungsrichter Helmut Simon 1962 als »Katholisierung des Rechts« kritisiert wurden. Prägnanter als zuvor erklärte Jaspers die Würde zum Korrektiv der Vernunft gegen eine Politik, die in seinen Augen zu einer wachsenden Unfreiheit geführt habe. Bereits 1958 hatte er in seinem Buch »Die Atombombe und die Zukunft des Menschen« die menschheitsgefährdenden Risiken der atomaren Rüstung als kollektive Grenzsituation beschrieben.

Im selben Jahr erweiterte er dies zu einem Rundumschlag: In seiner Dankesrede aus Anlass der Verleihung des Friedenspreises des Deutschen Buchhandels kritisierte er das Ziel der Wiedervereinigung, eine Übermacht der Parteien und die unzureichende Vergangenheitspolitik. 1960 spitzte er seine Position noch einmal zu: »Freiheit und Wiedervereinigung« bildeten für ihn keinen zwingenden Zusammenhang. Er verurteilte zwar jede Form von totaler Herrschaft als »für die Menschenwürde tödliche Gefahr«, lenkte den Blick aber darauf, zunächst die politische Freiheit in der Bundesrepublik im vollen Sinne, dann aber auch in der DDR zu verwirklichen.[60] Damit rief Jaspers große Empörung hervor, denn trotz der Westintegration als Staatsräson hatte die Bundesregierung an der Wiedervereinigung festgehalten. Sie stand bis in die 1960er Jahre ebenfalls weit oben auf der Agenda der SPD, zumal es im linken Spektrum viele Sympathien für ein außenpolitisch neutrales Gesamtdeutschland gab.

Jaspers proklamierte als Ziel, alle »Chancen des Freiwerdens durch Wahrhaftigkeit und Ethos der Menschenwürde« nicht nur gegen den Sozialismus zu behaupten, sondern sie auch der Bundesrepublik als »sittliches Fundament« zugrunde zu legen.[61] Doch weder sei die politische Freiheit bislang hinreichend in das Grundgesetz eingelassen worden, noch dieses als Verfassung in den Herzen der Bundesbürger verankert. Jaspers wies einen Weg dorthin: Die vernunftmäßige Kraft der Würde des Menschen erkannte er gerade darin, sich des unantastbaren und unverlierbaren »Freiheitswillens« als einer tieferen Wahrheit der menschlichen Existenz bewusst zu werden, auf dem die politische Freiheit gründe.[62] 1966 wurde Jaspers noch deutlicher und stieß auf noch lautere Kritik: Die Bevölkerung lasse sich eine »Verletzung der Grundrechte« gefallen, deren »Sinn als Bedingung unserer Menschenwürde und Bürgerehre« sie nicht verstanden habe.[63] Einerseits sei das Volk noch nicht demokratisch genug, andererseits werde es systematisch wesentlicher Rechte beraubt, weil die Politik im Zeichen einer »Parteienoligarchie« eine wahre Freiheit des Volkes nicht wolle.

Die von ihm selbst gestellte Frage »Wohin treibt die Bundesrepublik?« beantwortete Jaspers mit einer düsteren Prognose: »Wo die politische Freiheit der Menschen (...) versagt, entwickelt sich aus der Demokratie (...) die Aufhebung der Freiheit.«[64] Deshalb müsse jeder Einzelne gegen die herrschende »Unvernunft in ihrer ungeheuren Macht« für die »Chancen der Vernunft kämpfen, die Würde des Menschen wahren«.[65] Der nach dem Krieg in Basel lehrende Philosoph wandte sich damit gegen die Entleerung der politischen Formel »Freiheit und Menschenwürde«. Was zur überaus heftigen Kritik an seinem Buch beitrug und es zum Beststeller machte, war ihr besonderer Kontext: Jaspers hatte zuvor in einem Aufsehen erregenden »Spiegel«-Gespräch mit dessen Herausgeber Rudolf Augstein im Februar 1965 vehement dafür plädiert, die Verbrechen des Völkermords im Nationalsozialismus nicht verjähren zu lassen. Er sei mit den Worten von Hannah Arendt ein »Verbrechen gegen die Menschheit« gewesen. Wer Völkermord begehe, so Jaspers unter Berufung auf ein Leitmotiv der Würdedebatte, »handelt gegen ein Prinzip, das im Menschsein als solchem, in der Anerkennung des Menschen als solchem liegt«.[66]

Jaspers intervenierte, weil eine Richtungsentscheidung des Bundestags anstand. Die Frage der Verjährung war bereits 1960 im Bundestag diskutiert worden. Hielt das Parlament fünf Jahre später daran fest, dass ein grundsätzlicher Verzicht auf eine Verjährung von Mord nach zwanzig Jahren nicht rechtsstaatlich sei? Gegen diese Position sprachen sich in der emotional geführten Debatte namhafte Abgeordnete parteiübergreifend aus, allen voran Ernst Benda von der CDU und Adolf Arndt von der SPD. Erstmals behandelte der Bundestag die Verbrechen des Nationalsozialismus ausdrücklich unter der Frage ihrer historischen Bedeutung und Besonderheit. Weitgehend waren die Reden von einem hohen moralischen Ton aus Gewissensentscheidungen, Bekenntnissen und persönlichen Erfahrungen geprägt. Wer die Abschaffung der Verjährung befürwortete, wandte sich zugleich gegen das verbreitete Bedürfnis, einen Schlussstrich unter die Vergangenheit zu ziehen: Man dürfe, so Arndt, »dem Gebirge an Schuld und Unheil, das hinter uns liegt, nicht den Rücken kehren«.[67]

Mit großer Mehrheit stimmte der Bundestag für einen Kompromiss: Der Beginn der Verjährungsfrist wurde auf 1949 vorverlegt. Erst vier Jahre später stimmten zwei Drittel der Abgeordneten für einen sozialliberalen Gesetzentwurf, der die Verjährung für Völkermord ganz aufhob und für Mord auf dreißig Jahre erhöhte. Während viele Abgeordnete in der Debatte von 1965, die bald als »Sternstunde« bezeichnet werden sollte, einen besonderen Moment der jungen Parlamentsgeschichte sahen, sezierte Jaspers sie mit beißender Kritik. Er monierte die »Unglaubwürdigkeit« einer sich gerade in dieser Frage zeigenden »Rechtsleidenschaft«.[68] Die Debatte hatte sich in seinen Augen zu sehr mit realpolitischen und juristischen Fragen befasst. Sie sei nicht in die Tiefe des Problems vorgedrungen. Konkret vermisste Jaspers die Bereitschaft, den grundlegend neuartigen Charakter des nationalsozialistischen Völkermords anzuerkennen und daraus die Notwendigkeit eines eigenständigen Gesetzes zur Aburteilung aller Verantwortlichen abzuleiten. Für ihn spiegelte sich in der »Unwahrhaftigkeit« eines falschen Glaubens an die Kontinuität des Rechts die von ihm beobachtete Gefährdung der politischen Freiheit wider.[69]

Aber mehr noch störte ihn, wie nahezu alle Parlamentarier, auch die Befürworter einer Aufhebung der Verjährungsfrist, bei allem Pathos ihrer Reden das Wesentliche des Völkermords bestenfalls andeuteten und somit zum Geheimnis machten. Das zeuge von einer »Politikerzunft«, die dazu bereit sei, »bei Minimalisierung der Grundrechte ihre eigene Sicherheit durch ein Notstandsgesetz fast absolut« zu setzen.[70] Das Gesetz betrachtete er deshalb nicht einmal als Kompromiss, der er war, sondern als »Preisgabe jeder grundsätzlichen Gesinnung«. Jaspers wurde wegen dieser moralischen Rigorosität vielfach angegriffen, weil sie mit dem Wesen von Politik nicht vereinbar sei. Er aber forderte eine andere »Denkungsart« als Grundlage des praktischen Handelns. Sie sollte auf eine wahrhaftige »politische Freiheit« abzielen und sich konsequent am höchsten Prinzip des Grundgesetzes orientieren: der Würde des Menschen.

Für eine liberale Demokratie

Wie Karl Jaspers stand der Politologe Ernst Fraenkel für eine intellektuelle Übergangsgeneration, die aus der Erfahrung von Widerstand, Verfolgung und Exil in den 1960er Jahren durch eine Gefährdung der bundesdeutschen Demokratie alarmiert waren. Auch Fraenkel legte das Grundgesetz im Sinne einer Wertebindung der demokratischen Ordnung aus, deren genauer Gehalt aber nicht schon materiell festgelegt, sondern im gesellschaftlichen und politischen Streit auszuhandeln war. In seinem Buch »Der Doppelstaat« hatte der vor den Nationalsozialisten ins amerikanische Exil geflohene Fraenkel schon vor dem Ende des Zweiten Weltkriegs dafür plädiert, die staatliche Ordnung an vorrechtliche Prinzipien zu binden. Nach seiner Rückkehr 1951 prägte er nicht nur die neue Politikwissenschaft an der Freien Universität Berlin nachhaltig, sondern entwickelte als Reaktion auf das vorherrschende Ordnungsdenken und die Verteidigung des Staates als Stabilitätsgarant eine einflussreiche politische Theorie des wertgebundenen Pluralismus.

Fraenkel sah ein größtmögliches Maß an Partizipation bei der demokratischen Willensbildung für die Integration des Einzelnen in die moderne Massengesellschaft als erforderlich an, um die Menschen vor den Versuchungen von Totalitarismus und Führerherrschaft zu schützen. Wie konnten aber die aus den konkurrierenden Interessen verschiedener Gruppen resultierenden

Konflikte offen ausgetragen werden, ohne den autoritären Instinkt des Staates zur Intervention auszulösen? Fraenkel sprach deshalb von einem »kontroversen Sektor«, der einer pluralistischen Demokratie inhärent sein müsse, die aber auch auf einen »nicht-kontroversen Sektor« unstrittiger Werte angewiesen sei – darunter die Menschenwürde.[71] Der Grundrechtsvorbehalt des Grundgesetzes markierte für ihn dabei die Grenze zwischen solchen Werten, über die gestritten werden könne, und solchen, die mit legalen und legitimen Mitteln nicht zur Disposition gestellt werden dürften. Fraenkel blieb jedoch diffus, wenn es um die konkreten Werte ging. Den Grundwert der »Gerechtigkeit« füllte er durch Menschenwürde, Freiheit und Gleichheit an, bestimmte aber deren Verhältnis zueinander nicht genauer.

Fraenkel entwickelte die Demokratietheorie in der Bundesrepublik entscheidend weiter, weil er Stabilität und Streit, Pluralität und Grundprinzipien wie die Würde des Menschen als vereinbar dachte. Aber auch in die akademische Welt hielt wie in die Medien in diesen Jahren eine neue Generation an Wissenschaftlern Einzug. Kritische Juristen und linke Politologen stellten den Konsens über eine staatliche Ordnung in Frage, die in vielen Bereichen auf kaum erschütterten personellen Kontinuitäten zum Nationalsozialismus beruhte. Mit dem Ausbau der Sozialwissenschaften und ihrer überfachlichen Ausstrahlung vor allem auf die Politikwissenschaft und die Geschichtsschreibung rückte nun die »Gesellschaft« gegenüber dem »Staat« ins Blickfeld. Autoritäre Überhänge, soziale Ungleichheit und wertkonservative Orientierungen wurden nicht mehr als Stabilitätsanker gewürdigt, sondern als historisch gewachsene Modernisierungsdefizite interpretiert.

Den wirkmächtigsten Beitrag dazu lieferte 1965 der Soziologe Ralf Dahrendorf mit seinem Buch »Gesellschaft und Demokratie in Deutschland«. In diesem »Traktat über die Chancen der Verfassung der Freiheit in der modernen Welt« analysierte Dahrendorf die Gründe der »Persistenz einer traditionalen Grundhaltung« in Deutschland.[72] Er versuchte, mit seinem historisch-soziologischen Gang durch die neueste Geschichte die Frage zu beantworten, warum die liberale Demokratie bis in die Gegenwart der Bundesrepublik nicht verlässlich Einzug gehalten hatte. Trotz der beabsichtigten Provokation um eine sachliche Analyse bemüht, wählte Dahrendorf gegen Ende seines Buches den Weg eines »Exkurses über Humanität und Unmenschlichkeit«, um den Kern seiner Wahrnehmungen über die westdeutsche Gesellschaft seiner Zeit zu akzentuieren. Als entscheidende Kontinuität zu den Jahren vor 1945 konstatierte er eine spezifisch deutsche Haltung: »Es gibt den beißenden Kontrast des Geredes von der Humanität zu der Gleichgültigkeit gegenüber dem Leben.« Typisch sei für Deutschland eine »Mischung von theoretischer Humanität und praktischer Unmenschlichkeit«.[73]

Dahrendorf vertrat als deutschen »Sonderweg« nicht nur die »Distanzierung vom Westen« und seiner liberalen Demokratie oder das Überdauern einer herkunftselitären Sozialordnung. Als eigentliches Thema nahm er im Exkurs die bereits zu Beginn des Buches gestellte Frage auf, warum Auschwitz möglich war. Er sprach schließlich von »immer wiederkehrenden Motiven«, wozu auch die »Mißachtung des Schwachen und Wehrlosen« gehöre. »Die Preisgabe der anderen ist selbst soziales Gesetz«, ebenso der »Virus der Unmenschlichkeit«. Die »Achtung vor dem Menschen« sei in Deutschland nicht so ausgeprägt wie in anderen Ländern. Es sei »schwer zu fassen, daß der verständliche Zynismus jede Empfindung für menschliche Würde so abzutöten vermag, daß dem Sterbenden noch jenes Minimum an Respekt versagt wird, um das allerdings auch die Lebenden in Deutschland ständig kämpfen müssen (…).«[74] Dahrendorfs eigentlicher Zorn richtete sich somit gegen eine kollektive Unfähigkeit der Deutschen zur Ehrfurcht vor dem Menschen und seiner Würde, die der Verwirklichung einer liberalen Demokratie im Weg stand.

Jaspers, Fraenkel, Dahrendorf: Zum ersten Mal hatten sich Mitte der 1960er Jahre andere Disziplinen als die Rechtswissenschaft eingehend mit der Würde des Menschen befasst und ihr einen zentralen Ort in ihren Ansätzen und Analysen zugewiesen. Dies reflektierte eine in diesen Jahren vielfach geäußerte Wahrnehmung: Von der Menschenwürde sei zwar viel die Rede, aber was diese Formel genau meine, begründe und umfasse, sei auch im zweiten Jahrzehnt der Bundesrepublik noch nicht geklärt. Vor allem in der Rechtswissenschaft, aber auch in der rechtsnahen Soziologie kritisierte eine neue Generation von Wissenschaftlern die Idee der Würde als einer wesenseigenen Essenz des Menschen. Den Auftakt machte Peter Badura. In einem eher unscheinbaren Aufsatz in der »Juristenzeitung« plädierte der frisch habilitierte Jurist 1964 auf wenigen Seiten für eine Kehrtwende in der Würdedebatte – weg von einer personalistischen Bestimmung dessen, was der Mensch als »Persönlichkeit« sein soll, hin zu einem Verständnis, das den Menschen sieht, wie er ist. Er rückte deshalb den Akt der Verletzung des Menschseins ins Zentrum.

Badura bemängelte das Fehlen eines »gesicherten rechtlichen Gehalts« von Artikel 1 für die juristische Praxis.[75] Dürigs Interpretation der Würdeformel als Wertebasis der Grundrechte lehnte er ab, weil sie mit dem zu hohen Preis der weltanschaulichen Neutralität des Staates bezahlt werde. Christliches Menschenbild, Selbstzweckformel, »Schranke der Staatsräson«: Für Badura war das alles nicht nur zu voraussetzungsvoll, sondern auch problematisch, weil die personalistische Werttheorie es erlaube, unter dem Leitmotiv der »sittlichen Persönlichkeit« gerade solche Menschen vom Würdeschutz auszuschließen, die ihres besonderen Schutzes gerade bedürften. Stattdessen plädierte Badura, der später mehrfach die konservative Politik der CSU-Regierung in wertgebundenen Fragen wie der Ehe für Homosexuelle vertreten sollte, für eine »teleologische Auslegung«: Nicht der Wille des Gesetzgebers, sondern der Zweck der Norm bildet dabei den Maßstab.

Den Zweck der Würdeformel leitete Badura in einer bis dahin seltenen Eindeutigkeit aus den Erfahrungen des Nationalsozialismus ab. Er ging dabei nicht von dem Bild eines durch Hitler unterdrückten und kollektiv seiner Freiheitsrechte beraubten deutschen Volkes aus, sondern betonte weitaus spezifischere Würdeverletzungen im Nationalsozialismus und ihre Breite, die sich gegen »Abhängige, psychisch Abnorme, Asoziale, Angehörige weltanschaulicher und rassischer Minderheiten und der staatlichen Straf- und Polizeigewalt Ausgesetzte« gerichtet hätten. Um solche Missachtungen der menschlichen Würde auch in der Demokratie zu vermeiden, musste der Würdebegriff allgemeiner bestimmt und zugleich konkreter angewandt werden. Dieser Weg einer »Kasuistik klarer Verletzungstatbestände« sei durch verschiedene Gesetze seit 1949 bereits begangen worden, die Vorbehalte aufgrund des Würdeschutzes beinhalteten.[76]

Als Grundlage für ein solches Vorgehen, das später als »negative Interpretationsmethode« die naturrechtliche Bestimmung des Würdegehalts in der Rechtspraxis ablösen sollte, formulierte Badura einen neuen Imperativ der Würde: »Jeder Mensch, von welcher Art er auch sei und wie auch immer er sich verhalte und in welcher Situation auch immer er sich befinde«, solle »Mensch sein und bleiben und deswegen einen rechtlichen Anspruch darauf haben, nach dem erreichten Zivilisationsstand entsprechenden Regeln behandelt zu werden.«[77] Baduras Erweiterung der Würdeformel und das Ziel, von den Verletzungstatbeständen auszugehen, entsprangen einem komplexeren Bild der nationalsozialistischen Verbrechen, als es der Entstehung des Grundgesetzes und seiner Auslegung in den 1950er Jahren zugrunde gelegen hatte. Erstmals rückten dezidiert die Opfer der Ausgrenzung, Demütigung und Gewalt in das Zentrum der Würdeformel und ihrer Begründung.

Noch konsequenter als Badura lehnte 1965 der Soziologe Niklas Luhmann das personalistische Substanzverständnis der Würde ab. In seinem Buch »Grundrechte als Institution« befand er zudem alle anderen Auslegungen, die auf eine emphatische Persönlichkeitsidee abhoben oder auf der Idee der Würde ein Wertesystem zu begründen versuchten, als widersprüchlich oder inhaltsleer. Luhmann wechselte erstmals in der Würdedebatte die Perspektive: nicht nur von der Würde als Mitgift zur Würde als Fähigkeit, sondern auch von der Person zur Interaktion. Der Mensch müsse im Einklang mit den modernen Gesellschaftswissenschaften als ein soziales Wesen in komplexen Bezügen verstanden werden. In ihnen entwickle und behaupte er seine Identität in Form von Rollenspielen. Erst eine wiedererkennbare, unverwechselbare Selbstdarstellung mache den Unterschied zum Massenmenschen aus. Über Würde und Freiheit zu verfügen sei dafür eine unverzichtbare Bedingung.

Würde verstand Luhmann als eine voraussetzungslose Funktion in der industriell-bürokratischen Gesellschaft. Als Werkzeug der Selbstpositionierung entfalte sie sich in Form einer »gelungenen Selbstdarstellung«. Für Luhmann war Würde eine grundlegende Fähigkeit, eigenverantwortlich auf besondere Kommunikationsherausforderungen der modernen Gesellschaft reagieren und sich in ihr als Persönlichkeit bewähren zu können.[78] Er distanzierte sich ebenfalls klar davon, Würde als »Naturausstattung« oder als objektiven »Wert« zu betrachten, da sie sich erst im sozialen Prozess konstituiere. Dennoch beließ es selbst Luhmann nicht bei einem Verständnis der Würde als Kommunikationsvehikel. Auch er erkannte in ihr ein »vorstaatliches Rechtsgut«, das als »eines der empfindlichsten menschlichen Güter« eines besonderen Schutzes bedürfe.[79] Jedoch sah er die Aufgabe des Staates nicht darin, alle filigranen Formen zu verfolgen, in denen die Würde zwischenmenschlich in Frage gestellt werde. Jemanden an der Entfaltung seiner Würde zu behindern sei erst dann als eine

Verletzung zu werten, wenn der Betroffene sich nicht dagegen behaupten könne und ihn dies in die soziale Isolation treibe.

Von den Extremen der Würdeverletzung her dachte wie Badura und Luhmann auch der Rechtsphilosoph, Strafrechtler und spätere Bundesinnenminister Werner Maihofer. Anders als Luhmann, der eher von den gesellschaftlichen Anforderungen der Gegenwart ausging, und noch expliziter als Badura ging Maihofer in seiner 1967 vorgelegten Neuinterpretation der Würde von den nationalsozialistischen Verbrechen aus. Was Würde sei, werde in »Grenzsituationen ihrer äußersten Infragestellung« deutlich.[80] Er bezog sich dabei gleich zu Beginn auf den Erinnerungsbericht des Auschwitz-Überlebenden Jean Améry. Dieser Zugang war für die Würdedebatte bemerkenswert und stand sicherlich in Zusammenhang mit dem Frankfurter Auschwitz-Prozess sowie den Verjährungsdebatten. Améry hatte kurz vor dem Erscheinen von Maihofers Buch eindrücklich geschildert, wie die Folter nach seiner Verhaftung als Widerstandskämpfer für ihn mit einem Gefühl des völligen Ausgeliefertseins verbunden war und zu einem Verlust des »Weltvertrauens« geführt hatte. »Der andere«, so wird Améry von Maihofer zitiert, »ist an mir und vernichtet mich damit.«

Maihofer knüpfte an diese »doppelte Vernichtung« der Sicherheit des eigenen Selbst und des Vertrauens in die anderen an, indem er den Menschen ähnlich wie Luhmann als »konkretes Gesellschaftswesen« verstand.[81] Das individualistische Konzept der Persönlichkeit lehnte er ab, weil es der Vielfalt der Menschen nicht gerecht werde. Allerdings behielt er den an Kant angelehnten Maßstab der Personalität als Möglichkeit der Verfügung über das eigene Selbst bei und ergänzte ihn um die interpersonale Solidarität eines »Füreinanderseins und Füreinandereinstehens«.[82] Ähnlich hatte bereits 1966 der Buchenwald-Überlebende und Linkskatholik Eugen Kogon argumentiert: »Personalität, die der Humanismus immer gemeint hat«, kann »nicht mehr (…) in erhabener Individualität entwickelt werden, sondern nur in Solidarität, ja Fraternität.«[83] Der vom französischen Personalismus geprägte Kogon, einer der einflussreichsten Intellektuellen und Politikwissenschaftler der Nachkriegszeit, rückte in diesen Jahren unverkennbar zwar nicht den Begriff der Menschenwürde, aber die verwandte Kategorie der »Humanität« ins Zentrum seines Denkens, das auf das Ziel eines »freiheitlichen Sozialismus« ausgerichtet war.

Für Maihofer waren Personalität und Solidarität zwar auch Werte, aber er leitete sie nicht aus einer naturrechtlichen Bestimmung des Menschen ab. Vielmehr müssten sie im sozialen Austausch als Ausdruck der »Selbstbestimmung des Menschen« gewonnen und bestätigt werden. Die so begründete Würde des Menschen werde gerade dann verletzt, wenn eine Übermacht »mein Vertrauen in mich selbst und in die Anderen« zerstöre, die einem Unterlegenen keine Chance mehr lasse, sich zu wehren.[84] Damit strebte Maihofer – wie bereits Badura und Luhmann – angesichts einer inflationären Verwendung des Würdebegriffs ein engeres Verständnis der Verletzung der Menschenwürde an, die er mit deutlichem Bezug auf Améry als »Antastung« bezeichnete. Denn der Staat müsse im Sinne eines »Achtungsanspruchs« den Menschen nur vor solchen »fundamentalen und elementaren Verstößen« schützen, die Maihofer als »Überwältigen und Verknechten des Andern, im Erniedrigen und Entselbsten des Andern« definierte.[85] Aber der Bürger habe einen zusätzlichen »Handlungsanspruch« an den Staat: Dieser müsse auch die Solidarität der Menschen untereinander ermöglichen und die »Bedingungen der Möglichkeit (eines) menschenwürdigen Daseins« schaffen.[86] Damit ging Maihofer nicht nur über Badura und Luhmann hinaus, sondern qualifizierte sich auch für den sozialliberalen Flügel der FDP, in die er 1969 eintreten sollte. Er forderte damit ein, was die Väter des Grundgesetzes noch nicht als Aufgabe des Staates gesehen hatten.

Maihofer gilt denn auch als wichtigster Urheber der »Freiburger Thesen« der FDP, die im Oktober 1971 der vorangegangenen politischen Wende der Partei ein programmatisches Gesicht verliehen. Reformbewegung, Demokratisierung, sozialer Liberalismus, Menschenrechte: Grundlegend für diese Öffnung war ein liberales, sozial erweitertes Verständnis der Menschenwürde. Die »Menschenwürde und Selbstbestimmung des Einzelnen« in allen Bereichen und Belangen gegenüber jeder Form der »Fremdbestimmung« zu behaupten sei immer schon die »Aufgabe des (…) Liberalismus« gewesen. Doch sollte es dabei nicht nur um »formale Garantien des Bürgers gegenüber dem Staat«, sondern um »soziale Chancen« gehen. Die FDP machte sich zum Anwalt einer Reform des Kapitalismus mit dem »mündigen und aufgeklärten Bürger als Leitmotiv. Manche Begriffe atmen Zeitkolorit wie Würdepathos: Um den »Industriebürger« zu bekommen, müsse der »Industrieuntertan« überwunden werden.[87]

16

DIE »BLEIERNE ZEIT« BEENDEN: EINE REPUBLIK ZWISCHEN REFORM UND REVOLUTION

»Bleierne Zeit«: Mit diesem Hölderlin-Zitat charakterisierte Margarethe von Trotta in ihrem gleichnamigen Film von 1981 die Adenauer-Ära. Später sagte sie, der Nationalsozialismus habe damals wie eine »Bleikappe des Schweigens« über der Bundesrepublik gelegen.[88] Hatten sich erste Verschiebungen bereits zuvor abgezeichnet, fielen Ende der 1960er Jahre längerfristige soziale und ökonomische Umbrüche mit einer tiefgreifenden politischen und moralischen Transformation zusammen. Die bundesdeutsche Gesellschaft erlebte einen politischen Generationswechsel, sie wurde jünger, war stärker von Dienstleistung und Konsum als von körperlicher Arbeit geprägt, überkommene Familienwerte wurden durch das Streben nach mehr Rechten und Freiheit von Frauen sowie durch Formen einer neuen sexuellen Freizügigkeit herausgefordert. Mehr Partizipation in Politik und Gesellschaft wurde nicht nur verlangt, sondern zivilgesellschaftlich durch eine große Zahl bürgerschaftlicher Bewegungen, Komitees und Initiativen praktiziert. Weit über die Suche nach einer sozialistisch inspirierten Alternative hinaus, die nun globale Ausmaße annahm, ging es vielen Bundesbürgern um eine kritische Reflexion ihrer Lebensordnung. Man zweifelte, war empört, wollte andere, nachhaltigere Wege gehen, um für Freiheit, Gleichheit und Gerechtigkeit zu kämpfen. Die Geschichte der Menschenwürde in der Bundesrepublik trat in eine neue Phase ein.

Vom »Volk« zum »Subjekt«

Nur langsam konnte sich die Bundesrepublik vom Erbe des kollektiven Modells lösen, das mit Kategorien wie »Gemeinschaft«, »Nation« und »Rasse« die erste Hälfte des 20. Jahrhunderts geprägt hatte. Den Menschen statt des Volkes, das Individuum statt des Kollektivs zum Ausgangspunkt der gesellschaftlichen Ordnung zu machen entfaltete sich seit den 1960er Jahren als wegweisende Transformation. Bald war viel von einem Wandel der Werte die Rede, wahlweise vom »Werteverfall« oder von einer »Erosion der bürgerlichen Tugenden«. Solche Bewertungen sind angesichts der neuen moralischen Rahmung der bundesdeutschen Demokratie, die sich mit dem Einsatz vieler Bürger für die Würde des Menschen und seine Rechte abzeichnete, nur als Ausdruck eines grundlegenden Wertekonflikts, aber nicht als das Ende von Werten selbst zu interpretieren. Und dieser Prozess war mit dem Ende der Bonner Republik nicht abgeschlossen.

Etiketten wie »postmaterialistisch«, »postnational« oder »postmilitaristisch« weisen auf diesen Prozess hin, auch wenn sie letztlich wenig erklären. Konzepte wie »Individualisierung« oder »Liberalisierung« haben den Weg zu mehr Selbstbestimmung mitgestaltet, den viele Widersprüche und Rückschritte kennzeichneten. Die Forderung, sich selbst zu verwirklichen, nach mehr Freiheit von Konventionen und einem Recht auf einen personalisierten Lebensstil gewann zunehmend an Einfluss. Appelle an Subjektivität, Authentizität und das Recht auf einen eigenen Lebensstil hielten Einzug. Der Soziologe Helmut Klages sprach in den 1980er Jahren von einer Hinwendung zu »Selbstentfaltungswerten«, aber auch von einer Pluralität an Pfaden und Prozessen, in denen diese in der postmodernen Gesellschaft konkretisiert und verwirklicht werden würden. Die zahlreichen Konflikte und Proteste der »langen« 1970er Jahre waren insofern eine ergebnisoffene Folge des Aufeinandertreffens von Tradition und Aufbruch.

Politisch ging es um »Reform« oder »Revolution«. Was sich in den Studentenprotesten um 1968 Bahn brach, war von einer wachsenden intellektuellen Skepsis gegenüber dem »Spätkapitalismus« grundiert. Sie fanden in anderen westlichen Industriestaaten infolge ähnlicher Spannungen einen wirkungsvollen Resonanzraum. Hoffnung versprach der sozialliberale Aufbruch mit seinen Demokratisierungsimpulsen, Reformprojekten und der Entspannungspolitik gegenüber Osteuropa. »Für die (...) Entfaltung von Person und Kultur«, so schrieb Eugen Kogon 1971 optimistisch, trete nun »die menschenwürdige Politik auf den Plan.«[89]

Aber diese Hoffnung löste sich innerhalb weniger Jahre und schneller als geplant in einer Realpolitik der »inneren Sicherheit« auf. Auch wurden die Spannungen zwischen einer Politik, die ganz auf das Instrument der Planung setzte und dafür den Staat beträchtlich ausbaute, und dem Recht auf demokratische Mitwirkung und persönliche Entfaltung immer sichtbarer. Gleichwohl: Mit diesen Entwicklungen, die sich um 1970 zu einer stillen »zweiten Gründung« der Bundesrepublik formierten, ging der Durchbruch einer politischen Kultur einher, die sich grundlegend kritisch gegenüber dem Staat und anderen Autoritäten – Unternehmern, Lehrern, Eltern – verhielt. Sie sahen sich nun öffentlicher Kritik ausgesetzt, wenn von ihnen das Prinzip der Menschenwürde oder die Menschenrechte nicht geachtet wurden.

Gegen Repression

»Repression«: Wohl kaum ein anderer Begriff dieser Zeit erfasst besser, welches Gefühl seit den 1960er Jahren unter kritischen Intellektuellen und in der heranwachsenden politischen Generation immer weitere Kreise zog. Wenn sich die protestierenden Studenten auch nicht auf ein Programm einigen konnten – in ihrer radikalen Kritik an autoritären Strukturen waren sich alle einig.

Die Adenauer-Republik, der industriell-bürokratische Kapitalismus und für viele auch der real existierende Sozialismus galten ihren Kritikern zusehends als Herrschaftsordnungen, die auf systematischen Einschränkungen der individuellen Freiheit und Persönlichkeitsentfaltung beruhten. Die Idee des Fortschritts hatte sich in ihr Gegenteil verkehrt: Statt dem liberalen Ideal von Autonomie und Selbstverwirklichung zu entsprechen, bedeutete die Moderne für den Menschen, sich zahllosen Regeln unterordnen zu müssen und als versklavt zu empfinden. Eine solch skeptische Sichtweise auf die eigene Gegenwart sollte das Gesellschaftsbild vieler bestimmen, die nach einem Ausweg aus der »organisierten Gewalt« suchten. Lag dieser aber im aktiven Widerstand gegen das »System«, wie ihn Ernst Bloch oder Herbert Marcuse favorisierten, in der Reflexionskraft der Kritischen Theorie, die von der »Frankfurter Schule« vertreten wurde, oder eher in einem demokratischen Mittelweg, den etwa Eugen Kogon oder Fritz Bauer favorisierten?

Für das Prinzip des aktiven Widerstands stand der Doyen der gesellschaftskritischen Wende in der akademischen Welt der Bundesrepublik und einer der wichtigsten zeitgenössischen Großdenker für die kritische Linke ein: Ernst Bloch. Im Anschluss an seine Trilogie »Das Prinzip Hoffnung« hatte sich der marxistische Philosoph der Geschichte der Würde des Menschen zugewandt. Bevor er 1961 die DDR verließ und eine Professur in Tübingen übernahm, konnte er das noch im selben Jahr in der Bundesrepublik veröffentlichte Buch »Naturrecht und menschliche Würde« fertigstellen. Bloch hielt sowohl das konservative, christliche Naturrecht wie den bürgerlichen, liberalen Rechtspositivismus für ungeeignet und kontraproduktiv, um die von ihm erhofften gesellschaftlichen Veränderungen durchzusetzen. Als deren Ziel betrachtete er ein menschenwürdiges Leben ohne Ausbeutung, Arbeitszwang und Demütigung. Die liberale Idee, durch wirtschaftliche Prosperität die Not der Erniedrigten zu beseitigen, hielt Bloch ebenso für den falschen Weg wie das apolitische Würdemodell der Gottesebenbildlichkeit des Menschen. Auf eine normative Grundlage wollte er dennoch nicht verzichten. Deshalb forderte Bloch, das revolutionäre Freiheitsstreben des Marxismus mit einer naturrechtlichen Grundlegung der Gesellschaftsordnung und ihres Rechts zu verbinden.

Als Kern eines erneuerten und als Handlungsmaßstab dienenden Naturrechts plädierte Bloch für ein Ende aller Ausbeutung und des kapitalistischen Produktionszwangs, der kein Leben in Würde zulasse. Die Menschenrechte sah er dafür als unerlässlich an: »Daß weder menschliche Würde ohne ökonomische Befreiung möglich ist noch diese, jenseits von Unternehmern und Unternommenen jeder Art, ohne die Sache Menschenrechte.«[90] Beides, Menschenwürde und Menschenrechte, müssten erkämpft werden. Das neu zu definierende Naturrecht sollte deshalb statt vermeintlich angeborener Rechte einen »Humanismus in Aktion« als Widerstand gegen menschenunwürdige Lebensbedingungen zugrunde legen. Auf die institutionelle Versklavung des Menschen im Kapitalismus gab es für Bloch nur eine Antwort: das natürliche Recht auf Widerstand. Die Menschenrechte zu erringen war für ihn aber nur ein Zwischenschritt zur eigentlich anzustrebenden Würde des Menschen, nicht mehr als entfremdetes Objekt leben und arbeiten zu müssen.

Prägnanter und gewinnender als Bloch gelang es dem Sozialphilosophen Herbert Marcuse, dem Gefühl Ausdruck zu verleihen, in einer repressiven Gesellschaft zu leben und ihr widerstehen zu müssen. Professor in San Diego und seit 1965 auch in Berlin, wurde Marcuse in den USA genauso wie in der Bundesrepublik zur Kultfigur des sozialen Protests. Dazu trugen seine vielen Vorträge vor Studenten, sein öffentlicher Einsatz gegen den Vietnamkrieg und zugunsten von Intellektuellen, deren Meinungsfreiheit beschnitten wurde, sowie sein revolutionärer Habitus bei. Doch Marcuse wurde auch gelesen. Als sein Buch »Der eindimensionale Mensch« 1967 auf Deutsch erschien, hatte die Studentenbewegung ihre Bibel parat. Die zentrale Botschaft: Der triebgesteuerte, an der Befriedigung seiner Lust orientierte Mensch sei von der Erziehung über die Arbeit bis zum Konsum einer andauernden Unterdrückung ausgesetzt. Entfremdung habe sich mit Manipulation gepaart und zu einem »falschen Bewusstsein« gesteigert, das entgegen der tatsächlichen Unfreiheit vortäusche, bereits in einer liberalen Gesellschaft zu leben. Für Marcuse war das ein Ergebnis »repressiver Toleranz«: Eine »Tyrannei der Mehrheit« habe es aufgegeben, nach der Wahrheit zu suchen.

Was hatte das mit Menschenwürde zu tun? Für Marcuse konnte die Wahrheit nur in der Freiheit als einem Leben in Autonomie bestehen, ohne sich von irgendwelchen Institutionen »versklaven« lassen zu müssen. Lustprinzip statt Leistung, Harmonie statt »Kampf ums Dasein im Interesse der Herrschaft« – das sollten die Leitmotive eines humanen, des Menschseins würdigen Lebens sein.[91] Marcuses Kritik richtete sich ebenso gegen den realen Sozialismus wie gegen die »totalitäre Demokratie«. Beide verursachten »Kosten« wie Armut, Ausbeutung und Unsicherheit oder »Menschenopfer« im Einsatz für Krieg und Polizei. Anders als der klassische Marxismus ging Marcuse davon aus, dass ein besserer Zustand angesichts einer umfassenden »Notlage« nur durch eine »befreiende Toleranz« und »umstürzlerische Bewegungen« zu erreichen sei. So griff Marcuse zwar vieles auf, was im bisherigen Würdediskurs relevant war, deutete es aber sozialrevolutionär um. Dabei sprach er selbst kaum von Menschenwürde. Sie war ihm wie der Linken insgesamt zu christlich, zu deutsch, zu wenig avantgardistisch besetzt.

Nicht nur Marcuse, auch Theodor W. Adorno und Max Horkheimer wandten sich gegen das repressive Klima ihrer Zeit. Allerdings lehnten beide einen aktiven Widerstand ab, zu dem Marcuse ausdrücklich aufrief. Als 1967 die deutsche Übersetzung von Horkheimers 1944 entstandenen Aufsätzen zur »instrumentellen

Vernunft« erschien, hatte sich die Protestbewegung zwar von der Frankfurter Schule inspirieren lassen, geriet aber in wachsende Distanz zu ihr. Mit seinen Aufsätzen lenkte Horkheimer den Blick noch einmal gebündelt auf die »Dialektik der Aufklärung«: Der Mensch habe erst die Natur und dann sich selbst der reinen Zweckhaftigkeit, Objektivierung und Verdinglichung untergeordnet. Horkheimer beklagte dies als Abfall vom kantisch geprägten Ideal menschlicher Freiheit: »Die Würde des Menschen«, so Horkheimer schon 1936, »liegt in seiner Kraft, unabhängig von den Mächten der blinden Natur in und außerhalb von ihm, sich selbst zu bestimmen, sie liegt in seiner Macht zu handeln.«

An sich schrieb Horkheimer somit der »Idee der Menschenwürde« eine besondere Energie und historische Bedeutung zu, da sie »aus der Erfahrung der barbarischen Herrschaftsformen erwachsen sei«.[92] Aber aufgrund seiner Analysen der gesellschaftlichen Ordnung ging sein Vertrauen in den Würdebegriff verloren. Wie Adorno lehnte er ihn als idealistisch und anachronistisch ab. Der Begriff diente in seinen Augen nur als Alibi und war zu schwach, um die reale Ausgestaltung der modernen Gesellschaft zu verändern. Statt das Wesen des Menschen zu bewundern, wie es die humanistische Weltanschauung tat, müssten vielmehr die ihn »prägenden Gewalten« der Gesellschaft als einer zunehmend abstrakten Entität untersucht werden: »Die Nummern von Paß, Kennkarte, Sozialversicherung weisen den Weg«, so Horkheimer 1965 auf dem Evangelischen Kirchentag. »Die kulturelle Ära, für die das einzelne Subjekt noch einzeln war, hat ihr Ende erreicht.«[93]

Humanisierung und Widerstandspflicht

Nicht bei allen Intellektuellen klang das so apokalyptisch wie bei Horkheimer. Aber auch der Linkskatholik Eugen Kogon forderte in diesen Jahren einen grundlegenden Reformbedarf der westlichen Staaten, weil der Mensch dort zum Gefangenen eines »streng technisch-organisatorischen Reglements« geworden sei.[94] Der »objektive Entwicklungszug« des historischen »Prozesses der menschlichen Verantwortung in Freiheit« sei zudem durch Auschwitz »überschwelt« worden.[95] Kogons Ton wurde in diesen Jahren entschiedener, kämpferischer. Die »Willkürgewalt« müsse durch ihre »Humanisierung« mit dem Ziel einer »humanitären Demokratie« gebändigt werden, in der sich die Menschen »als Personen zu entfalten vermögen«.[96] Es sei »überall Sache der gesellschaftlichen Kräfte, die Zustände und Einrichtungen, die sie wo immer für menschenunwürdig ansehen, zu verurteilen und dagegen zu demonstrieren«.[97] All dies sollte aber vor allem innerhalb des bestehenden demokratischen Systems geschehen.

Wurde Kogon für die Umsetzung der »Humanisierung« wenig konkret, ging der hessische Generalstaatsanwalt Fritz Bauer einen Schritt weiter. Aus seinem vehementen Einsatz in der Nachkriegszeit für eine Würdigung des Widerstands gegen den Nationalsozialismus leitete er in diversen Beiträgen ein »Widerstandsrecht des kleinen Mannes«, gar eine »Pflicht (…) zum persönlichen Nein gegenüber staatlichen Verbrechen« ab, wenn Gesetze und Befehle »gegen das Fundament jeden Rechts, gegen Würde, Freiheit und Gleichheit verstoßen«.[98] Um die Wiederkehr einer totalitären, faschistischen Herrschaft zu verhindern, sei präventiver Widerstand auch im Rechtsstaat erlaubt und nötig, zumal die Welt Gefahr laufe, sonst nur noch aus »Robotern, Automaten und Plattenspielern« zu bestehen.[99] Zu verteidigen sei dabei kein weltanschauliches, christliches »Sittengesetz«, sondern die alles andere, auch die Grundrechte, beschirmende »Achtung vor der Menschenwürde«.[100] Bauer forderte nicht nur eine Reform des Rechts im Sinne von Prinzipien der Menschlichkeit und Empathie, die sich für ihn aus dieser Achtung ableiteten, und erinnerte dabei immer wieder an die Unrechtspraxis im Nationalsozialismus, die »geradeaus zu den Todesurteilen der Sondergerichte, nach Auschwitz und Treblinka« geführt habe. Vor diesem Hintergrund rief er zu einem »Heldenmut im bürgerlichen Leben« auf, einer »Zivilcourage«, um einem »bösen Staat zu widerstehen, der barbarisch die Würde verletzt«.[101]

Bauer gehörte zu den wenigen, die den studentischen Protest am Ende der 1960er Jahre unter Rückgriff auf den Widerstand gegen den Nationalsozialismus und die Würdeformel des Grundgesetzes rechtfertigten, ihm aber zugleich auch Grenzen setzten: Er gab den Protestierenden auf, die Grenze von Willkür und den Bruch mit dem höheren Recht der Menschenwürde genau zu reflektieren. Weil anders als Bauer die wichtigsten Vordenker der Studentenbewegung wie auch bedeutsame Intellektuelle dieser Jahre auf den Würdebegriff weitgehend verzichteten, kam es zu einem Paradox: Begrifflich blieb die Menschenwürde in diesen Jahren marginal, obwohl viele Themen und Positionen es nahegelegt hätten, sich auf die Würdenorm zu beziehen. Doch sie erschien noch zu sehr wie ein Deckmantel für bestehende Unterdrückungsverhältnisse und als ein Erbe des Konservatismus. Die Würdenorm legte eine Übereinstimmung mit dem Grundgesetz nahe, während die damit nach 1949 begründete politische und gesellschaftliche Ordnung doch gerade kritisiert und bekämpft wurde.

Bloch, Adorno, Horkheimer und Marcuse, religiöse Sozialisten, Jaspers, Sartre und Heidegger, Marx und seine Nachfolger: Rudi Dutschke las sie alle und baute an einer Weltsicht, die Marxismus, Antiimperialismus sowie Ansätze des Befreiungskampfs verknüpfte und auf die Bundesrepublik übertrug. Er wandte sich schon bald nach seiner Flucht aus der DDR nach Westberlin im August 1961 wie viele spätere »68er« der Ausbeutung der »Dritten Welt« und dem antikolonialen Befreiungskampf zu. Die Protestierenden in den »Zentren des Imperialismus« sollten sich mit den sozialistischen Aufständen in Kuba oder Vietnam wie mit der amerikanischen Bürgerrechtsbewegung solidarisch erklären, um zu einer »Revolutionierung der Revolutionäre« und der »Massen« zu gelangen. Nach seinen ersten öffentlichen Protestaktionen wurde Dutschke 1965 in den SDS aufgenommen, innerhalb kurzer Zeit zu dessen Leitfigur und war heftigen, ihn diffamierenden öffentlichen Angriffen ausgesetzt.

Dutschkes Bekanntheit wuchs beträchtlich, als sich in der Außerparlamentarischen Opposition seit dem Attentat auf Benno Ohnesorg am 2. Juni 1967 die Gewichte zugunsten der Studentenbewegung verschoben. Auch als Reaktion auf das staatliche Vorgehen vor allem bei Demonstrationen nahmen die Proteste radikalere Formen an. Zusammen mit Hans-Jürgen Krahl forderte Dutschke Anfang September 1967 in einem »Organisationsreferat« vor der Delegiertenkonferenz des SDS dessen radikale Neuausrichtung hin zum revolutionären Protest. Das sei nicht nur wegen der – nicht zuletzt von Dutschke selbst betriebenen – Dynamik der antiautoritären Protestbewegung geboten, sondern auch durch die politisch-gesellschaftlichen Bedingungen des »integralen Etatismus«. Vieles klang wie bei Marcuse: Die »Verinnerlichung ökonomischer Gewalt« erlaube zwar eine »tendenzielle Liberalisierung staatlicher und politischer, moralischer und rechtlicher Herrschaft«. Aber infolge der »Symbiose staatlicher und industrieller Bürokratien« sei die Gesellschaft zu einer »staatlichen Gesamtkaserne« geworden.[102]

Als Kopf der Studentenbewegung war Dutschke, den mit Ulrike Meinhof in dieser Zeit eine gut zweijährige politische Freundschaft verband, Anfang 1968 ein gern gesehener Gast bei vielen Diskussionen und Interviews mit großer Reichweite. Gesprächspartner, die wie Ralf Dahrendorf, Ernst Bloch oder Werner Maihofer auf ihre eigene Weise die Verhältnisse in der Bundesrepublik kritisierten und eigene Würdekonzepte verfolgten, drängten Dutschke bei verschiedenen Gelegenheiten dazu, seine Ideen für eine zukünftige Gesellschaft und den Weg dorthin zu konkretisieren. Nach den ersten Jahrzehnten einer antikommunistisch motivierten Weigerung, sich konstruktiv mit Alternativen zur bundesrepublikanischen Wirklichkeit auseinanderzusetzen, schien dieser Moment mit Dutschke nun trotz seiner vielen Gegner gekommen. Recht vage stellte er sich einen Sozialismus mit Demokratie vor, mit vergesellschafteten und nicht »verstaatlichten« Menschen, mit Produktionsverhältnissen und Lebensmöglichkeiten, die allen Menschen Selbstverwirklichung und Kreativität ermöglichen sollten. Seine Idee einer »schöpferischen Entfaltung« erinnert durchaus – ebenso wie Dutschkes Appelle an Solidarität, Mitmenschlichkeit und Gemeinschaftsbindung – an das personalistische Menschenbild und das darauf fußende Würdekonzept. Denn in dem entfremdeten Menschentypus der Gegenwart und besonders dessen Vertretern in der Elite sah Dutschke das Gegenteil einer freien Persönlichkeit.

Aber auch für den Star der Studentenbewegung waren Begriffe wie Würde, Person oder Persönlichkeit ein Tabu: Sie waren zu konservativ und zu normativ, zu unpolitisch und vor allem zu wenig revolutionär. Dutschke verleugnete seine Nähe zum christlichen Protestantismus gleichwohl nicht. Beeinflusst vom religiösen Sozialismus der DDR, war Dutschke seit 1956 auf Distanz zum kommunistischen Herrschaftssystem gegangen. Vor allem mit dem evangelischen Theologen Helmut Gollwitzer, der 1980 in der Grabrede auf ihn dessen »Leidenschaft für Menschen« betonte, verband ihn eine enge Freundschaft. Gollwitzer, seit 1957 Professor für Evangelische Theologie an der FU Berlin, war ein prominentes Bindeglied zwischen einer Reihe von Personen, die für den Würdediskurs nach 1945 je auf ihre Weise relevant waren, darunter Martin Niemöller, Reinhold Schneider, Gustav Heinemann, Ulrike Meinhof oder eben Rudi Dutschke. Für die drei Letztgenannten hielt er innerhalb weniger Jahre die Trauerreden.

Der in seiner Kirche ebenso umstrittene wie vor allem für eine neue Theologengeneration prägende Gollwitzer verstand sich als politischer Theologe. Er wollte den Protestantismus darauf ausrichten, sich aktiv mit den gesellschaftlichen Herausforderungen der Gegenwart auseinanderzusetzen. Seit den 1950er Jahren engagierte er sich für eine Öffnung der Kirche gegenüber dem Sozialismus und den marxistisch-christlichen Dialog, für die christlich-jüdische Aussöhnung und eine globale, solidarische Gesellschaft, besonders im Rahmen der ökumenischen Weltbewegung. So diskutierte die Weltkirchenkonferenz in Uppsala 1968 in einer überraschend kritischen Deutlichkeit Themen wie den Vietnamkrieg oder die ökonomischen Diskrepanzen zwischen dem Norden und dem Süden der Welt. Im abschließenden Kommuniqué hieß es: »Wir hörten den Schrei derer, die sich nach Frieden sehnen. Die Hungernden und die Ausgebeuteten rufen nach Gerechtigkeit. Die Verachteten und Benachteiligten verlangen ihre Menschenwürde.«[103] Von hier aus war es nicht weit zur Aufforderung, sich an der »Vorwegnahme des Reiches Gottes« aktiv zu beteiligen.

Für Gollwitzer befand sich die Menschheit in einem »revolutionären Zeitalter«. Wie Marcuse und Dutschke wandte er sich gegen die Herrschaft von Technokraten und Funktionären, sah die Menschen in einer »Zwangsgesellschaft« gefangen und weit von ihrem »Mündigwerden« entfernt. Deshalb nahm er die Botschaft von Uppsala enthusiastisch auf: An jedem Tag der Konferenz, so schrieb er kurz darauf, sei »von sozialer Gerechtigkeit, von Menschenwürde, von persönlicher Freiheit, von Rechtssicherheit, von Selbstbestimmung« die Rede gewesen. Die so gewonnene »Erkenntnis von der Identität von Demokratie und humaner Gesellschaft« sei aber wie nie zuvor durch Krieg, Unterdrückung und Ausbeutung gefährdet. Jeder, der sich »für Gerechtigkeit und Menschenwürde« einsetzen wolle, müsse sich gegen Hochkapitalismus und Technokratie wenden.[104] Kompromisslos forderte er 1973 bei der Eröffnung der »Woche der Brüderlichkeit« in Saarbrücken: »Überleben in eine menschenwürdige Zukunft hinein wird nur eine Menschheit, in der der bisherige Dschungelkampf ums eigene Recht abgelöst wird durch die Aufrichtung des Rechtes des anderen (…), der bisher wegen des Durchpaukens meines Rechtes Zukurzgekommenen.« Das gelte vor allem für die »machtlose Mehrheit der Dritten Welt, deren Elend die Voraussetzung und die Folge unseres Reichtums (…) ist«. Gollwitzer ließ eine offene Liste folgen: hungernde Völker, Gastarbeiter, politisch Unterdrückte in Südamerika, Obdachlose, Frauen, Strafentlassene, geistig Behinderte. Dann schlug er einen historischen Bogen: Noch immer herrsche die »gleiche Denkweise wie damals«, als während der NS-Zeit die Juden verfolgt worden seien.[105] Aber ohne die »Menschenwürdigkeit des Lebens aller wird es menschliches Leben nicht mehr geben«.[106]

Um dies zu erreichen, reklamierte Gollwitzer – auch hier in kritischer Distanz zu seiner Kirche – sogar ein Recht auf gewaltsamen Widerstand unter bestimmten Bedingungen, indem er sich auf jene Deutung des 20. Juli berief, wie Fritz Bauer sie vertrat. Hier ging Dutschke jedoch nicht nur rhetorisch, sondern auch strategisch weiter als Gollwitzer. Er orientierte sich zunehmend an Frantz Fanon und Che Guevara, deren Idee und Praxis der revolutionären Gewalt er als globale Bewegung idealisierte, die an die Zustände in Europa anzupassen sei. Die Macht der Imperialisten müsse in einem langen revolutionären Prozess gebrochen werden. Neben Aufklärung als Bewusstseinsbildung gegen die »sublime Gewalt« gehörten dazu für Dutschke antiautoritäre Provokationen, die Herstellung einer Gegenöffentlichkeit und eine Gegengewalt, deren Maß sich an der »repressiven« und »manifesten Gewalt« des Staates orientieren müsse. Manche konnte Dutschke mit seiner Absage an einen aktiven, gewalthaften Umsturz beruhigen, andere erkannten in ihm weiterhin eine Gefahr für die Sicherheit von Staat und Gesellschaft.

Das Attentat des Rechtsextremisten Josef Bachmann auf Dutschke am 11. April 1968, eine Woche nach der Ermordung von Martin Luther King, führte zu einer Eskalation der Studentenproteste. Sie richteten sich vor allem gegen die diffamierende Berichterstattung der Springer-Presse über die Studentenbewegung. Dutschke überlebte schwer verletzt, konnte die weiteren Proteste aber nicht mehr mitgestalten. Ob er mit seinen revolutionären Visionen dem linken Terrorismus der 1970er Jahre zugearbeitet hat, ist umstritten. 1977 distanzierte er sich aber von dem Vorwurf, den von der RAF ermordeten Ponto nicht als »konkreten Menschen« zu sehen, sondern ihn auf eine »Charaktermaske« des kapitalistischen Systems reduziert zu haben. Allerdings betonte er, dass der einzelne Mensch weder den realen Sozialismus noch den Kapitalismus interessiere: »Dem technokratischen Herrschaftsapparat (…) ist die allein durch politischen Klassenkampf zu erreichende Menschenwürde eine ihn bedrohende Sache.«[107] Nicht von ungefähr wird Dutschke gerade in dieser Situation der größten Herausforderung und Bewährung der Bundesrepublik auf den sonst vermiedenen Begriff der Menschenwürde zurückgegriffen und ihn zu einem Agens des historischen Prozesses gemacht haben.

Das Grundgesetz als »großes Angebot«

Wie Helmut Gollwitzer stand auch Gustav Heinemann mit Rudi Dutschke bis zu dessen Tod in persönlichem Kontakt. Eindeutiger als der Studentenführer lehnten beide Gewalt als Mittel des Protests ab. Am Abend des Attentats hatte Heinemann, zu dieser Zeit Justizminister der Großen Koalition, alle Seiten dazu aufgerufen, Recht und Gesetz zu achten. »Unser Grundgesetz«, so Heinemann mit einer Formulierung, die er fortan häufig gebrauchen sollte, »ist ein großes Angebot. Zum ersten Mal in unserer Geschichte will es in einem freiheitlich-demokratischen und sozialen Rechtsstaat der Würde des Menschen volle Geltung verschaffen.« Dazu gehöre auch eine Vielfalt an Meinungen und das Recht, durch Demonstrationen zu mobilisieren, wobei die Gesetze als »Kleid unserer Freiheit« von allen zu achten seien.[108] Nur wenige Tage vor dem Attentat hatte er sich in seinem Beitrag »Die Vision der Menschenrechte« für einen Ausbau der Bürgerrechte ausgesprochen, um das Erbe des deutschen Obrigkeitsstaats zu überwinden.[109] Hier zeichnete sich bereits etwas ab, das die Geschichte der Menschenwürde in der Bundesrepublik maßgeblich prägte: Kein anderer Repräsentant und Politiker der Bundesrepublik sollte die Trias aus Grundgesetz, Menschenwürde und Freiheit so sehr ins Zentrum seines politischen Handelns und Redens stellen und mit einer kritischen Aufarbeitung des Nationalsozialismus verbinden wie Gustav Heinemann.

Bereits als Justizminister, dann auch in seiner Amtszeit als Bundespräsident von 1969 bis 1974 strebte Heinemann danach, den sozialen und demokratischen Rechtsstaat zu stärken und auszubauen. Er gelangte dabei zu einer eigenen Sprache, die liberale, sozialdemokratische und protestantische Elemente miteinander verknüpfte. Spätestens seit seinem Bruch mit Adenauer 1951 hatte Heinemann der »reichliche Gebrauch christlicher Vokabeln zur Dekoration politischer Macht« auf die Barrikaden getrieben.[110]

Den antitotalitären Konsens der Adenauer-Ära betrachtete Heinemann mit Skepsis, weil dem Staat im Zeichen des Antikommunismus zu viel Macht zugeschrieben worden sei. Immer wieder betonte Heinemann in Reden und Beiträgen die Errungenschaft des Grundgesetzes, weit mehr als die Weimarer Republik die Grundrechte gegenüber dem Staat gestärkt zu haben. Man dürfe diesen als »Notordnung« nicht »zu etwas Übermenschlichem erhöhen und überhöhen«.[111]

Aber auch die SPD wurde für den gläubigen Protestanten erst nach dem Scheitern der von ihm mitbegründeten GVP eine politische Option, als sie sich vom Ziel einer sozialistischen Alternative distanzierte. So durchlief Heinemann schließlich alle Parteirichtungen, die den Artikel 1 des Grundgesetzes 1949 ermöglicht hatten: In der Weimarer Republik hatte er der linksliberalen Deutschen Demokratischen Partei angehört, nach 1945 der CDU, seit 1957 der SPD. Nicht zuletzt unter dem Eindruck der erneuten Prozesse gegen NS-Verbrecher in den 1960er Jahren forderte Heinemann als einer der ersten bundesdeutschen Politiker, eine aktive Auseinandersetzung mit der NS-Vergangenheit zur Grundlage der Demokratisierung zu machen: »Wie war es möglich«, fragte er zum 25. Gedenktag des 20. Juli 1944 in Plötzensee, »daß bürgerliche Freiheit, Menschenwürde und Selbstbestimmung so barbarisch mißachtet werden konnten?« Er würdigte dabei nicht nur die Attentäter um Stauffenberg als »unseren Anteil an den besten abendländischen Überlieferungen (…) des Ringens um Menschenrecht und Menschenwürde«.[112] Bei einem Empfang von Berliner Bürgern, die während des Nationalsozialismus Hilfe geleistet hatten, ehrte er sie 1972 als Menschen, die ihr »eigenes Leben (…) aufs Spiel gesetzt« hätten, »um sich in den Jahren der Entwürdigung des Menschen selbstlos für die Bewahrung der Menschenwürde einzusetzen«.[113]

Bereits in seiner kurzen Amtszeit als Justizminister hatte sich Heinemann energisch für eine überfällige und lange vorbereitete

Reform des Strafrechts und des Strafvollzugs eingesetzt. Um dem grundgesetzlichen Anspruch der Menschenwürde für alle Bürger nachzukommen, verfolgte Heinemann dabei bestimmte Grundsätze: Der Staat solle sich in bestimmte Bereiche des privaten Lebens nicht aus moralischen Gründen einmischen. Deshalb wurde die Strafbarkeit von Ehebruch, Gotteslästerung und weitgehend auch von Homosexualität abgeschafft. Besonders wichtig war Heinemann die Besserstellung unehelicher Kinder, die bis zur Reform als nicht mit dem leiblichen Vater verwandt galten und keine Ansprüche an ihn hatten. Da auch hier die betroffenen Mütter und ihre Kinder aus Gründen der christlichen Sittlichkeit abgestraft würden, sah Heinemann das Ziel verletzt, »Würde und Grundrechte« allen Bürgern zukommen zu lassen. Die »Achtung der Menschenwürde« verbiete zudem ein »Übermaß an strafrechtlicher Sanktion«.[114] Auf dieser Grundlage setzte sich Heinemann dafür ein, nicht mehr Vergeltung und Sühne, sondern die Möglichkeit der Resozialisierung zur Grundlage von Strafrecht und Strafvollzug zu machen. Straftäter sollten nicht mehr als »Kriminelle« diffamiert und ausgegrenzt werden. Schließlich wollte Heinemann mit einer Änderung des politischen Strafrechts entsprechende Tatbestände auf konkrete, ernsthafte Gefährdungen der staatlichen Sicherheit begrenzen. Gegen einen präventiven, antikommunistischen Generalverdacht hatte er bereits als Strafverteidiger in den 1950er Jahren argumentiert.

Im Zeichen der Menschenwürde wollte Heinemann so viele Restbestände des autoritären Staates und einer antiliberalen Moral wie möglich beseitigen. Das stand im Einklang mit dem Reformprogramm der sozialliberalen Koalition. Sie kanalisierte auf dem Gesetzeswege - wenn auch für viele nicht ausreichend - ein breites Spektrum an Skandalen, Protesten und Bewegungen der 1960er und 1970er Jahre, die sich auf mittelbar oder unmittelbar vom Staat verantwortete Institutionen bezogen: auf Schulen, Kinderheime, psychiatrische Anstalten, Gefängnisse und die Bundeswehr, aber auch auf die Familie. Ihr umfassender Zugriffsanspruch sollte auf eine neue Grundlage gestellt werden: ein optimistisches Bild des Menschen, das niemanden als »gefallen« betrachtete, sondern auf das Zusammenspiel von Erziehung und Entfaltung setzte, um sozialen Marginalisierungen entgegenzuwirken.

Als Bundespräsident bettete Heinemann seine Reformvorhaben in ein breiteres Panorama ein. In seiner ersten Rede am 1. Juli 1969 benannte Heinemann die großen Themen seiner Amtszeit: Auf Friedenssicherung, Nord-Süd-Konflikt sowie »Hunger und Elend in der Welt« folgten die »Aufhellung unserer eigenen Geschichte«, der »Ausbau der sozialen Demokratie« und die Verwirklichung der freiheitlichen Demokratie. Da der Anteil des Einzelnen am modernen Leben »immer spurenloser, immer unpersönlicher, immer fremdbestimmter« werde, nehme die Bedeutung von Mitbestimmung und Mitgestaltung zu. Er pries das Grundgesetz als die beste Ordnung in der deutschen Geschichte. Sie gründe auf der Anerkennung der Menschenwürde, sei aber unfertig und bedürfe des »mündig mitbestimmenden Bürgers«, mithin »nicht weniger, sondern mehr Demokratie«. Heinemann erklärte Menschenwürde, Bürgersinn und Geschichtsbewusstsein zu untrennbaren Grundlagen einer sozialliberalen Demokratie. Dementsprechend forderte er wiederholt: »Der kritische, verantwortungsbewußte und letztlich auch opferbereite Aktiv-Bürger (…) ist und bleibt die wichtigste Voraussetzung für eine lebendige Demokratie.«[115]

Welches Konzept von Menschenwürde lag dem zugrunde? Heinemann erklärte sie 1967 zum »obersten Wert« der bundesrepublikanischen Verfassung und zur »unübersteigbaren und unaufhebbaren Grenze« der staatlichen Gewalt.[116] Er verstand darunter nicht nur ein Abwehrrecht, sondern ein Gestaltungsprinzip. Kein Gesetz, kein Verwaltungsakt, kein Gerichtsurteil dürfe zur Menschenwürde als oberster Handlungsanleitung im Widerspruch stehen. Sie liege allen Gesetzen als ein überpositives Recht voraus. Heinemann begründete dies persönlich aus seinem protestantischen Verständnis, das den Menschen als Teil der göttlichen Schöpfungsordnung sah: »Von dieser Würdigung des Menschen von Gott her eignet dem Menschen wirkliche Würde, die jede Erniedrigung durch den Menschen oder für menschliche Zwecke ausschließt.«[117]

Aber Heinemann trennte klar zwischen einer Legitimation des Rechtsstaats, die sich auch auf viele andere Wurzeln als den protestantischen Glauben berufen könne, und der Einflussnahme auf die Gesellschaft durch die kirchliche Moral, die er strikt ablehnte. Gerade Christen hätten aber zu verhindern, dass der Mensch zum »Objekt staatlicher Macht« werde.[118] Kurz vor seinem Tod musste Heinemann allerdings angesichts des Vorgehens gegen Kritiker des Staates im Zuge des 1972 verabschiedeten »Radikalenerlasses« ernüchtert feststellen: »Der Staat soll wieder einmal als das hohe über uns schwebende Etwas verstanden werden, das unabhängig von Parlamenten, Parteien und Volkssouveränität als ein Inbegriff von ausübender Gewalt besteht.«[119]

Heinemanns Reformwille und seine Ernüchterung stehen symptomatisch für die Geschichte der Menschenwürde zwischen 1960 und 1990: Allenthalben formieren sich Bewegungen aus Protest, für Reformen und mehr Partizipation, doch dieser zivilgesellschaftliche Aufbruch führte keine geradlinige Liberalisierung und Demokratisierung herbei. Staat, Politik und Institutionen wiesen neben vielen Transformationen auch beträchtliche Beharrungskräfte auf, es kam immer wieder zu Rückschritten und Verzögerungen. Der breite Aufbruch mündete in ein oft segmentäres Ringen an vielen Fronten, während sich mit dem wachsenden Wohlfahrtsstaat nicht nur ein umfassendes Versorgungsnetz, sondern auch eine »Kolonialisierung der Lebenswelt« (Jürgen Habermas) ausbreitete. Einerseits konnte sich ein Bewusstsein für die Selbstentfaltung des Einzelnen und eine humanitäre Sensibilisierung für den Schutz der Menschenwürde etablieren – andererseits war, wie sich im Zeichen der Bekämpfung des Linksterrorismus und nach dem Regierungswechsel unter der konservativ-liberalen Bundesregierung zeigen sollte, das Reservoir moralkonservativer und antiliberaler politischer Maßnahmen und Ziele weiterhin lebendig.

V

DIE WÜRDE
IN DER PLURALISTISCHEN GESELLSCHAFT

17

IM KAMPF UM RECHTE: DIE GLOBALISIERUNG DER MENSCHENWÜRDE

»Schon wieder«, schrieb Günter Grass am 11. Oktober 1968 in der »Zeit«, »ist der Begriff Humanität das Papier nicht wert, auf dem er beliebigen Festreden weihevolle Schmelze verleihen soll.« Er sei zum »Synonym für Bestialität« degradiert worden. Anlass war neben dem Vietnamkrieg die Hungerkatastrophe in Biafra. Seit 1967 kämpfte die Provinz Biafra im Südosten von Nigeria um ihre Unabhängigkeit. Nachdem die nigerianische Regierung die Zufuhr von Lebensmitteln in die Region unterbunden hatte, sorgten im Sommer 1968 Bilder von Kindern mit aufgeblähten Bäuchen und eingefallenen Oberkörpern für weltweites Entsetzen. Grass fühlte sich an die befreiten Konzentrationslager erinnert. Er kritisierte die allgemeine Bereitschaft, aufgrund der jeweiligen Interessenlagen einen »Völkermord vor aller Augen« zu relativieren. »Das Wissen um Auschwitz, Treblinka und Belsen verpflichtet uns (…). Schweigen (…) wird zur Mitschuld.«[1]

Der Biafrakrieg markierte einen medialen wie moralischen Wendepunkt in der »Institutionalisierung humanitärer Hilfe« (Florian Hannig). Mit ihm erlebte in der Bundesrepublik das Motiv, Menschen in Not kurzfristig, professionell, ohne politische Zwecksetzung »on a strictly neutral basis« und auf der Basis von Spenden als unverschuldeten »victims of natural disasters, mass accidents and armed conflict, irrespective of race, political conviction, religion or creed« zu helfen, wie es die 1971 in Frankreich gegründete Organisation »Ärzte ohne Grenzen« in ihrer Charta formulierte, seinen politischen Durchbruch.[2] Dies geschah mitten in einer grundlegenden Krise der nach 1945 entstandenen Ordnung: Das Ende des Nachkriegsbooms zeichnete sich ab. Der Bericht des »Club of Rome« von 1972 hatte mit Nachdruck die »Grenzen des Wachstums« markiert, wie sie mit dem Zusammenbruch des Bretton-Woods-Währungssystems und der Ölkrise zur selben Zeit konkret wurden.

Gleichzeitig trugen mehrere humanitäre Katastrophen dazu bei, ein neues moralisches Paradigma zu verankern: Auch wenn Hilfsaktionen oft kurzatmig, paternalistisch und emotionalisiert waren, boten sich frühen Menschenrechtsaktivisten seit den 1970er Jahren veränderte Bedingungen, um sichtbarer zu werden und erfolgreicher zu handeln. In der Bundesrepublik entstand ein breites Geflecht an neuen sozialen Bewegungen, Bürgerinitiativen, Reformprojekten und humanitär engagierten Gruppen. Das zivilgesellschaftliche Engagement war eng mit einer medial vermittelten Empathie verbunden, um weite Teile der Bevölkerung zur Unterstützung zu mobilisieren.

Für ein menschenwürdiges Dasein aller Menschen Sorge zu tragen war endgültig keine rein nationale Angelegenheit mehr, sondern zu einer der wichtigsten Systemfragen der Weltordnung geworden, die sich aus vielen Quellen des globalen Protests gegen die bestehenden Herrschaftsverhältnisse speiste. »Befreiung« wurde zu einem würdegebundenen Pathosbegriff, der seine Wirkung noch in den Bürgerrechtsbewegungen der 1980er Jahren entfalten sollte, als der Sozialismus in Osteuropa gestürzt wurde. Dabei waren die Interdependenzen von Menschenwürde und Menschenrechten seit den 1970er Jahren viel zu eng, um zwischen dem einen als Primat des christlichen Traditionalismus und dem anderen als Reservat einer emanzipatorischen Bewegung immer eindeutig unterscheiden zu können.

Befreiung im Namen der Würde

Als Gustavo Gutiérrez 1971 der Befreiungstheologie mit seinem Buch »Teologia de la liberación« ihren Namen gab, hatte sich Lateinamerika zu einem Kontinent der Diktaturen entwickelt. Putsche, Protestbewegungen und Rebellionen gingen mit einem Übermaß an Gewalt und Willkür einher, das in der westlichen Welt mit wachsender Aufmerksamkeit und Besorgnis wahrgenommen wurde. In den Jahren zuvor war unter lateinamerikanischen Katholiken eine Basisbewegung entstanden, die sich durch das Zweite Vatikanische Konzil ermutigt sah, dem Kampf gegen Unterdrückung und soziale Ungerechtigkeit ein theologisches Fundament zu geben. Dafür nutzten sie die Bischofskonferenz von Medellín 1968 als Bühne: Mehrere der Geistlichen forderten eine Kirche, die sich an die Seite der Armen stellte und gegen Gesetzlosigkeit und Repression kämpfte. Sie griffen dabei nicht auf das westliche Konzept der Menschenrechte zurück, sondern stützten ihre Forderungen auf ein christliches Würdekonzept, das neben der amerikanischen Bürgerrechtsbewegung ebenfalls die Theologie des Widerstands in Südafrika oder Teilen Asiens prägen sollte.

Der Vatikan hatte nach 1945 seine traditionelle Ablehnung der Menschenrechte trotz der Ereignisse des Zweiten Weltkriegs beibehalten und die UN-Charta von 1948 nicht unterstützt. Insbesondere die Religions-, Presse- und Meinungsfreiheit widersprachen dem Verständnis der katholischen Kirche, eine alleingültige, von Gott offenbarte Wahrheit zu verkörpern. Erst auf dem Zweiten Vatikanischen Konzil zeichneten sich hier Änderungen ab, als zwischen 1962 und 1965 eine Reihe von Reformen katholischer Dogmen verabschiedet wurden. 1963 würdigte Papst Johannes XXIII. die Erklärung der Menschenrechte als einen Fortschritt. Mit ihren Konzilsbeschlüssen bewegte sich die katholische Weltkirche hinsichtlich des Rechts auf Religionsfreiheit, der Trennung von Kirche und Staat sowie der Rechte von Frauen auf Grundpositionen des liberalen Rechtsstaats zu. Aber nicht wenigen Katholiken, gerade in der Bundesrepublik, schien der Geist des vatikanischen Aufbruchs zu schnell verflogen. Insbesondere die päpstliche Enzyklika »Humanae Vitae« von 1968 sorgte für Enttäuschung. Darin hatte Papst Paul VI. unter Bezug auf eine von Gott verliehene Würde des Menschen und die »Heiligkeit des Lebens« die Grundpositionen der katholischen Kirche zu Ehe, Familie und Schwangerschaft bekräftigt. Künstliche Formen des Eingriffs in die natürliche Schwangerschaft wie deren Abbruch, Veränderungen der Keimzellen oder die Unfruchtbarmachung wurden strikt abgelehnt.

Auf die starke Kritik von Gläubigen und deren Enttäuschung reagierte die Deutsche Bischofskonferenz am 30. August 1968 mit der bemerkenswerten »Königsteiner Erklärung«, in der sie einen gewissen Respekt gegenüber dem Unmut bekundete. Das »Echo auf die Enzyklika« hinge auch »mit der großen Sensibilität des heutigen Menschen in Fragen der Autorität« zusammen.[3] Die Bischöfe räumten Menschen in »Gewissensnot« ein, den Aussagen der Enzyklika nicht zustimmen zu müssen, solange sie die Autorität der Kirche nicht in Frage stellten und ihre Haltung vor Gott verantworten könnten. Der Rahmen für Abweichungen, die ohnehin nur Einstellungen, aber keine Handlungen betreffen durften, war damit eng gesteckt und mit einem hohen Druck auf die Betroffenen verbunden. Immerhin: Die Bischöfe regten zur weiteren Diskussion an, darunter über die Frage, wo »die Grenze zwischen der dem Menschen aufgegebenen personalen Steuerung seiner Lebensvorgänge und den seiner Würde widersprechenden Formen der Manipulation des Lebens und der Liebe« liege.

Diese gewisse Aufbruchstimmung innerhalb des deutschen Katholizismus spiegelt sich in Maria Estors Bändchen »Menschenwürde und Gesellschaftsdynamik« wider. Es erschien 1969 mit der offiziellen Imprimatur der katholischen Kirche in der Enzyklopädie »Der Christ in der Welt«, die es zwischen 1954 und 1978 auf 180 Bände brachte. Estor, eine Volkswirtschaftlerin, die zu diesem Zeitpunkt dem Planungsstab des Bundesministeriums für Arbeit und Sozialordnung angehörte, hatte die Aufgabe, das christliche Verständnis der menschlichen Würde mit den Herausforderungen der modernen Gesellschaft in Einklang zu bringen. Sie tat dies auf eine recht progressive Weise: Angesichts der Säkularisierung des Menschenbilds und der schwindenden Bedeutung kirchlicher Institutionen liege die Verantwortung zur Bewahrung der menschlichen Würde bei jedem Einzelnen. Er trage »in seiner Individualität und Sozialität Verantwortung für ein menschenwürdiges Zusammenleben«.[4] Um dem aber nachkommen zu können, seien Demokratisierung, Gesellschaftskritik sowie die Meinungs- und Pressefreiheit unverzichtbar. Sie forderte eine »Entprivatisierung der Theologie« und strukturelle Reformen der Kirche, um in der pluralistischen Welt bestehen zu können. Es sei die Aufgabe der Kirche, den einzelnen Menschen in seinem »Bemühen um Humanisierung und Menschenwürde« gegen »Unterdrückung und Ungerechtigkeit« zu unterstützen. So könne und müsse der Christ auch angesichts der Gefahren der neuen Freiheiten dem »Gesellschaftsprozess« dienen, statt sich daraus zurückzuziehen.[5]

Während sich der Vatikan aber immer deutlicher von der Befreiungstheologie distanzierte, fand sie in der Bundesrepublik wichtige Sympathisanten und Mittler, vor allem im linken Protestantismus mit Dorothee Sölle, Jürgen Moltmann und Helmut Gollwitzer, aber auch unter katholischen Theologen wie Karl Rahner und Johann Baptist Metz. Moltmann, der bereits 1964 mit seiner »Theologie der Hoffnung« eine christlich-eschatologische Alternative zu Ernst Blochs »Prinzip der Hoffnung« entworfen hatte, brachte sich 1979 in die innerhalb des Protestantismus kontrovers geführte Debatte über die Anerkennung der Menschenrechte als Thema der Kirchen ein. Er wandte sich gegen eine liberale Beschränkung auf individuelle Menschenrechte, die nur zusammen mit sozialen Menschenrechten und dem allgemeinen Existenzrecht als Einheit betrachtet werden dürften. Sie sah er in einem übergeordneten Verständnis der menschlichen Würde als »eine und unteilbar« begründet. Der Mensch habe den Auftrag, Gott als »Grund seines Daseins« zu suchen, um so seiner Würde zu entsprechen.[6]

So weit entsprach das im Grunde dem christlichen Würdeverständnis. Aber Moltmann ging darüber hinaus: Erstens betonte er die »Gemeinschaft« des Menschen mit der »nichtmenschlichen Schöpfung«, was die belebte Natur in das christliche Würdekonzept einschloss und den Herrschaftsanspruch über sie relativierte.[7] Zweitens machte Moltmann »ökonomische Gleichheit und politische Gerechtigkeit« zu Grundanliegen des christlichen Wirkens in der Welt, was zu dieser Zeit noch keine Selbstverständlichkeit in seiner Kirche war und die dort strittige Anerkennung der Menschenrechte einforderte.[8] Drittens, und darin lag die eigentliche Herausforderung, plädierte Moltmann ähnlich wie Helmut Gollwitzer für ein reziprokes Verständnis der Würde: Die Freien und Privilegierten der westlichen Gesellschaften könnten dem Anspruch ihrer Würde nur dann gerecht werden, wenn sie »beginnen, alles zu tun, um die Würde der erniedrigten und beleidigten Menschen zu schützen«.[9]

Im Einsatz für die Menschenrechte

Trotz des nachhaltigen Einflusses der Befreiungstheologie, die viele Christen ebenso prägte wie sie die katholisch dominierte, ökumenische Initiative »Kirche von unten« am Ende des Jahrzehnts hervorbrachte, entwickelte sich in diesen Jahren nicht die Menschenwürde zum Leitbegriff der kritischen Öffentlichkeit.

Vielmehr erlebte die Menschenrechtsbewegung in den USA, in Großbritannien und im westlichen Kontinentaleuropa ihren Durchbruch als »Ambivalenz des Guten« (Jan Eckel), dessen Wurzeln ein Jahrzehnt zurückreichten. Nicht nur das Reden von Menschenrechten und über sie explodierte, auch ihr zivilgesellschaftliches Fundament entstand. Zum Flaggschiff dieser Bewegung wurde die 1961 gegründete Organisation Amnesty International. Bereits im selben Jahr war eine Sektion in der Bundesrepublik entstanden. Trotz bescheidener Anfänge entwickelte Amnesty in den ersten Jahren die wichtigsten Grundmuster ihres Vorgehens Sie setzte sich für politisch Verfolgte und deren Freilassung ein, indem sie Informationen über ihr Schicksal verbreitete und auf die entsprechenden Regierungen einzuwirken versuchte. Ein Zuwachs an Unterstützern und Kampagnen ging in den 1970er Jahren mit einem Professionalisierungsschub einher, der Amnesty eine weitaus größere Wahrnehmung als zuvor ermöglichte.

Einzelne, die Rechte hatten, setzten sich für Einzelne ein, denen sie verwehrt wurden: Um diesem Prinzip Geltung zu verschaffen, wurde Amnesty nicht nur über ihren Gründer, den aus dem Judentum zum Katholizismus konvertierten Briten Peter Benenson, mit historischen Würdeverletzungen wie der Sklaverei oder dem Holocaust in Verbindung gebracht. Amnestys Verständnis von Menschenrechten und Aktivismus war auf konkrete Personen, unabhängig von ihren politischen Überzeugungen und auf bestimmte politische Rechte begrenzt. Später kamen konzertierte Aktionen zu Themen wie Folter oder Todesstrafe und gezielte Länderkampagnen hinzu, um die Aufmerksamkeit für Menschenrechtsverletzungen zu bündeln und zu vertiefen. Dabei ging es Amnesty nicht darum, die verantwortlichen Regime zu stürzen oder alternative Gesellschaftsmodelle durchzusetzen. Ob postideologisch oder realistisch: Die Aktionen zielten auf eine personalisierte Empörung ab, um unmittelbar zum

Handeln zu mobilisieren. Das machte Schule: So nutzten auch die Aktionen gegen den »Radikalenerlass« in der Bundesrepublik konkrete Fälle, Namen und Porträtfotografien. Sich für das Menschenrecht auf freie Meinung und den Schutz vor einer Versehrung durch unzumutbare Haftbedingungen, Folter und Tod einzusetzen war immer auch eine Frage der Menschenwürde und ihrer Verletzung. Die Basis dafür bildete ein universaler Anspruch jedes Menschen auf elementare Lebensrechte, gepaart mit dem Schutz politischer Grundrechte.

Auch in der Bundesrepublik erlebte der Menschenrechtsaktivismus einen Boom. So wurde 1970 aus einer der Hilfsaktionen für Biafra die »Gesellschaft für bedrohte Völker« gegründet. Sie setzt sich seitdem für ein unbedingtes »Recht auf Heimat«, das Selbstbestimmungsrecht der Völker und gegen Genozide an ethnischen oder religiösen Minderheiten ein. Ihr nicht immer unumstrittenes Wirken trug dazu bei, den Blick der Öffentlichkeit auf die Gefahren kollektiver Unterdrückung bis hin zum Völkermord zu lenken. Zugleich spiegelte die Gründung der Gesellschaft einen der Erfolgsgeschichte der Menschenrechte gegenläufigen »decline of human rights« (Roland Burke) wider, der die Arbeit solcher Organisationen erforderlich machte. An die Stelle eines universalistischen Verständnisses der Menschenrechte, das der UN-Charta entlehnt war und die Dekolonisierung begleitet hatte, war in den souveränen Nachfolgestaaten vielfach eine Politik der gewaltsamen Unterdrückung von Minderheiten getreten.

Solidarität für die Unterdrückten

Für den Aufstieg des Menschenrechtsaktivismus erwiesen sich in der Bundesrepublik die Chile-Solidaritätsaktionen nach dem Sturz von Salvador Allende 1973 als besonders wirkungsvoll. Allende galt vielen als Hoffnungsträger für einen anderen Weg zum

Sozialismus. Gegen die Repressionen des Pinochet-Regimes bildeten sich in der Bundesrepublik als Teil einer internationalen Bewegung mehrere Hundert Ortsgruppen, in denen nicht selten Christen, Sozialisten und Liberale aufeinandertrafen, um Demonstrationen und Hilfsmaßnahmen für Verfolgte und Exilierte durchzuführen. Anschauliche Plakate, die oft Bezüge zum Nationalsozialismus herstellten, thematisierten die Unterdrückung, Unfreiheit und Menschenverachtung durch die Diktatur, um Empörung auszulösen. Während in diesem Feld eine linke, sozialistische Grundhaltung dominierte, die Begriffe wie »Solidarität«, »Kampf« und »Faschismus« betonte, mangelte es angesichts der Zersplitterung der Bewegung doch an einer dauerhaften Agenda jenseits der personenbezogenen Unterstützung.

In diesen Jahren verdichteten sich in einem weltweiten Ausmaß politische Regimewechsel, militärische Interventionen, Bürgerkriege und Hungerkatastrophen, deren Wahrnehmung medial sowie durch die Kampagnen von Hilfsaktionen und Solidaritätsinitiativen verstärkt wurde. Es lässt sich guten Gewissens von einer moralischen Doppelrevolution der Menschenrechte und der Menschenwürde sprechen, die mit der Liberalisierung und Demokratisierung in der Bundesrepublik über vielfältige Kanäle wechselseitig verbunden war. Dabei trafen sich christliche, sozialistische und überparteilich geprägte Initiativen in besonders vielfältiger und intensiver Weise im Kampf gegen das Apartheidsystem in Südafrika. Anti-Apartheid-Initiativen waren Ende der 1950er Jahre entstanden, aber erst im Zuge der globalen Protestwelle von 1968 nahmen die Aktivitäten in vielen westlichen Ländern zu und spiegelten zudem die wachsende Unterdrückung der schwarzen Bevölkerung, die 1976 im Massaker von Soweto kulminieren sollte. Südafrika wurde zum globalen Symbol für den Kampf um die Gleichheit aller Menschen im Sinne der UN-Charta.

Sich für die Menschenwürde und für die Menschenrechte einzusetzen war im Kampf gegen die Apartheid kaum zu trennen. Zu dessen wichtigsten Protagonisten gehörten zunächst Geistliche. Auch in der Bundesrepublik war die Bewegung tief im kritischen Spektrum der etablierten christlichen Kirchen verankert. So erfuhr die sich formierende Anti-Apartheid-Bewegung in der Bundesrepublik erstmals größere Aufmerksamkeit mit einer Kampagne zur Freilassung von Nelson Mandela auf dem Evangelischen Kirchentag von 1973. Die anfänglich sehr drastisch gestalteten Plakate der Bewegung argumentierten zugleich universalistisch, wenn sie zum Beispiel Mandelas Freilassung »im Namen der Menschlichkeit« forderten. Aber die Themen und Ziele der Anti-Apartheid-Bewegung reichten wesentlich weiter, als sich allein aus den Prinzipien der christlichen Nächstenliebe erschloss. Südafrika bot sich für antikapitalistisch motivierte Kampagnen als ein wichtiger Wirtschaftspartner des Westens an: Rüstungsgeschäfte der Bundesrepublik und eine weithin ignorante Haltung gegenüber dem zivilgesellschaftlichen Widerstand gegen das Apartheidsystem trugen nicht nur zur öffentlichen Mobilisierung, sondern auch zur beträchtlichen Unterstützung von Boykottkampagnen bei.

Was mit Flugblättern begonnen hatte, führte schließlich mitten hinein in die westliche Konsumgesellschaft: Mehr als eine Milliarde Menschen in sechzig Ländern saßen 1988 beim Solidaritätskonzert zum 70. Geburtstag von Nelson Mandela im Londoner Wembley-Stadion vor den Fernsehern. Zudem war nach Vietnam und Griechenland, Chile und Südafrika mit Nicaragua, Mosambique, El Salvador oder Argentinien die Liste an Ländern, zu denen sich Menschenrechtskampagnen entwickelten, immer länger geworden. Eine transnationale Ethik der Hilfsbereitschaft und der Verantwortung für andere kleidete sich dabei in unterschiedliche weltanschauliche Richtungen und Interessen. Gerade in der Bundesrepublik dienten häufig Bezüge auf die nationalsozialistischen Verbrechen dazu, den Protest zu legitimieren: Als

Lernerfahrung wirkte die Erinnerung an Auschwitz wie eine Ermächtigung, um sich auch in der Gegenwart mit den Leiden von Verfolgten zu identifizieren – und umgekehrt.

In der Solidarität mit Opfern von Diktatur, Krieg und Katastrophen, gerade mit Leuchtfiguren des antiwestlichen oder des antikommunistischen Widerstands, prägte sich ein grenzüberschreitendes Mobilisierungsgefühl aus, das in der zweiten Hälfte der 1970er Jahre erste Erfolge zeitigte: In der Bundesrepublik mit dem sozialdemokratischen »Wandel durch Annäherung« und den »Ostverträgen« mit der Sowjetunion und Polen vorbereitet, ermöglichte die Schlussakte der »Konferenz für Sicherheit und Zusammenarbeit in Europa« 1975 humanitäre Erleichterungen und erhob Menschenrechte wie die Meinungsfreiheit zu einem über den »Eisernen Vorhang« hinweg geteilten Grundsatz. Aber er fand seine Grenzen am Prinzip der nationalen Souveränität und diente den sozialistischen Staatsführungen als rhetorisches Alibi. Doch zwei Jahre später berief sich darauf die tschechoslowakische Bürgerrechtsbewegung »Charta 77«, flankiert von der Verleihung des Friedensnobelpreises an Amnesty International, dem Amtsantritt von Jimmy Carter als US-Präsident, der die Menschenrechte zu seinem politischen Programm erklärt hatte, und eingebettet in einen längeren Prozess, der 1984 zur Verabschiedung der UN-Konvention gegen Folter führte.

Auch im politischen Raum der Bundesrepublik fand dieser globale Wandel seine nachhaltige Resonanz und herausgehobene Protagonisten. Menschenrechte und Menschenwürde schlossen einander dabei nicht aus. »Ich spreche«, so Willy Brandt auf dem Hamburger Parteitag der SPD 1977, vom »Verlust an menschlicher Würde, draußen in der Welt und in unserem eigenen Land«.[10] Diesen Ansatz einer integralen Würdepolitik bekräftigend, forderte er 1991 zum 125-jährigen Bestehen seiner Partei: »Um der menschlichen Würde willen dürfen Menschenrechte weder geteilt noch gegeneinander ausgespielt werden.«[11] Auch die »Grünen« hatten sich in ihrem Bundestagswahlprogramm von 1987 zu energischen Verfechtern einer solchen zweifachen Würde als Grundlage der Menschenrechte und eines Lebens in Selbstbestimmung erklärt. Demokratie ziele darauf, so heißt es dort in der Präambel, »Herrschaft abzubauen und jedem Menschen ein Höchstmaß an Selbstbestimmung und Selbstverwirklichung zu ermöglichen«.[12]

Dieser »großen« Würde entsprach im Programm der »Grünen« eine dezidierte Ablehnung von menschenverachtenden Ideologien, politischer Unterdrückung und gesellschaftlicher Diskriminierung. Die Partei verpflichtete sich in ihrem Programm auf einen umfassenden Menschenrechtsbegriff, dessen bedingungslose Achtung ein »elementarer Bestandteil unserer eigenen Menschenwürde« sei. Zugleich setzten sich die »Grünen« aber auch zum Ziel, in den Bereichen von Gesundheit, Pflege und Altersarmut für ein »menschenwürdiges Niveau« zu sorgen, um so viel Selbstbestimmung wie möglich zu erlauben. Erst die Verflechtung von Menschenrechten und Menschenwürde trug wesentlich zur historischen Wende von 1990 bei – jenem Jahr, in dem gleichzeitig die sozialistische Herrschaftsordnung in Osteuropa zerfiel, das Pinochet-Regime in Chile endete und der südafrikanische Präsident de Klerk ankündigte, das Apartheid-Regime zu beenden.

Der Kampf um Bürgerrechte

Am 4. Dezember 1989, vier Wochen nach dem Fall der Mauer, besetzten aufgebrachte Bürger die Bezirksverwaltung des Ministeriums für Staatssicherheit in Erfurt. Sie wollten die Vernichtung von Akten stoppen und eine Auflösung der Stasi erzwingen. Mehr noch: Symbolisch stürzten sie damit das wichtigste Instrument ihrer jahrzehntelangen Repression. Was viele als kafkaeskes Überwachungssystem erfahren hatten, dem selbst dann nicht zu entkommen war, wenn man sich zur Mitarbeit verpflichtete, und das allen Verfassungsbekenntnissen zum Recht auf freie Meinung und zur Unverletzbarkeit der Privatsphäre Hohn sprach, verlor seinen Bann. Zahlreiche Besetzungen lokaler Stasi-Stellen folgten in den weiteren Tagen. Kurz darauf beschloss der regierende Ministerrat, die Stasi aufzulösen, und erklärte zudem einen Monat später, keine Nachfolgeorganisationen bilden zu wollen. Die Stasi war somit bereits entmachtet, als am 15. Januar Demonstranten die gigantische Zentrale des Ministeriums in der Berliner Normannenstraße stürmten, die bis dahin militärisches Sperrgebiet gewesen war.

In diesen Protesten brach sich das lange aufgestaute Gefühl Bahn, der »Dominanz staatlicher Machtstrukturen« (Detlef Pollack) weitgehend schutzlos ausgeliefert zu sein. Es hatte zuvor schon in weit kleinerem Umfang zum oppositionellen Engagement in den 1980er Jahren beigetragen, mobilisierte die »friedliche Revolution« und trieb zur Bildung von Bürgerrechtsbewegungen im Herbst 1989 an. Die Aktivisten teilten ein oft über Jahre gewachsenes und gemeinschaftsbildendes Bewusstsein, durch die staatliche Unterdrückung in ihrer Selbstentfaltung behindert und ihrer Autonomie beraubt worden zu sein. Gleichgesinnte fanden einander jenseits ihrer eigenen privaten Zonen und diskutierten oft Themen von globaler Relevanz, um nicht der politischen Opposition verdächtigt zu werden: Gefahren der Aufrüstung, Hunger und Armut in der Welt, Umweltfragen. So entstanden Denkräume für utopische Reformen, die sich mindestens so sehr an ethischen, nicht selten christlich inspirierten Ideen eines würdigen und solidarischen Zusammenlebens wie an der Forderung nach rechtssicheren Grundrechten orientierten. Immer größer erschien vielen deshalb die Diskrepanz zwischen den Versprechungen und der Wirklichkeit des SED-Regimes. In diese Dissonanzerfahrungen mischte sich eine wachsende Enttäuschung über die vielen Unwahrheiten des Systems. Dazu gehörte auch die ideologische Vereinnahmung von Leitbegriffen der globalen Protestbewegung, die man sich selbst gerade aneignete: Von Menschenrechten und Menschenwürde, von Freiheit und Persönlichkeit in einem ganz anderen Sinne zu sprechen als der Staat eröffnete der Opposition einen eigenen Raum des sprachlichen und moralischen Protests.

Denn das Verfassungsrecht der DDR hatte sich gegenläufig zur wachsenden Bedeutung der Menschenrechte entwickelt. Bereits die Gründungsverfassung der DDR von 1949 hatte den Schutz ihrer Bürger vor dem Staat nur nominell vorgesehen. Zwar standen essentielle Grundrechte am Beginn der Verfassung, aber sie waren nicht einklagbar und folgten einem kollektivistischen Ansatz: Individuelle Ansprüche hatten sich dem Wohl des Staatsaufbaus unterzuordnen. Wie in der Bundesrepublik sollten die Grundrechte »unangetastet« bleiben, aber dies war eine Leerformel, da weder eine Gewaltenteilung noch ein Verfassungsgericht bestand. Weil es den Gegensatz zwischen Staat, Produktion und Gesellschaft im Sozialismus nicht mehr geben sollte, galt es mit der Überwindung des bürgerlichen Kapitalismus als überflüssig, an die Menschenwürde oder an die Menschenrechte zu appellieren. Nicht die Freiheit des Einzelnen galt als höchstes Gut, sondern seine Pflicht und Verantwortung, zur Verwirklichung des sozialistischen Staates beizutragen. Dafür garantierte die DDR-Verfassung – anders als das Grundgesetz – ein Auskommen, das ein »menschenwürdiges Dasein« ermöglichen sollte. Was nicht in der Verfassung stand: Der Herrschaftsalltag der DDR war in hohem Maße repressiv und von eklatanten Verletzungen der Menschenwürde geprägt. Überwachung, Ausschluss und Verfolgung sicherten den Führungsanspruch der SED. Faktisch wurden Werte wie Persönlichkeit, Freiheit und Autonomie durch eine systemtragende Moral ersetzt, die auf Anpassung, Disziplin und Gehorsam basierte, bei vielen gepaart mit dem Glauben an den Sozialismus und einem gehörigen Maß an Opportunismus.

1968 wurden der bis dahin erfolgte Aufbau des Staates und das Bekenntnis zum Sozialismus durch die Verabschiedung einer neuen »sozialistischen Verfassung« nachvollzogen. Sie sicherte die Vorherrschaft der SED sowie ihre Einheit mit dem Staat und orientierte sich am Leitbild der »sozialistischen Persönlichkeit«, der Rechte nur im Einklang mit der Gesellschaftsordnung zukamen, nicht als Abwehrrecht wie in der Bundesrepublik. Essentielle Grundrechte wie das Recht auf Widerstand wurden gegenüber der Verfassung von 1949 gestrichen oder abgeschwächt, die sozialen Grundrechte allerdings abermals gestärkt. In diesem Sinne hieß es als Pendant zur Würdenorm der Bundesrepublik in Artikel 2: »Der Mensch steht im Mittelpunkt aller Bemühungen der sozialistischen Gesellschaft und ihres Staates.« Auch der Würdebegriff erhielt Verfassungsrang. Nun bezeichnenderweise den Prinzipien des Wirtschaftssystems nachgeordnet, hielt der Abschnitt über die »Grundrechte und Grundpflichten der Bürger« in Artikel 19 fest: »Achtung und Schutz der Würde und Freiheit der Persönlichkeit sind Gebot für alle staatlichen Organe, alle gesellschaftlichen Kräfte und jeden einzelnen Bürger.« Das war nicht nur deutlich schwächer und weniger ikonisch formuliert als im Grundgesetz, es wurde auch durch die gleich mehrfache Formulierung einer Beteiligungspflicht der Bürger relativiert: Einen Anspruch auf Würde und Freiheit konnte nur geltend machen und verwirklichen, wer sich in das sozialistische Staatswesen einordnete und aktiv an seiner Entwicklung mitwirkte. Ergänzt wurde der proklamierte »Schutz von Würde und Freiheit« in Artikel 30 um eine Formulierung, die zunächst der Würdenorm des Grundgesetzes ähnelte: »Die Persönlichkeit und Freiheit jedes Bürgers der Deutschen Demokratischen Republik sind unantastbar.« Doch wurden »gesetzlich begründete« Einschränkungen »im Zusammenhang mit strafbaren Handlungen oder einer Heilbehandlung« für zulässig erklärt.[13]

Wie die Würde blieben auch die Grundrechte konditional: Wer

nicht dem Sozialismus diente, verwirkte sie; wer dies tat, erkannte die Vorherrschaft des Kollektivismus an. Eine weitreichende Novelle der Verfassung von 1974 erhob die »sozialistische Lebensweise« zum allgegenwärtigen Rollenmodell. Unter diesen Prämissen boten die Verfassung und die Wirklichkeit der SED-Herrschaft nach 1968 zahlreiche Einfallstore, um die Würde, Persönlichkeit und Freiheit der DDR-Bürger anzutasten. Manche Formen änderten sich: Als im Zuge der Entspannungspolitik offensichtliche Verletzungen der Menschenrechte für internationale Kritik sorgten, entwickelte das Ministerium für Staatssicherheit mit der »politisch-operativen Zersetzung« ein Programm, das gezielt die Persönlichkeit und das Ansehen politisch missliebiger Bürger angriff. Um die politische Opposition zu unterdrücken, wurden Betroffene eingeschüchtert, diskreditiert und kriminalisiert. Unterhalb des Strafrechts wollte die Stasi so durch personenbezogene und individualisierte Maßnahmen jeden Versuch politischer Gegner unterbinden, sich zu organisieren. Wer sich nicht der Idee der »sozialistischen Persönlichkeit« verschrieb, sollte desillusioniert, isoliert und jeglicher Handlungskraft zum Widerstand beraubt werden. Damit reagierte die Staatsführung auf den auch in der DDR aufkeimenden Wunsch nach Veränderung, der sich in anderen osteuropäischen Ländern bereits massiv gezeigt hatte und durch die Protestbewegungen im Westen beflügelt worden war.

Mit der Ausbürgerung des Liedermachers Wolf Biermann nach einem Konzert in Köln am 13. November 1976 erwies sich die SED-Führung jedoch einen Bärendienst: Mit dem »unbequemen Dichter« solidarisierten sich nicht nur weite Teile der bundesdeutschen Öffentlichkeit, sondern wider Erwarten des Regimes auch ein breites Spektrum namhaftester Künstler und Schriftsteller der DDR. In den nun entstehenden dissidenten Kommunikationsräumen der politischen Opposition, im Bereich von Literatur und Kultur sowie im Rahmen der Kirchen wurde die Forderung nach Freiheit und Selbstbestimmung in kleinem Rahmen bereits vorgelebt. Das war eng mit dem Ziel einer universalen Solidarität verknüpft, die nicht durch das westlich-kapitalistische Gesellschaftsmodell als erreichbar galt. Christliche und humanistische Ideale rückten die Krise des DDR-Sozialismus, die meist auch eine der eigenen Lebensutopien war, in den Horizont einer globalen Gesamtkrise. Sie sollte durch eine maßvolle und an Gerechtigkeit sowie an der Würde von Mensch und Natur orientierte Ordnung überwunden werden. Nahräume eines menschenwürdigen Zusammenlebens zu schaffen realisierte aber nicht nur Zukunftsutopien im Jetzt der Opposition, sondern spiegelte auch die Bedingungen eines konspirativen Prozesses wider, in dem der herrschende Staat kaum direkt angegriffen wurde.

Erschöpfte Utopien

Im Herbst 1989 standen die Bürgerrechtsbewegungen in der Kontinuität dieser Ansätze, die das notwendige Zusammenspiel von Würde und Recht in gesellschaftskritischer Absicht viel deutlicher betonten als das Grundgesetz und dessen Auslegung in der Bundesrepublik. Sie wollten kein Abbild der westlichen Gesellschaftsordnung oder in diese einverleibt werden, sondern strebten mehrheitlich weitreichende Reformen des Sozialismus an. Die Menschenwürde wurde dabei zu einem Leitbegriff ihrer Aufrufe, prägte den Geist der »Runden Tische« und begründete die früh einsetzenden Forderungen nach einer Aufarbeitung der SED-Herrschaft und einer Bestrafung der Verantwortlichen. Die Verletzung der Menschenwürde als verbrecherisches Systemmerkmal zu markieren und sie zugleich zum Leitwert der zukünftigen Ordnung zu erheben nutzte und revitalisierte die Semantik des Grundgesetzes. Sie diente aber auch einer antitotalitären Gleichsetzung der beiden deutschen Diktaturen, die aus dem Zeitgefühl verständlich war, sachlich aber nicht haltbar ist.

Die Forderung nach mehr Solidarität, Nachhaltigkeit und Menschenwürde traf auf eine politische Realität harter Entscheidungen und kumulierender Probleme, die sich durch den Systemzerfall beschleunigten. Ihren deutlichsten politischen Ausdruck fand die Orientierung an der Menschenwürde in den Entwürfen für eine neue Verfassung der DDR, als im Übergangsfenster von 1989 nach 1990 die Fortsetzung einer eigenen Staatlichkeit noch als möglich erschien. Dabei ging es nicht um eine einfache Übernahme der Würdenorm des Grundgesetzes. Sie sollte vielmehr durch das umfassendere Ideal eines menschenwürdigen Daseins angereichert werden, das mehr bedeutete als Freiheit und Selbstbestimmung. Wie ließ sich diese Utopie eines anderen Weges, die unter den Bedingungen des erodierenden Sozialismus entstanden war, in die neue Zeit retten und politikfähig machen?

Der Einigungsprozess überrollte dieses Ziel. Die entstehenden Bürgerrechtsbewegungen wie das »Neue Forum«, »Demokratie jetzt« oder der »Demokratische Aufbruch« richteten sich bereits auf die verschiedenen politischen Lager der Bundesrepublik aus. Trotz ihrer großen Präsenz und Prominenz blieben sie bei der letzten Wahl zur Volkskammer und der ersten zu einem gemeinsamen Bundestag weitgehend erfolglos. Während sich einige Vorstellungen der Bürgerrechtsbewegungen in den Verfassungen der neuen Bundesländer wiederfinden lassen, bekam die Bundesrepublik im Zuge der deutschen Einigung keine neue Verfassung. Die sozialen Utopien der Wendezeit fanden sich vor allem in Nischen des parlamentarischen Spektrums links von der Mitte der »alten« Bundesrepublik wieder. Mit dem politischen Pragmatismus des forcierten Einigungsprozesses wuchsen die Hoffnungen der Wendezeit auf die gesellschaftsverändernde Kraft einer produktiven Verknüpfung von Gerechtigkeit, Freiheit und Menschenwürde schließlich kaum zusammen. Am Anfang der Berliner Republik stand keine neue Pathosformel mit gesellschaftsbildendem Auftrag, sondern eine erschöpfte Utopie.

18

ANFECHTUNGEN DER WÜRDE: DER STAAT UND DIE MARGINALISIERTEN DER GESELLSCHAFT

Drei Jahre nach seinem Amtsantritt als Präsident des Bundesverfassungsgerichts hielt Ernst Benda 1974 einen Vortrag vor der Rheinisch-Westfälischen Akademie der Wissenschaften in Düsseldorf unter dem Titel »Gefährdungen der Menschenwürde«. Zunächst konstatierte er als weitgehende Übereinstimmung, Artikel 1 des Grundgesetzes habe sich seit den 1950er Jahren als »oberstes Konstitutionsprinzip der Verfassung« etabliert. Er bilde den »Ausgangspunkt eines einheitlichen Wertsystems der Grundrechte (…) als objektiv-rechtliche Gewährleistungen bestimmter menschlicher Wesenswerte«.[14] Die persönliche Handlungsfreiheit stünde dabei aber immer in einem Spannungsverhältnis zur »Gemeinschaftsgebundenheit der Person«. Für Benda war dieses Verhältnis jedoch aus dem Gleichgewicht geraten. Die »Hauptfront« zur Verteidigung der Menschenwürde verlaufe nicht mehr »dort, wo der einzelne Mensch zum Objekt staatlicher Willkür werden könnte, sondern vielmehr da, wo um der Notwendigkeit planender und regulierender Staatstätigkeit willen der einzelne nur noch Zählwert hat«.[15]

Benda, der selbst als Innenminister der Großen Koalition in den Jahren 1968 und 1969 für Einschränkungen des privaten Informationsgeheimnisses und die Verabschiedung der Notstandsgesetze verantwortlich gewesen war, erkannte im modernen Hochleistungsstaat eine systematische Gefährdung der Menschenwürde. Dazu gehörten der Datenschutz, die Missachtung der »Sexualsphäre«, das »Recht, körperliche Mängel, Absonderheiten und Gebrechen nicht ohne zwingenden Grund offenbaren zu müssen«, oder »schärfere Kontrollen« im Flugverkehr.[16] Benda thematisierte auch ein »Grundrecht auf unschädliche Umwelt«, die Entwürdigung von Straftätern als »Geisteskranke« und neue Techniken zur Regulierung menschlichen Handelns. Damit läutete der Verfassungsrichter eine Zeitenwende der Würdedebatte ein: Nicht mehr der totalitäre Staat wurde als Hauptgegner betrachtet, sondern die Gefährdungen der Menschenwürde durch das alltägliche staatliche Handeln im Zeichen von Datenhunger und Planungswahn.

Tatsächlich aber erwiesen sich die ursprünglich mit der Menschenwürde verbundenen Kernthemen weiterhin als relevant. Vor allem die Asylpolitik und die Zuwanderungsdebatte als auch der Rechtsextremismus und die rassistische Gewalt nach 1990 bildeten ein Prisma für die Vielfalt, Widersprüchlichkeit und Kontingenz der Geschichte der Menschenwürde in der Bundesrepublik. Während im konservativen Spektrum ein an christlichen Wertekonzepten orientiertes Würdebild bei gesellschaftspolitischen Fragen wie dem Schwangerschaftsabbruch vertreten wurde, fanden durch die politische Etablierung der »Grünen« und der »Linken« ein menschenrechtlich motivierter Würdeschutz und der Kampf für ein »menschenwürdiges Dasein« in sozialer Hinsicht neue Protagonisten in der politischen und öffentlichen Debatte.

Persönlichkeit gegen Planungsstaat

Die Menschenwürde war mit dem Übergang in die 1970er Jahre in Recht, Politik und Öffentlichkeit so präsent wie nie zuvor in der deutschen Geschichte. Wie zuvor schon Badura, Luhmann oder Maihofer wandten sich Kritiker gegen eine inflationäre Verwendung des Begriffs und seine Ausweitung auf zu viele Gegenstände. Diese Entwicklung hing mit klassischen Themen des Verhältnisses von Staat und Individuum zusammen, die insbesondere für das Strafrecht oder den Datenschutz neu beleuchtet wurden. Juristisch kam es durch das Bundesverfassungsgericht zu einem »Ausbau der Würderechtsdogmatik« (Manfred Baldus). Den grundlegenden Maßstab für die Verfassungsrichter bildete zwar weiterhin die »Objektformel«, aber sie wurde nun konkretisiert. Das Bundesverfassungsgericht lehnte ihre Generalisierung 1970 in seinem »Abhör-Urteil« ab: Nicht jedes staatliche Handeln, das einen Bürger zum Objekt mache, verletze die Menschenwürde. Der konkrete Fall sei entscheidend, um feststellen zu können, ob die »Subjektqualität prinzipiell in Frage« gestellt oder unter »willkürlicher Mißachtung« der Menschenwürde gehandelt worden sei.[17]

Was dies bedeutete, legten die Karlsruher Richter erstmals 1977 definitorisch fest: Die Würde des Menschen bestehe »darin, daß er als selbstverantwortliche Persönlichkeit anerkannt« und seine »Eigenständigkeit als Person« gewahrt bleiben müsse, da der Mensch als »geistig-sittliches Wesen« zu begreifen sei, das sich »in Freiheit (…) selbst« bestimmen könne.[18] Statt nur von »Freiheit« und »Objekt« zu sprechen, ging es jetzt um Autonomie, Selbstverantwortung, Eigenständigkeit. Darin schlugen sich nicht nur die Liberalisierungsbewegungen dieser Jahre nieder. Dem Urteil war auch eine intensive Diskussion im Zusammenhang mit den Haftbedingungen der RAF-Gefangenen vorhergegangen. Das Gericht sprach sich in seinem Urteil dagegen aus, in der lebenslangen Freiheitsstrafe eine zwingende, die Menschenwürde verletzende Schädigung der Persönlichkeit zu sehen. Andererseits verlangten die Richter vom Gesetzgeber, beim Vollzug der Strafe dafür Sorge zu tragen, dem Prinzip der Selbstbestimmung nicht zu widersprechen und eine Resozialisierung des Straftäters zu ermöglichen.

Zugleich erweiterten sich die Herausforderungen für die Anwendung und Interpretation von Artikel 1 des Grundgesetzes durch zeitspezifische Entwicklungen wie den Terrorismus oder die Debatten um Abtreibung, Gentechnik und Sterbehilfe. Vor allem mit diesen neuen Themen gewann die Frage an Gewicht, inwieweit die »Menschenwürde« als »unantastbar« zu betrachten sei. Während an dem Prinzip eines »absolut geschützten Kernbereichs privater Lebensgestaltung« festgehalten wurde, kam es in wesentlichen Fragen wie dem Schutz des Staates vor gewaltsamen Angriffen oder dem Schutz des ungeborenen Lebens zu wegweisenden Abwägungsurteilen. Standen verschiedene Ansprüche auf Menschenwürde oder andere Schutzgüter wie bestimmte Grundrechte in Konkurrenz zueinander, musste gewichtet werden. Dabei hielten die Karlsruher Richter – wie es bereits in den 1950er Jahren argumentiert worden war – Beschränkungen der Freiheit des Einzelnen zugunsten übergeordneter Interessen von Staat und Gemeinschaft grundsätzlich für mit dem Grundgesetz vereinbar.

Ernst Benda hatte in seinem Vortrag von 1974 auch die Gefahren der Technisierung und Automatisierung angesprochen: »Ist der Mensch, dessen Gedanken nicht ungestraft von seiner Arbeit abweichen können, nicht zum Automaten herabgewürdigt?« Damit am Ende nicht die »Menschenwürde unter der Fahne der Humanität« zerstört werde, müsse sie immer Vorrang vor der »Perfektionierung des Planens« haben.[19] Benda kam damit der gewerkschaftlichen Kritik an den Arbeitsverhältnissen nahe. Seit den 1960er Jahren hatten die Gewerkschaften die industrielle Arbeitswelt im Zeichen von Rationalisierung und Automatisierung kritisch analysiert. Den Unterschied zwischen der Arbeitswirklichkeit und dem Grundgesetz machten sie an der Würdenorm fest. Fritz Vilmar, langjähriger Bildungsreferent des DGB und in den 1970er Jahren Mitbegründer der kritischen Friedensforschung in der Bundesrepublik, konnte 1973 in der Taschenbuchreihe »rororo aktuell« verschiedene Modelle vorstellen, wie die »Menschenwürde im Betrieb« realisiert werden könne. Unter demselben Titel hatte Vilmar zwei Jahre zuvor gewerkschaftliche Bildungsmaterialien veröffentlicht: Die Debatte über die Humanisierung der Arbeitswelt sollte in die Betriebe hineingetragen werden, als Basisbewegung für die Würde am Arbeitsplatz.

Als Maßstab formulierte Vilmar ein umfassendes Würdemodell, das Kants Vernunftprinzip, die Objektformel, Mitbestimmungsrechte und ein menschenwürdiges Dasein als Voraussetzung der Persönlichkeitsentfaltung integrierte. Da der Mensch ein »verletzliches Wesen« sei, habe die Würde des Menschen immer dann als verletzt zu gelten, wenn er »fremdbestimmt« und zum »gemieteten Objekt« werde.[20] Genau das geschehe durch die »gesellschaftliche Organisation« der Arbeit und notorisch aufgrund profitwirtschaftlicher Zwänge, technisierter Arbeitsabläufe sowie einer hierarchischen, autoritären Betriebsstruktur. Nicht körperliche Misshandlung oder die Willkür von Vorgesetzten standen im Fokus, sondern die strukturelle Gewalt des Betriebs, die den Menschen in ihrem Anspruch verletze, sich als selbstbestimmte Person zu empfinden. Der Blick richtete sich von der Äußerlichkeit innerbetrieblicher Gewalt auf die subjektive Empfindung, durch die Organisation der Arbeit unterdrückt zu werden. Die »Humanisierung der Arbeitswelt« musste umfassend erfolgen, nicht als unternehmerische Pseudomaßnahme: Mehr Selbstbestimmung, um die Würde des Menschen zu achten, konnte nicht allein durch die Verbesserung der Arbeitsbedingungen, sondern nur durch mehr Mitbestimmung erreicht werden.

Mit den neuen Möglichkeiten des Informationswesens nahm aber auch der staatliche Zugriff auf persönliche Daten einen immer größeren Stellenwert ein – eine Entwicklung, die sich im Zuge der Terrorismusbekämpfung, aber auch durch den Ausbau des Sozialstaats deutlich beschleunigte. 1970 war in Hessen das erste Datenschutzgesetz verabschiedet worden. Sieben weitere Jahre dauerte es bis zum Bundesdatenschutzgesetz. Ein Zugriff auf persönliche Daten ohne gesetzliche Regelung war damit untersagt. Aber mit seinem Urteil zur geplanten Volkszählung, die für heftige Proteste gesorgt hatte, stellte das Bundesverfassungsgericht 1983 klar, dass selbst ein Gesetz den Staat nicht dazu ermächtige, sich in den Besitz schutzwürdiger Informationen seiner Bürger zu bringen. Das Gericht orientierte sich wie die Gegner der Volkszählung am Persönlichkeitsrecht, dem Zwilling der Menschenwürde. Auf deren Basis wurde nun ein Recht auf informationelle Selbstbestimmung etabliert. Ein wesentliches Ziel der radikalen Kritiker blieb unerreicht: die Abschaffung der Geheimdienste. Stattdessen nahm der Verfassungsschutz die Gegner der Volkszählung ins Visier.

Menschenwürde und linker Terrorismus

Wie in der Studentenbewegung gehörte die Menschenwürde nicht zum politischen Vokabular der »Roten Armee Fraktion« (RAF). Damit grenzte sich die Gruppe auch semantisch von dem »System« ab, das sie bekämpfte. Menschenwürde galt ihnen als Begriff der »Reformisten«. Sich wie diese mit der Bundesrepublik und ihrer Verfassung zu identifizieren, betrachtete die RAF als eine Schwäche, die nur einer langfristigen Stabilisierung des Kapitalismus diene. So gab es nie den Versuch, die eigenen Ziele mit der Würde des Menschen zu begründen oder sie inhaltlich näher zu bestimmen. Sich auf eine universale oder absolute Menschenwürde zu beziehen war auch nicht mit dem utilitaristisch geprägten Menschenbild der RAF zu vereinbaren, mit dem sie ihre Gewalt legitimierte. Demnach mussten und durften manche Menschenleben für das vermeintliche Glück einer größeren Zahl beendet werden.

Dennoch spielte die Menschenwürde semantisch wie moralisch im Zusammenhang mit dem linken Terrorismus der 1970er Jahre eine wesentliche Rolle. Vor allem die frühen Texte der RAF durchzog eine entwürdigende Gewalt der Sprache voller diskriminierender Metaphern. »Die Bullen sind Schweine, wir sagen, der Typ in Uniform, das ist kein Mensch«, so Ulrike Meinhof bereits 1970.[21] Akteure des »Systems« hatten demnach ihre Schutzwürdigkeit verloren, wie sie zumindest grundsätzlich Zivilisten oder Kindern zugesprochen wurde. Es blieb nicht bei dieser rhetorischen Abgrenzung, denn es sei »falsch, überhaupt mit diesen Leuten zu reden, und natürlich kann geschossen werden«.[22] Dem diskriminierenden Reden über die Repräsentanten des »Systems« entsprach aber ein menschenverachtendes Bild der Terroristen in weiten Teilen von Politik und Medien. So bezeichnete der bayerische Ministerpräsident Franz Josef Strauß Linksradikale als »Tiere, auf die die Anwendung der von Menschen gemachten Gesetze nicht möglich« sei.[23]

Die Schutzwürdigkeit von Menschen aufzuheben galt aber auch für Exponenten des »Systems« nicht pauschal. Die Morde wurden als Bestrafung begründet, das eigene Handeln als Vergeltung gerechtfertigt: »Wir schießen, wenn auf uns geschossen wird. Den Bullen, der uns laufen lässt, lassen wir auch laufen.«[24] Generalbundesanwalt Buback hatte demnach seine Ermordung selbst zu verantworten, weil er folterähnliche Zwangseingriffe verantwortet habe, um die Individualität der RAF-Gefangenen zu zerstören. Entsprechend diente hier der Rückgriff auf die Würdenorm dazu, sich auf der guten Seite einer dichotomisch wahrgenommenen Ordnung zu sehen. So qualifizierte Gudrun Ensslin in einem Interview nach dem »Kaufhausbrand« die »Bewusstlosigkeit« des Konsums als »menschenunwürdig«.[25] Das immer hermetischer werdende Weltbild der RAF kannte nur zwei Seiten: hier ein »System« aus struktureller Gewalt, Manipulation und Unterdrückung, dort ein Recht auf Widerstand, einer Gewalt, die den repressiven Charakter des Staates aufdeckte, und das Selbstbild als revolutionäre Märtyrer. Im Unterschied zu den als legitim betrachteten Opfern der eigenen Maßnahmen wurde dem eigenen Tod ein höherer Wert beigemessen. Fanons Aufruf zur Gegengewalt nachzukommen hieß zudem, die eigene Würde wiederzugewinnen. Vom Staat entwürdigt, bewegte man sich selbst im einzig für authentisch gehaltenen Raum einer heroischen Würde des Widerstands.

Nachdem die Führungsriege der RAF 1972 verhaftet worden war, wechselte sie ihre Strategie. Nun forderte sie, in ihrer Menschenwürde geachtet zu werden. Die anfänglichen Haftbedingungen boten den Anlass für eine Solidarisierungskampagne gegen die »Isolationsfolter«. Die Kritik überdauerte die folgenden Verbesserungen und Vergünstigungen. Allerdings blieben selbst die Individualklagen von Baader, Ensslin und Raspe 1976 vor dem Europäischen Menschengerichtshof erfolglos, weil dieser keine folterähnlichen Zustände erkennen wollte. Auch die Hungerstreiks der RAF-Gefangenen waren eine Guerillastrategie mit anderen Mitteln: »Konfrontieren wir die Schweine mit ihren eigenen Gesetzen – reiben wir ihnen den Widerspruch unter die Nase zwischen dem, was sie sagen: Menschenschutz – und dem, was sie machen: Vernichtung.«[26] Es gelang der RAF mit einigem Erfolg, den »Menschenschutz« als Ressource für ihren politischen Kampf zu mobilisieren. Vor allem angesichts der Bilder des unbekleideten Leichnams von Holger Meins solidarisierten sich 1975 viele mit dem Vorwurf der RAF, der Staat würde die Gefangenen systematisch entwürdigen. Dem wirkten die von der RAF zwei Jahre später verbreiteten Aufnahmen des erniedrigten Arbeitgeberpräsidenten Hanns Martin Schleyer entgegen. Selbst Unterstützer der RAF reagierten mit universalen Würdeimpulsen: Mitleid und Scham. Zu diesem Zeitpunkt waren Dissonanzen über die terroristische Gewalt auch im linken Spektrum unverkennbar. Sie beförderten einen Prozess, in dessen Verlauf viele ihre »radikalen Utopien gegen die pragmatischere Utopie universaler Menschenrechte« eintauschen sollten.[27]

Erweiterungen und Grenzen staatlicher Macht

Der Staat hatte auf den Angriff durch die Terroristen umgehend reagiert, indem er mit gesetzlichen und exekutiven Maßnahmen nicht nur seine Autorität, Macht und Schutzpflicht, sondern auch die darauf fußende Würde als Institution und ihrer Exponenten wiederherzustellen versuchte. Bereits die erste sozialliberale Koalition hatte unter dem Schlagwort der »Inneren Sicherheit« auf eine »Modernisierung und Intensivierung der Verbrechensbekämpfung« gesetzt, wie ein Sofortprogramm vom Oktober 1970 hieß. Ging es dabei vor allem um gewöhnliche Kriminalität, verlagerte sich der Fokus mit dem »Radikalenerlass« von 1972 und den bis April 1978 folgenden Anti-Terror-Gesetzen auf die Bekämpfung politisch motivierter Gewalt. Je mehr die RAF zum exponierten und radikalen Gegner des Staates wurde, desto stärker überlagerten aus dem Moment heraus entschiedene Maßnahmen das Ziel einer planmäßigen Reform. Das Strafrecht wurde verschärft, der Sicherheitsapparat deutlich ausgebaut und mit mehr Befugnissen ausgestattet sowie eine Reihe grundgesetzlich garantierter Rechte vor allem auf Meinungsfreiheit, das Brief- und Postgeheimnis und die Unverletzlichkeit der eigenen Wohnung eingeschränkt.

Nach der Entführung des Berliner CDU-Politikers Peter Lorenz und der Besetzung der deutschen Botschaft in Stockholm kündigte Bundeskanzler Helmut Schmidt am 25. April 1975 im Bundestag einen härteren Kurs an: »Wer den Rechtsstaat zuverlässig schützen will, muß innerlich auch bereit sein, bis an die Grenzen dessen zu gehen, was vom Rechtsstaat erlaubt und geboten ist.«[28] Doch wo lagen diese »Grenzen«? Verteidiger der Grundrechte waren alarmiert, weil sich in der Anti-Terror-Politik eine informelle Große Koalition abzeichnete. In exekutiver Form konkretisierte sie sich im »Heißen Herbst« von 1977 mit dem »Großen Krisenstab«. Die improvisierte Verschärfung des staatlichen Handelns strahlte schließlich auf andere Bereiche der politischen Partizipation wie das Demonstrationsrecht und die Anti-AKW-Bewegung aus.

Gegen die Anti-Terror-Politik formierte sich in den 1970er Jahren beträchtlicher Widerstand. Eine seiner Schlüsselfiguren war der Berliner Politologe Wolf-Dieter Narr. Bereits kurz vor dem Mord an Buback war der von ihm herausgegebene Band »Wir Bürger als Sicherheitsrisiko« in Druck gegangen. Auch ohne weitere Anti-Terror-Maßnahmen reichte Narr die Entwicklungslinie von den Notstandsgesetzen über die Berufsverbote bis zum Lauschangriff aus: »Schlagt Alarm«, forderte er, da sich das »Krebsgeschwür des staatlichen Sicherheits- und Notstandsdenkens« bereits tief in die Gesellschaft eingeschrieben habe.[29] Ohnehin habe der »Regulationskomplex« aus Verrechtlichung, Bürokratie und Sozialstaat zur »Ohnmacht des Bürgers und seiner Dequalifikation zum Klienten« geführt.[30] Eine Logik des andauernden Verdachts gegenüber kritischen Bürgern verstärke eine weit verbreitete politische Apathie.

Dagegen wollte Narr zum Protest gegen die Einschränkung von Grundrechten mobilisieren. Anders als die RAF unterschied er zwei Formen von Widerstand. Für die »Verteidigung als Mittel gegen Tyrannen oder militärische Aggressionen« schloss er die Anwendung von Gewalt nicht aus, wohl aber für »innenpolitische Konstellationen«. Dort habe sich der Widerstand am »Menschenrecht auf Unversehrtheit« zu orientieren, das für alle Seiten gelte und »nur im Notfall« verletzt werden dürfe. Denn: »In jedem Menschen steckt ein verlierbar-unverlierbares Element, und sei es noch so in seiner Rolle« oder »unter seiner Charaktermaske verborgen.«[31] Obwohl er dem inhärenten Modell der Würde recht nahe kam, verzichtete auch er auf diesen Begriff. Da Narr sich gegen eine Legitimation der außerordentlichen staatlichen »Eingriffsrechte« durch ein »vor der Verfassung liegendes höheres Recht« wandte, blieb ihm jedoch wenig Spielraum für eine Begründung der Grundrechte durch eine dem Menschen inhärente, vorrechtliche Würde. Stattdessen argumentierte er historisch: Die Einschränkungen der Grundrechte ließen an die »Biedermänner« im Nationalsozialismus denken, die »Kanister auf unsere Grundrechtsbühne« getragen hätten.[32] Dagegen wurde Narr selbst aktiv: 1978/79 gehörte er zu den Mitorganisatoren des 3. Russel-Tribunals zur Lage der Menschenrechte und gründete kurz darauf das »Komitee für Grundrechte und Demokratie«.

Anstaltsreformen

Wie die Humanistische Union erweiterte das Komitee zügig sein Themenspektrum. Bedeuteten, so fragte Narr, die lebenslange Freiheitsstrafe oder die Unterbringung in psychiatrischen Anstalten nicht eine Verletzung von Grundrechten und Menschenwürde? Auch die Situation in den bundesdeutschen Gefängnissen sorgte seit Anfang der 1960er Jahre für zunehmende Kritik und eine wachsende Einsicht in einen grundlegenden Reformbedarf. 1967 hatte der »Klingelpütz-Skandal« bereits für großes Aufsehen gesorgt. »Sadistische Kalfaktoren«, so spitzte der »Spiegel« unter dem Titel »Rotes Badewasser« die Situation in dem größten Kölner Gefängnis zu, »marterten (…) jahrelang geisteskranke Häftlinge mit Spritzen und Tritten, Lederriemen und Gummiknüppeln zu Tode.«[33] Das widersprach nicht nur dem Grundgesetz und der Strafvollzugsordnung, sondern auch einer in den 1960er Jahren einsetzenden Orientierung an der »Persönlichkeit« von Straftätern, deren Grundrechte zu achten seien.

Mit der Formel »Lebensqualität setzt Freiheit voraus« kündigte Willy Brandt 1969 in seiner Regierungserklärung Reformen an, die den Marginalisierten der Gesellschaft zugutekommen sollten. Am schnellsten geschah dies im Bereich des Strafrechts und des Strafvollzugs. Die Achtung der Menschenwürde und Persönlichkeitsrechte von Gefangenen bildeten die Eckpfeiler des Strafvollzugsgesetzes von 1973, das auf dieser Basis die Resozialisierung zum Paradigma erhob. Zudem setzten Entscheidungen des Bundesverfassungsgerichts wie das Lebach-Urteil von 1973 dem Staat für den Umgang mit Gefangenen eine deutliche Grenze.[34] Ein verurteilter Straftäter klagte mit Erfolg dagegen, kurz vor seiner Entlassung in einer TV-Dokumentation namentlich genannt zu werden. Die Richter wogen das Persönlichkeitsrecht höher als die Meinungsfreiheit. Als Fundament der neuen Auslegung führten sie die Menschenwürde an und leiteten aus ihr zusammen mit der grundgesetzlichen Verpflichtung auf den Sozialstaat die Resozialisierung als neuen Maßstab für den Umgang mit den Gefangenen ab. Juristisch ein Quantensprung, ließ die Umsetzung des neuen Paradigmas lange auf sich warten, Straftäter auch nach ihrer Verurteilung als Teil der Gesellschaft zu betrachten.

Auch die Mängelliste für psychiatrische Anstalten war lang, Berichte skandalisierten viele Formen der Entwürdigung: marode Gebäude, vergitterte Fenster, überbelegte Schlafsäle, schlecht ausgebildete Pfleger, hermetische Abriegelung, autoritäre Willkür. Doch wie bei den Gefängnissen, der Heimerziehung oder der Unterbringung von Behinderten nahm die öffentliche Kritik zu: Die Bedingungen auch begrifflich im Namen der Würde anzuprangern, trug zu ihrer Verankerung im Vokabular der politischen Moral nachhaltig bei. Vor allem die Medien berichteten über menschenunwürdige Zustände, die nicht mehr als Einzelfall, sondern als strukturelles Problem wahrgenommen wurden. Kranke wurden stigmatisiert, ihre Situation auf familiäre oder individuelle Ursachen zurückgeführt und oft immer noch erblich begründet. Dazu trugen personelle und weltanschauliche Kontinuitäten zur nationalsozialistischen Zeit erheblich bei. Ein selbstkritischer Blick darauf und ein Bewusstsein für die Macht von Zuschreibungen, Konstruktionen und gesellschaftlichen Bedingungen setzte sich nur langsam durch. Anknüpfungspunkte boten dafür kritische wissenschaftliche Ansätze, die außerhalb der Bundesrepublik formuliert wurden. So hatte der amerikanische Soziologe Erving Goffman 1961 in seiner Studie »Asylums«, die seit 1973 auf Deutsch vorlag, Anstalten als »totale Institutionen« und die mit ihnen einhergehende Entmenschlichung der Hospitalisierten kritisiert. Im selben Jahr interpretierte der französische Philosoph Michel Foucault in »Folie et déraison«, das 1969 als »Wahnsinn und Gesellschaft« in der Bundesrepublik erschien, die Aussonderung von Menschen als eine grundlegende Herrschaftstechnik der bürgerlichen Gesellschaft.

Ernsthafte Anstöße, die verheerende Situation in der Psychiatrie zu ändern, gingen in den 1960er Jahren auf einzelne, meist jüngere Psychiater zurück. Bereits 1965 sprach eine Denkschrift von einem »nationalen Notstand«, blieb aber unerhört. Vier Jahre später sorgte der Insider-Bericht des Hilfspflegers Frank Fischer »Irrenhäuser. Kranke klagen an« für Furore: Entgegen der Schweigepolitik der Anstalten berichtete er hautnah über die »Entwürdigung und systematische Erniedrigung von Menschen zu willenlosen, gefügigen Kreaturen«. Seit zwanzig Jahren spreche man in der Bundesrepublik von der »Menschenwürde«, aber »hunderttausend psychisch kranke Mitbürger« fristeten hinter »Anstaltsgittern« ein Leben unter »katastrophalen Bedingungen«.[35] Lokale Gruppen, Betroffene und Journalisten machten auf die unhaltbaren Zustände aufmerksam. Neue Zusammenschlüsse wie die »Deutsche Gesellschaft für Soziale Psychiatrie« für Beschäftigte in diesem Bereich oder die »Aktion psychisch Kranke e.V.« als eine Lobbyorganisation entstanden. Patienten nahmen an Fachtagungen teil, meldeten sich zu Wort und brachten eigene Zeitschriften heraus. Mit Klaus Dörner, der 1969 das Verhältnis von »Bürgern und Irren« thematisiert hatte, trat einer der bald einflussreichsten Protagonisten einer Psychiatriereform an die Öffentlichkeit.

Zwei Jahre zuvor hatte Dörner in einem Aufsatz in den renommierten »Vierteljahrsheften für Zeitgeschichte« argumentiert, die »Lebensvernichtung« der NS-Euthanasie sei durch die Herrschaftsstrukturen der Anstaltspsychiatrie mit ermöglicht worden.[36] Der Aufsatz fand jedoch keine Resonanz in der Geschichtswissenschaft. Erst nach zwei Bundestagsanhörungen wurde 1971 eine Enquete-Kommission eingerichtet. Ihr 1973 vorgelegter Zwischenbericht kritisierte die »elenden, zum Teil als menschenunwürdig zu bezeichnenden Umstände«.[37] Die Kranken waren in geschlossenen Einrichtungen weggesperrt, isoliert und marginalisiert, Freigang eine seltene Ausnahme. Immer noch dominierten Schutz und Sicherheit der Gesunden gegenüber Heilung und Autonomie der Kranken. Zwei Jahre später legte die Kommission ihren Abschlussbericht vor. Sie verlangte eindringlich diverse »Sofortmaßnahmen«, um »humane Grundbedürfnisse« zu erfüllen.[38] Das Begriffsfeld der »Menschenwürde« wurde zwar kaum genutzt, wohl aber an einer herausgehobenen Stelle: Die Situation in den psychiatrischen Krankenhäusern müsse »überhaupt erst einmal« auf den Stand von »dem heutigen Justizvollzug vergleichbaren Mindestbedingungen einer menschenwürdigen Unterbringung« gebracht werden.[39] Ihre eigentlichen Forderungen zielten aber auf eine grundlegende Reform des Anstaltswesens, auch wenn es, anders als in Italien ein Jahrzehnt zuvor, nicht aufgelöst wurde. Eine so weit gehende Maßnahme, wie sie die westeuropäische Anti-Psychiatrie-Bewegung forderte, ließ sich innerhalb der Kommission gegen die Lobby der Anstaltsbefürworter nicht durchsetzen. Aber es gab einen Konsens, der eine neue Richtung vorgab: mehr Freiheit statt Gefängnis, mehr Therapie statt Verwahrung, mehr Partizipation statt Dressur, mehr zielgerichtete Behandlung statt gewaltsamer Ruhigstellung. Neue Medikamente und Therapien kamen dem zugute.

Vor Ort und nicht zuletzt von den zahlreichen Experten der Enquete-Kommission vermittelt, kam nun in den psychiatrischen Anstalten ein langsamer Prozess in Gang, um der Menschenwürde mehr Geltung zu schaffen, wenn es auch zu keiner konzertierten Aktion von oben reichte, die viele sich erhofft hatten. Gegenüber der medizinisch dominierten Psychiatrie konnten gemeindebasierte, dezentrale Versorgungssysteme zusammen mit der Sozialpsychiatrie, die sich mit nichtmedikamentösen Therapien einem Bild des autonomen Patienten verschrieben hatte, langsam Fuß fassen. Gespräch, Gemeinschaft, Partnerschaft – unter diesen Leitbegriffen sollte der Weg vom »Objekt« zum »Subjekt« begangen werden. »Irren ist menschlich«: So lautete der Titel eines 1978 erschienenen Buches von Klaus Dörner, das dazu aufforderte, sich in psychisch Erkrankte hineinzuversetzen und Empathie mit ihnen zu entwickeln.

Gerade das Anstaltswesen zeigt aber, wie wenig geradlinig oder als Erfolgsgeschichte der Weg der Menschenwürde in die Bundesrepublik verlief. Die Wirklichkeit in Gefängnissen, Anstalten und Heimen entsprach noch lange nicht allen Ansprüchen der »großen Würde«. Konkrete Änderungen waren langwierig, volatil und ressourcenabhängig. Viele Reformimpulse der Jahre um 1970 versandeten in den folgenden beiden Jahrzehnten. Am 20. April 1979 zeigte das »Zeit«-Magazin auf seinem Cover einen zwangsfixierten Anstaltsinsassen und titelte: »Schlangengruben in unserem Land«. Ein Indiz dafür war 1980 die Gründung der »Irren-Offensive« in Westberlin, die sich für das Recht auf Selbstbestimmung und gegen die Zwangsbehandlung von psychisch Kranken einsetzte. Ohnehin erwies sich das kontinuierliche Engagement der Zivilgesellschaft und von Betroffenen als erforderlich, was auch ihrem Selbstverständnis entsprach, ihre Angelegenheiten nicht wieder allein dem Staat und seinen Institutionen zu überlassen. Kritik regte sich zudem an der Ausweitung von therapeutischen und medizinischen Maßnahmen, die Freiheiten verschaffen sollten, aber mit eigenen Zwängen der Anpassung und Selbstoptimierung einhergingen.

Ausländerpolitik und rassistische Gewalt

Als zukünftiger Lackmustest der Würdenorm zeichnete sich seit den 1970er Jahren die Asylpolitik ab. »Politisch Verfolgte genießen Asylrecht«: Ähnlich prägnant formuliert wie Artikel 1 hatte der Parlamentarische Rat im Artikel 16 ein individuelles Recht auf dauerhaften Schutz in das Grundgesetz geschrieben, sollten Menschen ohne deutsche Staatsangehörigkeit wegen ihrer politischen Überzeugungen in ihrem Heimatland bedroht sein. Asylberechtigten standen grundsätzlich dieselben Grundrechte zu wie den Bundesbürgern. Zugleich durfte Deutschen gemäß Artikel 16 ihre Staatsbürgerschaft allein auf gesetzlicher Grundlage und nur dann entzogen werden, wenn sie dieser Akt nicht zu Staatenlosen machte. Zusammen kamen beide Regelungen Hannah Arendts Forderung nach einem »Recht auf Rechte« zumindest nahe. Die Kritik an der weitreichenden Asylregelung trat hinter die Absicht zurück, nach den Erfahrungen von Flucht und Exil während des Nationalsozialismus ein Zeichen gegenüber der Weltgemeinschaft zu setzen.

Tatsächlich aber verfolgten Politik, Verwaltung und Öffentlichkeit in den ersten Jahrzehnten der Bundesrepublik einen insgesamt restriktiven Kurs, von dem zunächst nur bei Flüchtlingen aus dem sozialistischen Osteuropa abgewichen wurde. Besondere Situationen wie die Fluchtbewegungen aus Ungarn 1956 oder der Tschechoslowakei nach den Ereignissen von 1968 trugen zusammen mit dem sozialliberalen Politikwechsel zu einer gewissen Liberalisierung der Asylpolitik bei. Seit Anfang der 1970er Jahre kamen mit Flüchtlingsgruppen aus Chile, Afrika und Asien – vor allem mit den »Boat People« aus Vietnam – vermehrt auch außereuropäische Staatsbürger in die Bundesrepublik. Diese Entwicklung hatte der Parlamentarische Rat nicht vorhergesehen. Was war zudem angesichts wachsender globaler Wanderungsbewegungen, mit denen sich Menschen Krieg, Hunger und Armut entzogen, genau unter »politischer Verfolgung« zu verstehen? Nicht zuletzt dank einer breiten zivilgesellschaftlichen Mobilisierung konnte sich das Prinzip einer universal begründeten humanitären Hilfe zunächst gegen zunehmende Vorbehalte behaupten. Ein wichtiges Zeichen setzte 1975 das Bundesverwaltungsgericht: Allein die Verfolgungsgründe und nicht die Interessen der Bundesrepublik sollten für die Anerkennung der Asylberechtigung ausschlaggebend sein.

Doch die Spannungen nahmen zu: Mit dem Anstieg der Asylanträge – 1976 waren es erstmals mehr als 10 000, vier Jahre später über 100 000 – war das zentrale Erstaufnahmelager im bayerischen Zirndorf regelmäßig überfüllt. Die Zustände wurden als »menschenunwürdig« kritisiert. Anderen boten sie Anlass, eine Überdehnung des Asylrechts zu beklagen. Viele sahen sich in einer weit verbreiteten Abwehr gegenüber der dauerhaften Aufnahme ausländischer Flüchtlinge bestätigt, wie sie auch bereits den Umgang mit den »Gastarbeitern« geprägt hatte, deren »Anwerbung« 1973 offiziell gestoppt worden war. »Überlastung«, »Sicherheit« oder »Missbrauch« entwickelten sich zum festen Argumentationsinventar gegen eine liberale Ausländer- und Asylpolitik. Im Sinne einer damit verbundenen »exklusiven Souveränität des Nationalstaates« (Patrice G. Poutrus) wurde in den späten 1970er und den 1980er Jahren der Weg zum Asyl administrativ deutlich erschwert. Statt mit einem umfassenden Zuwanderungsrecht reagierte die Bundesrepublik mit Abschreckung und Abgrenzung. Ansätze einer konzertierten Integrationspolitik, wie sie mit dem 1979 geschaffenen Amt des »Beauftragten für Ausländerfragen« intendiert waren, fanden keine konsequente Umsetzung.

Trotz des »Anwerbestopps« von 1973 wuchs die Wohnbevölkerung mit ausländischer Herkunft in der Bundesrepublik bis 1989 auf fast fünf Millionen an. Aber wie zuvor schon ihre soziallibera-le Vorgängerin bestand auch die Kohl-Regierung darauf, dass die

Bundesrepublik kein Einwanderungsland sei. Im Umkehrschluss bedeutete das: Die grundgesetzlich garantierte Menschenwürde galt in der Bundesrepublik nur für Menschen deutscher Abstammung, so, wie es das noch aus dem Kaiserreich stammende Staatsbürgerrecht vorsah. Wie sehr dies selbst die Sprache mit Blick auf das Grundrecht auf politisches Asyl geprägt hat, illustrieren zwei Begriffe, die in den 1980er Jahren aufkamen: »Asylbewerber« und »ausländische Mitbürger«.

Die zunehmenden Auseinandersetzungen um Asylrecht, Einwanderung und Integration kulminierten Anfang der 1990er Jahre in einer Welle rassistischer Gewalt. Am 29. Mai 1993 starben bei einem rassistisch motivierten Brandanschlag auf ein Wohnhaus in Solingen fünf Menschen, vierzehn weitere wurden teilweise schwer verletzt. Alle Opfer waren türkischer Herkunft. Trotz der Vorgeschichte rechtsradikaler Gewalt in der alten Bundesrepublik, aber auch in der späten DDR eskalierten Ausländerfeindlichkeit und rechtsextremistische Gewalt im Windschatten der deutschen Einigung in einer bis dahin nicht bekannten Intensität. So prügelte am 24. November 1990 ein neonazistischer Mob in Eberswalde den Angolaner Amadeu Antonio, der seit 1987 als Vertragsarbeiter in der DDR gelebt hatte, brutal ins Koma. Anwesende Polizisten griffen nicht ein. Als eines der ersten Gewaltopfer nach der deutschen Einheit starb Amadeu Antonio am 6. Dezember, einen Tag nach dem Sturm auf die Stasi-Zentrale in Erfurt. Die Täter wurden lediglich wegen Körperverletzung mit Todesfolge verurteilt; eine rassistische oder politische Dimension wurde vom Gericht nicht als gegeben betrachtet.

Vor allem zwischen 1991 und 1993 kam es zu einem massiven Anstieg rassistischer Gewalttaten. Hunderte von spontanen wie geplanten Übergriffen sorgten bei den Betroffenen für ein Klima aus Angst und Verunsicherung. »Überfälle auf Asylanten« seien »an der Tagesordnung«, hieß es im »Spiegel« vom 9. September 1991.[40] Rechtsextremistische und ausländerfeindliche Taten wurden als Folge der sozialen Zerrüttung der Nachwendezeit und als jugendliche Gruppenexzesse politisch verharmlost. Dabei war die rapide Ausbreitung rassistischen Denkens und Handelns unübersehbar. Jeder vierte Ostdeutsche befürwortete gezielte Angriffe auf Ausländer. Rechtsextremistische Gruppen begannen, »national befreite Zonen« mit Gewalt zu erzwingen. Diese Entwicklung war keineswegs auf die neuen Bundesländer beschränkt. So hatte in der Bundesrepublik eine restriktive Ausländerpolitik, die eine Rückführung von »Gastarbeitern« und Einschränkungen des Asylrechts anstrebte, in Umfragen bereits vor der Wende deutliche Mehrheiten erreicht. Weil »Rassismus« zu hart und politisch klang, aber auch viele Gewaltopfer wie Obdachlose nicht mitdenken ließ, begann man in diesen Jahren, von »Menschenfeindlichkeit« zu sprechen.

Gezielte Anschläge von Tätern aus dem rechtsextremistischen Milieu, die sich aus rassistischen Motiven gegen Menschen ausländischer Herkunft und Asylsuchende richteten, gab es in der Bundesrepublik seit Anfang der 1980er Jahre. So kam es neben zahlreichen Einzeltaten bereits 1984 zum Mord an sieben Menschen bei einem Brandanschlag in Duisburg, an vier weiteren in Schwandorf 1988. Da die Behörden in vielen Fällen nicht nach politischen Beweggründen ermittelten und rechtsextremistische Morde erst seit 1990 gesondert registriert werden, gilt die Dunkelziffer bis heute als hoch. Vorhandene Zahlen zu rechtsextremistischen oder rassistischen Straftaten sind kaum zu vergleichen, da sich die Kriterien der Erfassung mehrfach verändert haben. Nach langen Diskussionen hat die Bundesrepublik 2020 für die drei Jahrzehnte zuvor insgesamt 109 Morde aus diesen Gründen anerkannt. Aufgrund abweichender Kriterien weisen Statistiken von zivilgesellschaftlichen Organisationen und Recherchen von Tageszeitungen bis zu mehr als das Doppelte dieser Zahl aus.

Trotz dieser Unterschiede haben die Statistiken eines gemeinsam: Dem Anschlag von Solingen waren nicht nur seit 1990 eine große Zahl rechtsterroristischer Mordtaten wie in Lampertheim oder Mölln vorhergegangen, sie endeten damit auch nicht, wie die Brandanschläge in Stuttgart 1994 mit sieben oder in Lübeck zwei Jahre später mit zehn Toten zeigen.

Die Welle rassistischer Gewalt Anfang der 1990er Jahre stand mit den Auseinandersetzungen um die Einwanderungspolitik und das Asylrecht in einem hochbrisanten politischen Kontext, der die Bundesrepublik bereits ein Jahrzehnt lang geprägt hatte. Die scharf und emotional geführte Zuwanderungsdebatte war zunächst vor allem durch den Umgang mit den Arbeitsmigranten dominiert. Anträge auf politisches Asyl spielten bis zum Ende der 1980er Jahre rein zahlenmäßig noch keine nennenswerte Rolle. Erst 1986 wurden die 100 000 Anträge von 1980 wieder erreicht. Seither stieg die Zahl deutlich an und verdreifachte sich infolge des Zusammenbruchs des Sozialismus und der Jugoslawienkriege zwischen 1990 und 1993 auf den Höchststand von 440 000 Anträgen. Allerdings war die Anerkennungsquote mit durchschnittlich weniger als fünf Prozent äußerst niedrig.

Aber nicht allein die Zunahme der Asylanträge sorgte in der Wendezeit für eine Verschärfung der Zuwanderungsdebatte. Erstens kamen viele Antragsteller de facto als Flüchtlinge aus Kriegs- und Krisengebieten. Mit ihnen stellte sich die Frage, ob sie überhaupt unter das politisch begründete Asylrecht fielen. Das diffamierende Bild des »Wirtschaftsflüchtlings« verschärfte ein Denken in pauschalen Berechtigungskategorien, das Menschen in Klassen einteilte. Zweitens fielen mit der wachsenden Zahl die lange Dauer der Verfahren, die komplizierten Regelungen des Bleiberechts und der Versorgung sowie der Umgang mit abgelehnten Antragstellern deutlicher als zuvor ins Gewicht. Sammellager entstanden, Verwaltungen waren überfordert, Kommunen klagten über explodierende Kosten. Drittens kamen zur selben Zeit zwei weitere große Gruppen in die Bundesrepublik: »Spätaussiedler« deutscher Herkunft aus Osteuropa, vor allem aus der So-

wjetunion – allein 1990 waren dies 400 000 Menschen – und fast 350 000 Bürgerkriegsflüchtlinge aus Bosnien-Herzegowina mit einem zumindest befristeten Bleiberecht.

Vor diesem Hintergrund forcierten Medien wie die »Bild«-Zeitung (»Das Boot ist voll!«) sowie vor allem Vertreter der Unionsparteien seit Mitte der 1980er Jahre eine Polarisierung der Zuwanderungsdebatte, die sich immer mehr auf die Asylsuchenden und Kriegsflüchtlinge konzentrierte. Die Bundesregierung verweigerte sich einer systematischen Einwanderungspolitik und einer Änderung des Staatsangehörigkeitsgesetzes, betrieb aber entschieden eine restriktive Handhabung des Asylrechts: Kriterien wurden verschärft, Verfahren und Ausweisungen beschleunigt, Leistungen eingeschränkt. Das politische Bestreben, eine engere Lesart des Grundrechts auf Asyl zu kodifizieren, prägte auch die Entscheidungen des Bundesverfassungsgerichts und des Bundesverwaltungsgerichts dieser Jahre. So hielten Urteile der obersten Verwaltungsrichter in einschlägigen Verfahren zwischen 1986 und 1988 fest: Folter stelle zwar immer eine Würdeverletzung dar, sei aber asylrechtlich nur relevant, wenn sie ausdrücklich aufgrund entsprechender politischer Motive angewandt worden sei. Eine Verfolgung aus religiösen Gründen liege nur dann vor, wenn sie eine Religionsgruppe insgesamt betreffe und sei nur dann asylrelevant, wenn die Menschenwürde durch diese Einschränkungen in ähnlicher Weise verletzt werde wie durch Eingriffe in die körperliche Unversehrtheit.

Wer als »politisch Verfolgter« gelten konnte, bestimmte das Bundesverfassungsgericht 1989 in einem Urteil näher: Das Asylgrundrecht basiere zwar auf der »Achtung der Unverletzlichkeit der Menschenwürde« und der Überzeugung, »daß kein Staat das Recht hat, Leib, Leben oder die persönliche Freiheit des Einzelnen aus Gründen zu gefährden oder zu verletzen, die allein in seiner politischen Überzeugung, seiner religiösen Grundentscheidung oder in für ihn unverfügbaren Merkmalen liegen, die sein

Anderssein prägen«.[41] Aber eine Verfolgung sei erst dann »politisch«, wenn sie durch staatliche Träger erfolge, um Menschen daran zu hindern, die »Ordnung des Zusammenlebens« mitzugestalten. Einschränkend hielten die Verfassungsrichter zudem fest, dass nicht jede Verletzung von Grundrechten, die in der Bundesrepublik als unzulässig gelte, asylrelevant sei, sondern nur solche, die gezielt und mit einer beträchtlichen Intensität die politische Ausgrenzung anstrebten. Wie in vielen anderen würderelevanten Rechtsbereichen war auch die Asylgewährung eine Frage der Abwägung, was im Einzelnen als Verletzung der Menschenwürde bewertet wurde.

Lichterketten gegen rechte Gewalt

Spätestens seit 1987 erhöhten Wahlkampagnen auf Bundes- und Landesebene den Druck auf die SPD, einer Änderung des Grundgesetzes zuzustimmen, um das Asylrecht einzuschränken. Ins Zentrum rückte die Forderung der CDU / CSU, das individuelle Recht auf Asyl, wie es das Grundgesetz vorsah, durch eine institutionelle Gewährung ohne Grundrechtsanspruch zu ersetzen. Ein wiederkehrendes Muster zeichnete sich in diesen Debatten ab: Befürworter einer restriktiven Migrationspolitik vermieden es, auf die Würde des Menschen und die Verknüpfung des Asylrechts mit ihr einzugehen. Stattdessen betonten sie den Schutz der inneren Sicherheit und des eigenen Wohlstands. Gegner dieser Politik setzten hingegen ausdrücklich auf die Menschenwürde als moralisches Argument und beschworen die ursprüngliche Intention von Artikel 1 des Grundgesetzes. Parallel zu dieser Kontroverse kam es nicht nur vermehrt zu ausländerfeindlichen Übergriffen. Wie in anderen europäischen Ländern – insbesondere in Frankreich – konnte sich zudem die neue Rechte auch in der Bundesrepublik über eine ausländerfeindliche und nationalistische Agenda reformieren und langfristig stabilisieren. Rechtsradikale Parteien wie die »Republikaner« oder die »Deutsche Volks-Union« nahmen auf die parlamentarischen Debatten zwar nur bedingt Einfluss, errangen aber in diesen Jahren wiederholt Erfolge bei Landtagswahlen und dienten dadurch letztlich beiden asylpolitischen Lagern als Drohkulisse einer Rechtsradikalisierung des Parteienspektrums.

Angesichts der Bedeutung der deutschen Einheit und der damit verbundenen Probleme ist es nur durch die langjährige politische Zuspitzung der Zuwanderungsdebatte zu erklären, dass die Asylpolitik Anfang der 1990er Jahre als das mit Abstand drängendste politische Thema betrachtet wurde. Viele zeitgenössische Beobachter haben in den mit ausländerfeindlichen Äußerungen gespickten Debatten eine Ursache für die Explosion rechtsextremistischer und rassistischer Gewalt gesehen. Dies dürfte als alleinige Erklärung angesichts der längerfristigen Entwicklung des rechten Lagers und vieler anderer Faktoren zu kurz greifen. Aber situativ gab es viele Verknüpfungen: Anschläge standen im Zusammenhang mit politischen Entscheidungen; Politiker nutzten rechte Gewaltakte, um eine Änderung des Asylrechts zu bekräftigen; Opfern von Anschlägen wurde weder offiziell angemessen gedacht, noch tauchten sie sichtbar in den Medien auf; Täter und ihre Sympathisanten konnten ihr Handeln durch eine aus Kreisen der Politik und über die Medien verbreitete »Stimmung« einer echten oder vermeintlichen Bevölkerungsmehrheit legitimiert sehen.

Doch im Namen der Würde formierte sich seit Mitte der 1980er Jahre auch eine breite zivilgesellschaftliche Bewegung gegen die immer restriktiver werdende Ausländerpolitik der Bundes- und vieler Landesregierungen. Sie trat für eine menschenfreundliche Zuwanderungspolitik, die Beibehaltung des Asylrechts und eine aktive Integration von Menschen nichtdeutscher Herkunft ein. Zahlreiche lokale Bürgerinitiativen, Flüchtlingsräte auf Länderebene oder die »Bundesarbeitsgemeinschaft Pro Asyl« als Dachorganisation für Aktive aus Kirchen, Gewerkschaften und Wohlfahrtsverbänden waren bereits vor 1990 entstanden. »Bündnisse gegen Rassismus«, Arbeitskreise und »runde Tische« organisierten den sich regenden Widerstand gegen rechte Gewalt und Menschenfeindlichkeit. Das Ideal der Würde des Menschen wurde hier an der gesellschaftlichen Basis in vielen Einzelaktionen – von der »Antifa« bis hin zum umstrittenen »Kirchenasyl« – engagiert verteidigt. Angesichts der zunehmenden Gewalt von rechts ging der lokale Protest in öffentliche Großveranstaltungen mit bundesweiter Ausstrahlung über. Am 8. November 1992 veranstalteten Parteien, Kirchen, Gewerkschaften und zahlreiche zivilgesellschaftliche Organisationen in Berlin eine Demonstration unter dem Motto »Die Würde des Menschen ist unantastbar«. Neben fast der gesamten politischen Führungsschicht des Landes kamen 350 000 Teilnehmer zusammen. In keiner Rede eines führenden Repräsentanten der Bundesrepublik hatte die Würde des Menschen seit Gustav Heinemann eine so zentrale Rolle gespielt wie bei dieser Gelegenheit in der Ansprache des Bundespräsidenten Richard von Weizsäcker. Gegen das »Faustrecht des Stärkeren« in Diktaturen bekräftigte er die »Zusage an die Würde des Menschen« als Wesenskern der Demokratie. Dies begründete er, ganz im Einklang mit der geltenden Auslegung und Begrifflichkeit des Verfassungsrechts, mit der Würde als »unaufgebbarem sittlichen Kern einer Person«, die das »Fundament aller Grundrechte« bilde.[42]

Als Linksautonome die Rede des Bundespräsidenten mit »Heuchler«-Rufen störten und Farbbeutel warfen, eskalierte die Situation. Um eine Wiederholung solcher Bilder zu vermeiden, wurde einen Monat später, am Todestag von Amadeu Antonio, in München eine Lichterkette mit 400 000 Teilnehmern organisiert. Die einzeln gehaltenen Kerzen sollten als »Menschenlichter« wie bei vielen Nachfolgeveranstaltungen dieser Art, die seit 2015 ein

Revival erlebt haben, ein Zeichen setzen: Rassismus und rechte Gewalt sind eine Minderheitenposition – die Moral der Menschenwürde ist intakt. »Gegen Rechts«, »Nie wieder Faschismus«, »Für Toleranz und Vielfalt«, »Gesicht zeigen«, »Respekt«, »Eine Stadt stellt sich quer«, »Für Menschenrechte«: Unter diesen und vielen weiteren Schlagworten entstand ein eigenes diskursives, praktisches und institutionelles Aktionsfeld, um die Würdenorm gegen ihre mannigfaltigen Angriffe zu schützen. Sukzessive hat sich dieses Feld auch mit der Hilfe von Fördermaßnahmen, bildungspolitischen Vorgaben und einer zunehmenden wissenschaftlichen Expertise vor allem im Bereich der Rassismus-Forschung institutionalisieren können. Im Zuge der Flüchtlingskrise von 2015 zeigte sich dieses weitgespannte Netzwerk als überaus belastbar, wurde aber zugleich um zahlreiche Freiwillige aus bestehenden Institutionen wie Kirchengemeinden oder privatem Engagement flexibel ergänzt. Trotz aller Krisen bewies die Menschenwürde eine hohe Mobilisierungskraft.

Der »Asylkompromiss« und die Würdedebatte

Antirassistische Prävention und empathische Mobilisierung hier, restriktive Asylpolitik und rechte Gewalt dort: Die Würde des Menschen war und ist vor allem im Bereich der Zuwanderungspolitik eine Arena gravierender Widersprüche. Im Dezember 1992 – unter dem Eindruck des Pogroms von Rostock Lichtenhagen im August und des mörderischen Brandanschlags auf ein Wohnhaus im schleswig-holsteinischen Mölln am 24. November mit drei türkischstämmigen Opfern – stimmte die SPD-Führung schließlich einer Änderung des Grundgesetzes zu. Das Asylrecht sollte unter Verweis auf europäische Regelungen massiv eingeschränkt, aber das individuelle Anspruchsrecht grundsätzlich erhalten bleiben. Der Einigung waren monatelange kämpferische

Debatten, Provokationen und Proteste vorhergegangen. Sie nahmen an Intensität und Grundsätzlichkeit noch zu, als nach den langjährigen Auseinandersetzungen um Geltung, Reichweite und Verfahren der Asylgewährung der Bundestag am 26. Mai schließlich mit einer Zwei-Drittel-Mehrheit der christlich-liberalen Regierungskoalition zusammen mit zahlreichen Stimmen aus der SPD-Fraktion eine substantielle Änderung von Artikel 16 beschloss. Das Asylrecht für politisch Verfolgte, eine der wichtigsten Neuerungen und Errungenschaften des Parlamentarischen Rates, wurde durch die bis heute gültige »Drittstaatenregelung«, die Festlegung »sicherer Herkunftsstaaten« und das »Flughafenverfahren« massiv beschnitten: Wer seither einen Asylantrag stellen möchte und den neuen Kriterien nicht entspricht, kann umgehend abgewiesen werden.

In der stundenlangen Debatte im Bundestag kristallisierte sich das bereits in den Jahren zuvor erkennbare Muster für den Umgang mit der Würdenorm noch einmal deutlich heraus. Vertreter der Regierungsfraktionen und der SPD begründeten den »Kompromiss« mit dem Ziel, den »inneren Frieden« der Bundesrepublik sichern zu wollen. Sie argumentierten, der Parlamentarische Rat habe beim Grundrecht auf Asyl nur diejenigen Menschen vor Augen gehabt, die ausdrücklich aus politischen Gründen verfolgt werden und über keinen anderen Schutzanspruch verfügen, als in der Bundesrepublik aufgenommen zu werden. Die Regierungsfraktionen legten zudem ausschließlich die deutschen Interessen zugrunde, für die allein der Staat verantwortlich sei. Gesonderte Ansprüche gegenüber der Bundesrepublik aufgrund einer historischen oder universalen Verantwortung, die aus dem Postulat der Menschenwürde gefolgert werden könnten, wurden gar nicht erst thematisiert oder durch den Verweis auf die Zuständigkeit der europäischen sowie internationalen Staatengemeinschaft abgewiesen. Empathie mit den Asylsuchenden und Flüchtlingen, aus der eine Handlungsbereitschaft zu ihren Gunsten hätte be-

gründet werden können oder ein Hadern über den Widerspruch zur Würdenorm erkennbar gewesen wäre, finden sich nicht. Darauf zielte der SPD-Abgeordnete Ulrich Böhme mit seiner Frage ab, ob »nicht auch wir alles daran setzen (würden), ein Land zu verlassen, in dem Armut, Hunger, Krankheit und Tod herrschen?« Er forderte die in den Statements der Befürworter fehlende Empathie ausdrücklich ein: Seine Frage richte er an diejenigen, »die sich noch nie die Mühe gemacht haben, sich in einen Gefolterten, in eine vergewaltigte Frau, in ein verwundetes Kind hineinzuversetzen«.[43]

Anders als die Befürworter der Änderung bezogen sich deren Gegner, zu denen die Abgeordneten von Bündnis 90/Die Grünen und der PDS sowie ein kleinerer Teil der SPD-Fraktion gehörten, ausdrücklich auf die Würdenorm. Sie nutzten Artikel 1, die Würde des Menschen und die Unantastbarkeit der Grundrechte an rhetorisch zentralen Stellen als Verteidigungsnorm. Vier Argumentationslinien sind dabei erkennbar: Erstens wurde das weite Verständnis des Grundgesetzes durch den Parlamentarischen Rat als ein eigenes, unbedingt zu bewahrendes Vermächtnis betont. Uwe-Jens Heuer von der PDS/Linke Liste argumentierte in diesem Sinne: Artikel 16 als »Konkretisierung der Achtung der Menschenwürde« sei die Entscheidung eines »vom Kriege ausgebluteten Landes gegen das egoistische Interesse« gewesen.[44] Nur noch wenige konnten wie der Bremer SPD-Abgeordnete Ernst Waltemathe vor dem Hintergrund ihrer persönlichen Bezüge zum Nationalsozialismus argumentieren. Waltemathe hatte mit seiner jüdischen Mutter im Exil in Amsterdam gelebt, Verwandte von ihm wurden in Auschwitz ermordet, er selbst war früh politisch links in der SPD engagiert, Pazifist und setzte sich im Bundestag unter anderem für Menschenrechtsfragen ein. Die Menschenwürde sei, so Waltemathe, nach der Grundgesetzänderung lediglich für Bundesbürger unantastbar, »für andere nur noch ein ganz kleines bißchen«.[45]

Zweitens erklärten viele Abgeordnete, darunter eine größere Gruppe von SPD-Parlamentariern in einer zu Protokoll gegebenen Erklärung, die Gesetzesänderung generell für grundgesetzwidrig, da sie mit Artikel 1 unvereinbar sei. Für die Fraktion Bündnis 90/Die Grünen stellte Vera Wollenberger im Zusammenhang mit der Debatte über die ebenfalls geplanten Leistungskürzungen für Asylsuchende fest, die Regierungskoalition und Teile der SPD hielten die »Menschenwürde von Asylbewerbern« für »weniger schutzwürdig als die der deutschen Bürger«. Dies sei mit dem »Grundgesetz, der Unantastbarkeit und folglich der Unteilbarkeit der Menschenwürde« nicht vereinbar.[46] Drittens forderten mehrere Abgeordnete, sich am Ziel eines »menschenwürdigen Daseins« zu orientieren. Der Bürgerrechtler Konrad Weiß von der Fraktion Bündnis 90/Die Grünen benutzte wie andere Änderungsgegner die Formel in zweierlei Richtungen: Den Menschen in Krisen- und Armutsregionen sollte zum einen in ihren Heimatländern ein entsprechender Lebensstandard ermöglicht werden, um so die Fluchtursachen zu bekämpfen. Zum anderen müssten die Leistungen für »Asylbewerber« so ausgestaltet sein, um in der Bundesrepublik »menschenwürdig« leben zu können.

Wollenbergers Kritik richtete sich vor allem gegen die geplante Umstellung von Geld- auf Sachleistungen und Wertgutscheine. Das schaffe verschiedene »Klassen von Menschen«, diskriminiere »Asylbewerber« und behindere die »freie Entfaltung der Persönlichkeit«, zumal ihnen bestimmte, vor allem kulturelle Angebote dann nicht mehr zugänglich seien. Bundesfamilienministerin Hannelore Rönsch verteidigte die vorgesehenen Kürzungen hingegen sogar im Namen der Menschenwürde. Diese sah sie auch dann als gewahrt an, wenn eine zu leistende »Existenzsicherung« – von »menschenwürdig« sprach sie an dieser Stelle ausdrücklich nicht – zwischen »unterschiedlichen Gruppen von Ausländern differenziert«.[47] Solche holprig anmutenden Argumente gaben der vierten Argumentationslinie zusätzlich Nahrung. So argumentierte Barbara Höll von der PDS/Linke Liste mit der Gefahr eines Dammbruchs: Kürze man die Leistungen für »Asylbewerber«, widerspreche das nicht nur der Würdenorm und sei »Rassismus«, sondern treffe bald andere Gruppen und »dann (…) Deutsche«.[48] Ernst Waltemathe mahnte, wer die Einschränkung des Asylrechts befürworte, wolle »in Wahrheit eine andere Republik, und das ist eine schlechtere«.[49] Für Konrad Weiß bedeutete die »Verstümmelung« des Asylrechts eine »Bresche« in die »Grundfesten dieses Staates«.[50]

Die im Bundestag zutage tretenden gegensätzlichen Positionen gerade hinsichtlich der Menschenwürde zeigen: Kaum eine Entscheidung in der Geschichte der Bundesrepublik war umstrittener und zugleich gravierender als der »Asylkompromiss«. Die Neuregelung des Asylrechts bedeutete eine fundamentale Krise des Vertrauens in die normativen Grundlagen der Bundesrepublik. Es ging um nicht weniger als um den Gründungskonsens der Bundesrepublik, auf den sich die gemäßigten Vertreter von Christdemokraten, Sozialdemokraten und Liberalen unter dem Dach der Würdeformel verständigt hatten. Während dieses Spektrum der parlamentarischen Vertreter der Bundesrepublik 1993 dazu bereit war, einen wesentlichen Baustein der politischen Moral weitgehend aufzugeben, fanden sich die Verteidiger der Würdenorm nun vor allem im linken Spektrum der Abgeordneten. Die Menschenwürde war im Bundestag wie in der politischen Öffentlichkeit wieder zur Kampfformel geworden.

19

ANERKENNUNGSKÄMPFE: SELBSTMOBILISIERUNG UND LEBENSSCHUTZ

Als Wim Thoelke 1992 die Moderation der Fernsehshow »Der Große Preis« abgab, war die Würde des Menschen noch auf einem ganz anderen Weg in der Bundesrepublik angekommen, als es das Grundgesetz vor Augen hatte. Zu den Höhepunkten der Sendung gehörte die Ziehung von Gewinnlosen der »Aktion Sorgenkind«, die 1964 gemeinsam vom ZDF und den großen Wohlfahrtsverbänden ins Leben gerufen worden war. Am Anfang dieser Zusammenarbeit hatte die Lotterieshow »Vergissmeinnicht« gestanden, deren Erlöse dem Aufbau von Einrichtungen für Menschen mit Behinderungen zugutekamen. Daraus entwickelte sich mit dem »Großen Preis« die populärste Form der Behindertenhilfe der Bundesrepublik. Die Idee dazu hatte der auf Gesundheitsthemen spezialisierte Fernsehjournalist Hans Mohl. Wie viele andere hatte ihn der Contergan-Skandal aufgerüttelt: Bei Tausenden von Kindern hatte die Ausgabe eines Beruhigungsmedikaments an Schwangere zwischen 1957 und 1961 zu körperlichen Fehlentwicklungen geführt.

Erst seit Anfang der 1970er Jahre gewann die Situation von Menschen mit Behinderungen nach und nach Aufmerksamkeit. Das war eng mit dem zunehmend diskutierten Würdeanspruch des ungeborenen Lebens im Spannungsfeld von Schwangerschaftsabbruch, Reproduktionsmedizin und Humangenetik verbunden. Auch wenn dies Themen von globaler Relevanz waren, hatten sie in der Bundesrepublik durch die NS-Euthanasie und deren Kontinuitäten nach 1945 eine besondere Brisanz. Gerade in der Medizin blieben sozialdarwinistische und eugenische Haltungen lange verbreitet. »Ohne Körper ist dieser Kopf wertlos«, hatte ein Neurochirurg noch 1967 das Schicksal eines jungen Querschnittgelähmten kommentiert, der zudem weder Dichter noch Mystiker sei.[51] Zu dem langsamen Wandel trugen zivilgesellschaftliche Bewegungen und die Selbstorganisation von Behinderten bei, durch die seit den 1980er Jahren auch ein kritischer Umgang mit dem Nationalsozialismus angestoßen und verankert wurde.

»Behindertsein ist schön«

Verlässliche Zahlen, wie viele Menschen mit Behinderungen in der Bundesrepublik lebten, verbindliche Definitionen oder Meldeverfahren gab es in der Bundesrepublik lange Zeit nicht: Behindert zu sein war ein Tabu, umso mehr, wenn es um Einschränkungen von Geburt an ging. Sie galten als selbstverantwortetes Phänomen vor allem bildungsferner Schichten, deren Kinder somit mehrfachen Stigmatisierungen ausgesetzt waren. Umfragen zeigen noch in den 1970er Jahren eine weit verbreitete Unsicherheit, Ablehnung und Unkenntnis, wenn es um Behinderte ging. Zwei Drittel der bundesdeutschen Bevölkerung befürworteten deren Unterbringung in Heimen. Mehrfach gelangten in diesen Jahren Fälle an die Öffentlichkeit, bei denen die Nähe zu Behinderten – etwa durch den Bau neuer Pflegeheime oder bei Hotelaufenthalten – teils aggressiv abgelehnt wurde. Aber ihre Marginalisierung und Segregation stieß zunehmend auf Kritik.

Um auf die unwürdige Situation dieser und anderer »Randgruppen« aufmerksam zu machen, bedurfte es unter anderem einer neuen Generation kritischer Journalisten. Was Günter Wallraff mit seinen investigativen Undercover-Reportagen für die

Welt der Arbeit gelang, erreichte Ernst Klee für das Anstaltswesen: eine Aufmerksamkeit zu wecken, die das Schicksal der Betroffenen mit Empathie in den Vordergrund rückte und Rechte für diejenigen einforderte, denen die Möglichkeiten dafür kaum zur Verfügung standen. Zusammen mit dem selbst betroffenen Behindertenrechtsaktivisten Gusti Steiner veranstaltete Klee, der bereits mehrere Sozialreportagen zu Gastarbeitern, psychisch Kranken und anderen Marginalisierten veröffentlicht hatte, seit 1973 in Frankfurt VHS-Kurse, um für die Beschränkungen zu sensibilisieren, denen Menschen mit Behinderungen ausgesetzt waren – und um die Teilnehmenden zu mobilisieren. Neben öffentlichen Aktionen prägte Klee die öffentliche Diskussion vor allem durch seine umfangreich recherchierten »Reports« über die Situation von Behinderten, in der Psychiatrie und von Nichtsesshaften, die zwischen 1974 und 1979 erschienen.

In seinen zahlreichen Beiträgen für den Hessischen Rundfunk oder »Die Zeit« kritisierte Ernst Klee vor allem den Umgang mit Behinderten. Die Verbindung von Fakten, Erfahrungsberichten und Forderungen verliehen den Berichten eine besondere dokumentarische Anschaulichkeit, die Widersprüche zwischen dem Anspruch der Menschenwürde und der Realität ihrer Missachtung aufdeckte. Rhetorisch brachte Klee die Situation von Behinderten bewusst in Bezug zu anderen Gewaltverhältnissen, wenn er von »Apartheidspolitik«, »Almosen-Proletariat« oder »Ghettoisierung« sprach. Klee wurde zum Mitinitiator, Aktivisten und einem der wichtigsten Sprachrohre der Behindertenbewegung, die sich, wie in Frankfurt, aus lokalen Initiativen bildete. So machte er das Statement »Behindertsein ist schön« als Ausdruck eines Emanzipationsanspruchs bekannt.[52] Trotz allem: 1980 bilanzierte er, Menschen mit Behinderungen würden immer noch als »Monster« betrachtet.[53]

Viele Behinderte, die in diesen Jahren das reife Erwachsenenalter erreichten, wollten jedoch nicht mehr auf ein Leben in gesonderten Einrichtungen begrenzt und öffentlich diffamiert, ausgegrenzt oder ignoriert werden. Noch immer war ihr Bild durch eine Sichtweise bestimmt, die von einer erbbiologisch und familiär bedingten, defizitären Grundausstattung ausging. Leidend, unmündig, ohne Selbstverantwortlichkeit und die Fähigkeit zu vernünftigem Handeln: Das entsprach genau dem Gegenteil dessen, was mit der Gleichsetzung von Menschenwürde und dem Typus einer vernunftbegabten, autonomen Persönlichkeit verbunden war. Dagegen formierte sich nun eine Bewegung von und für Menschen mit Behinderungen, die sich für ihre gesellschaftliche Anerkennung, rechtliche Gleichstellung und den Abbau von Hürden ihrer sozialen Teilhabe einsetzte.

Dieser Bewegung, die ihr wissenschaftliches Pendant in den »Disability Studies« fand, ging es darum, Behinderung als ein gesellschaftliches und politisches Konstrukt sichtbar zu machen. Unter den gegebenen Bedingungen war Behinderten eine soziale Teilhabe am gesellschaftlichen Leben nicht möglich. Sie galten als Menschen zweiter Klasse, obwohl Einrichtungen wie die Lebenshilfe seit 1958 darum bemüht waren, ihre Situation zu verbessern. Aber abgesehen von der erst später offengelegten NS-Belastung wichtiger Gründerfiguren agierte die Lebenshilfe noch weitgehend im Modus der Separation, die einem anderen Ziel widersprach, das Anfang der 1970er Jahre politisch massiv vorangebracht wurde: der Rehabilitation von Menschen mit Behinderungen durch eine Integration in den Arbeitsmarkt.

Aber auch in der Rehabilitation sahen viele Behinderte eine neue Form der Enteignung. Vor allem »Krüppelgruppen«, die nur Betroffene aufnahmen und sich selbst vertraten, kritisierten die bestehenden Verhältnisse als Unterdrückung, einschließlich der bestehenden Hilfsorganisationen und staatlicher Reformmaßnahmen. Sie machten mit medienwirksamen Aktionen auf sich aufmerksam. Einen Höhepunkt bildete die Störung von Veranstaltungen im »Jahr der Behinderten«, das die UN für 1981 ausgerufen hatten. Publikum und Fernsehkameras verfolgten, wie Franz Christoph bei der Eröffnung einer REHA-Messe den Bundespräsidenten Karl Carstens zweimal mit seiner Krücke touchierte. »Krüppelschläge« hieß zwei Jahre später sein Buch, in dem er sich gegen die »Gewalt der Menschlichkeit« wandte: Fürsorge und Humanität verdeckten eine Angst der Nicht-Behinderten, »jemanden für voll nehmen zu müssen, den man nach eigenen Wertvorstellungen gar nicht für voll nehmen kann«.[54] Und umgekehrt könnten Behinderte unter diesen Bedingungen keine eigene Identität als Behinderte entwickeln, da sie sich bis zur »Persönlichkeitszerstörung« den Mehrheitsnormen anpassen müssten.

Gut ein Jahrzehnt lang hatte sich die Behindertenbewegung zuvor auf eine Kritik der gegenwärtigen Verhältnisse konzentriert. Seit Ende der 1970er Jahre kam eine Auseinandersetzung mit der NS-Euthanasie hinzu. Personelle Kontinuitäten waren in der Medizin insgesamt wie in der Psychiatrie und dem Anstaltswesen nach 1945 tabuisiert und bestritten worden. Dabei waren zum Beispiel bis in die 1970er Jahre hinein die meisten Präsidenten der führenden deutschen Fachgesellschaft für Psychiatrie zumindest als Gutachter in NS-Erbgesundheitsverfahren tätig gewesen. Doch die Abwehrreihen bröckelten. Unter dem Eindruck der im Januar 1979 ausgestrahlten Fernsehserie »Holocaust« entstand noch im selben Jahr die wesentlich von Klaus Dörner verantwortete Denkschrift »Holocaust und Psychiatrie« der »Deutschen Gesellschaft für soziale Psychiatrie«. Im Jahr darauf thematisierte der Berliner Gesundheitstag als Gegenveranstaltung zum Deutschen Ärztetag die Beteiligung von Medizinern an den NS-Verbrechen. Ein Tabubruch.

Vor allem Ernst Klee erforschte seit Anfang der 1980er Jahre als einer der Ersten überhaupt die NS-Euthanasie. Bereits 1983 veröffentlichte die »Schwarze Reihe« des Fischer Taschenbuch Verlags sein Standardwerk »›Euthanasie‹ im NS-Staat. Die ›Vernichtung lebensunwerten Lebens‹«. Weitere reichhaltig dokumentierte Bände erschienen in den kommenden Jahren mit großer Reichweite, die mit den Verantwortlichen auch weitreichende Kontinuitäten in die Bundesrepublik hinein aufdeckten. Neben den Krankenmorden gelangten nun langsam auch die hunderttausendfachen Zwangssterilisierungen in den Blick einer kritischen Geschichtswissenschaft und Öffentlichkeit. Seit 1981 konnten während des Nationalsozialismus zwangssterilisierte Personen eine Einmalzahlung beantragen, wurden den Verfolgtengruppen mit Entschädigungsansprüchen aber weiterhin nicht gleichgestellt. Diese Regelung, die an einer Diskriminierung von NS-Opfern festhielt, fand 1988 Eingang in eine Novelle des Allgemeinen Kriegsfolgengesetzes: Es gab weiterhin keine Entschädigung, sondern nur einen Härtefallausgleich.

Der Streit um den Anfang der Würde

»Wir haben abgetrieben«, titelte der »Stern« am 6. Juni 1971. Die junge Journalistin Alice Schwarzer hatte Hunderte von Frauen davon überzeugen können, sich nach französischem Vorbild öffentlich zu einer Straftat im Sinne des geltenden § 218 zu bekennen, für die bis zu fünf Jahre Gefängnis drohten. Schwarzer lebte zu dieser Zeit in Paris, gehörte zu den Aktivistinnen der französischen Frauenbewegung und war eng mit ihrer Mentorin Simone de Beauvoir befreundet, deren Leben und Denken sie in der Bundesrepublik durch mehrere Publikationen bekannt machte. Die Existenzialistin und Sartre-Gefährtin war bereits 1949 mit ihrem Buch »Das andere Geschlecht« zu einer der wichtigsten Vordenkerinnen des Feminismus avanciert. Darin hatte sie die patriarchalische Unterdrückung der Frau im bürgerlichen Kapitalismus in Frage gestellt und stattdessen gefordert, die Menschen nicht nach Stereotypen wie dem »Ewigweiblichen« zu klassifizieren und zu hierarchisieren. Radikal lehnte de Beauvoir das vorherrschende

Denken in vermeintlich natürlichen Eigenschaften ab, mit denen die bestehenden Unterdrückungsverhältnisse gerechtfertigt wurden. Stattdessen ging sie – anders als der christlich geprägte Personalismus – von einem universalen, materiell voraussetzungslosen Menschenbild aus. Damit begründete de Beauvoir, die sich den Würdebegriff selbst erst in ihrem Spätwerk zu eigen machte, die Anerkennung eines unbedingten Rechts für jeden Menschen, sein Leben individuell gestalten und leben zu dürfen.

Und genau darum ging es mit der Kampagne im »Stern« – um die Rechte der Frau in einem fundamentalliberalen Sinne, um Würde durch Selbstentfaltung, jenseits von christlicher Sitte und konservativer Moral. Mit den öffentlichen Bekenntnisakten brach ein seit langem schwelender Konflikt auf. Der Schwangerschaftsabbruch wurde im Zeichen steigender Abtreibungszahlen von einem Tabuthema zum Kristallisationspunkt der Liberalisierungskonflikte in der mittleren Bundesrepublik. Dem unbedingten Schutz jedes menschlichen Lebens durch den Staat stand nun die bereits im Kaiserreich und während der Weimarer Republik erhobene Forderung entgegen, als Frau über den eigenen Körper und das Austragen eines Kindes frei entscheiden zu dürfen.

In den kontroversen Debatten der folgenden Jahre schlug sich nicht nur der gesellschaftliche und weltanschauliche Paradigmenwechsel der sozialliberalen Reformära nieder. Es zeichnete sich auch ein Paradigmenwechsel in der Geschichte der Menschenwürde ab. Zum einen weitete sich mit der Abtreibung das Feld an Themen, die mit der Menschenwürde verknüpft wurden. Auch die Gewichtungen der Debatten um die Menschenwürde verschoben sich von staatsrechtlichen zu gesellschaftlichen Aspekten. Schließlich trat deutlicher als zuvor ins Bewusstsein, dass es sich bei der Würde des Menschen um einen Wert und eine Norm handelte, deren Geltung zumindest in bestimmten Fällen abzuwägen war. Embryo oder Frau – wessen Würde sollte »unantastbar« sein? Bereits mit den Debatten über die »Notstandsgesetze«

und mit der Forderung nach »mehr Demokratie« war der weitgehende Konsens über die Menschenwürde als leitendes Regulativ der staatlichen Macht aufgebrochen. Nun ging die Geschichte der Menschenwürde in der Bundesrepublik endgültig in eine Phase moralischer Debatten über, die von Konflikten, Lagerkämpfen und Aushandlungen geprägt war und dies bis heute geblieben ist.

Diese Entwicklung lässt sich auf die Gemengelage von Protest und Reform gegen Ende der 1960er Jahre zurückführen. Im Anschluss an die Strafrechtsreform von 1969 sollte auch die Strafbarkeit des Schwangerschaftsabbruchs neu geregelt werden. Abtreibungen waren bis dahin lediglich aus medizinischen Gründen erlaubt. Eine Liberalisierung fand nach 1945 auch angesichts der nationalsozialistischen Euthanasie keine ausreichende Zahl an Befürwortern. Bis zur endgültigen Gesetzesänderung von 1976, die dann zwei Jahrzehnte Bestand hatte, verging mehr als ein halbes Jahrzehnt. Andere westeuropäische Länder handelten früher, auch die DDR führte bereits 1972 eine Fristenlösung ein. In der Bundesrepublik gingen konkrete Impulse nicht von der Politik, sondern neben der frühen Frauenbewegung von einer Gruppe von Strafrechtlern und von der Humanistischen Union aus, die beide 1970 mit Änderungsentwürfen für den § 218 den Gesetzgebungsprozess beschleunigen wollten.

Die Humanistische Union rückte ins Zentrum der Debatte, aus »Achtung vor der Würde des Menschen«, wie sie es formulierte, jeder Frau die Entscheidung darüber zu überlassen, »ob sie ein Kind zur Welt bringen will oder nicht«.[55] Sinnbildlich wurde diese Position durch die Selbstbezichtigungen im Sommer 1971. Befördert durch zahlreiche Protestaktionen, Solidaritätserklärungen und ein breites Medienecho, wurde das Recht auf Abtreibung zum Schlüsselthema und Katalysator der neuen Frauenbewegung, die sich nun im Flussdelta der Studentenproteste formierte. Sie konnte sich auf einen Stimmungswandel in der Bevölkerung berufen, denn inzwischen sprach sich eine Mehrheit dafür aus, den Schwangerschaftsabbruch zu entkriminalisieren. Die Kritiker des staatlichen Schutzanspruchs bezogen sich zugunsten der Schwangeren auf Kernbegriffe der Menschenwürde. Sie dürfe nicht zum »Objekt« gemacht, an der Entfaltung ihrer »Persönlichkeit« gehindert oder in ihrer »Selbstverantwortung« eingeschränkt werden. Die Teilnehmenden des Kölner »Politischen Nachtgebets«, das seit 1968 maßgeblich von Dorothee Sölle, der Tochter von Hans Carl Nipperdey, verantwortet wurde, argumentierten 1971, den Schwangerschaftsabbruch zu erlauben, um der »Verantwortung der Eltern und dem Anspruch des Kindes auf ein menschenwürdiges Leben« gerecht zu werden.

In den folgenden Jahren entwickelte sich ein breites Spektrum kontrovers diskutierter Positionen: von der Abschaffung des umstrittenen Paragraphen über das Modell einer Fristenlösung und die Erweiterung der Indikationen für einen Schwangerschaftsabbruch bis hin zur Ablehnung jeglicher Änderungen vor allem von konservativ-katholischer Seite. Hinzu kam, dass weder innerhalb der Fraktionen noch in der Ärzteschaft oder den christlichen Kirchen jeweils einheitliche Positionen vertreten wurden. Dies spiegelte sich in den zahlreichen Gesetzentwürfen wider, die seit 1972 im Bundestag diskutiert wurden. In den intensiven, emotional geführten Debatten wurde ein sozialer Grund für einen Änderungsbedarf immer deutlicher, dem sich niemand entziehen konnte: Die bestehende Regelung hatte über lange Zeit zu einer hohen Zahl illegaler, kostenträchtiger und gefährlicher Abbrüche geführt, die nur zu einem kleinen Teil strafrechtlich verfolgt wurden. Recht und Wirklichkeit deckten sich nicht. Die SPD, aber auch die Frauenbewegung hoben zudem auf die mit der Abtreibungspraxis verbundenen sozialen Ungerechtigkeiten ab.

Das Fünfte Gesetz zur Reform des Strafrechts von 1974 sah eine Fristenregelung vor, die aber nie wirksam wurde. Frauen hätten demnach in den ersten drei Monaten einer Schwangerschaft nach einem Beratungsgespräch straffrei abtreiben dürfen. Die Opposition im Bundestag und mehrere konservativ geführte Länderregierungen hatten sich vehement dagegen gewandt. Sie wollten lediglich schwere gesundheitliche und psychische Belastungen als erweiterte Indikationen akzeptieren und schalteten das Bundesverfassungsgericht ein. Die christlich-konservativ verstandene Würde des Menschen wurde zum Bollwerk gegen eine Veränderung des § 218. Die Richter erklärten das Gesetz am 25. Februar 1975 für verfassungswidrig. Ihr Urteil stützte sich auf mehrere Grundsätze: Spätestens ab dem 14. Tag nach der Empfängnis handele es sich bei einem Embryo um menschliches Leben. Die Strafbarkeit einer Abtreibung sollte jedoch von gar keinem Stadium der embryonalen Entwicklung von der Zeugung bis zur Geburt abhängig gemacht werden können. Diese Klarstellung setzte in einer der umstrittensten Fragen eine mehrheitlich vertretene biologische Ansicht mit der normativen Bestimmung des Lebensanfangs kategorisch gleich.

Der Beginn des Lebens vom Moment der Zeugung an war von vielen Befürwortern einer weitgehenden Änderung des § 218 der Sache nach bestritten oder durch sprachliche Wendungen auf Distanz gehalten worden. Wo aber menschliches Leben existiere, so die Verfassungsrichter, komme ihm automatisch Menschenwürde zu. »Es ist nicht entscheidend, ob der Träger sich dieser Würde bewußt ist und sie selbst zu wahren weiß. Die von Anfang an im menschlichen Sein angelegten potentiellen Fähigkeiten genügen, um die Menschenwürde zu begründen.«[56] In den Diskussionen war hingegen vielfach gefordert worden, den biologischen Eintritt ins Leben nicht mit einer normativ bedingten Zuschreibung der Würde des Menschen gleichzusetzen, sondern ihre Anerkennung einem späteren Stadium vorzubehalten. Artikel 1 des Grundgesetzes kam im Urteil des Verfassungsgerichts eine qualifizierende Begründungsfunktion zu. Denn in diesem Sinne sei jedes keimende Leben als ein Rechtsgut zu verstehen, das gemäß Artikel 2 des Grundgesetzes – »Jeder hat das Recht auf Leben und körperliche Unversehrtheit« – vom Staat zu schützen sei. Dieser »Lebensschutz der Leibesfrucht« genieße »grundsätzlich für die gesamte Dauer der Schwangerschaft Vorrang vor dem Selbstbestimmungsrecht der Schwangeren«.[57]

Wie viele der Abtreibungsgegner, die neben grundsätzlichen ethischen Argumenten einen »Dammbruch« und eine »Entgrenzung« fürchteten, stützte das Bundesverfassungsgericht seine Entscheidung auch auf die Missachtung menschlichen Lebens durch den Nationalsozialismus. Die Bundesregierung brachte schließlich im Juni 1976 eine modifizierte Gesetzesänderung durch den Bundestag. Statt der Fristenlösung wurde ein weiterhin grundsätzlich strafbarer Schwangerschaftsabbruch nur dann von einer Strafverfolgung ausgenommen, wenn ein Arzt ihn aus medizinischen, ethischen oder sozialen Gründen für erforderlich erklärt hatte. Die Forderung »Mein Bauch gehört mir!« blieb unerfüllt, Schwangere weiterhin von Ärzten abhängig und von Strafverfolgung bedroht, auch wenn diese nicht konsequent betrieben wurde.

Einen zusätzlichen Effekt hatten die Auseinandersetzungen jedoch: Gerade die Gegner einer Liberalisierung des Abtreibungsrechts verpflichteten den Staat darauf, nicht nur eine Professionalisierung der medizinischen und sozialen Betreuung von Schwangeren sicherzustellen, sondern besonders Kinder in schwierigen Verhältnissen zu unterstützen, um ihnen ein menschenwürdiges Leben zu ermöglichen. Das fügte sich in eine Reformpolitik zugunsten des Schutzes von Kindern ein. 1973 wurde der Einsatz von Gewalt in pädagogischen Einrichtungen verboten, wobei trotz der Kritik an den entwürdigenden Verhältnissen in vielen Heimen und im schulischen Kontext das Ausmaß von Unterdrückung, Willkür und Würdeverletzung nicht öffentlich bekannt war. Ein weiterer Ausdruck des Kinderschutzes im Namen der Würde war das »Gesetz zur Neuregelung der elterlichen Sorge«, das nach mehrjähriger Debatte 1979 im internationalen »Jahr des

Kindes« verabschiedet wurde.[58] Statt der elterlichen »Gewalt« sollte nun ihre »Fürsorge« gelten, die sich ausdrücklich an der »Menschenwürde« der Kinder, der freien Entfaltung ihrer Persönlichkeit und der Achtung ihrer Eigenverantwortlichkeit zu orientieren habe. Angesichts der immer noch weit verbreiteten Gewalt an Kindern in Heimen wie in Familien war das längst überfällig. Aber erst zwei Jahrzehnte später wurde als späte Folge der UN-Kinderrechtskonvention von 1989 das Recht auf eine gewaltfreie Erziehung in der Bundesrepublik gesetzlich verankert.

»Schöne neue Welt«?

Mit seinem Urteil gegen die Fristenlösung hatte das Bundesverfassungsgericht dem Gesetzgeber zugleich aufgetragen, den Embryo in besonderer Weise zu schützen. Nur wenige Jahre später gewann diese Frage eine Brisanz, die über ein Jahrzehnt lang die Menschenwürdedebatte in der Bundesrepublik prägen sollte: 1978 wurde in Großbritannien das erste »Retortenbaby« per Kaiserschnitt auf die Welt gebracht, vier Jahre später gelang dies in der Bundesrepublik. Nun wurden Möglichkeiten und Gefahren der seit den 1950er Jahren erprobten Reproduktionsmedizin greifbar, die ihrerseits Teil einer umfassenden Hospitalisierung und Technisierung von Zeugung, Schwangerschaft und Geburt war. Ultraschall statt Hebamme, Reagenzglas statt Geschlechtsverkehr, Kinder »machen« statt Kinder »bekommen«: Eine Mischung aus Hoffnung und Faszination, Ängsten und Verunsicherung prägte die ersten Medienberichte und Reaktionen auf die Geburt von Louise Brown. Paaren, die sich Kinder wünschten, bot sich damit ein neuer Weg. Mediziner und Biologen feierten das Ereignis als Meilenstein des wissenschaftlichen Fortschritts. Dagegen konstatierte die »Frankfurter Allgemeine Zeitung« kritisch unter dem Titel »Schutzlose Retortenbabys«, es gehe um »Menschenbild und Menschenwürde«.[59]

Denn es stellten sich viele Fragen: Dem »Retortenbaby« waren mehrere Hundert erfolglose Übertragungen von Embryos vorhergegangen. Waren sie Versuchsobjekte, was durfte mit überzähligen Embryos gemacht werden, wie weit reichte die Freiheit der Forschung, auch hinsichtlich des Umgangs mit menschlichem Erbgut? Die verantwortlichen Ärzte der ersten gelungenen In-vitro-Fertilisationen wussten sie meistbietend an die Medien zu verkaufen. Louises Geburt fand vor laufenden Kameras statt. Widersprach das nicht dem Persönlichkeitsrecht des Kindes? Wenn die »extrakorporale Insemination« als »Wunschkindbehandlung« bezeichnet wurde – drohte nicht eine Kommerzialisierung von Schwangerschaft und Geburt, verbunden mit einer Privilegierung derjenigen, die sich dieses Verfahren leisten konnten? Was bedeutete die Zeugung im Reagenzglas für die körperliche und vor allem seelische Entwicklung des Kindes und für das Familienleben? 1985 kam mit der ersten bekannten Leihmutterschaft eine weitere Dimension hinzu: Zu Eltern konnte man nun werden, indem fremde Eizellen und Samen durch eine extrakorporale Befruchtung zusammengebracht wurden und das Austragen des Kindes eine Leihmutter übernahm. Das war sogar zeitversetzt zum künstlichen Zeugungsakt möglich: Im selben Jahr wurde in Australien das erste Kind geboren, das als Embryo eingefroren worden war. Diese Methode wurde für Samenzellen schon länger praktiziert: 1971 war die erste Samenbank in den USA eröffnet worden. Achtzehn Jahre später wurde in Erlangen das erste »Tiefkühlbaby« in der Bundesrepublik geboren: Christine.

Das neue Spektrum des biologisch Möglichen wurde durch Vorformen der pränatalen Diagnostik, demographisch begründete, eugenische Selektionsmaßnahmen und kontroverse Debatten über den »Wert« menschlichen Lebens ergänzt. Von homologer oder heterologer Insemination, In-vitro-Fertilisation und Kryptokonservierung schien es nicht weit bis zur gezielten Erfassung, Untersuchung und Manipulation von Genen über Eingriffe in die menschliche Keimbahn und die Klonierung des Menschen bis zur Erzeugung von Chimären aus Menschen und Tieren. Nach der Geburt von Louise Brown sprach der »Spiegel« von einem »alchimistischen Experiment zwischen Hoffnung und Horror«.[60] Er berichtete über eine Fülle gentechnischer und humangenetischer Forschungsprojekte, beschrieb Klonierungsvisionen und verknüpfte sie mit einem kritischen Blick auf eugenische Optimierungsphantasien, wie sie in der Nachkriegszeit wiederbelebt worden waren. Die Dystopie der »schönen neuen Welt« von Aldous Huxley drohe Wirklichkeit zu werden, würden dem »Homunculus« keine Grenzen gesetzt.

»Verantwortung« in der »Risikogesellschaft«

Ließ sich der »Homunculus« noch aufhalten? Genau dieser Frage widmete sich Hans Jonas 1979 in seinem epochemachenden Buch »Das Prinzip Verantwortung«. Es wurde zum Bestseller, weil Jonas Orientierung in einer von Krisen geprägten Zeit versprach. Hochrüstung, Atomkraftwerke, Umweltverschmutzung und Risikotechnologien machten vielen Menschen Angst. Apokalyptischen Szenarien stellte Jonas ein ganzheitliches, aus dem jüdischen Denken begründetes Bild der »Schöpfung« gegenüber, die es zu bewahren gelte. In engem Zusammenhang mit seinem Nachdenken über Auschwitz machte es der Philosoph zu einem seiner zentralen Anliegen, vor der noch größeren Katastrophe einer menschlichen Selbstvernichtung zu warnen.

Angesichts des rasanten technologischen Fortschritts – nicht zuletzt im Bereich der Humangenetik – forderte Jonas, die zukünftigen Folgen kollektiven Handelns für die gesamte Natur in einer globalen Perspektive zum ethischen Maßstab zu erheben. Die »Bewegung des modernen Wissens« habe die »bloße Idee von Norm als solcher zerstört«.[61] Dagegen formulierte er einen neuen »kategorischen Imperativ«, um die menschenzentrierte Ethik zu überwinden: »Handle so, dass die Wirkungen deiner Handlung verträglich sind mit der Permanenz echten menschlichen Lebens auf Erden.«[62] Um nicht als »entfesselter Prometheus« mit der möglich gewordenen Zerstörung der Welt auch die Lebensgrundlagen der Menschheit zu vernichten, müsse sich der Mensch bescheiden. Er dürfe nicht alles tun, was er könne. Jonas plädierte deshalb für eine »Heuristik der Furcht«, die aus einem elementaren, den Menschen als Menschen kennzeichnenden Bewusstsein für die »Heiligkeit des Lebens« erwachsen müsse. Energisch sprach sich der Philosoph jüdischer Herkunft unter häufigem Bezug auf den Holocaust gegen alle Bestrebungen aus, den Menschen technologisch zu perfektionieren. Denn die Würde und damit das Wesen des Menschen lagen für Jonas gerade darin, nicht vollkommen zu sein.

Jonas wurde zu einem der wichtigsten Stichwortgeber für die Kritiker von Reproduktionsmedizin, Gentechnik und weiteren Risikotechnologien in diesen Jahren. Zur prominentesten Stimme in diesem mit mehr oder weniger Optimismus geführten Krisendiskurs der Hochmoderne in der Bundesrepublik wurde der Soziologe Ulrich Beck mit seinem Buch »Risikogesellschaft«. Es war beinahe druckfertig, als sich die Reaktorkatastrophe von Tschernobyl im April 1986 ereignete, das »Ende all unserer hochgezüchteten Distanzierungsmöglichkeiten« von den Risiken der Moderne.[63] Drei Monate zuvor hatte die Explosion der »Challenger« den Raumfahrtoptimismus in Frage gestellt. Im Dezember 1985 waren Zehntausende Menschen in den Slums von Bhopal infolge einer Chemiekatastrophe gestorben. Gleich mehrfach hatte Becks erste These somit binnen kürzester Zeit ihre Bestätigung gefunden: die globale Vergesellschaftung technischer Risiken und eine mangelnde Fähigkeit zur Abschätzung ihrer Folgen. Beck zielte vor allem auf die Umweltkrise und die atomare Bedrohung ab. Durch sie hätten die Selbstgefährdungen der industriellen Gesellschaft eine historisch neue Qualität angenommen. Anstelle von Reichtum und Armut würden nun vor allem Risiken produziert und verteilt, denen alle Menschen, unabhängig von ihrer sozialen Lage oder ihrem Wohnort, ausgesetzt seien.

Eigentlich handelte Becks Buch aber vor allem von seiner zweiten These: Indem die Bedeutung traditioneller Strukturen der Gesellschaft – Familie, Stand, Beruf – zusehends schwinde, trete eine grundlegende »Individualisierung« von Chancen, Gefährdungen und Lebenswegen an ihre Stelle. Die Unabschätzbarkeit von Risiken betreffe den Menschen mithin ebenso durch seine Umwelt wie in seiner konkreten Lebenswelt, etwa durch die Prekarisierung von Arbeitsverhältnissen, die sich in diesen Jahren in einer hohen, strukturellen Arbeitslosigkeit und der Flexibilisierung von Arbeitsverhältnissen ausdrückte. Beck forderte deshalb von Politik, Wissenschaft und Gesellschaft, in eine Phase der »reflexiven Modernisierung« einzutreten. Alle müssten sich die Folgen des Fortschritts bewusst machen, dafür die moralische und politische Verantwortung übernehmen sowie dem technisch Möglichen um der Zukunft willen Grenzen setzen.

Tabuisierung als Entwürdigung

Als Becks Buch erschien, hatte vor allem die Debatte über die neuen Biotechnologien innerhalb weniger Jahre deutlich an Fahrt aufgenommen. Umso erstaunlicher ist im Rückblick, dass der Soziologe darauf kaum Bezug nahm und auch die Würde des Menschen in seinem Ansatz gar keine Rolle spielte. Wie bei Beck waren die wesentlichen Positionen zur Reproduktionsmedizin und Genetik bereits formuliert, als sich Tschernobyl ereignete.

Das Mitte der 1980er Jahre kumulierende Szenario an Risiken wurde zudem durch Aids um ein neue Krankheit ergänzt, die weder bei Beck noch in den anderen Debatten eine Rolle spielte. Dabei war die Immunerkrankung parallel zu den Kontroversen über die Gentechnik innerhalb weniger Jahre offiziell anerkannt worden, die Ansteckungszahlen in westlichen Staaten hatten sich vervielfacht, und die ersten Aids-Unterstützungsgruppen waren entstanden. Der »Spiegel« fragte im Juni 1983 mit stigmatisierendem Gestus: »Droht eine Pest?« und kombinierte auf dem Cover die Adjektive »tödlich« und »rätselhaft« mit dem Bild eines nackten Männerpaares.[64] Die Erkrankten – reduziert auf Homosexuelle und Drogenabhängige, obwohl auch viele andere Menschen betroffen waren – sahen sich einer verbreiteten Feindseligkeit und großenteils diskriminierenden Berichterstattung ausgesetzt. Ein wesentlicher Grund für die nun einsetzende öffentliche Aufmerksamkeit lag in den prognostizierten Ansteckungszahlen. Ein mangelndes Wissen über die Kontaktkrankheit und ihre Verbreitung trug zu diffusen Ängsten bei.

Als Aids 1985 auch zum Thema der Politik in der Bundesrepublik wurde, standen Forderungen nach Reihenuntersuchungen, Zwangstests und Absonderungen nach einer Kennzeichnung von »Risikogruppen« und einer Aufhebung der ärztlichen Schweigepflicht im Raum. Mit derart radikalen Forderungen suchte sich etwa der CSU-Staatssekretär im bayerischen Gesundheitsministerium Peter Gauweiler zu profilieren. »Einer gegen AIDS«, titelte der »Spiegel« am 25. Mai 1987 auf dem Cover und legte eine Zustimmung zu seinen Vorschlägen nahe.[65] Sie richteten sich vor allem gegen Homosexuelle, deren Lebensweisen stereotyp verkürzt und noch weitgehend abwertend betrachtet wurden. Exemplarisch wurden hier unumwunden massive Vorbehalte gegenüber Menschen mit homosexueller Orientierung geäußert, die trotz und wegen der Liberalisierung bestanden. Erst 1969 war die einvernehmliche Homosexualität unter Männern straffrei gestellt worden. In diesen Jahren bildeten sich auch unter dem Eindruck der Christopher-Street-Unruhen in New York die ersten Selbstinitiativen von Schwulen – auch dies, wie bei vielen gesellschaftskritischen Bewegungen dieser Phase, ein Phänomen des global verflochtenen Westens. Wer es wagte, sich als homosexuell zu outen, sah sich in der Bundesrepublik bis weit über die 1980er Jahre hinaus Vorwürfen eines »unsittlichen« Verhaltens ausgesetzt. Ging es darum, »anders (zu) fühlen« (Benno Gammerl), stießen das christlich-konservative und ein liberales Würdemodell diametral aufeinander. Sahen die einen Homosexualität als Vergehen gegen die göttliche Ordnung und die traditionale Familienmoral, nutzten die anderen die Semantik des politischen Würdekampfs: »Wir lassen uns nicht länger unterdrücken« war 1987 auf dem Plakat einer Demonstration in Köln anlässlich der 9. Weltkonferenz der International Lesbian and Gay Association zu lesen.[66]

Im Umgang mit Aids stand zunächst nicht die Würde der Kranken und Sterbenden, sondern die Unversehrtheit der Gesunden im Vordergrund. Eine lange Phase der gesellschaftlichen Stigmatisierung und Separierung von Aidskranken war die Folge. Die Aids-Debatte wurde zum Kristallisationspunkt eines Kulturkonflikts, in dem eine Pluralisierung von Lebensstilen auf ein immer noch tief verankertes, traditionelles Bild von Familie und Sexualität traf. Auch hier waren es zunächst Aktivisten aus der Zivilgesellschaft, die sich für eine Anerkennung von Aidskranken und einen würdigen Umgang mit ihnen vor allem in den Medien einsetzten. 1983 hatte sich die Deutsche Aidshilfe gegründet, lokal engagierten sich Menschen in Netzwerken und fanden Unterstützung bei Künstlern und Musikern. Die Familienministerin Rita Süssmuth konnte 1987 nur gegen massiven Widerstand im eigenen Kabinett die Aufklärungskampagne »Gib AIDS keine Chance« durchsetzen. Sie lenkte den Blick von den Trägern des Virus auf die Prävention. Ihr Leitmotiv: besser informiert zu sein, um selbstverantwortlich handeln zu können. Was wäre geschehen, hätte sich die Prophezeiung einer »Pest« bestätigt? Mehr als ein Drittel der Bevölkerung spricht sich für restriktive Maßnahmen gegen Obdachlose oder Drogenabhängige aus. Das verweist auf die lange Dauer eines Denkens, das die Würde eines Menschen nach seiner Nützlichkeit bewertet und als disponibel ansieht.

20

ÜBERLEBENSFRAGEN: DIE WÜRDE IM KRISENMODUS

Die 1980er Jahre waren eine oft unterschätzte Inkubationsphase gesellschaftlicher Grundsatzdebatten in der Bundesrepublik. Mit dem Ende der sozialliberalen Koalition begann 1982 die lange Ära einer konservativ dominierten Bundespolitik, in der um das Vorrecht traditioneller Moralvorstellungen gerungen wurde, auch wenn diese bereits beträchtlichen Veränderungen unterlagen. Der Regierungswechsel rief in vielen Bereichen Gegenbewegungen auf den Plan. Die Anti-AKW-Proteste und die Friedensbewegung machten die Gefahren einer Zerstörung des menschlichen Lebens zu einem breiten öffentlichen Anliegen. Initiativen zur Erinnerung an die nationalsozialistischen Verbrechen formierten sich als zivilgesellschaftliche Bewegungen, die sich für Gedenkstätten als Lernorte einsetzten. In der Sowjetunion beschleunigte Michail Gorbatschow Anfang 1986 den Weg der Sowjetunion zur »Perestroika« und versprach neben einer grundlegenden Modernisierung von Wirtschaft und Politik mit dem Prinzip »Glasnost« ein Mehr an Meinungs- und Pressefreiheit. Im März desselben Jahres fand die Digitalisierung der Arbeitswelt ihren Ausdruck in der ersten CeBIT-Messe für Bürotechnik und Telekommunikation in Hannover, die sich in den folgenden Jahren zur zeitweise weltweit größten Computermesse entwickeln sollte. Fortschritte im Bereich der Gentechnik machten gesetzliche Regelungen zum Schutz von Embryos erforderlich.

Die Würde des Menschen trat nun immer mehr als Bezugspunkt zentraler Konfliktfelder der postmodernen Gesellschaft in den Blickpunkt der Öffentlichkeit. So wurden Entscheidungen des Bundesverfassungsgerichts weit über dic juristische Fachwelt hinaus wahrgenommen und hatten ab den 1970er Jahren zunehmend Konsequenzen für die Gesetzgebung. Dabei ging es vor allem um den immer mehr ins Bewusstsein tretenden technischen Fortschritt mit seinen gravierenden Folgen für Leben, Freiheit und Persönlichkeit des Menschen. Statt vordringlich die Macht des Staates im Lichte totalitärer Gefahren einzuhegen, rückte die Menschenwürde als gesellschaftspolitischer Lebensschutz in den Mittelpunkt der Aufmerksamkeit. »Selbstbestimmung« als Leitwert wurde stärker betont als »Freiheit«, der Zwilling der Menschenwürde in den 1950er Jahren.

Mitte der 1980er Jahre erhobene Kassandrarufe einer Krise der Menschenwürde gingen in eine zunehmend auch in der Theologie und den Geisteswissenschaften geführte Würdedebatte über, die ihren Höhepunkt zu Beginn des 21. Jahrhunderts erreichen sollte und mehrere Krisenphänomene der Würdenorm offenbarte. Aus dem Postulat, die Gesellschaftspolitik der Bundesrepublik auf die Menschenwürde zu stützen, wurde ein bis heute anhaltendes Ringen darum, was die Würde ist, ob es sie überhaupt gibt und wofür sie benötigt wird. Schien die Würdenorm 1949 scheinbar eindeutig, um sich aber als vielfältig besetzbar und wandelbar zu erweisen, begann nun eine längere Phase, in der die Vielheit von Themen und Deutungen zum wiederholten Mal jene auf den Plan rief, die ein engeres Verständnis der Menschenwürde einforderten. Aber ging und geht es dabei tatsächlich nur um Letztbegründung und Rechtssicherheit – oder darum, ihre emanzipatorische Kraft einzuhegen?

Grenzen des Möglichen

Die neuen Verfahren der Reproduktionsmedizin und der Humangenetik fanden vor allem dort Unterstützung, wo sie entwickelt wurden: in den Lebens- und Naturwissenschaften. Ihre Vertreter argumentierten mit dem medizinischen Erkenntnisnutzen, um Heilverfahren zu verbessern und die Menschheit gesünder zu machen, betonten den wissenschaftlichen Fortschritt als universales Ideal, aber auch als nationale Konkurrenzressource und bezogen sich auf die grundgesetzlich garantierte Freiheit der Forschung. Die rechtliche Unklarheit mangels präziser Regelungen für die neuen Biotechnologien, die vielen gerade große Sorge bereitete, wollten die meisten Forscher bestenfalls im Sinne einer besseren rechtlichen Absicherung ihres Handelns verändert wissen. Sie fürchteten vor allem eine strafrechtliche Sanktionierung ihrer Forschungspraktiken. Ob Forschungsfreiheit oder Menschenwürde: Im Kern ging es um einen Grundsatzkonflikt zwischen einem Grundrecht der Verfassung und ihrem »obersten Konstitutionsprinzip«, der Menschenwürde. Selbst im Kreis der dezidierten Befürworter zumindest einzelner Technologien wie der In-vitro-Fertilisation wurde mit der Würde des Menschen argumentiert. Eltern, so hieß es dort, müssten sich frei für einen geeigneten Weg entscheiden dürfen, um sich ihren Kinderwunsch erfüllen zu können.

Gleichwohl setzte auch innerhalb der Wissenschaft eine Reflexion über Kontinuitäten zur Eugenik und zum Nationalsozialismus sowie über die Folgen der neuen Technologien ein. »Naturwissenschaft ohne Reflexion – ohne Blick zurück – ist blind«, so der Kölner Humangenetiker Benno Müller-Hill 1984 in der »Zeit«.[67] Gegen starken Widerstand innerhalb seines Faches wagte er den »Blick zurück« und wies mit seinem im selben Jahr erschienenen Buch »Tödliche Wissenschaft« erstmals die enge Zusammenarbeit zwischen Eugenikern und Erbgutforschern mit dem Nationalsozialismus und seiner Vernichtungspolitik nach. Er sah sich den Opfern der Eugenik verpflichtet, um seine wissenschaftliche Arbeit weiterbetreiben zu können. Als Konsequenz forderte er ein Maximum an »Öffentlichkeit« der Humangenetik als einen »täglich neu zu errichtenden und immer wieder verfallenden Damm gegen das Meer der Barbarei«.

Auch wenn Müller-Hill zunächst nur eine Ausnahme war, verliefen die Fronten zwischen Verteidigern und Gegnern der Humangenetik nicht eindeutig zwischen Ärzten und Zivilgesellschaft, Wissenschaft und Moral. So war es der Deutsche Ärztetag, der im Mai 1985 mit seinen »Richtlinien zur Durchführung von In-vitro-Fertilisation (IVF) und Embryotransfer (ET) als Behandlungsmethode der menschlichen Sterilität« eine rechtliche Regelung dieser Praktiken einforderte und damit den gesetzlichen Schutz des Embryos mit initiierte. Zu diesem Zeitpunkt befassten sich bereits zwei Kommissionen auf Bundesebene mit Fragen der Biotechnologie und »Grenzsituationen der menschlichen Existenz«. Im Mai 1984 hatte das Bundesministerium für Forschung und Technologie zusammen mit dem Bundesjustizministerium die »Arbeitsgruppe In-vitro-Fertilisation, Genomanalyse und Gentherapie« eingesetzt, die nach ihrem Vorsitzenden kurz »Benda-Kommission« hieß. Einen Monat später brachte der Bundestag eine Enquete-Kommission mit dem umfassenderen Auftrag auf den Weg, »Chancen und Risiken der Gentechnologie« insgesamt zu sondieren. Aus dem 1985 vorgelegten Bericht der »Benda-Kommission« ging im April 1986 der erste Entwurf für ein Gesetz zum Schutz von Embryonen hervor. In den folgenden Jahren kam es zu einer im Bundestag und seinen Ausschüssen intensiv geführten Debatte über ein solches Gesetz, das schließlich im Dezember 1990 erlassen wurde. Es begrenzte in einer – gerade im internationalen Vergleich – sehr restriktiven Form den Umgang mit Embryos auf dem Wege des Strafrechts. Es machte sich nun strafbar, wer Fortpflanzungstechniken missbräuchlich anwendete, Zellen gezielt nach bestimmten Kriterien für die Befruchtung aussuchte, in die Keimbahn von Zellen eingriff, sie zu klonen beabsichtigte oder für die Zucht von Chimären einsetzte.

Vor allem für das Jahr 1985 lassen sich viele diskursive Weichenstellungen ausmachen. Nicht nur mit dem Bericht der »Benda-Kommission«, sondern in diversen Denkschriften der Kirchen, Leitlinien und Positionspapieren aller politischen Parteien des Bundestags, Grundsatzbeiträgen von Politikern, Juristen und Philosophen, auf Tagungen, in Sammelbänden und Resolutionen der Ärztekammer oder des Evangelischen Kirchentags kristallisierte sich parteiübergreifend eine relativ breite Ablehnung der neuen Biotechnologien heraus. Viele Positionen, vor allem der Kirchen, waren grundsätzlicher Natur und forderten, auf jegliche Eingriffe in den natürlichen Prozess der Menschwerdung zu verzichten. Andere Äußerungen variierten je nach Verfahren, zogen aber eine klare Grenze beim Übergang zu einer »verbrauchenden« Embryoforschung. Die Gegner reproduktionsmedizinischer und humangenetischer Verfahren argumentierten mit der Dystopie einer klonierten Gesellschaft, die keinerlei Persönlichkeitsentfaltung mehr ermögliche und als Spielball autoritärer Regime dienen könne. Sie stellten Vergleiche mit den nationalsozialistischen Verbrechen her und warnten vor einem »Dammbruch«, wenn den Forschern und Praktikern keine klaren Grenzen gesetzt würden. Sich auf einen »slippery slope« zu begeben wurde zu einem der wichtigsten rhetorischen Muster: Die Zeugung von Kindern im Reagenzglas, so argumentierten vor allem die Kirchen, öffne den noch problematischeren Verfahren der Embryoforschung und Zellveränderung mit ihren unabsehbaren Folgen Tür und Tor.

Die Angst vor einem weitgehend rechtsfreien Raum beförderte apokalyptische Szenarien und trug wesentlich dazu bei, die Menschenwürde zum zentralen Bezugspunkt der Debatte zu machen. Je restriktiver die Ablehnung war, desto mehr wurde die Menschenwürde bemüht. Wie im Zusammenhang mit der Abtreibung rückte der Schutz des Embryos in den Vordergrund. Andere Beteiligte – insbesondere Frauen und ihre Rechte – traten dahinter zurück, was vor allem die Frauenbewegung, aber auch die neu im Bundesparlament vertretenen »Grünen« kritisierten. Aber über solche Unterschiede zwischen Kirche und säkularen Positionen sowie die verschiedenen politischen Richtungen hinweg gewannen wesentliche inhaltliche Bestimmungen der bisherigen Menschenwürdedebatte noch einmal an Kontur, blieben aber vielfältig: Begründet wurden die Restriktionen mit dem natürlichen Eigenwert des Menschen, der Würde als Zuweisung durch die Teilhabe an Gottes Schöpfung oder mit der Fähigkeit zu Autonomie und Selbstbestimmung. Vor allem mit Blick auf die Forschung an Embryonen und gentechnische Eingriffe in menschliche Zellen griffen deren Gegner auf die »Objektformel« zurück und erteilten einer Verdinglichung und Instrumentalisierung menschlichen Lebens durch Forschung, Profitstreben und Lebensstilentscheidungen eine klare Absage. Zu dem damit verbundenen Abwägungskonflikt stellte der »Bundesbericht Forschung« 1988 klar: »Die Forschungsfreiheit findet (…) in unserer Rechtsordnung dort ihre Grenzen, wo die Würde des Menschen berührt ist.«[68]

Wider die »Perfektabilität«

Einen der wichtigsten Beiträge zur Verknüpfung von Gentechnik und Menschenwürde leistete Ernst Benda. Er betonte Anfang 1986 in seinem viel gelesenen Beitrag »Gentechnologie und Recht«, die »neue Gefährdungsdimension« könne nur durch den Artikel 1 des Grundgesetzes erfasst werden. Bereits ein Jahr zuvor hatte er auf dem Evangelischen Kirchentag – mehr als zehn Jahre nach seinem Düsseldorfer Beitrag von 1974 – erneut auf eine fundamentale Transformation der Menschenwürde und ihrer Grundlagen hingewiesen. Die herkömmliche Auslegung von Artikel 1 im Sinne der »Objektformel« reiche angesichts der gentechnischen Herausforderungen nicht mehr aus, da der Mensch nun selbst in die Schöpfung eingreifen könne. Ließe das Recht die Manipulation menschlicher Gene zu, werde »der Mensch zum Produkt eines (…) Prozesses der Züchtung, an dessen Ende er mit dem heute bekannten Menschen nur noch physische Ähnlichkeit« aufweise.[69] Dabei lehnte er sich stark an Hans Jonas an. Er zitierte unter anderem dessen Kritik an einer »Ethik der Perfektabilität« und trug damit zu seiner breiten Rezeption auch in den politischen Entscheidungsräumen bei. Nicht eine idealisierte Vollkommenheit des Menschen als Gottes Schöpfung oder als autonomes Vernunftwesen dürfe angesichts der biotechnologischen Möglichkeiten der Menschenwürde zugrunde liegen, sondern seine »Unvollkommenheit und Unzulänglichkeit« müsse den Maßstab bilden.[70] Die Würde des Menschen läge demnach in der Kontingenz dessen, was aus ihm werden kann, nicht in seiner Zucht oder Planung.

Während sich mit dem Bundestag, den Kirchen und den Medien in dieser Zeit mehrere Zentren eines intensiv geführten bioethischen Diskurses bildeten, gewann die Frage der Menschenwürde auch in der Philosophie zusehends an Bedeutung. Im Mai 1985 richtete der Ethiker und bekennende Katholik Robert Spaemann zusammen mit dem Staatsrechtler und Verfassungsrichter Ernst-Wolfgang Böckenförde eine Tagung zum Verhältnis von Menschenwürde und Menschenrechten aus. Beide positionierten sich seitdem eindeutig als Vertreter einer absoluten und inhärenten Auffassung der Würde des Menschen. Im Sinne des Dammbruch-Arguments lehnten sie jedes Zugeständnis an biotechnologische Eingriffe in den natürlichen Prozess der Menschwerdung ab. Sie argumentierten von einem katholischen Werteverständnis aus. Böckenförde hatte dessen Unverzichtbarkeit 1967 in einem seither viel zitierten Satz bekundet, der als Kritik an der Transformation von einer christlichen zu einer säkularen Werteordnung gemeint war: »Der freiheitliche, säkularisierte Staat lebt von Voraussetzungen, die er selbst nicht garantieren kann.«[71]

Spaemann stellte sich fest in die Tradition eines christlichen Würdeverständnisses: »Weil der Mensch als sittliches Wesen Repräsentation des Absoluten ist, darum und nur darum kommt ihm das zu, was wir ›menschliche‹ Würde nennen.«[72] Er ließ nur ein einziges Kriterium für den Beginn der Personalität des Menschen zu: seine Zugehörigkeit zur menschlichen Spezies infolge der natürlichen Zeugung. Von hier aus entwickle sich jeder Mensch ohne erkennbaren Bruch kontinuierlich weiter. Leben gleich Mensch gleich Person gleich Würde: Mit dieser Formel beantwortete Spaemann die intensiv diskutierte Frage, ab wann und unter welchen Umständen dem Menschen Würde zukomme. Von Beginn an, immer und jederzeit, war seine fundamentale Antwort. Ob ein Mensch alle in seinem Menschsein angelegten Potenziale physisch oder geistig voll entwickeln könne, sei für die Frage des Vorhandenseins der Menschenwürde unmaßgeblich. Dabei stützte sich Spaemann auch auf Kants Würdemaxime, einen anderen Menschen nie als Mittel zu gebrauchen, sondern immer als Selbstzweck zu achten.

Auf dieser Grundlage forderte Spaemann eine umfassende Verpflichtung zum Lebensschutz und lehnte Abtreibung, Sterbehilfe oder die zivile wie militärische Nutzung der Atomenergie gleichermaßen als Verstoß gegen das Tötungsverbot ab. Er wandte sich vor allem gegen eine Logik der Verwissenschaftlichung des Menschen, die ihn zu einem planbaren Objekt erkläre, nach Qualitätskriterien aussortiere und sich das Entscheidungsrecht darüber anmaße, was ein »guter« Mensch sei und welche Merkmale jenseits des natürlichen Seins eine »Person« ausmachten. Ähnlich wie Jonas oder Benda betonte Spaemann das Geheimnisvolle des Menschseins, dessen Potenzialität sich nicht immer in seinem tatsächlichen Sein zeigen könne und müsse. Diese Nichtdefinierbarkeit des Menschen als Kern seiner Würde gehe verloren, wenn der Mensch das, was er sei, nur mehr funktionalistisch, allein über die Naturwissenschaften und eine utilitaristische Moral zu bestimmen versuche.

»Aufruf zum Mord«

Spaemanns Antipode hatte ebenfalls um 1985 die Bühne der bioethischen Debatte in der Bundesrepublik betreten: Peter Singer, ein australischer Philosoph, der bereits Anfang der 1970er Jahre mit Thesen für eine globale Gerechtigkeitsethik hervorgetreten war und sich in diesen Jahren für die Tierrechtsbewegung einsetzte. Sein 1979 erschienenes Buch »Practical Ethics« wurde 1984 auf Deutsch veröffentlicht und hat bis heute zahlreiche Ergänzungen und Neuauflagen, aber keine substantiellen Änderungen erlebt. Singer bestreitet darin ein herausgehobenes Lebensrecht des humanen Fötus allein aufgrund seiner biologischen Eigenschaft als Mensch. Diese – unter anderem von Spaemann vertretene Position – lehnt er als »Speziezismus« ab. Als Präferenzutilitarist, der sich an den Gesamtfolgen des Handelns für alle Lebewesen orientiert, legt Singer seinem Würdeverständnis zugrunde, ob Menschen empfinden, ihrer selbst bewusst sein und ihre Interessen artikulieren können. Erst dann könne von einer »Person« gesprochen werden, der Würde zukomme.

Anders als Spaemann billigt Singer einem organischen Potenzial zur Personwerdung keinerlei ethische oder moralische Relevanz zu. Was für ihn einzig zählt, ist die tatsächlich realisierte Fähigkeit, als rationales Wesen handeln zu können. Singer verknüpft dies mit dem Recht, im Sinne positiver Folgen für das Ganze – etwa auch für tierische Lebewesen – über den »Lebenswert« einzelner Menschen zu urteilen und über ihr »Lebensrecht« zu bestimmen. Hat demnach bereits der Fötus an sich in den Augen Singers keinen höheren Wert als ein »nichtmenschliches Leben auf einer ähnlichen Stufe der Rationalität«, gilt dies für ihn umso mehr für Embryos und menschliche Lebewesen mit schwersten Behinderungen. Singer sieht keinen Grund, ein Kind am Leben zu erhalten, dessen Leben »so elend sein wird, dass es sich aus der inneren Perspektive des Wesens, das dieses Leben führen wird, nicht zu leben lohnt«.[73] Elterliches Mitleid lehnt er als Grund ab.

Damit trieb Singer die Wende in der Menschenwürdedebatte seit den 1970er Jahren auf ein Extrem zu, das auf heftigen Widerstand stieß: die Fähigkeit zur Selbstbestimmung zum ausschlaggebenden Kriterium für den Anspruch auf Menschenwürde zu machen. Allerdings ließ Singer im Unterschied zu vielen Kollegen nichts anderes gelten. Der Philosoph vertrat seine Thesen 1986 auf dem Internationalen Kongress für Humangenetik in Berlin. Dort sprach er sich für eine unbegrenzte, verbrauchende Embryonenforschung aus und erklärte die Tötung behinderter Kinder mit einer verzögerten Persönlichkeitsentwicklung innerhalb des ersten Lebensjahres für legitim. Drei Jahre später wurde er auf Einladung eines Behindertenpädagogen zu einem Vortrag nach Dortmund sowie zu einem von der »Lebenshilfe« konzipierten Symposium nach Marburg eingeladen. Die Wellen schlugen hoch: Der »Spiegel« hatte die Kontroverse über die Humangenetik Anfang des Jahres als »Wettlauf zum heiligen Gral der Biologie« beschrieben.[74] Vertreter der Behindertenbewegung und zahlreiche Organisationen mobilisierten Proteste an beiden Orten. Als einer ihrer Sprecher fasste Franz Christoph die Kritik zusammen: Singers Thesen und seine »Tötungsvorlesung« seien »schlicht ein Aufruf zum Mord«.[75]

Während sich die Marburger Organisatoren dazu bekannten, mit dem Symposium die laufende »Euthanasie-Debatte« aufgreifen zu wollen, stellte Christoph das Vorhaben und Singers Thesen in eine unbezweifelbare Kontinuität zur nationalsozialistischen Euthanasie. Singer wurde in beiden Fällen wieder ausgeladen. Die Tabuzone war von nun an klar markiert. Sie zeugt von einem zunehmenden Rückbezug von Betroffenen und Aktivisten der Behindertenbewegung auf die nationalsozialistischen Verbrechen, um den Anspruch auf eine uneingeschränkte Menschenwürde angesichts der biotechnologischen Herausforderungen zu untermauern. Das fand erste Entsprechungen in der Erinnerungskultur der Bundesrepublik: 1983 war in einem Teilbereich der ehemaligen Euthanasie-Tötungsanstalt Hadamar eine erste Ausstellung eröffnet worden. 1991 nahm die Gedenkstätte Hadamar ihre Arbeit auf. Spätestens jetzt war der weitere Weg der Menschenwürde in die Bundesrepublik als universales Ideal, den Menschen vor jeglicher Versehrung durch den Staat oder durch Dritte zu schützen, von der Erinnerung an die Opfer der nationalsozialistischen Verbrechen nicht mehr zu trennen.

Die Unverlierbarkeit der Menschenwürde

Am 20. Oktober 1992 erlebte die Menschenwürde im Bundesverfassungsgericht eine Premiere. Der Erste Senat entwickelte unter dem Vorsitz von Roman Herzog sein Verständnis der Menschenwürde im Sinne eines umfassenden Schutzanspruchs maßgeblich weiter. In den beiden Jahrzehnten zuvor hatte das Gericht wesentliche Eckpunkte dafür festgelegt: Zu schützen war die freie Entfaltung der selbstverantwortlichen Persönlichkeit. Deren Würde galt zwar als unverlierbar, unter bestimmten Bedingungen aber nicht als absolut, da die Richter bereits seit den 1950er Jahren eine Güterabwägung in besonderen Fällen gestatteten. In diesem Zusammenhang stellten sie zudem klar, dass eine Behandlung als »Objekt« allein keine Würdeverletzung sei, da es sich um einen unverzichtbaren Bestandteil des modernen Lebens handele. Eine

Verletzung läge erst dann vor, wenn die Menschenwürde ausdrücklich als solche missachtet werde.

Gegenstand des Verfahrens von 1992 war die Verfassungsbeschwerde eines Filmverleihs.[76] Bereits 1985 war eine durch den Verleiher bearbeitete Kopie eines Horrorvideos aufgrund eines Urteils des Landgerichts München eingezogen worden. Danach erfüllte der Film die Strafbarkeitskriterien von § 131 des Strafgesetzbuchs Dieser war zuvor in zwei Schritten § 130 angepasst worden, der seit 1960 das Vergehen der »Volksverhetzung« unter Bezug auf die Menschenwürde regelte. 1973 wurde § 131 erstmals gegenüber der noch aus dem Kaiserreich stammenden Fassung grundlegend revidiert. Seitdem war die Verbreitung von Medien strafbar, die »Gewalttätigkeiten gegen Menschen in grausamer oder sonst unmenschlicher Weise schildern«, sie dadurch verherrlichten oder verharmlosten, »oder die zum Rassenhaß aufstacheln«. 1985 wurde dann – ein weiteres Indiz für die sukzessive rechtliche Etablierung der Würdeformel – die Formulierung »in einer die Menschenwürde verletzenden Weise« ergänzt.[77] Die Beschwerde stützte sich darauf, dass insbesondere das Merkmal der Menschenwürde nicht hinreichend bestimmt sei.

Das Bundesverfassungsgericht sah das unter Bezug auf seine bisherige Rechtsprechung zur Menschenwürde als »tragendem Konstitutionsprinzip im System der Grundrechte« anders und ging darüber in seinem Urteil noch in zwei Punkten hinaus. Zum einen sei unter der Menschenwürde nicht nur eine individuelle, personenkonkrete Würde, sondern die »Würde des Menschen als Gattungswesen« zu verstehen, die grundsätzlich verletzt werden könne. Dies sei dann gegeben, wenn eine Einstellung erzeugt werden solle, die den »fundamentalen Wert- und Achtungsanspruch leugnet, der jedem Menschen zukommt«. Das sittliche Signal war eindeutig: Gewaltdarstellungen – ein in diesen Jahren intensiv diskutiertes Thema – sollten nicht zu einer allgemeinen Verrohung der Gesellschaft beitragen dürfen.

Zum anderen klärte das Bundesverfassungsgericht erstmals grundsätzlich, wem Würde zukommt: »Jeder besitzt sie«, so das Urteil, »ohne Rücksicht auf seine Eigenschaften, seine Leistungen und seinen sozialen Status.« Das entsprach sehr dem Mitgift-Modell, nach dem die Würde unter anderem auch jedem ungeborenen Leben zukam. Wohl nicht von ungefähr auch mit Blick auf virulente Fragen des Umgangs mit dem vernunftphilosophischen Würdeprinzip der »Selbstbestimmung« stellten die Richter klar: Die Menschenwürde sei »auch dem eigen, der aufgrund seines körperlichen oder geistigen Zustands nicht sinnhaft handeln kann«. Das war – gerade im Kontext der Singer-Debatte – insbesondere für Menschen mit geistigen Behinderungen oder fortgeschrittener Demenz hochrelevant. Zudem könne die Menschenwürde nicht durch »unwürdiges« Verhalten verloren und »keinem Menschen genommen« werden. Diese Ausführungen spiegeln nicht nur eine fortschreitende verfassungsrechtliche Verankerung der Würdenorm, sondern auch den engen Dialog der Karlsruher Richter mit gesellschaftspolitischen Fragen wider, die seit den 1980er Jahren vermehrt diskutiert wurden.

»Take-off« der Würdedebatte

Doch 1992 stand die Hochphase der Würdedebatte erst noch bevor. Ist bereits im letzten Jahrzehnt des 20. Jahrhunderts ein deutlicher Anstieg von Publikationen und Zeitungsbeiträgen zur Menschenwürde und deren Nennung gegenüber den vorherigen Jahrzehnten zu erkennen, so setzte um das Jahr 2000 ein massiver Anstieg ein, dessen Niveau bis heute weitgehend gehalten worden ist. Je nach Indikator verdoppelten bis verdreifachten sich die Zahlen innerhalb von zwei Jahrzehnten bis 2020. Auffällig ist die deutlich häufigere Verwendung des Begriffs »Menschenwürde« gegenüber »Würde des Menschen«. Insgesamt erschienen allein acht von zehn Buchtiteln, die überhaupt von der Deutschen Nationalbibliothek seit 1945 unter diesen Stichworten erfasst werden, nach 1990. Ein Drittel wurde erst in den letzten zehn Jahren publiziert. Noch etwas rasanter verlief die Entwicklung im angloamerikanischen Sprachraum für den Begriff »human dignity«. Ein weiterer Indikator für die Zunahme und Ausweitung der Menschenwürde sind die Entscheidungen des Presserats. Zwischen 1990 und 2010 wuchs der Anteil entsprechender Fälle von 1,6 auf 7,7 Prozent.

Diesem Quantensprung entsprach eine spürbare akademische und intellektuelle Vertiefung der Debatte, die nun weit über die Juristen hinausreichte. Vor allem Philosophen, Theologen und Soziologen nahmen sich der Menschenwürde an. Zahlreiche Überblicksdarstellungen, kritische Interventionen und Sammelbände erschienen. Das Spektrum fachlicher Abhandlungen erweiterte sich um Themen wie das menschenwürdige Sterben und die Pflege von Kranken, Digitalisierung und soziale Leistungen wie »Hartz IV«, aber auch um das Feld der humanitären Intervention. Hatte sich dieser Schub mit einigen grundlegenden Werken und Debattenbeiträgen seit den 1990er Jahren abgezeichnet, so fallen die Publikationsjahre einschlägiger Werke auf die Jahre ab 2003. Zusammen mit dem zahlenmäßigen Anstieg ergibt sich ein klarer Befund: Der Take-off der Würdedebatte in der Bundesrepublik lag um das Jahr 2000. Doch warum?

An der Wende zum 21. Jahrhundert führten mehrere parallele Ereignisse und Entwicklungen in verschiedenen Bereichen dazu, dass die Menschenwürde in der Bundesrepublik so intensiv und kontrovers diskutiert wurde wie in keiner Phase ihrer Geschichte zuvor. Wesentliche Themen dieser Jahre waren weiterhin Gentechnik, medizinische Diagnostik und Sterbehilfe, aber auch der Datenschutz und die Digitalisierung der Arbeitswelt. Brisante Fragen kamen aus aktuellem Anlass hinzu: die Frage der Abschussbefugnis im Luftverkehr, die Rechtmäßigkeit der Rettungsfolter oder Maßnahmen der Terrorismusbekämpfung wie die Überwachung von Privaträumen und das US-Gefangenenlager in der kubanischen Guantánamo-Bucht. Vor bundesdeutschen Gerichten wurden zahlreiche weitere Themen verhandelt: Peepshows, der »Zwergenweitwurf«, »Big Brother« und das Phänomen des »Reality-TV«, extreme Kampfsportarten, Tötungsspiele und Horrorfilme, die Plastination des menschlichen Körpers oder der Telefon-Sex ebenso wie der Handel mit Organen und – mit wachsender Bedeutung – der Tierschutz. Der Take-off ergab sich zudem daraus, dass viele der Themen je für sich kontrovers und mit Wertekollisionen verbunden waren. Je mehr Themen unter dem Aspekt der Menschenwürde verhandelt wurden, umso mehr wuchs nicht nur die Vielfalt der Positionen, sondern auch die Kritik an ihrem inflationären Gebrauch und der Diskursmächtigkeit des Begriffes. Schließlich führte die Ausweitung von Themen, Urteilen und Äußerungen zur grundsätzlichen Frage, ob das bisherige Rahmenverständnis der Menschenwürde und vor allem die Rechtsdogmatik der immer komplexeren gesellschaftlichen Wirklichkeit noch entsprachen.

Einen wesentlichen Anteil am Take-off hatten internationale Rahmengesetze dieser Jahre. 2002 wurde der Satz »Die Würde des Menschen ist unantastbar« an den Anfang der EU-Grundrechtecharta gestellt. Bis dahin hatte die Menschenwürde weder in Gesetzen noch in der Rechtsprechung der Europäischen Union wie in vielen ihrer Mitgliedsländern eine Rolle gespielt. Sie wurde in der Charta an mehreren Stellen mit einem breiteren sozialen Anspruch als im Grundgesetz verankert. Allerdings blieb auch hier die Bedeutung der Würdenorm unbestimmt, was eine heterogene Anwendung beförderte, in der sich die durchaus unterschiedlichen Würdekonzepte der einzelnen Länder niederschlugen. Dagegen gingen von der 2006 verabschiedeten UN-Behindertenkonvention deutlich größere Effekte aus, die sich zusammen mit der internationalen Anti-Diskriminierungs-Politik auf die Gesetzgebung der Bundesrepublik auswirkten. Das Allgemeine Gleichbehandlungsgesetz von 2006 zielt darauf ab, Diskriminierungen aus ethnischen Gründen, aufgrund der religiösen Orientierung oder Weltanschauung sowie von Behinderungen, des Alters oder der sexuellen Identität zu unterbinden. Was in den 1960er Jahren mit dem »Volksverhetzungs«-Paragraphen zögerlich begann, erhielt damit eine deutlich breitere Grundlage. Sie steht sinnbildlich für eine Integration der Würdenorm in die allgemeine Rechtsprechung. So verurteilte am 19. Januar 2010 das Oberlandesgericht Köln eine Hausmeisterin zu einer Schadensersatzzahlung, weil sie einem Paar aufgrund seiner Hautfarbe nicht die Besichtigung einer Wohnung gestattet und sie verächtlich als »Neger« bezeichnet habe. Damit habe sie die »Menschenwürde und damit das allgemeine Persönlichkeitsrecht der afrikanischen Mietinteressenten verletzt«.[78]

Krisenphänomen I: Die Unbestimmtheit

Allerdings bedeutete der Take-off keine Erfolgsgeschichte der Würdenorm, denn er ging mit drei Krisenphänomenen einher: einer Kritik an ihrem inflationären Gebrauch und ihrer Unbestimmtheit, einer Gefahr des »Dammbruchs« durch Aufweichungen ihrer absoluten Geltung und einem Schwinden überkommener Legitimationen der Menschenwürde. Das erste Krisenphänomen hat Heiner Bielefeldt als »eigentümliche Verbindung von Evidenzanspruch und inhaltlicher Offenheit« beschrieben.[79] In seiner Unbestimmtheit – eine Debatte, die nach wie vor anhält – sehen viele Kritiker den wesentlichen Grund für eine Überstrapazierung des Begriffs, die mit der »Gefahr ihrer Entwertung« einhergehe.[80] Während manche Philosophen mehr Rationalität statt Pathos einfordern, um die Menschenwürde überhaupt begründen zu können, argumentieren viele Juristen, die Menschenwürde müsse wieder auf ihren eigentlichen Kern ausgerichtet werden, statt ihren Geltungsradius noch weiter beliebig auszudehnen. Dadurch hat ein rechtspositivistisches Denken an Einfluss gewonnen, das sich ausdrücklich gegen vorrechtliche christliche und metaphysische Begründungen ausspricht. Zudem werden durch das Wechselverhältnis von Offenheit und Inflation der Würdenorm grundsätzliche Kritiker wie der Verfassungsrechtler Horst Dreier oder der Philosoph Norbert Hoerster dazu ermutigt, sie grundsätzlich in Frage zu stellen.

Allerdings kam es auch zu bedeutsamen Verteidigungsmanövern zugunsten der Würdenorm. Selbst Jürgen Habermas wandte sich nun der Menschenwürde zu und bezeichnete sie affirmativ als »rettende Übersetzung« der Idee der Gottesebenbildlichkeit. 2010 schrieb er dann sogar, der »Ursprung der Menschenrechte« läge in der »moralischen Quelle der menschlichen Würde«.[81] Die Debatte rief zudem eine katholische Fraktion von Denkern auf den Plan, um die Menschenwürde wertfundamental zu retten. Robert Spaemann, Josef Isensee und Paul Kirchhof bekräftigten, eine christliche Begründung der Menschenwürde sei alternativlos. Größere Aufmerksamkeit erlangte der ehemalige Verfassungsrichter Ernst-Wolfgang Böckenförde mit einem Beitrag in der »Frankfurter Allgemeinen Zeitung« vom 3. September 2003 unter dem Titel »Die Würde des Menschen war unantastbar«. Böckenförde wandte sich darin energisch gegen die Neukommentierung des Artikels 1 für den juristischen Standardkommentar »Maunz / Dürig« zum Grundgesetz aus den 1950er Jahren, die wenige Monate zuvor der Bonner Jurist Matthias Herdegen vorgelegt hatte.

Herdegen forderte, sich ausdrücklich von den Intentionen des Parlamentarischen Rates zu verabschieden, die naturrechtlichen Begründungen der Menschenwürde eine erhebliche »Suggestivkraft« verliehen hätten. Sie seien über die Würdenorm wie eine Art »Hohepriestertum« als vorrechtliche Deutungen in das

Grundgesetz eingegangen. Herdegen sah die weltanschauliche Neutralität des Staates nicht gewahrt. Zudem entsprach er der auch von anderen Juristen und auch von Philosophen vorgebrachten Kritik, die Menschenwürde absolut zu setzen verhindere eine offene Auseinandersetzung über Wertekonflikte in einer liberalen Gesellschaft. Dagegen müsse die »Exegese der Menschenwürde als Begriff des positiven Rechts« zugrunde gelegt werden.[82] Statt ihr generell eine absolute Geltung als Sondernorm zuzusprechen, sei sie wie ein Grundrecht unter anderen zu behandeln und ihre Geltung bei »kollidierenden Grundrechtsbelangen« abzuwägen. Herdegen wollte damit in seinem Kommentar nachvollziehen, was sich ohnehin bereits vor allem im Bereich des Embryoschutzes als Praxis entwickelt hatte, wo keineswegs die Menschenwürde des ungeborenen Lebens als alleiniger Maßstab angelegt wurde. Damit verlagerte Herdegen die Perspektive auf eine fallbezogene juristische Abwägung, die nicht mehr von einer in seinen Augen nicht hinreichend bestimmten Norm der Menschenwürde ausgehen, sondern mit Blick auf das Gesamtziel entscheiden solle. Die absolute Geltung der Menschenwürde wollte er nur für wenige unstrittige Fälle staatlicher Unterdrückung aufrechterhalten wissen. Konkret eröffnete Herdegens Ansatz die Möglichkeit, das Folterverbot trotz der Würdenorm zu relativieren, wenn dies dem Schutz von Leib und Leben dient.

Böckenförde erkannte darin eine grundsätzliche Abkehr von ethischen Rechtsgrundsätzen der Bundesrepublik, die der Parlamentarische Rat noch vor Augen gehabt hätte. Das entsprach seiner früheren Forderung eines unbedingten Schutzes des ungeborenen Lebens bereits von Beginn der Zeugung an. Trotz der öffentlich vorgetragenen Vehemenz fand Böckenfördes Beitrag wenig zustimmende Resonanz unter Juristen, auch weil der Weg, die Menschenwürde gegen andere Rechtsgüter abzuwägen, vom Bundesverfassungsgericht selbst bereits begangen worden war. Aber seine Intervention spiegelte eine Tendenz in der öffentlichen und Teilen der Fachdebatte der Menschenwürde in diesen Jahren wider, die nicht nur Böckenförde als einen zweifachen Dammbruch wahrnahm, der sich zum einen in der legislativen und juristischen Praxis, zum anderen im Diskurs der Menschenwürde ereignete. So konnten Befürworter einer weitgehenden Freigabe der Humangenetik erste Erfolge verbuchen: 2011 ermöglichte der Bundestag nach einer vorhergehenden Entscheidung des Bundesverfassungsgerichts, die bis dahin verbotene Präimplantationsdiagnostik in bestimmten Fällen zuzulassen. In der öffentlichen Debatte standen einem wertfundamental begründeten Embryoschutz vernunftphilosophische Positionen gegenüber, nach denen die Menschenwürde nur ab dem Beginn einer grundsätzlich wahrnehmbaren Selbstachtung einsetzt: der Geburt.

Krisenphänomen II: Der Dammbruch

Zur selben Zeit gewann die Sorge vor einem Dammbruch – dem zweiten Krisenphänomen im Umgang mit der Menschenwürde – auch unter dem Begriff der »Rettungsfolter« eine besondere Brisanz. Anlass war die Entführung des Frankfurter Bankiersohns Jakob von Metzler im Herbst 2002. Dem gefassten Tatverdächtigen wurden von den ermittelnden Beamten unerträgliche Schmerzen und – was schon in den 1950er Jahren für grundgesetzwidrig erklärt worden war – der Einsatz eines Wahrheitsserums angedroht, falls er den Aufenthaltsort des Entführten nicht preisgebe. Bereits zuvor hatten in mehreren Beiträgen die Juristen Winfried Brugger und Horst Dreier für eine Abweichung vom absoluten Folterverbot in Ausnahmefällen gravierender Pflichtenkollisionen plädiert. Politik und Öffentlichkeit zeigten großes Verständnis für das Vorgehen der Frankfurter Beamten und ihres Vorgesetzten. Im entsprechenden Strafverfahren stellte das Frankfurter Landgericht in seinem Urteil jedoch klar, dass das Grundgesetz, die gesamte Rechtsordnung und die Erfahrung des Nationalsozialismus im Namen der Würde keine Ausnahme vom Verbot der Folter duldeten.

Kein Spielraum für Abwägung und Toleranz: In diesem Sinne beurteilte das Bundesverfassungsgericht 2006 auch den ähnlich gelagerten Fall des mit dem »Luftsicherheitsgesetz« vorgesehenen Rechts auf den Abschuss eines Flugzeugs im Fall einer terroristischen Bedrohung zunächst unter anderem deshalb als grundgesetzwidrig, weil es gegen das Prinzip der Menschenwürde verstoße. Sechs Jahre später wurde eine solche Maßnahme für eine Situation »katastrophischen« Ausmaßes dann doch als verfassungskonform beurteilt. Ähnliche Fragen stellten sich seit 9/11 in wiederkehrender Intensität, die an den staatlichen Umgang mit dem RAF-Terrorismus in den 1970er Jahren erinnerte. Wo liegen die Grenzen staatlichen Handelns im Fall von terroristischen Bedrohungen oder strafrechtlich relevanten Taten, die Menschenleben gefährden? Dürfen Menschen zu »Objekten« staatlichen Handelns gemacht werden, um dadurch die Chancen zur Rettung anderer womöglich zu verbessern?

In den intensiven Debatten über diese Fragen zeigte sich zwar unter anderem eine recht deutliche Zustimmung zur Aufrechterhaltung des absoluten Folterverbots. Aber mit allen damit einhergehenden Widersprüchen kristallisierte sich auch hier ein Argument heraus, das bereits aus den Debatten über den Schwangerschaftsabbruch und die Gentechnik bekannt war: der »slippery slope«, die »schiefe Ebene« oder eben der »Dammbruch« als Gefahr, die Menschenwürde durch Abwägungen zu relativieren und als »Konstitutionsprinzip« der Verfassung zu schleifen. Wie die Kritik am inflationären Gebrauch zeugt das Dammbruch-Argument von einer Polarisierung der Würdedebatte, in der um fundamentale Moralpositionen gerungen wurde. Das war vom dritten Krisenphänomen der Menschenwürde nicht zu trennen: der schwindenden Bedeutung ihrer überkommenen Legitimationen.

Krisenphänomen III: Der Legitimationsverlust

Der Legitimationsverlust zeichnete sich seit den 1970er Jahren ab: Die Ableitung der Menschenwürde aus der Gottesebenbildlichkeit und andere christliche Begründungen verloren an Rückhalt und Plausibilität. Der zeitliche Abstand zur Erfahrung des Nationalsozialismus, die den Parlamentarischen Rat geprägt hatte, wuchs. Zudem schien seit 1990 mit dem Ende des Sozialismus und im Zeichen einer Demokratisierungseuphorie die Gefahr totalitärer Herrschaftspraktiken als gebannt. Die Hyperkomplexität der postmodernen Gesellschaft im Zeichen von Liberalisierung, Hochtechnologie und Krisenszenarien der global verflochtenen Welt stellte fundamentale Schutzansprüche in Frage, die aus einer inhärenten Menschenwürde des Einzelnen abgeleitet wurden.

Aber noch von ganz anderer Seite aus wurde in diesen Jahren das gesamte Konzept der Menschenwürde in Zweifel gezogen: Hirnforscher erklärten, die vernunftphilosophische Idee der Selbstbestimmung sei eine Illusion und ihre Existenz biologisch nicht zu beweisen. Dem hielten Protagonisten der Würdeidee wie Heiner Bielefeldt zwar – mit der Nomenklatur des Bundesverfassungsgerichts – den gegenseitigen »Achtungsanspruch« der Menschen als »unhintergehbare Prämisse« entgegen.[83] Aber trotzdem blieb die Skepsis gegenüber der Auffassung, dem Menschen sei eine Würde in einer über die konkrete soziale Praxis hinausweisenden, transzendentalen Form »gegeben«. Weitere Zweifel daran kamen auf, weil die Universalität der Menschenwürde im Zuge globaler Ethikdebatten in Frage gestellt wurde. Die Menschenwürde gilt vielen als ein westliches Konzept, das wie die Menschenrechte vor allem auf die individuelle Selbstverwirklichung und das einzelne Rechtssubjekt abhob, aber andere kulturell gewachsene Modelle der Schutzgewährung menschlichen Lebens unberücksichtigt ließ.

Vor allem in der Philosophie wurde der Menschenwürde seit

den 1990er Jahren mit großer Skepsis begegnet. Sie wurde als »Leerformel«, »magisches Orakel« oder »squishy notion« klassifiziert.[84] Vielen Philosophen gilt sie als irrational und damit nicht als hinreichend begründbar. Dabei wird gern auf Friedrich Nietzsches Kritik zurückgegriffen, der die Menschenwürde wahlweise als »gesalbten Spruch«, als »Verführungs- und Beruhigungswort« oder als »Begriffs-Halluzination« bezeichnet hatte.[85] Auch Arthur Schopenhauer dient als Kronzeuge. Er betrachtete die Menschenwürde schon 1840 als ein »Schiboleth aller rat- und gedankenlosen Moralisten«, um das Fehlen einer überzeugenden Moral zu verdecken.[86] In dieser Traditionslinie stellt die Behauptung einer besonderen Menschenwürde für den Philosophen Peter Sloterdijk nur noch ein überholtes »metaphysisches Sprachspiel« dar. Die britische Philosophin Ruth Macklin hat 2003 in einem der wichtigsten Beiträge in dieser Debatte die Würde als »useless concept« bezeichnet, da mit ihr nichts anderes gemeint sei als die bereits hinlänglich zum Ausdruck gebrachte Wertschätzung anderer Personen oder ihrer Autonomie.[87]

Doch längst nicht alle, die sich skeptisch zu den bisherigen Legitimationen der Würdenorm äußern, erweisen sich als ihre Gegner. Die Ablehnung der Würde als einer metaphysischen oder anthropologischen Eigenschaft ist mit einem starken Plädoyer für die Menschenwürde gleichwohl vereinbar. Der Philosoph Peter Bieri verzichtet auf den Anspruch einer Letztbegründung und betrachtet die menschliche Würde vielmehr als ein – letztlich historisch gewachsenes – »Geflecht« von Werten, Praktiken und Erfahrungen, das im Umgang mit anderen, mit deren Haltung uns gegenüber sowie aus unserem Selbstverhältnis heraus entsteht und zur Geltung kommt. Sie zeigt sich in Begegnungen mit anderen als deren Anerkennung und darin, sie nicht zu erniedrigen, indem wir sie zum bloßen Objekt machen, sie verhöhnen oder Intimes preisgeben, das sie geschützt wissen wollen. Was die Würde des Menschen ausmacht, muss deshalb ohne transzendentale

Vorannahmen, aber auf der Basis eines »Geltenlassens des Anderen« (Axel Honneth) ausgehandelt werden.

Auch Bieris Fachkollege Avishai Margalit geht davon aus, dass die Würde ihre normative Kraft allein durch die wechselseitige Anerkennung der Menschen als soziale Wesen gewinnen kann. Vor dem Hintergrund der Massenverbrechen des 20. Jahrhunderts basiert sein Ansatz darauf, Strukturen zu begründen, die dazu beitragen, normative und institutionelle, also objektiv generalisierbare Demütigungen als »Verletzung der Selbstachtung eines Menschen« zu vermeiden. Er unterscheidet zwischen einer »zivilisierten« Gesellschaft, in der die Menschen einander nicht demütigen, und einer »anständigen« Gesellschaft, deren »Institutionen die Menschen nicht demütigen«.[88] Im besten Falle sind Gesellschaften »zivilisiert« und »anständig«, aber zumindest muss alles dafür getan werden, dass sie »anständig« sind, weil dies den Rahmen für die zwischenmenschlichen Beziehungen vorgibt. Dem Prinzip der Menschenwürde wird entsprochen, wenn Institutionen so ausgerichtet sind, die Bürger eines Staates nicht zu demütigen und sie nicht allein als »Ding, Werkzeug, Tier, Untermensch oder ›Mensch zweiter Klasse‹« zu behandeln. Das erinnert nicht nur an die »Objektformel«, sondern auch an die drei Säulen der menschlichen Würde, die Hanna Lévy-Hass 1944 beschrieben hat: das Recht zu leben, das Recht auf die humanistische Entfaltung ihrer Persönlichkeit und das Recht auf körperliche und seelische Unversehrtheit. Nach acht Jahrzehnten hat ihr Gefühl der angetasteten Menschenwürde Eingang in die Würdedebatte gefunden.

SCHLUSS

Auf ihrem Weg aus dem Grundgesetz hat sich die »Würde des Menschen« – ob als oberstes Konstitutionsprinzip, höchster Wert, eigenständiges Grundrecht oder moralisches Axiom – seit 1949 zum wichtigsten normativen Anker der politischen Kultur der Bundesrepublik entwickelt. Das zeigt sich an einer wachsenden Präsenz der Würdenorm in den politischen und öffentlichen Diskursen, in Gesetzen und der Rechtsprechung, in Kultur und Bildung. Was von vielen als ein inflationärer Gebrauch kritisiert wird, lässt sich auch als Ausdruck einer zivilreligiösen Verankerung verstehen, die einer komplexen Gesellschaft angesichts großer Herausforderungen ein Minimum an Orientierung und Stabilität verleiht. Nicht zu unterschätzen ist dabei die kulturell seit der Gründung der Bundesrepublik gewachsene vor- und nichtsprachliche Präsenz der Menschenwürde – als Grundhaltung, als Gefühl, als impliziter Code.

Als habituelle Transformationsleistung stellt dies womöglich den eigentlichen Kern der Demokratisierung der Bundesrepublik nach dem Ende des Nationalsozialismus dar. Sie war mit einem beträchtlichen Wandel von Status, Auslegung und Gebrauch des Artikels 1 des Grundgesetzes im Zuge wechselnder politischer Lagerbildungen und Kontroversen verbunden. Durch die damit einhergehenden Besetzungen der Menschenwürde mit verschiedenen weltanschaulichen und gesellschaftspolitischen Vorstellungen hat sich mehrfach grundlegend verändert und erweitert, was unter ihr verstanden worden ist. Ihre Etablierung in den 1950er und 1960er Jahren durch wesentliche Grenzziehungen zum Schutz des Bürgers vor dem Staat sowie durch die liberale Transformation der Würdenorm seit den 1970er Jahren waren mit der Verabschiedung des Grundgesetzes keineswegs ausgemacht. Es handelte sich um einen in vielfältiger Weise kontingenten Prozess, der von den Bedingungen der Zeit abhängig war und nicht von den vielen Akteuren zu trennen ist, die sich im Namen der Würde für sie eingesetzt haben.

Die Menschenwürde hat sich als überaus anschlussfähig für eine immer stärker ausdifferenzierte und individualisierte Gesellschaft erwiesen. Sie zum Maßstab des eigenen politischen und sozialen Handelns zu erklären ist dabei seit 1949 von einem Gründungskompromiss im Parlamentarischen Rat aus durch die politischen Lager gewandert – zunächst vom konservativen in das sozialdemokratische und liberale, dann in das gesellschaftskritische und radikal humanitäre Spektrum der Republik. Je weiter sich die Würdenorm dabei über das engere Spektrum christlicher Begründungen hinaus verbreitet hat, desto mehr Akteuren konnte sie als moralischer Kompass dienen. Damit wurden Deutungen und Anwendungen der Würdenorm vielfältiger und widersprüchlicher. Sie kann inzwischen so pluralistisch und kontrovers verstanden werden, wie sich die gesellschaftlichen Herausforderungen in ihrer ganzen Vielfalt entwickelt haben. Darin liegt keine Schwäche, wie viele es sehen, sondern vielmehr gerade die Stärke einer Demokratie, die sich ebenso konstruktiv wie kontrovers damit auseinandersetzen muss, wie Selbstentfaltung und Anerkennung, Freiheit und Verantwortung, Autonomie und Gemeinsinn am besten miteinander zu vereinbaren sind.

Die Würdenorm hat sich auf diesem Weg von einem zunächst enger gefassten Abwehrrecht, das gegen staatliche Übergriffe des Staates gerichtet und vor allem durch die Erfahrungen mit totalitären Herrschaftspraktiken begründet war, zu einer omnipräsenten Klausel gesellschaftlicher Aushandlungsprozesse über das Gute entwickelt. Es geht immer noch, aber längst nicht mehr nur um staatlichen Mord, Folter oder die Verweigerung elementarer Lebensrechte, sondern um Themen wie die soziale Diversität und den Schutz von Minderheiten, die Chancen und Risiken moderner Hochtechnologien wie der Gentechnik, der Digitalisierung oder der Medizin, ebenso um die Implikationen der Globalisierung mit einer wachsenden Sichtbarkeit struktureller Ungleichheiten, von Hunger, Bürgerkriegen und Entwurzelung, sowie um menschenwürdige Lebensbedingungen weit über eine ökonomische Grundsicherung hinaus, um Geburt, Pflege und Tod. Dagegen ist die anfängliche Intention zurückgetreten, den Bürger vor allem gegen Übergriffe von Polizei, Verwaltung und Justiz zu schützen. Die Würdenorm konstituiert in wesentlichem Maße die Grenzen politischen Handelns, auch wenn ihre Umsetzung angesichts vielfältiger Formen von Würdeverletzungen und ihrer Diskreditierung insbesondere durch Rechtsradikalismus und Rassismus immer wieder zu Recht als unzureichend kritisiert wird.

Das eigene Handeln an Artikel 1 des Grundgesetzes auszurichten ist seit 1949 der grundlegende Verfassungsauftrag an alle politischen Verantwortlichen und an alle Bürgerinnen und Bürger der Bundesrepublik. Doch hat der Weg der Würde aus dem Grundgesetz eines gezeigt: Erst das komplexe Zusammenspiel zwischen Regierung und Opposition, dem Bundesverfassungsgericht, gesellschaftskritischen Intellektuellen und Medien sowie einer engagierten Zivilgesellschaft hat die Achtung und den Schutz der Menschenwürde in die politische Moral der Bundesrepublik eingetragen. Manchmal dauert es, bis sich die Akteure im Namen der Würde durchsetzen. So revidierte das Bundesverfassungsgericht 2012 im Einklang mit dem zivilgesellschaftlichen Protest eine Grundposition des »Asylkompromisses«. Es verpflichtete den Staat, im Sinne seiner allgemeinen Verantwortung für ein menschenwürdiges Dasein dieses auch für Asylsuchende sicherzustellen. Die Unterstützungssätze seien an das Existenzminimum der Sozialhilfeleistungen anzugleichen, um nicht das Diskriminierungsverbot zu verletzen. Eine Unterschreitung dieser Mindestgrenze, um Asylsuchende abzuschrecken, sei mit dem Grundsatz der menschlichen Würde nicht vereinbar.[1]

Drei Begründungsbögen

Der Weg der Menschenwürde in die politische Kultur der Bundesrepublik lässt sich anhand von drei Begründungsbögen verfolgen, deren Ansätze sich teilweise zeitlich überlagert und inhaltlich verschränkt, politisch verstärkt oder kontrovers gegenübergestanden haben. Nach 1949 stand zunächst für längere Zeit nicht in Frage, die Würde des Menschen als eine ihm innewohnende Eigenschaft zu begründen. Dabei dominierte in der Adenauer-Ära ein personalistisches Verständnis mit einer eindeutigen christlichen Prägung. Es hatte sich um die Wende zum 20. Jahrhundert formiert: Dem Menschen kommt demnach Würde zu, weil Gott ihn damit ausgezeichnet hat. Die in den 1950er Jahren formulierte »Objektformel« war mit dieser Idee zwar ausdrücklich verbunden, ließ sich aber auch ohne Weiteres aus dem zweiten Begründungsbogen für die Würde als menschliches Wesensmerkmal ableiten: der Fähigkeit des Menschen zur Selbstbestimmung. Diese vernunftphilosophische Erklärung in der Tradition der Aufklärung und insbesondere der Philosophie von Immanuel Kant, die allerdings erst wiederentdeckt werden musste, gewann seit den 1970er Jahren deutlich an Einfluss. Sie fügte sich besser in eine liberale Gesellschaft ein, in der zudem die Verbindlichkeit und Akzeptanz christlicher Werte zurückging.

Die Leitideen der beiden ersten Begründungsbögen – christlicher Essentialismus und vernunftphilosophische Selbstbestimmung – standen seit Beginn der Bundesrepublik, als zunächst auf eine genauere Festlegung verzichtet worden war, was die »Würde des Menschen« bedeuten soll, in einer zumindest latenten, von den 1960er Jahren an aber unverkennbar aktiven Konkurrenz zueinander. Neuere Würdekonzepte der vergangenen Jahrzehnte haben sich jedoch immer mehr von der Idee der Würde als einer essentiellen oder transzendentalen Eigenschaft des Menschen abgewandt. Damit ist ein dritter Begründungsbogen in den Vordergrund getreten. Darin wird die Menschenwürde als ein Basismoment sozialphilosophischer Gesellschaftsmodelle entworfen. Würde wird demnach, wie Jürgen Habermas es formuliert hat, »allein in den interpersonalen Beziehungen reziproker Anerkennung, im egalitären Umgang von Personen miteinander« begründet.[2] Aber erst in einer Rechtsordnung, die auf dem Prinzip gegenseitiger Achtung beruht, kann sie schließlich formal Gestalt annehmen.

Aus dem Blickwinkel einer historischen Soziologie, der sich die Modernisierung als ein Prozess funktionaler Differenzierung darstellt, lassen sich diese drei Begründungsbögen der Menschenwürde nach 1949 als Ausdruck eines historischen Prozesses verstehen, in dem sie als ein wandelbares Phänomen jeweils bestimmte Zwecke erfüllt haben. Das personalistische, stark christlich geprägte Verständnis der Nachkriegszeit betonte ein gemeinschaftsgebundenes Individuum, das einerseits in seiner familiären, gesellschaftlichen und kirchlichen Verwurzelung vor Übergriffen des Staates geschützt werden sollte. Andererseits wurden seiner Autonomie durch staatsbürgerliche Pflichten und moralische Prinzipien ausdrücklich Grenzen gesetzt, weil Freiheit und Menschenwürde als etwas verstanden wurden, das Institutionen wie Staat und Kirche gewährleisteten und denen auch deshalb Pflichten geschuldet waren. Die Menschenwürde als Abwehrrecht gegen den Staat ging deshalb mit einer gehörigen Beschränkung der Selbstentfaltung einher. Sie für »unantastbar« zu erklären diente vor allem als Reservoir des Neuanfangs: Allen Verletzungen und Zumutungen während des Nationalsozialismus zum Trotz hatte sich die »Würde des Menschen« im Sinne einer heroischen Persönlichkeit als überzeitliche Ressource einer inneren Widerständigkeit erwiesen.

Dagegen setzte der zweite Begründungsbogen mit dem Prinzip der Selbstbestimmung anders an: Indem die Würde als allein dem Menschen verfügbare, nicht von externen Mächten abhängige Eigenschaft zur Autonomie betont wurde, diente sie einer Liberalisierung der bundesrepublikanischen Gesellschaft im Zeichen autonom entworfener Moralkonzepte. Damit konnten Verletzungen der Menschenwürde nun präziser als gravierende Beschränkungen der persönlichen Selbstentfaltung und ihrer Grundlagen angezeigt und sanktioniert werden. Durch eine enge Verknüpfung der Menschenwürde mit dem Einsatz für die unbedingte Geltung universaler Menschenrechte trat das freie Individuum immer mehr als eine gesellschaftliche Idealvorstellung in den Vordergrund. Dies widersprach dem christlichen Konzept der Menschenwürde, das nicht vom Ziel einer individuellen Selbstverwirklichung getragen war, auch wenn dort schrittweise solche Elemente adoptiert wurden. Die Unantastbarkeit der Menschenwürde bedeutete im liberalen Sinne seit den 1970er Jahren vor allem ihre Absicherung durch Rechte, die den Menschen so zu schützen haben, dass seine Menschenwürde nicht mehr – zumindest nicht sanktionsfrei – verletzt werden kann.

Im dritten Begründungsbogen lässt sich erkennen, wie die beiden vorherigen Modelle der sozial eingebundenen Persönlichkeit und des autonomen Individuums unter dem Prinzip der wechselseitigen Anerkennung zusammengeführt werden. Darin spiegelt sich der wachsende Bedarf einer hochgradig diversen Gesellschaft wider, für deren konfliktintensive Verflechtungen gemeinschaftsorientierte Praktiken entworfen werden, um individuelle Spielräume im Zeichen von Respekt und Toleranz auszuhandeln. Die Menschenwürde dient hierbei als eine diskursive Schutznorm, um die Verletzlichkeit des anderen jederzeit bewusst zu machen und die Grenzen der eigenen Selbstentfaltung wie von anderen Machtinstanzen aufzuzeigen. Nicht mehr die Unantastbarkeit als Kern der Persönlichkeit oder durch eine menschenrechtliche Abwehrfront wird hierbei betont, sondern die Einsicht in eine grundsätzliche Verletzbarkeit des Menschen zum Ausgangspunkt der Menschenwürde erklärt.

Zusammengenommen bilden die Leitmomente der drei Begründungsbögen – der Schutz gegenüber dem Staat, das Recht auf persönliche Autonomie und der Respekt gegenüber der Verletzbarkeit des anderen – eine historisch gewachsene Konkretisierung jener pathetischen Formulierung, die 1949 an den Anfang des Grundgesetzes gestellt worden war: »Die Würde des Menschen ist unantastbar.« Hat sich aber die Würdenorm in der Bundesrepublik deshalb in dieser Weise etabliert, weil die Angst bestand, dass dem Staat keine hinreichenden Werte zugrunde lagen, um seine Bürger vor der Wiederkehr einer totalitären Regierung zu schützen, wie der Bielefelder Philosoph Rüdiger Bittner argumentiert hat?[3]

Denn allein aus diesem Grund, so Bittner, habe sich der Würdebegriff als »Schatten Gottes« in Gesetzgebung und Rechtsprechung einschleichen können. Zum Schutz des Menschen vor dem Staat seien jedoch Abwehrrechte gegen seine Zugriffe völlig ausreichend. Die Menschenwürde sei weder für die Rechtsordnung erforderlich, noch dem Kampf um die Menschenrechte förderlich: Da wir doch hinreichend wüssten, was Folter sei, so Bittner, erzeuge der zusätzliche Verweis auf die Menschenwürde nur ein »verschwommeneres, nicht ein schärferes Bild«. Mit dem Verzicht auf die Würdenorm entfalle auch ein die Betroffenen bewertender Zwischenschritt: »Die Gefolterten (…) müssen nicht erst ihren Würde-Ausweis zeigen, damit jemand Grund hat, sich den Folterern entgegenzustellen.«[4]

Bittners Argument erinnert an »Ockhams Rasiermesser«: die scholastische Regel, bei Erklärungen tunlichst auf Redundanzen zu verzichten. Aber ist die Menschenwürde in diesem Sinne redundant und verzichtbar, selbst wenn sie nicht letztbegründbar sein sollte? Vielleicht ist es schon allein für die Gefolterten notwendig und hinreichend, wenn die an ihnen verübte Gewalt immer auch im Namen der Würde angeprangert, verurteilt und verboten wird. Gegen ein Zuviel an Menschenwürde zu wettern können sich zudem nur diejenigen leisten, die nicht auf Schutz und Hilfe in ihrem Namen angewiesen sind. Wo Menschen verletzt, ihrer Rechte beraubt und gedemütigt werden, sollte der Mehrwert einer ikonischen Empörungsformel nicht dem Prinzip philosophischer Begriffseffizienz oder rechtlicher Rationalität geopfert werden.

Im Namen der Würde argumentieren

Der Schutz der Menschenwürde als Axiom der politischen Moral in der Bundesrepublik ist eine entscheidende Voraussetzung für den Schutz der Menschenwürde selbst. Er kann – auch im europäischen Raum und in globaler Perspektive – nur gelingen, wenn im Namen der Würde politisch argumentiert wird, wann immer dies erforderlich ist. Die Würdenorm ist weder frei von Widersprüchen, noch darf sie als Formel missverstanden werden, mit der sich gesellschaftliche Konflikte auf einfachem Weg lösen lassen. Der daraus erwachsende Bedarf an Komplexität in Fragen der Menschenwürde hat in den letzten Jahren an politischer Bedeutung und Brisanz gewonnen, weil Angriffe auf ihre Geltung oft mit Angriffen in Wort und Tat auf den Raum der demokratischen Meinungsbildung einhergehen.

Mit den Erfolgen rechtspopulistischer und rechtsradikaler Parteien ist es insbesondere ausländerfeindlichen, nationalistischen und rassistischen Strömungen in der Bundesrepublik wie in vielen europäischen Gesellschaften gelungen, sich institutionell zu festigen, in den Parlamenten zu etablieren und wichtige politische

Ämter zu übernehmen. Der Nährboden gewaltsamer Angriffe auf die Menschenwürde und ihre demokratischen Fundamente hat den Weg in die Institutionen der Bundesrepublik gefunden. 2015 trat dies im Zuge der Flüchtlingsbewegung besonders zutage. Die Zahl der als politisch motiviert erfassten Straftraten mit rechtsradikalem Hintergrund ist seitdem um ein Viertel gestiegen. Neben vielen anderen rechtsterroristischen Gewalttaten kulminierten sie in der Mordserie des Nationalsozialistischen Untergrunds und dem Massaker von Hanau im Februar 2020. Indem sich die Täter und politisch Verantwortlichen zu Rassismus, Nationalismus und völkischen Idealen bekennen, stellen sie das Bekenntnis zur universalen und absoluten Menschenwürde als Wesenskern der liberalen Demokratie grundlegend in Frage.

Gleichzeitig wäre es zu einfach, eine Gefährdung der Menschenwürde allein an politisch rechtsradikalen Kräften festzumachen. Kollisionen von Grundrechten untereinander und mit gesamtgesellschaftlichen Interessen sind unausweichlich, wie die Debatten um das Recht auf Sterbehilfe, die Sozialleistungen für Arbeitslose (»Hartz IV«) oder während der Coronapandemie in vielfältiger Weise gezeigt haben. Doch nach welchem Maßstab war in diesen Fällen politisch zu entscheiden? So stellte zu Beginn der Pandemie der damalige Bundestagspräsident Wolfgang Schäuble im April 2020 zwar fest, der einzige absolute Wert des Grundgesetzes sei die Würde des Menschen. Aber er bestritt, dass »alles andere« vor dem »Schutz des Lebens« zurücktreten müsse. Die »Berliner Zeitung« kommentierte: »Doch wenn nicht der Schutz des Lebens grundlegender Bestandteil der Würde ist, so bleibt zu fragen: Was dann?«[5] Der Widerspruch zeigt: Die Geltung der Menschenwürde ist im Ringen um Antworten auf gesellschaftspolitische Herausforderungen begründet und verankert worden – sie kann und muss diskursiv verteidigt werden.

Im Namen der Würde gegen ihre politischen Herausforderungen und Gefährdungen zu argumentieren bedeutet, die Grenzen der Handlungsmacht von Staaten und Institutionen zu reflektieren und sich an deren Aushandlung aktiv zu beteiligen. Allem voran steht hier als erste Säule der Menschenwürde das unbedingte Recht zu leben und in seiner persönlichen Entfaltung keinen unbilligen Einschränkungen unterworfen zu sein. Zu Recht sind bis in die jüngste Zeit hinein besondere Eingriffe des Staates in private Angelegenheiten heftig umstritten: Volkszählung, Telefonüberwachung oder Datenschutz im digitalen Zeitalter – was darf der Staat von und über uns wissen? Andere halten den gesetzlichen Schutz des menschlichen Lebens vor medizinischen Eingriffen für nicht hinreichend oder betrachten wahlweise Lockerungen oder Restriktionen im Bereich der Sterbehilfe als eine Verletzung der Menschenwürde. Auch Ausgangsbeschränkungen, die Weitergabe medizinischer Daten, die Verpflichtungen zum Impfen und Tragen einer Maske – was während der Coronapandemie von vielen als Freiheitsverlust heftig angegriffen wurde, musste im Namen der Menschenwürde mit dem Ziel des zu vermeidenden Todes vieler Menschen abgewogen werden.

Im Namen der Würde zu argumentieren bedeutet, die Menschenwürde gegen, aber auch zugunsten von Erweiterungen individueller Handlungsmöglichkeiten ins Feld zu führen, die sich in vielen Lebensbereichen über das unmittelbare Verhältnis von Staat und Individuum hinaus durch industrielle Arbeitsverhältnisse, moralische Befreiungsansprüche oder den technischen Fortschritt ergeben haben. Inwieweit greifen rationalisierte Arbeitsabläufe, künstliche Intelligenz oder digitale Überwachungstechniken in die Autonomie der Person ein? Stellen die Embryoforschung, gentechnische Verfahren oder eine lebensverlängernde Medizintechnik die Einmaligkeit des Menschen und das Ideal der Selbstbestimmung in Frage? Wie verhält sich das Ziel des technologischen Posthumanismus, den Menschen durch eine – in seinen Augen bessere – künstliche Spezies zu ersetzen, zu den Grundlagen der Menschenwürde? Die Menschenwürde kann dabei nur im Lichtkegel humanistischer Vorstellungen des Menschseins und eines entsprechenden Rechts auf die Entfaltung der eigenen Persönlichkeit als ihrer zweiten Säule eine substantielle moralische Wirkung entfalten.

Im Namen der Würde zu argumentieren bedeutet schließlich, sich für ihre Achtung im menschlichen Umgang miteinander einzusetzen. Hassreden, Cybermobbing und rassistische Demütigungen beschädigen andere in ihrer Selbstachtung. Dem muss mit dem Recht auf körperliche und seelische Unversehrtheit als der dritten Säule der Menschenwürde begegnet werden. Der soziale Druck, Privates und Intimes in den sozialen Medien zu teilen, kann zur Entwürdigung der Persönlichkeit führen. Viel diskutiert sind jene Fälle, in denen Menschen der Belustigung oder der sexuellen Befriedigung anderer dienen. Wird die Menschenwürde selbst dann verletzt, wenn die Betroffenen zustimmen und sich als Akteure, aber nicht als Opfer begreifen? Dabei ist nicht eindeutig, ob es Aufgabe des Staates ist, den jeweils Einzelnen im Zweifel vor seiner eigenen Entscheidung zu schützen, oder ob ein Verbot erforderlich ist, um das Prinzip der Menschenwürde innerhalb der Gesellschaft zu wahren. Klar ist aber, dass es eines Wissens um die eigene Würde und deren rechtlicher Grundlagen in der liberalen Demokratie bedarf, einer Kompetenz zur Würde, die diese nicht voraussetzt, sondern sie in Aushandlungsprozessen gewinnen lässt.

Würde und Verletzbarkeit

Das Recht zu leben, das Recht auf eine humanistische Entfaltung der eigenen Persönlichkeit und das Recht auf körperliche und seelische Unversehrtheit: Mit diesen drei Säulen, die Hanna Lévy-Hass bereits 1944 bewusst waren, liegt eine historisch begründete und gewachsene Antwort auf die Frage vor, ob die Menschenwürde von besonderer Bedeutung in der Bundesrepublik ist, weil ihr ein Wertekonzept fehlt, das die Demokratie hinreichend schützt. Die Menschenwürde *ist* dieses Konzept. Sie war es am Anfang in weitaus geringerem Maße als heute. Vor allem das wachsende Bewusstsein für die fundamentale Verletzlichkeit des Menschen durch die singulären nationalsozialistischen Verbrechen hat Artikel 1 des Grundgesetzes in einem Sinne begreifen lassen, der den meisten Mitgliedern des Parlamentarischen Rates in dieser Form noch nicht vor Augen stand.

Erst im Verlauf der Jahrzehnte nach ihrer Gründung ließ sich in der Bundesrepublik normativ verankern, den Menschen nicht durch einen Kult der Härte gegen seine Verletzbarkeit zu imprägnieren, sondern die Verletzbarkeit durch eine Kultur der Empathie vor Angriffen auf sie zu schützen. Diese vulnerable Leiblichkeit des Menschen findet in der neueren Würdedebatte zunehmend an Beachtung: »Ein Angriff auf (die) Würde und eine Menschenrechtsverletzung liegen vor«, so die amerikanische Philosophin Dana Bergoffen, »wenn wir einem leiblichen Missbrauch unterworfen werden, der auf die Entfremdung und Beraubung unserer einzigartigen menschlichen Vermögen zielt.«[6] Die Würde des Menschen, so hat es Peter Bieri verallgemeinert, sei vor allem von dem Bewusstsein getragen, als Menschen »zerbrechlich und stets gefährdet« zu sein.[7]

Genau diesen Erfahrungskern hat Hanna Lévy-Hass zu beschreiben versucht. Äußerlich auf eine als nichtmenschlich empfundene Schrumpfexistenz reduziert, blickte sie trotzdem in die Zukunft: Sie versuchte mit allen Mitteln, ihrer Zerstörung als Person, als Individuum, als Mensch zu widerstehen. »Ich möchte gern etwas Angenehmes und Ästhetisches fühlen, hohe zarte Gefühle erwecken, würdige Empfindungen.« Allein schon mit dem Tagebuch dem Verlust ihrer Selbstachtung und der Ausweglosigkeit ihrer Lage etwas entgegenzusetzen, verlangte von ihr einen hohen Preis: Das »demütigende und entehrende Lagerleben« lasse »jede moralische Bemühung, sich auch nur ein wenig von der düsteren Wirklichkeit zu entfernen«, zur »nutzlosen Folter« werden.[8]

Sich gleichwohl selbst in diesem Zustand der Zerstörung des Selbst noch beobachten zu können war ein Aufbegehren aus einem Rest an Zukunftshoffnung. Ein letzter Kampf im Namen ihrer Würde. Zehn Tage später notierte Hanna Lévy-Hass: »Trotz allem geht die Arbeit mit den Kindern weiter.« 1945 befreit, hat sie den Holocaust überlebt. Um die Betroffenen vor der Wiederkehr einer systematischen und verbrecherischen »Antastung« der Menschenwürde, aber auch vor ihren alltäglichen Verletzungen zu schützen, ist ihre Unantastbarkeit als Axiom der politischen Moral der Bundesrepublik zu achten, zu sichern und zu verteidigen. Nur so können wir ebenso für gezielte Angriffe auf die Menschenwürde wie für die schiefen Ebenen ihrer schleichenden Erosion aufmerksam bleiben und gegen sie Stellung beziehen.

NACHWORT

Als ich mit der Arbeit an diesem Buch begann, sah die Welt noch anders aus. Als Fellow des Remarque Institute der New York University wollte ich mich von Januar 2020 an ein halbes Jahr lang einem historisch-politischen Essay zur Menschenwürde widmen. Motiviert war er durch die Erfolge des Rechtspopulismus in der Bundesrepublik und dessen rassistische Angriffe auf die universale Menschenwürde. Bitter bestätigte sich dies durch den rechtsextremistisch motivierten Anschlag in Hanau am 19. Februar. Einen Monat später war ich vorzeitig wieder in Deutschland, mit einem der letzten Flüge von den gespenstisch leeren Straßen in Manhattan in den ersten Corona-Lockdown. Während das Virus langsam seinen Schrecken verlor, begann Russland am 24. Februar 2022 seinen mörderischen Angriffskrieg gegen die Ukraine.

Angesichts der außergewöhnlichen Umstände in den vergangenen drei Jahren habe ich die Motivation, dieses Buch fertigzustellen, vielseitigem Zuspruch zu verdanken. Nur die wichtigsten auf diesem Weg seien hier genannt: Bernd Weisbrod hat das gesamte Manuskript kommentiert, Peter W. Marx neue Perspektiven eröffnet, Nina Sillem mit ihrer Agentur nicht nur den Weg zum Hanser Verlag geebnet, sondern auch nicht lockergelassen und Tobias Heyl mit dem gesamten Verlagsteam trotz mancher Verzögerung die Geduld nicht verloren. Gewidmet ist dieses Buch meiner Tochter Leah und ihren Nachbargeschwistern Johanne und Noah. Je näher wir unseren Kindern sind, desto weniger erscheint die Würde des Menschen als unantastbar, sondern als ein stets gefährdetes und unbedingt zu schützendes Gut.

ANMERKUNGEN

Einleitung

1 Peter Schaber, Menschenwürde, Stuttgart 2012, S. 9–18 u. 20 f.
2 Dietmar von der Pfordten, Menschenwürde, München 2016, S. 10.
3 Ebd., S. 9.
4 Ebd., S. 54.
5 Schaber, Menschenwürde, S. 39 ff.
6 Süddeutsche Zeitung, 23.12.2022.
7 Hans Joas, Die Sakralität der Person. Eine neue Genealogie der Menschenrechte, Berlin 2011, S. 18.
8 Hanna Lévy-Hass, Tagebuch aus Bergen-Belsen, hg. v. Amira Hass, München 2009, S. 33–112, hier S. 78–80.

I Der Auftakt im 19. Jahrhundert

1 Karl May, Des Kindes Ruf. Eine Geschichte aus dem Erzgebirge, in: Weltspiegel 3 (1879), H. 11–12, S. 345–349.
2 Johann Christoph Adelung, Grammatisch-kritisches Wörterbuch der hochdeutschen Mundart, Wien 1811, S. 1625 f.
3 Johann Christoph Gottsched, Versuch einer Critischen Dichtkunst vor die Deutschen, Leipzig 1730, S. 608.
4 Friedrich Nietzsche, Morgenröthe. Gedanken über die moralischen Vorurtheile (1881), Leipzig 1897, S. 230.
5 Georg F. W. Hegel, Vorlesungen über die Ästhetik II, in: ders., Werke, Bd. 14, Frankfurt am Main 1992, S. 180.
6 L. Erdmann, Rechtskunde für Jedermann: 2. Injurien, in: Die Gartenlaube 10 (1862), H. 26, S. 414–416, hier S. 414.
7 Thomas von Aquin, Summa Theologiae (1265–1273), Secunda Pars Secundae Partis, Quaestio 64 (dt. Übers. Regensburg 1886–1892).
8 Samuel von Pufendorf, Über die Pflicht des Menschen und des Bürgers nach dem Gesetz der Natur (1673), Kap. 7, § 1, zit. n. von der Pfordten, Menschenwürde, S. 31.
9 Gottfried Immanuel Wenzel, Vollständiger Lehrbegriff der gesamm-

ten Philosophie, Bd. 3, Linz 1804, S. 250 f.

10 Johann Gottfried Herder, Briefe zur Beförderung der Humanität (1793–1797), Bd. 1, Berlin/Weimar 1971, S. 139.

11 Charta der Vereinten Nationen, 26.6.1945 (https://unric.org/de/charta/).

12 Immanuel Kant, Der Streit der Fakultäten (1798), in: ders., Werke in 6 Bänden, Bd. 6, Köln 1995, S. 73.

13 Ders., Die Metaphysik der Sitten. Zweiter Teil: Metaphysische Anfänge der Tugendlehre, Königsberg 1797, S. 96.

14 Ebd., S. 97.

15 Ebd., S. 140.

16 Pierer's Universal-Lexikon, Bd. 19, Altenburg 1865, S. 387.

17 Meyers Großes Konversations-Lexikon, Bd. 20, Leipzig 1909, S. 771.

18 Adolph Freiherr von Knigge, Ueber den Umgang mit Menschen, Bd. 1, Hannover 1788, S. 249.

19 Friedrich Schiller, Über Anmut und Würde (1793), in: ders., Sämtliche Werke, Bd. 5, 3. Aufl., München 1962, S. 470.

20 Ebd., S. 476.

21 Neue Rheinische Zeitung (Köln), 3.5.1849, S. 4.

22 Verfassung des Deutschen Reiches, 28.3.1849 (https://www.verfassungen.de/de06-66/verfassung48-i.htm).

23 Friedrich Theodor von Vischer, Ästhetik oder Wissenschaft des Schönen, Bd. 2. 1, Reutlingen u. a. 1847, S. 250.

24 Friedrich Georg Schlatter, Die Emanzipation der Israeliten. Eine Forderung der Gerechtigkeit, Staatsweisheit, Humanität und rettenden Liebe, Mannheim 1858, S. 96.

25 Max Stigelmayr, Die bürgerliche und staatsbürgerliche Gleichstellung der Israeliten mit den übrigen Staats-Bürgern vom Standpunkte der Menschlichkeit, des Staates und der christlichen Kirchen aus betrachtet, München 1847, S. 24.

26 Gabriel Riesser, Vertheidigung der bürgerlichen Gleichstellung der Juden, Altona 1831, S. 82 u. 80.

27 Louise Aston, Meine Emancipation, Verweisung und Rechtfertigung, Brüssel 1846, S. 45–49.

28 Fanny Lewald, Meine Lebensgeschichte: Leidensjahre (1861–1863), in: dies., Gesammelte Werke, Bd. 2, Berlin 1871, S. 167–190.

29 Julie Pfannenschmidt, Das Glück eines Weibes, Bromberg 1860, S. 90.

30 Louise Otto, Die Isolierten oder Zurückgezogenen (1850), in: dies., Aufsätze aus der »Frauen-Zeitung«, Frankfurt am Main 1980, S. 69.

31 Dies., Das Recht der Frauen auf Erwerb. Blick auf das Frauenleben der Gegenwart, Hamburg 1866, S. 67.

32 John Newton, Thoughts upon the African Slave Trade, London 1788, S. 41.

33 William Wilberforce, Rede im Britischen Unterhaus in der Debatte über die Abschaffung des Sklavenhandels, 18./19.4.1791, zit. n. Fabian Klose, In the Cause of Humanity. Eine Geschichte der humanitären

Intervention im 19. Jahrhundert, Göttingen 2019, S. 79.

34 Brockhaus Bilder-Conversations-Lexikon, Bd. 2, Leipzig 1838, S. 719 f..

35 Karl Gutzkow, Die Zeitgenossen, Bd. 2, 2. Aufl., Pforzheim 1842, S. 158.

36 Frederick Douglass, Life and Time of Frederick Douglass. Written by Himself, Boston 1892, S. 177.

37 Fürther Abendzeitung. Organ des Fortschritts auf allen Gebieten des öffentlichen Lebens, 7.3.1865.

38 Johann Caspar Bluntschli, Das moderne Völkerrecht der civilisirten Staten, Nördlingen 1868, S. 92.

39 Ute Frevert, Die Politik der Demütigung. Schauplätze von Macht und Ohnmacht, Frankfurt am Main 2017, S. 231.

40 Johann Adam Bergk (Hg.), Des Marchese Beccaria's Abhandlung über Verbrechen und Strafen, Bd. 1, Leipzig 1798, S. 197, zit. n. Frevert, Politik der Demütigung, S. 31.

41 Protest des Rheinischen Landtags gegen die Wiedereinführung von Körperstrafen (1843), zit. n. Frevert, Politik der Demütigung, S. 42.

42 Neue Münchener Zeitung, 1.11.1850.

43 Heinrich Mann, Der Untertan, Leipzig/Wien 1916, S. 46.

44 Ludwig Windthorst, Rede im Deutschen Reichstag, 10.6.1872, in: Verhandlungen des Deutschen Reichstages, Bd. 25, Berlin 1872, S. 864.

45 Paul Laband, Der Staat, in: ders., Staatsrechtliche Vorlesungen, Berlin 2004, S. 89.

46 Max Weber, Die »Objektivität« sozialwissenschaftlicher und sozialpolitischer Erkenntnis, in: Archiv für Sozialwissenschaft und Sozialpolitik 19 (1904), S. 22–87, hier S. 28.

47 Max Weber, Wirtschaft und Gesellschaft. Grundriß der verstehenden Soziologie, 5. Aufl., Tübingen 1980, S. 507.

48 Karl Marx/Friedrich Engels, Manifest der Kommunistischen Partei, London 1848, S. 5.

49 Friedrich Engels, Die Lage der arbeitenden Klasse in England (1892), in: Karl Marx/Friedrich Engels, Werke, Bd. 2, Berlin (DDR) 1872, S. 225–506, hier S. 344 f.

50 Robert Owen, A New View of Society. Essays on the formation of human character, 2. Aufl., London 1816, S. 92.

51 Ferdinand Lassalle, Macht und Recht. Offenes Sendschreiben, 13.2.1863, in: ders., Reden und Schriften, Bremen 2010, S. 119–155, hier S. 139.

52 Ders., Das Arbeiter-Programm (1862), in: ders., Gesammelte Reden und Schriften, Bd. 2, Berlin 1919, S. 147–202, hier S. 200.

53 Wilhelm Liebknecht, Wissen ist Macht – Macht ist Wissen. Festrede gehalten zum Stiftungsfest des Dresdner Bildungs-Vereins am 5. Februar 1872, Berlin 1904, S. 39.

54 August Bebel, Aus den Verhandlungen über die Verlängerung des Socialistengesetzes. Reden, Nürnberg 1884, S. 40.

55 Ebd., S. 5.

56 Wilhelm Liebknecht, Rede im Deutschen Reichstag, 13.3.1877, in:

Verhandlungen des Reichstages, Bd. 44, Berlin 1877, S. 120.

57 Louise Aston, Aus dem Leben einer Frau, Hamburg 1847, S. 132.

58 Paul Singer, Rede im Deutschen Reichstag, 29.1.1897, in: Verhandlungen des Reichstages, Bd. 148, Berlin 1897, S. 4388.

59 Gustav Noske, Rede im Deutschen Reichstag, 24.2.1911, in: Verhandlungen des Reichstages, Bd. 264, Berlin 1911, S. 4904.

60 Arthur Stadthagen, Rede im Deutschen Reichstag, 18.5.1914, in: Verhandlungen des Reichstages, Bd. 295, Berlin 1914, S. 9015.

61 Rosa Luxemburg, Diskussionsbeitrag am 7.3.1914 bei einer Protestversammlung in Freiburg i. Br. (https://www.marxists.org/deutsch/archiv/luxemburg/1914/03/freiburg.htm)

62 Hermann Cohen, Ästhetik des reinen Gefühls, Berlin 1912, S. 236.

63 Ebd., S. 233.

64 Rudolf Todt, Der radikale deutsche Socialismus und die christliche Gesellschaft, Berlin 1878, S. 400.

65 Die Aufgabe der Kirche und ihrer inneren Mission gegenüber den wirthschaftlichen und gesellschaftlichen Kämpfen der Gegenwart. Eine Denkschrift des Central-Ausschusses für die innere Mission der deutschen evangelischen Kirche (1884), in: Quellensammlung zur Geschichte der deutschen Sozialpolitik 1867 bis 1914, II. Abt., Bd. 1, Mainz 2003, S. 185-195, hier S. 192.

66 Wilhelm Ketteler, Die Arbeiterfrage und das Christentum, Mainz 1864, S. 105.

67 Zit. n. Wolfgang Menzels Literaturblatt, 27.1.1869, S. 31.

68 Bericht über die Verhandlungen des 4. Evangelisch-sozialen Kongresses, abgehalten zu Berlin am 1. und 2. Juni 1893, Berlin 1893, S. 39.

69 Friedrich Naumann, Kaisertum und Demokratie (1904), in: ders., Werke, Bd. 2, Köln 1964, S. 57.

70 Johannes Lepsius, Was hat man den Armeniern getan? (1918), in: ders., Die Wiedergeburt des Orients, Nürnberg 2007, S. 277.

71 Bertha Pappenheim, Zur Sittlichkeitsfrage (1907) (https://frauenmediaturm.de/historische-frauenbewegung/bertha-pappenheim-sittlichkeitsfrage-1907/)

72 Charles Darwin, Die Abstammung des Menschen und die geschlechtliche Zuchtwahl, Stuttgart 1875, S. 163.

73 Franz Kafka, In der Strafkolonie (1919), in: ders., Schriften. Tagebücher. Kritische Ausgabe: Drucke zu Lebzeiten, Frankfurt am Main 1996, S. 229 f.

74 Émile Zola, Ich klage an! (1898) (http://www.boerverlag.de/Aktuelles/Zola_Ich_klage_an.pdf).

75 Émile Durkheim, Über soziale Arbeitsteilung. Studie über die Organisation höherer Gesellschaften (1893), Frankfurt am Main 1992, S. 227.

76 Ders., Soziologie und Philosophie (1924), Frankfurt am Main 1976, S. 129.

77 Ders., Die Physik der Sitten und des Rechts (1915), Frankfurt am Main 1998, S. 84.

78 Georg Simmel, Philosophie des Geldes, Leipzig 1900, S. 538.

79 Stefan Zweig, Die Welt von Gestern (1942), Frankfurt am Main 2003, S. 264 f.

80 Gustav Wyneken, Der weltgeschichtliche Sinn der Jugendbewegung (1916), in: Werner Kindt (Hg.), Grundschriften der Jugendbewegung, Düsseldorf/Köln 1963, S. 148–162, hier S. 152.

81 Ludwig Klages, Mensch und Erde (1913), Jena 1937, S. 34.

82 Albert Schweitzer, Kultur und Ethik (1923), in: ders., Gesammelte Werke, Bd. 2, München 1974, S. 79–368, hier S. 331.

83 Ders., Aus meinem Leben und Denken (1931), in: ders., Gesammelte Werke, Bd. 1, München 1974, S. 19–253, hier S. 171.

84 Albert Einstein, Zur Abrüstungskonferenz 1932 (22.11.1931), in: Claudio G. Anta, Albert Einstein. Wege zum Pazifismus, Münster 2020, S. 185–187, hier S. 185.

85 Ebd.

86 Brief Einsteins an einen Unbekannten, 4.11.1931, zit. n. Britta Scheideler, Albert Einstein in der Weimarer Republik. Demokratisches und elitäres Denken im Widerspruch, in: Vierteljahrshefte für Zeitgeschichte 53 (2005), S. 381–419, hier S. 390.

87 Heinrich Mann, Der tiefere Sinn der Republik (1927), in: ders., Sieben Jahre. Chronik der Gedanken und Vorgänge, Berlin/Wien/Leipzig 1929, S. 363.

88 Heinrich Mann, Rede zur Feier der Verfassung, in: Peter Wende (Hg.), Politische Reden, Bd. 3: 1914–1945, Frankfurt am Main 1994, S. 391–400, hier S. 399.

89 Helene Stöcker, Das Werden der sexuellen Reform seit hundert Jahren, in: Hedwig Dohm (Hg.), Ehe? Zur Reform der sexuellen Moral, Berlin 1911, S. 39.

90 Frank Wedekind, Der Marquis von Keith (1901), 4. Akt, 5. Aufzug.

91 Ellen Key, Das Jahrhundert des Kindes, Berlin 1902, S. 31.

92 Ebd., S. 13.

93 Karl Binding/Alfred Hoche, Die Freigabe der Vernichtung lebensunwerten Lebens. Ihr Maß und ihre Form, Leipzig 1920, S. 32 u. 49.

94 Ebd., S. 53 ff.

95 Fritz Lenz, Rezension von Binding/Hoche (1920), zit. n. Gerrit Hohendorf, Der Tod als Erlösung vom Leiden. Geschichte und Ethik der Sterbehilfe seit dem Ende des 19. Jahrhunderts, Göttingen 2013, S. 53.

96 Edward Meltzer, Die Frage des unwerten Lebens (1932), zit. n. ebd., S. 61.

97 Max Scheler, Die Stellung des Menschen im Kosmos, Darmstadt 1928, S. 32.

98 Helmuth Plessner, Grenzen der Gemeinschaft (1924), Frankfurt am Main 2002, S. 75.

99 Emmanuel Mounier, Das Personalistische Manifest (1936), Zürich 1937, S. 113.

II Vom Zivilisationsbruch zum Gründungsbekenntnis

1 Stefan Zweig, Castellio gegen Calvin oder ein Gewissen gegen die Gewalt, Wien/Leipzig/Zürich 1936, S. 78 u. 80.

2 Stefan Zweig, Die Schachnovelle (1942), Frankfurt am Main 1995, S. 63.

3 Karl Kraus, Die letzten Tage der Menschheit (1919), V. Akt, 54. Szene.

4 Siegfried Kracauer, Das Ornament der Masse (1927), in: ders., Das Ornament der Masse. Essays, Frankfurt am Main 1977, S. 50–63, hier S. 51.

5 Else Kienle, Der Fall Kienle, in: Die Weltbühne 27 (1931), H. 15, S. 535–539, hier S. 539.

6 Frauenstimme, 17.2.1927, S. 2.

7 Vorwärts, 1.5.1926, S. 9.

8 Vorwärts, 1.5.1932, S. 1.

9 Hermann Oncken, Verfassungsfeier der Berliner Hochschulen am 27. Juli 1929, abgedruckt in: Ralf Poscher (Hg.), Der Verfassungstag. Reden deutscher Gelehrter zur Feier der Weimarer Reichsverfassung, Baden-Baden 1999, S. 112–121, hier S. 118.

10 Willy Hellpach, Der Staat von Weimar als geistige, sittliche und erzieherische Aufgabe, 11.8.1926, abgedruckt in: ebd., S. 63–78, hier S. 69.

11 Eduard Heimann, Soziale Theorie des Kapitalismus (1929), Frankfurt am Main 1980, S. 126.

12 Robert Musil, Tagebücher, Bd. 1, Reinbek 1976, S. 722.

13 Lion Feuchtwanger, Die Geschwister Oppermann (1933), Frankfurt am Main 1981, S. 268.

14 Ebd., S. 258.

15 Heinrich Mann, Amerika: Der kommende Mann, in: ders., Mut. Essays (1939), Frankfurt am Main 1991, S. 86 f.

16 Ders., Rettung der Zivilisation, in: Die neue Weltbühne 4 (1936), Nr. 43, 22.10.1936, S. S. 1345–1348, in: Ders., Verteidigung der Kultur. Antifaschistische Streitschriften und Essays, Hamburg 1971, S. 453–458, hier S. 455.

17 Ders., Christenverfolgung (1937), in: Die neue Weltbühne 6 (1937), Nr. 30, 22.7.1937, S. 924-929, hier S. 927.

18 Adolf Hitler, Regierungserklärung zum »Gesetz zur Behebung der Not von Volk und Reich«, 23.3.1933, in: Verhandlungen des Reichstags, Bd. 457, Berlin 1934, S. 37 ff.

19 Joseph Goebbels, Revolution der Deutschen. 14 Jahre Nationalsozialismus, Oldenburg 1933, S. 155.

20 Ders., Totale Revolution (1933), in: Walter Hofer (Hg.), Der Nationalsozialismus. Dokumente 1933–1945, Frankfurt am Main 1982, S. 89.

21 Neuer Vorwärts, 19.12.1934, S. 8.

22 Neuer Vorwärts, 21.7.1935, S. 1.

23 Neuer Vorwärts, 28.1.1934, S. 2.

24 Carl Jacob Burckhardt, Meine Danziger Mission 1937–1939, München 1962, S. 61.

25 Victor Klemperer, Tagebucheintrag vom 31.12.1933, in: ders., Ich will Zeugnis ablegen bis zum letzten.

Tagebücher 1933–1941, Berlin 1995, S. 75 f.

26 Willi Bredel (Hg.), Als sozialdemokratischer Arbeiter im Konzentrationslager Papenburg, Leningrad 1935, S. 42 f.

27 Wolfgang Langhoff, Die Moorsoldaten. 13 Monate Konzentrationslager, 7. Aufl., Zürich 1933, S. 53 u. 89.

28 Max Horkheimer, Egoismus und Freiheitsbewegung, in: Zeitschrift für Sozialforschung 5 (1936), S. 161–371, hier S. 218.

29 Klaus Mann, Vulkan. Roman unter Emigranten (1939), Reinbek 1981, S. 450.

30 Das Tagebuch der Hertha Natorff. Berlin – New York. Aufzeichnungen 1933 bis 1945, hg. v. Wolfgang Benz, Frankfurt am Main 1988, S. 172.

31 Hans Jonas, Unsere Teilnahme an diesem Kriege. Ein Wort an jüdische Männer (1939), abgedruckt in: Christian Wiese, Hans Jonas. »Zusammen Philosoph und Jude«. Essay, Frankfurt am Main 2003, S. 34–45, hier S. 34.

32 Ebd., S. 36.

33 Ebd., S. 37.

34 Vorwärts, 29.4.1934, S. 7.

35 Diskussionsbeitrag Hans Nawiaskys laut Protokoll über die 71. Jahresversammlung des Schweizerischen Juristenvereins, in: Zeitschrift für Schweizerisches Recht 55 (1936), S. 671a–679a, hier S. 672a. Vgl. Andreas Kley, Hans Nawiaskys Wirken in der Schweiz, in: Bernhard Ehrenzeller/Benjamin Schindler (Hg.), Hans Nawiasky – Leben, Werk und Erinnerungen, Zürich 2012, S. 1–34.

36 Hermann Broch, Pamphlet gegen die Hochschätzung des Menschen (1932), in: ders., Das essayistische Werk und Briefe 1913–1951. Kommentierte Werkausgabe, Bd. 9/1, 3. Aufl., Frankfurt am Main 1986, S. 34–45, hier S. 34.

37 Ebd., S. 39.

38 Hermann Broch, Völkerbund-Resolution (1937), in: ebd., S. 195–232, hier S. 197. Dort auch die folgenden Zitate.

39 Thomas Mann, Vom kommenden Sieg der Demokratie (1937), Berlin 1946, S. 9 f.

40 Ebd., S. 14.

41 Herbert Agar u. a., The City of Man. A declaration on World Democracy, New York 1941, S. 34.

42 Evangelische Gesundheitsfürsorge 1926–1936. Denkschrift anläßlich des zehnjährigen Bestehens des Deutschen Evangelischen Krankenhausverbandes (1936), zit. n. Kurt Nowak, »Euthanasie« und Sterilisation im »Dritten Reich«, 2. Aufl., Göttingen 1984, S. 92.

43 Denkschrift Paul G. Braunes an Adolf Hitler, 9.7.1940, zit. n. Ernst Klee, Dokumente zur »Euthanasie«, Frankfurt am Main 1985, S. 151–162, hier S. 152.

44 Hirtenwort der katholischen Bischöfe Deutschlands vom 26. Juni 1941, zitiert von Bischof Clemens August von Galen, Predigt am 3. August 1941. Die Predigten von Galens finden sich unter http://www.galen-archiv.de.

45 Bischof von Galen, Predigt am 13. Juli 1941, ebd.

46 Dekalog-Hirtenbrief der Deutschen Bischofskonferenz, 12.9.1943, in: Ludwig Volk (Hg.), Akten deutscher Bischöfe über die Lage der Kirche 1933 bis 1945, Bd. 6, Mainz 1985, S. 184–197.

47 Hirtenwort der Bischöfe der Kölner und Paderborner Kirchenprovinz, 20.3.1942, in: Volk (Hg.), Akten, Bd. 5, Mainz 1983, S. 705–708.

48 Dietrich Bonhoeffer, Widerstand und Ergebung. Briefe und Aufzeichnungen aus der Haft, in: ders., Werke, Bd. 8, München 1998, S. 28.

49 Ders., Die Kirche vor der Judenfrage (1933), in: ders., Werke, Bd. 12, München 1997, S. 349–358, hier S. 353 f.

50 Ders., Gemeinsames Leben (1939), in: ders., Werke, Bd. 5, München 1993, S. 32 f.

51 Ders., Ethik, München 1981, S. 175. Die folgenden Zitate ebd., S. 177, 148, 195 u. 148.

52 Brautbriefe Zelle 92. Dietrich Bonhoeffer, Maria von Wedemeyer 1943–1945, München 2016, S. 95.

53 President Franklin Roosevelt's Annual Message (Four Freedoms) to Congress, 6.1.1941 (https://www.archives.gov/milestone-documents/president-franklin-roosevelts-annual-message-to-congress).

54 Hersh Lauterpacht, The Law of Nations, the Law of Nature, and the Rights of Man, in: Transactions of the Grotius Society 29 (1943), S. 1–33, hier S. 13.

55 Harald Ritter (i. e. Wilhelm Hoegner), Gedanken zu einer neuen deutschen Verfassung (1940), zit. n. Frank Colin, Naturrecht und die vorgrundgesetzlichen Würdebegriffe deutscher Länderverfassungen, phil. Diss., Jena o. J. (https://www.db-thueringen.de/servlets/MCRFileNodeServlet/dbt_derivate_00046566/Dissertation_Frank_Colin.pdf), S. 150 f.

56 Das Demokratische Deutschland, Grundsätze und Richtlinien für den deutschen Wiederaufbau (Mai 1945), in: Wolfgang Benz (Hg.), Bewegt von der Hoffnung aller Deutschen. Zur Geschichte des Grundgesetzes. Entwürfe und Diskussionen 1941–1949, München 1979, S. 103–120, hier S. 105 u. 109.

57 Manifest des Nationalkomitees »Freies Deutschland« an die Wehrmacht und an das deutsche Volk (1943) (https://www.gdw-berlin.de/fileadmin/bilder/publikationen/begleitmaterialien/Faksimiles_PDFs_deutsch/FS_18.1_DE_2.Aufl-RZ-web.pdf).

58 Brief von Helmuth James Graf von Moltke an Peter Graf Yorck von Wartenburg, 17.6.1940, zit. n. Ger van Roon, Neuordnung im Widerstand. Der Kreisauer Kreis innerhalb der deutschen Widerstandsbewegung, München 1967, S. 480.

59 Grundsätze des »Kreisauer Kreises« für die Neuordnung, 9.8.1943, zit. n. ebd., S. 560.

60 Carlo Mierendorff, Programm der »Sozialistischen Aktion«, 14.6.1943 (https://www.gdw-berlin.de/fileadmin/bilder/publikationen/

begleitmaterialien/Faksimiles_PDFs_deutsch/FS_12.2_DE_2.Aufl-RZ-web.pdf).

61 Die Texte der Flugblätter der »Weißen Rose« finden sich in: Ulrich Chaussy/Gerd R. Ueberschär, »Es lebe die Freiheit!« Die Geschichte der Weißen Rose und ihrer Mitglieder. Ergänzt um historische Dokumente, Frankfurt am Main 2012, S. 23–38.

62 Statut für den Internationalen Militärgerichtshof, 8.8.1945 (https://www.uni-marburg.de/de/icwc/zentrum/pdfs/imtcdeutsch.pdf).

63 Der Prozeß gegen die Hauptkriegsverbrecher vor dem Internationalen Gerichtshof Nürnberg, Bd. 5, Nürnberg 1947, S. 449–488.

64 David Rousset, Das KZ-Universum (1946), Berlin 2020, S. 100.

65 Leonardo de Benedetti, Erklärung (August 1945), abgedruckt in: Primo Levi, So war Auschwitz. Zeugnisse. 1945–1986, München 2015, S. 58–62, hier S. 60.

66 Primo Levi, Ist das ein Mensch? Ein autobiographischer Bericht (1958), München 1992, S. 28.

67 Rousset, KZ-Universum, S. 102.

68 Victor E. Frankl, »... trotzdem Ja zum Leben sagen«. Ein Psychologe erlebt das Konzentrationslager (1945/1977), München 1982, S. 83 f.

69 Hannah Arendt und Heinrich Blücher, Briefe 1936–1968, München/Zürich 1996, S. 175.

70 Hermann Broch, Bemerkungen zur Utopie einer »International Bill of Rights and of Responsibilities« (1945), in: ders., Das essayistische Werk und Briefe 1913–1951. Kommentierte Werkausgabe, Bd. 9/1, 3. Aufl., Frankfurt am Main 1986, S. 243–277, hier S. 248.

71 Hannah Arendt, Es gibt nur ein einziges Menschenrecht, in: Die Wandlung 4 (1949), S. 754–770.

72 Dies., Abschließende Bemerkungen zur ersten Auflage von »The Origins of Totalitarianism« (1951), in: dies./Eric Voegelin, Disput über den Totalitarismus, Göttingen 2015, S. 15–30, hier S. 22.

73 Hans-Erich Nossack, Eintrag vom 1.11.1946, in: ders., Tagebücher 1943–1977, Bd. 1, Frankfurt am Main 1997, S. 88.

74 Karl Jaspers, Geleitwort, in: Die Wandlung 1 (1945), H. 1, S. 3–6, hier S. 3 f.

75 Ders., Die Schuldfrage, Heidelberg 1946, S. 28 f.

76 Verhandlungen des Bayerischen Landtags, Stenographische Berichte 1946–50, Bd. 1, S. 3 f.

77 Karl Korn, Masse – ein reaktionärer Begriff?, in: Der Ruf 2 (1947), H. 22, S. 6.

78 Die Zeit, 12.12.1946.

79 Grundsätze des »Kreisauer Kreises« für die Neuordnung, 9.8.1943, in: van Roon, Neuordnung im Widerstand, S. 560.

80 Alfred Weber, Unsere Erfahrung und unsere Aufgabe, in: Die Wandlung 1 (1945), H. 1, S. 50–64, hier S. 62 f.

81 Alexander Mitscherlich/Alfred Weber, Freier Sozialismus, Heidelberg 1946, S. 39.

82 Eugen Kogon, Demokratie und

Föderalismus (1946), in: Benz (Hg.), Bewegt von der Hoffnung, S. 156–170, hier S. 166 f.

83 Die Zeit, 13.6.1946.

84 Reinhold Schneider, Von der Würde des Menschen, Freiburg 1945.

85 Karl Jaspers, Rechenschaft und Ausblick. Reden und Aufsätze, München 1951, S. 265.

86 Wilhelm Röpke, Das Kulturideal des Liberalismus, Frankfurt am Main 1947, S. 15.

87 Adolf Grimme, Jugend und Demokratie, in: ders., Selbstbesinnung. Reden und Aufsätze aus dem ersten Jahr des Wiederaufbaus, Braunschweig 1947, S. 93–113, hier S. 107 f.

88 Carlo Schmid, Gliederung und Einheit. Die verfassungspolitischen Richtlinien der SPD (August 1948), in: Benz (Hg.), Bewegt von der Hoffnung, S. 383–390, hier S. 384.

89 Konrad Adenauer, Abschlusssitzung des Parlamentarischen Rates, 23.5.1949.

90 Carlo Schmid, Zehnte Sitzung des Plenums des Parlamentarischen Rats, 8.5.1949, abgedruckt in: Der Parlamentarische Rat 1948–1949. Akten und Protokolle, Bd. 9: Plenum, München 1996, S. 608.

91 UN-Charta, 26.6.1945 (https://www.un.org/en/about-us/un-charter/preamble).

92 Vgl. Samuel Moyn, Why is Dignity in the Charter of the United Nations?, in: Humanity Journal, 10.6.2014 (http://humanityjournal.org/blog/why-is-dignity-in-the-charter-of-the-united-nations-2/).

93 Das Demokratische Deutschland, Grundsätze und Richtlinien für den deutschen Wiederaufbau (Mai 1945), in: Benz (Hg.), Bewegt von der Hoffnung, S. 114.

94 Kölner Leitsätze, Juni 1945, abgedruckt in: Leo Schwering, Frühgeschichte der Christlich-Demokratischen Union, Recklinghausen 1963, S. 219–222.

95 CDU-Parteiprogramm von Neheim-Hüsten, 1.3.1946 (https://www.kas.de/documents/252038/253252/1946_Parteiprogramm-von-Neheim-Huesten.pdf/92d2d6b3-0d61-7a15-f7d5-6b52151aae05).

96 Konrad Adenauer, Rede zum CDU-Programm von Neheim-Hüsten, 6.3.1946, in: ders., »Die Demokratie ist für uns eine Weltanschauung«. Reden und Gespräche 1946–1967, Köln/Weimar/Wien 1998, S. 1–9.

97 Die dreißig Punkte der Union. Richtlinien der Christlich-Sozialen Union in Bayern zur Überwindung der inneren und äußeren Not unseres Volkes, 31.10.1946 (https://www.csu-geschichte.de/media/user_upload/1946-Dreissig-Punkte.pdf).

98 Aufruf vom 15. Juni 1945 zum Neuaufbau der Organisation, abgedruckt in: Ossip K. Flechtheim (Hg.), Die Parteien der Bundesrepublik Deutschland, Hamburg 1973, S. 212–215, hier S. 215.

99 Aufruf der Kommunistischen Partei Deutschlands, 11. Juni 1945 (https://www.1000dokumente.de/pdf/dok_0009_ant_de.pdf).

100 Union deutscher sozialistischer Organisationen in Großbritannien, Richtlinien für eine deutsche Staatsverfassung (November 1945), in: Benz (Hg.), Bewegt von der Hoffnung, S. 120–126, hier S. 120.

101 Programmatische Richtlinien der FDP in der britischen Zone, 4.2.1946, in: Benz (Hg.), Bewegt von der Hoffnung, S. 411–415, hier S. 414.

102 Verfassung für Württemberg-Baden, 28.11.1946 (https://www.verfassungen.de/bw/wuerttemberg-baden/verf46.htm).

103 Carlo Schmid, Zur Legitimität der Verfassung, in: Deutsche Rechts-Zeitschrift 1 (1946), S. 2.

104 Verfassung des Freistaates Bayern, 2.12.1946 (https://www.verfassungen.de/by/verf46-i.htm).

105 Verfassung des Landes Hessen, 1.12.1946 (https://www.verfassungen.de/he/verf46-i.htm).

106 Zit. n. Peter Bucher, Der Verfassungskonvent auf Herrenchiemsee, in: Der Parlamentarische Rat. Akten und Protokolle, Boppart am Rhein 1981, S. 215–218.

107 Zit. n. Bucher, Verfassungskonvent.

108 Bericht über den Verfassungskonvent auf Herrenchiemsee vom 10. bis 23. August 1948, München 1948, S. 61.

109 Stenographisches Protokoll der zweiten Sitzung des Plenums des Parlamentarischen Rates, 8.9.1948, in: Der Parlamentarische Rat 1948–1949. Akten und Protokolle, Bd. 9: Plenum, München 1996, S. 37.

110 Unterlage für den Ausschuß für Grundsatzfragen, 22./23.9.1948, in: Der Parlamentarische Rat 1948–1949. Akten und Protokolle, Bd. 5/1: Ausschuß für Grundsatzfragen, München 1993, S. 62.

111 Theodor Heuss, Rede auf dem Parteitag der Deutschen Demokratischen Partei (14.12.1920), in: Bericht über die Verhandlungen des 2. Ordentlichen Parteitages der DDP, hg. v. d. Reichsgeschäftsstelle der DDP, Berlin 1921, S. 229.

112 Grundgesetz. Entwurf, 18.10.1948 (https://www.verfassungen.de/de49/grundgesetz-entwurf1-48.htm).

III Die Sakralisierung der Würde

1 Jens Hacke, Die Bundesrepublik als Idee. Zur Legitimationsbedürftigkeit politischer Ordnung, Hamburg 2009, S. 7.

2 Eckart Conze, Die Suche nach Sicherheit. Eine Geschichte der Bundesrepublik Deutschland von 1949 bis in die Gegenwart, München 2009, S. 109.

3 Protokolle des Deutschen Bundestages, 7.9.1949, S. 1.

4 Ebd., 21.10.1949, S. 307.

5 Ebd., 27.3.1950, S. 1882.

6 Hans Carl Nipperdey, Die Würde

des Menschen, in: Alfred Neumann u. a. (Hg.), Die Grundrechte, Bd. 2, Berlin 1954, S. 6 f.

7 Beschluss vom 19.12.1951, BVerfG 1, 97.

8 Bundessozialhilfegesetz vom 30.6.1961, § 1, Abs. 2, in: Bundesgesetzblatt 1961/I, S. 816.

9 Martin Niemöller, Das christliche Zeugnis inmitten der Welt, in: Evangelische Theologie 8 (1948), H. 4, S. 123–129.

10 Nachrichten der Notgemeinschaft, Nr. 1, zit. n. Thomas Flemming, Gustav W. Heinemann, Ein deutscher Citoyen, Essen 2014, S. 278.

11 Manifest der Gesamtdeutschen Volkspartei (November 1952), zit. n. ebd., S. 289.

12 Protokolle des Deutschen Bundestages, 7.9.1949, S. 5.

13 Ebd., 12.9.1949, S. 11.

14 Peter Merseburger, Theodor Heuss. Der Bürger als Präsident. Biographie, Stuttgart 2012, S. 471.

15 Protokolle des Deutschen Bundestages, 8.11.1950, S. 3614.

16 Zitate der unveröffentlichten Erklärung und zum Vorgang: Bert-Oliver Manig, Die Politik der Ehre. Die Rehabilitierung der Berufssoldaten in der frühen Bundesrepublik, Göttingen 2004, S. 259.

17 Protokolle des Deutschen Bundestages, 5.4.1951, S. 4984.

18 Ebd., 6.4.1951, S. 5031.

19 Interview mit Bundeskanzler Konrad Adenauer, in: Allgemeine Wochenzeitung der Juden in Deutschland, 25.11.1949, S. 1.

20 Annedore Leber, Vorwort, in: dies., Das Gewissen steht auf. 64 Lebensbilder aus dem deutschen Widerstand 1933–1945, Berlin/Frankfurt am Main 1956, S. 5–6, hier S. 5.

21 Inge Scholl, Die Weiße Rose, Frankfurt am Main 1953, S. 97.

22 Albert Schweitzer, Dankesrede zur Verleihung des Friedenspreises des Deutschen Buchhandels, 16.9.1951 (https://www.friedenspreis-des-deutschen-buchhandels.de/alle-preistraeger-seit-1950/1950–1959/albert-schweitzer).

23 Willy Brandt, Begrüßungsansprache, in: Theodor Heuss u. a., Wider den Antisemitismus, Berlin 1952, S. 15.

24 Theodor Heuss, Tapferkeit gegen das eigene Ich (1952), abgedruckt in: Christoph Münz/Rudolf W. Sirsch (Hg.), »… damit es anders anfängt zwischen uns allen«. 60 Jahre Woche der Brüderlichkeit, Münster 2012, S. 33–38, hier S. 35.

25 Erich Lüth, Die Reichskristallnacht. Ein Tatsachenbericht. Vortrag vor der Friedrich-Ebert-Stiftung, 9.11.1958 (http://www.schnitzler-aachen.de/Texte/Luethrede.htm).

26 Ursula Büttner, Fritz Valentin. Jüdischer Verfolgter, Richter und Christ 1897–1964. Eine Biographie, Göttingen 2017, S. 182.

27 Die Zeit, 27.8.1953.

28 Die Zeit, 1.12.1955.

29 Stuttgarter Zeitung, 26.3.1952.

30 Bundesergänzungsgesetz zur Entschädigung für Opfer der nationalsozialistischen Verfolgung (BEG), 18.9.1953, in: Bundesgesetzblatt 1953/I, S. 1387.

31 Protokolle des Deutschen Bundestages, 20.9.1949, S. 30.

32 Ebd., 8.2.1952, S. 8230.

33 70 Jahre Freiheitsglocke in Berlin, hg. v. Bezirksamt Tempelhof-Schöneberg von Berlin (2020) (https://www.berlin.de/ba-tempelhof-schoeneberg/_assets/ueber-den-bezirk/historisches/freiheitsglocke/broschuere-70-jahre-freiheitsglocke.pdf).

34 NSC 68: United States Objectives and Programs for National Security, 14.4.1950 (https://irp.fas.org/offdocs/nsc-hst/nsc-68.htm).

35 Manifest des Kongresses für kulturelle Freiheit, in: Der Monat 3 (1950), S. 483–484.

36 Die Zeit, 28.7.1949; 1.12.1949.

37 Konrad Adenauer, Rede auf dem 1. Bundesparteitag der CDU in Goslar, 20.10.1950 (https://www.konrad-adenauer.de/seite/20-oktober-1950–1/).

38 Wir mahnen. Kriegsgefangenschaft als Erlebnis und Aufgabe, hg. v. Verband der Heimkehrer, Kriegsgefangenen und Vermißten-Angehörigen Deutschlands e. V., Frankfurt am Main 1953, S. 3 u. 14.

39 Josef Martin Bauer, So weit die Füße tragen (1955), Reinbek 2000, S. 329.

40 Theodor Eschenburg, Staat und Gesellschaft in Deutschland, Stuttgart 1957, S. 423.

41 Protokolle des Deutschen Bundestages, 27.9.1949, S. 151.

42 Jakob Kaiser, Rede aus Anlass des 17. Juni, 23.6.1953, in: Reden zum Tag der Deutschen Einheit, Schriftenreihe der Bundeszentrale für politische Bildung, zusammengestellt von Herbert Hupka, Bonn 1964 (http://www.17juni53.de/material/bpb/doku009.html).

43 Protokolle des Deutschen Bundestages, 16.11.1954, S. 2699.

44 FAZ, 25.7.1955.

45 Der Spiegel 50/1954.

46 Urteil des Bundesverwaltungsgerichts, 30.9.1955. Vgl. Günter Dürig, Kommentierung des Artikels 1 Grundgesetz, in: Theodor Maunz/Günter Dürig, Grundgesetz: Kommentar, München 1958, S. 1–72, hier S. 18.

47 FAZ, 31.3.1958; 23.7.1958; 30.10.1958.

48 Protokolle des Deutschen Bundestages, 26.7.1950, S. 2882.

49 Theo Zimmermann, Der praktische Rechtsberater, Gütersloh 1957, S. 515, 521 u. 503.

50 Ferdinand Kuhn/Helmut Ibach (Hg.), Deutsche Bürgerkunde, Recklinghausen 1960, S. 62.

51 Wilhelm Hennis, Motive des Bürgersinns, in: Festgabe für Carlo Schmid, Tübingen 1962, S. 97–109, hier S. 103.

52 Theodor Litt, Die politische Selbsterziehung des deutschen Volkes, Bonn 1954, S. 82 u. 77.

53 Jugend im Staat. Politische Themen in Jugendgruppen und Mitarbeit in Jugendringen, hg. v. d. Agentur des Rauhen Hauses (Studienblätter für evangelische Jugendführung, H. 8), Hamburg 1953, S. 15.

54 Rede von Carlo Schmid vor dem Parlamentarischen Rat, 8.9.1948, O-Ton-Auszug (https://www.

youtube.com/watch?v=I-DGcNHAxac).

55 Strafrechtsänderungsgesetz, 30.8.1951, in: Bundesgesetzblatt 1951/I, S. 739–747.

56 SRP-Verbot, 23.10.1952, BVerfG 2,1.

57 Die Zeit, 30.3.1950.

58 Die Zeit, 26.8.1954.

59 Die Zeit, 11.4.1957.

60 Theodor W. Adorno, Jargon der Eigentlichkeit. Zur deutschen Ideologie (1955), Frankfurt am Main 1969, S. 56.

61 Über den Totalitarismus. Texte Hannah Arendts aus den Jahren 1951 und 1953, Dresden 1998, S. 28 u. 25.

62 Ebd., S. 30.

63 Manfred Baldus, Kämpfe um die Menschenwürde. Die Debatten seit 1949, Frankfurt am Main 2016. Dort auch genauere Ausführungen zu den im Folgenden verwendeten juristischen Beiträgen.

64 Hans Peter Ipsen, Über das Grundgesetz (1949), in: ders., Über das Grundgesetz, Tübingen 1988, S. 9.

65 Theodor Maunz, Deutsches Staatsrecht. Ein Studienbuch, München/Berlin 1951, S. 84.

66 Nipperdey, Würde des Menschen, S. 2.

67 Ebd., S. 1 f.

68 Gotthold Bohne, Menschenwürde und Strafrecht. Rede gehalten bei der feierlichen Übernahme des Rektorats der Universität zu Köln am 10. November 1949, Krefeld 1949, hier S. 25.

69 Hermann Jahrreiß, Herrschaft nach dem Maß des Menschen. Akademische Festrede gehalten bei der Universitäts-Gründungsfeier, 30.5.1951, in: ders., Mensch und Staat, Köln/Berlin 1957, S. 6.

70 Fritz Münch, Die Menschenwürde als Grundforderung unserer Verfassung, Bocholt 1952, S. 9.

71 Nipperdey, Würde des Menschen, S. 27.

72 Josef Wintrich, Über Eigenarten und Methoden verfassungsgerichtlicher Rechtsprechung, in: Festschrift für Herrn Geheimrat Professor Dr. Wilhelm Laforet anläßlich seines 75. Geburtstages, München 1952, S. 235 f.

73 Öffentliche Fürsorge (1954), BVerwG 1, 159, zit. n. Baldus, Kämpfe um die Menschenwürde, S. 64.

74 Ulrich Herbert, Geschichte Deutschlands im 20. Jahrhundert, München 2014, S. 692.

75 Max Horkheimer/Theodor W. Adorno, Dialektik der Aufklärung (1944), Amsterdam 1947, S. 182 f.

76 Rolf Gramke, Wie frei ist unsere Freiheit, in: contra 15 (1961), S. 84 ff. (http://protest-muenchen.sub-bavaria.de/artikel/4320).

77 Josef Bock, Der Verbraucher in soziologischer Sicht, in: ders./Karl Gustav Specht (Hg.), Verbraucherpolitik, Köln/Opladen 1958, S. 25–49, hier S. 33.

78 Willi Birkelfeld, Von der Massenbeherrschung zur Selbstverantwortung, in: Gewerkschaftliche Monatshefte 2 (1951), H. 12, S. 698–702, hier S. 698 u. 702.

79 Protokoll der 59. Kabinettssitzung, 21.4.1950 (www.bundesarchiv.de).

80 Die Zeit, 11.09.1952.

81 Karl Hinkel, Zur sozialen Ordnung, in: Gewerkschaftliche Monatshefte 4 (1953), H. 7, S. 392–397, hier S. 395.

82 Günter Dürig, Die Menschenauffassung des Grundgesetzes, in: Juristische Rundschau 6 (1952), S. 259–262.

83 Ders., Der Grundrechtssatz von der Menschenwürde: Entwurf eines praktikablen Wertsystems der Grundrechte aus Art. 1 Abs. I in Verbindung mit Art. 19 Abs. II des Grundgesetzes, in: Archiv des öffentlichen Rechts 81 (1956), S. 117–157, hier S. 117.

84 Ebd., S. 125.

85 Ders., Kommentierung des Artikels 1 Grundgesetz, hier S. 3.

86 Ebd., S. 6.

87 Ebd., S. 15.

88 Wilhelm Wertenbruch, Grundgesetz und Menschenwürde. Ein kritischer Beitrag zur Verfassungswirklichkeit, Köln u. a. 1958, S. 60 f.

89 Ebd., S. 78.

90 Ebd., S. 106 ff.

91 Ebd., S. 218 u. 191.

92 Ebd., S. 102.

93 Adolf Arndt, Das nicht erfüllte Grundgesetz. Rede auf der 2. Bundestagung der Arbeitsgemeinschaft sozialdemokratischer Juristen, 17.10.1959 (http://cvptv.de/wp-content/uploads/2011/02/Arndt_zum_GG_1959.pdf).

94 Entwurf eines Gesetzes zur Ergänzung der Grundrechte, 20.4.1960, Bundestags-Drucksache 3/1800.

95 Joseph Maria Bochenski, Die kommunistische Ideologie und die Würde, Freiheit und Gleichheit der Menschen im Sinne des Grundgesetzes für die Bundesrepublik Deutschland vom 23.5.1949, Bonn 1956.

96 KPD-Urteil, 17.8.1956, BVerfG 5, 85.

97 Elfes-Urteil, 16.1.1957, BVerfG 6, 32.

98 Lüth-Urteil, 15.1.1958, BVerfG 7, 198.

99 Homosexuellen-Urteil, 10.5.1957, BVerfG 6, 389.

100 Gleichberechtigungs-Urteil, 18.12.1953, BVerfG 3, 225.

101 FAZ, 3.6.1953.

102 FAZ, 31.10.1954.

103 Die Zeit, 1.9.1955.

104 Protokolle des Deutschen Bundestages, 18.4.1956, S. 7208.

105 Die Zeit, 16.1.1958.

106 BGH, Urteil vom 23.10.1957, 2 StR 458/56.

107 FAZ, 23.4.1958.

108 FAZ, 14.5.1958.

109 Der Spiegel, 16.1.1962.

IV Die Vergesellschaftung der Würde

1 Horst Krüger, Der Schatten von gestern. Ist der Antisemitismus in Deutschland noch lebendig?, Die Welt, 20.4.1958.

2 Anne Frank, Tagebuch (Fassung von 1988), Frankfurt am Main 2001, S. 309.

3 Ebd., S. 100.

4 Theodor W. Adorno, Was bedeutet: Aufarbeitung der Vergangenheit?

(1959), in: ders., Gesammelte Schriften, Bd 10.2, Frankfurt am Main 1977, S. 555–572, hier S. 559.

5 »den dritten Weltkrieg verhindern«. Aufruf zum »Ostermarsch der Atomwaffengegner« 1962, abgedruckt in: revista, Nr. 47, Februar/März 2009 (https://www.mao-projekt.de/BRD/NS/LUE/NSB_Celle_revista047_Ostermaersche.pdf).

6 Vgl. Claudia Fröhlich/Michael Kohlstruck (Hg.), Engagierte Demokraten. Vergangenheitspolitik in kritischer Absicht, Münster 1999.

7 Konrad Adenauer, Ansprache in der Gedenkstätte Bergen-Belsen, 2.2.1960, in: Bulletin des Presse- und Informationsamtes der Bundesregierung, 6.2.1960.

8 SPD-Entwurf für ein »Gesetz gegen Feinde der Demokratie«, 15.2.1950, zit. n. Christoph Jahr, Debatten über die juristische Ahndung judenfeindlicher Agitation in Deutschland (1879–1960), Frankfurt am Main/New York 2011, S. 353 f.

9 Protokolle des Deutschen Bundestages, 3.12.1959, S. 5082.

10 Ebd., 18.2.1960, S. 5583.

11 Potentielle Verbrecher, Der Spiegel, 17.2.1959. Vgl. Was Niemöller sagt – wogegen Strauß klagt. Niemöllers Kasseler Rede, Darmstadt 1959.

12 Martin Niemöller, Wozu heute noch Kirche? (1975), in: Hans Joachim Oeffler (Hg.), Martin Niemöller. Ein Lesebuch, Köln 1987, S. 256–262, S. 258.

13 Der Spiegel, 8.5.1956.

14 Protokolle des Deutschen Bundestages, 6.7.1956, S. 8837.

15 Rede von Joseph Kardinal Frings zur Gründung von Misereor vor der Vollversammlung der deutschen Bischöfe in Fulda, 19.–21.8.1958 (https://www.misereor.de/fileadmin/publikationen/rede-misereor-gruendung-frings_1958.pdf).

16 Rede von Helmut Gollwitzer zum Beginn der Aktion »Brot für die Welt«, 12.12.1959 (https://www.evangelisch.de/inhalte/153432/12-12-2019/brot-fuer-die-welt-helmut-gollwitzer).

17 Protokolle des Deutschen Bundestages, 15.9.1959, S. 4378.

18 Schreiben des Kongresses für kulturelle Freiheit an den Regierenden Bürgermeister von Berlin (Herbst 1961), abgedruckt in: Walter Hofer, Von der Freiheit und Würde des Menschen und ihrer Gefährdung. Aus der Geschichte des Kampfes um die Menschenrechte, Bern/Stuttgart/Wien 1962, S. 70–72.

19 Grundsatzprogramm der SPD (»Godesberger Programm«), o. O. o.J (1959), S. 7.

20 Das Wahlprogramm der SPD (zur Bundestagswahl 1953), Bonn 1953, S. 17.

21 Sicherheit für alle (Wahlprogramm der SPD zur Bundestagswahl 1957), S. 12 (https://library.fes.de/pdf-files/bibliothek/retro-scans/a97-9565.pdf).

22 Erich Ollenhauer, Ansprache zur sozialistischen Jugend der CSR (1938), in: ders., Reden und Aufsätze, Hannover 1964, S. 145–148,

hier S. 147; ders., An die Frauen der Sozialdemokratie (1947), in: ebd., S. 163–172, hier S. 166 f.

23 Ders., Zum Godesberger Grundsatzprogramm (1959), in: ebd., S. 275–306, hier S. 305.

24 Willy Brandt, Das Regierungsprogramm der SPD, in: Regierungsprogramm der SPD. Außerordentlicher Kongreß der SPD, 28.4.1961, Bonn 1961, S. 19–42, hier S. 20.

25 Das Wahlprogramm der SPD (zur Bundestagswahl 1953), Bonn 1953, S. 8.

26 Wolfgang Meyer, Das Recht auf würdige Arbeitsbedingungen, in: Gewerkschaftliche Monatshefte 9 (1958), S. 209–216, hier S. 212.

27 Dokumentation: Das Grundsatzprogramm des DGB von 1963 und der Entwurf von 1979 im Vergleich, S. 29 (http://library.fes.de/gmh/main/pdf-files/gmh/1980/1980-01-Dokumentation.pdf).

28 Ludwig Erhard, Soziale Ordnung bringt Wohlstand und Sicherheit, in: Dokumentation des 10. Bundesparteitags der CDU in Köln, 24.–27.4.1961, Hamburg 1961, S. 144–162, hier S. 149 u. 156.

29 Ebd., S. 152.

30 Brandt, Regierungsprogramm der SPD, S. 38.

31 Adolfo Gilly, Introduction, in: Frantz Fanon, Studies in a Dying Colonialism, New York 1965, S. 1–22, hier S. 1.

32 Frantz Fanon, The Wretched of the Earth, New York 1961, S. 9.

33 Hans-Jürgen Wischnewski, Augenzeuge in Algerien, in: Freies Algerien 1 (1958), Nr. 4, 15.12.1958, S. 1 (https://www.mao-projekt.de/INT/AF/DZ/Freies_Algerien.shtml).

34 Freies Algerien 1 (1958), Nr. 2/3, 1.11.1958, S. 7.

35 Ebd.

36 Freies Algerien 1 (1958), Nr. 1, zit. n. Dorothee Weitbrecht, Aufbruch in die Dritte Welt. Der Internationalismus der Studentenbewegung von 1968 in der Bundesrepublik Deutschland, Göttingen 2012, S. 71.

37 Ebd., S. 72 u. 78.

38 Erklärung von Bandung, 24.4.1955 (https://www.cvce.eu/en/obj/final_communique_of_the_asian_african_conference_of_bandung_24_april_1955-en-676237bd-72f7-471f-949a-88b6ae513585.html).

39 Declaration on the Granting of Independence to Colonial Countries and Peoples (UN-Resolution 1514), 14.12.1960 (https://www.ohchr.org/en/instruments-mechanisms/instruments/declaration-granting-independence-colonial-countries-and-peoples).

40 Dag Hammarskjöld, Zeichen am Weg. Das spirituelle Tagebuch des UN-Generalsekretärs, München 1965.

41 Ebd., S. 60.

42 Ders., Statement on United Nations Operation in the Congo at End of General Debate, 17.10.1960, abgedruckt in: Public Papers of the Secretaries General of the United Nations, Bd. 5: 1960–1961, New York/London 1975, S. 202–207, hier S. 206.

43 Fanon, Wretched of the Earth, S. 197.

44 Martin L. King, Letter from Birmingham City Jail, in: James M. Washington (Hg.), A Testament of Hope. The essential writings and teachings of Martin Luther King, New York 1986, S. 296.

45 Ders., I have a dream. Speech, Washington, 28.8.1963, in: Negro History Bulletin 31 (1968), S. 16–17.

46 Ders., Acceptance Speech, on the occasion of the award of the Nobel Peace Prize in Oslo, 10.12.1964 (https://www.nobelprize.org/prizes/peace/1964/king/acceptance-speech/).

47 Peter J. Winters, Den Mördern ins Auge gesehen. Berichte eines jungen Journalisten vom Auschwitz-Prozess 1963–1965, Bonn 2016, S. 45, 47 u. 50.

48 Protokolle des Deutschen Bundestages, 10.11.1965, S. 17.

49 Axel Schildt, Medien-Intellektuelle in der Bundesrepublik, Göttingen 2020, S. 455.

50 Gabriel Marcel, Die Menschenwürde und ihr existenzieller Grund, Frankfurt am Main 1965, S. 155, 160 u. 162.

51 Ebd., S. 160 f.

52 Ebd., S. 199 u. 190.

53 Schildt, Medien-Intellektuelle, S. 606 f.

54 Gerhard Szczesny, Aufruf zur Gründung der Humanistischen Union, 6.6.1961 (https://www.humanistische-union.de/ueber-uns/verein/geschichte/aufruf-zur-gruendung-einer-humanistischen-union/).

55 Hans Magnus Enzensberger, Plebiszit des Verbrauchers, in: ders., Einzelheiten I, Frankfurt am Main 1962, S. 167–178, hier S. 168.

56 Heinrich Böll, Hierzulande (1960), zit. n. Christian Linder, Das Schwirren des heranfliegenden Pfeils. Heinrich Böll. Eine Biographie, Berlin 2009, S. 399–402.

57 Schildt, Medienintellektuelle, S. 165 u. 204.

58 Jürgen Seifert, Zur Problematik der Notstandsgesetzgebung, in: Gewerkschaftliche Monatshefte 13 (1962), S. 75–82, hier S. 78.

59 Ulrike Meinhof, Die Würde des Menschen (1962), in: dies., Die Würde des Menschen ist antastbar. Aufsätze und Polemiken, Berlin 1980, S. 27–30, hier S. 30.

60 Karl Jaspers, Freiheit und Wiedervereinigung. Über Aufgaben deutscher Politik (1960), München/Zürich 1990, S. 13.

61 Ebd., S. 27.

62 Ebd., S. 68 u. 106.

63 Ders., Wohin treibt die Bundesrepublik? Tatsachen – Gefahren – Chancen (1966), München/Zürich 1988, S. 178.

64 Ebd., S. 169.

65 Ebd., S. 259.

66 Gespräch mit Rudolf Augstein: »Für Völkermord gibt es keine Verjährung« (Der Spiegel, 9.3.1965), abgedruckt in: ebd., S. 17–46, hier S. 26.

67 Protokolle des Deutschen Bundestages, 10.3.1965, S. 8553.

68 Jaspers, Wohin treibt die Bundesrepublik, S. 73.

69 Ebd., S. 67.

70 Ebd., S. 115.

71 Ernst Fraenkel, Deutschland und die westlichen Demokratien, Stuttgart 1964; ders., Gesammelte Schriften, Bd. 5: Demokratie und Pluralismus, Baden-Baden 2007.

72 Ralf Dahrendorf, Gesellschaft und Demokratie in Deutschland (1965), München 1968, S. 119.

73 Ebd., S. 362 u. 380.

74 Ebd., S. 367, 373 u. 374.

75 Peter Badura, Generalprävention und Würde des Menschen, in: Juristenzeitung 19 (1964), S. 337–344, hier S. 340.

76 Ebd., S. 341.

77 Ebd., S. 342.

78 Niklas Luhmann, Grundrechte als Institution, Berlin 1965, S. 68.

79 Ebd., S. 72 u. 69.

80 Werner Maihofer, Rechtsstaat und menschliche Würde, Frankfurt am Main 1968, S. 11.

81 Ebd., S. 51.

82 Ebd., S. 44.

83 Eugen Kogon, Aufklärung heute (1966), auszugsweise abgedruckt in: ders., Gesammelte Schriften, Bd. 7: Bedingungen der Humanität, Weinheim/Berlin 1998, S. 26.

84 Maihofer, Rechtsstaat, S. 15.

85 Ebd., S. 102.

86 Ebd., S. 44.

87 Freiburger Thesen zur Gesellschaftspolitik der Freien Demokratischen Partei, 25.–27.10.1971 (https://www.freiheit.org/sites/default/files/2019-10/1971freiburgerthesen_0.pdf).

88 Die Bleikappe des Schweigens. Interview mit Margarethe von Trotta, Der Tagesspiegel, 28.4.2007.

89 Eugen Kogon, Der Parlamentarismus unter den gegenwärtigen gesellschaftlichen Bedingungen (1971), in: ders., Gesammelte Schriften, Bd. 7, S. 211–228, hier S. 215.

90 Ernst Bloch, Naturrecht und menschliche Würde, Frankfurt am Main 1961, S. 13.

91 Herbert Marcuse, Repressive Toleranz, in: Robert Paul Wolff/Barrington Moore/ders., Kritik der reinen Toleranz, Frankfurt am Main 1966, S. 91–128, hier S. 116.

92 Max Horkheimer, Zur Kritik der instrumentellen Vernunft (1947), Frankfurt am Main 1991, S. 177 f.

93 Ders., Bedrohungen der Freiheit (1965). Vortrag anläßlich des 12. Deutschen Evangelischen Kirchentages in Stuttgart, in: ders., Zur Kritik der instrumentellen Vernunft. Aus den Vorträgen und Aufzeichnungen seit Kriegsende, Frankfurt am Main 1967, S. 335–353, hier S. 352.

94 Eugen Kogon, Mensch und Organisation (1967), in: ders., Gesammelte Schriften, Bd. 7, S. 161–188, hier S. 161.

95 Ders., Auschwitz und eine menschliche Zukunft (1969), auszugsweise abgedruckt in: ebd., S. 123.

96 Ders., 1972, auszugsweise abgedruckt in: ebd., S. 312; ders., Mensch und Organisation (1967), in: ebd., S. 167.

97 Ders., Die Macht und die Menschenrechte (1973), in: ebd., S. 150–160, hier S. 160.

98 Fritz Bauer, Kleine Schriften (1962–1969), Frankfurt am Main/

New York 2018, S. 882, S. 968 u. S. 910.

99 Ebd., S. 985.

100 Ebd., S. 988.

101 Ebd., S. 1427 f.

102 Rudi Dutschke/Hans-Jürgen Krahl, Organisationsreferat (1967), abgedruckt in: Wolfgang Kraushaar (Hg.), Frankfurter Schule und Studentenbewegung. Von der Flaschenpost zum Molotowcocktail 1946–1995, Bd. 2: Dokumente, Frankfurt am Main 1998, S. 287–290, hier S. 288.

103 Botschaft der Vierten Vollversammlung des Ökumenischen Rates der Kirchen, in: Uppsala spricht. Die Sektionsberichte der Vierten Vollversammlung des Ökumenischen Rates der Kirchen, Genf 1968.

104 Helmut Gollwitzer, Die Weltverantwortung der Kirche in einem revolutionären Zeitalter (1968), in: »… daß Gerechtigkeit und Friede sich küssen«. Aufsätze zur politischen Ethik, Bd. 1, S. 69–99, hier S. 79 u. 82.

105 Ders., Das Recht des anderen. Ansprache bei der Eröffnung der Woche der Brüderlichkeit in Saarbrücken, 18.3.1973, in: ders., Argumente. Texte aus vier Jahrzehnten, Stuttgart 1978, S. 54–59, hier S. 55 f.

106 Ebd., S. 59.

107 Rudi Dutschke, Leserbrief an die »Frankfurter Rundschau«, 28.9.1977, in: ders., Mein langer Marsch. Reden, Schriften und Tagebücher aus zwanzig Jahren, Reinbek 1980, S. 106.

108 Gustav Heinemann, Erklärung des Bundesjustizministers nach dem Attentat auf Rudi Dutschke, 14.4.1968, in: ders., Es gibt schwierige Vaterländer … Aufsätze und Reden 1919–1969, München 1988, S. 334–336, hier S. 336.

109 Ders., Die Vision der Menschenrechte, in: Die Neue Gesellschaft 15 (1968), S. 3–7.

110 Rolf Zundel, Der unbequeme Kandidat, in: Gustav W. Heinemann, Plädoyer für den Rechtsstaat, Karlsruhe 1969, S. 1–8, hier S. 5.

111 Interview mit Gustav Heinemann in »Die neue Gesellschaft« (1969), in: Heinemann, Schwierige Vaterländer, S. 360–369, hier S. 367.

112 Gustav Heinemann, Eine Flamme am Brennen halten, 19.7.1969, in: ders., Präsidiale Reden, Frankfurt am Main 1975, S. 93–99, hier S. 94.

113 Ders., Vorbilder für Menschlichkeit, 14.10.1972, in: ebd., S. 100–101, hier S. 100.

114 Ders., Grundgesetz und Strafrechtsreform, in: ders., Plädoyer für den Rechtsstaat, S. 37–46, hier S. 38.

115 Ders., Ansprache vor dem Deutschen Bundestag und dem Bundesrat in Bonn, 1.7.1969, in: ders., Präsidiale Reden, S. 25–32.

116 Ders., Der demokratische Rechtsstaat als theologisches Problem (1967), in: ders., Plädoyer für den Rechtsstaat, S. 14 f.

117 Ebd., S. 18.

118 Ebd., S. 19.

119 Ders., Freimütige Kritik und demokratischer Rechtsstaat, in: Aus Politik und Zeitgeschichte, B 20–21/1976, 22.5.1976, S. 3–7.

V Die Würde in der pluralistischen Gesellschaft

1 Günter Grass, Völkermord vor aller Augen, Die Zeit, 11.10.1968.

2 Médecins Sans Frontières Charter, Dezember 1971, in: Laurence Binet/Martin Saulnier (Hg.), Médecins Sans Frontières. Evolution of an international movement. Associative History 1971–2011, o. O. (Paris) 2019, S. 24.

3 Wort der deutschen Bischöfe zur seelsorgerlichen Lage nach dem Erscheinen der Enzyklika »Humanae Vitae« (»Königsteiner Erklärung«), 30.8.1968, in: Dokumente der Deutschen Bischofskonferenz, Bd. 1: 1965–1968, Köln 1998, S. 465–471.

4 Marita Estor, Menschenwürde und Gesellschaftsdynamik, Stein am Rhein 1969, S. 97.

5 Ebd., S. 107 u. 113 ff.

6 Jürgen Moltmann, Menschenwürde, Recht und Freiheit, Stuttgart/Berlin 1979, S. 19.

7 Ebd., S. 25.

8 Ebd., S. 15.

9 Ebd., S. 10.

10 Willy Brandt, Rede auf dem außerordentlichen Landesparteitag der Hamburger SPD, 15.4.1977, in: Berliner Ausgabe, Bd. 5, Bonn 2002, S. 238–256, hier S. 243.

11 Ders., Rede des Ehrenvorsitzenden der SPD anlässlich des 125-jährigen Bestehens der Nürnberger SPD, 13.9.1991, in: ebd., S. 475–487, hier S. 483.

12 Die Grünen, Bundestagswahlprogramm 1987, Bonn 1987, S. 23 (https://www.boell.de/sites/default/files/assets/boell.de/images/download_de/publikationen/1987_Wahlprogramm_Bundestagswahl.pdf).

13 Verfassung der Deutschen Demokratischen Republik, 9.4.1968, geändert durch Gesetz vom 7.10.1974 (https://www.verfassungen.de/ddr/verf68-i.htm).

14 Ernst Benda, Gefährdungen der Menschenwürde, Opladen 1975, S. 7 f.

15 Ebd., S. 17.

16 Ebd., S. 20 u. 22.

17 Abhör-Urteil, 15.12.1970, BVerfG 30, 1.

18 Freiheitsstrafen-Urteil, 21.6.1977, BVerfG 45, 187.

19 Benda, Gefährdungen, S. 26 u. 29.

20 Fritz Vilmar, Einführung, in: ders. (Hg.), Menschenwürde im Betrieb. Modelle der Humanisierung und Demokratisierung der industriellen Arbeitswelt, Reinbek 1973, S. 9–55, hier S. 16 u. 18 f.

21 »Natürlich kann geschossen werden« (Auszüge aus einem Tonband von Ulrike Meinhof), Der Spiegel, 14.6.1970.

22 Ebd.

23 Der Spiegel, 21.12.1969.

24 RAF, Das Konzept Stadtguerilla (1971), in: Rote Armee Fraktion. Texte und Materialien, Berlin 1997, S. 27–48, hier S. 30 (https://www.nadir.org/nadir/archiv/PolitischeStroemungen/Stadtguerilla+RAF/RAF/raf-texte+materialien.PDF).

25 Zit. n. Ingeborg Gleichauf, Poesie und Gewalt. Das Leben der Gudrun Ensslin, Stuttgart 2017, S. 178.

26 RAF, Hungerstreik-Erklärung, 8.5.1973, in: Rote Armee Fraktion, S. 187–189, hier S. 189.

27 Dominik Rigoll, Erfahrene Alte und entradikalisierte 68er. Menschenrechte im »roten Jahrzehnt«, in: Norbert Frei/Annette Weinke (Hg.), Toward a New World Order? Menschenrechtspolitik und Völkerrecht, Göttingen 2013, S. 182–192, hier S. 183.

28 Protokolle des Deutschen Bundestages, 25.4.1975, S. 11784.

29 Wolf-Dieter Narr, Vorwort, in: ders. (Hg.), Wir Bürger als Sicherheitsrisiko. Berufsverbot und Lauschangriff. Beiträge zur Verfassung unserer Republik, Reinbek 1977, S. 7–18, hier S. 7.

30 Ders., Die Bundesrepublik – Kontur einer Versicherungsgesellschaft. Zur Einführung, in: ebd., S. 19–60, hier S. 40.

31 Ders., Gewaltfreier Widerstand um der Demokratie und des Friedens willen, in: Sebastian Cobler/Reiner Geulen/ders. (Hg.), Das Demonstrationsrecht, Frankfurt am Main 1983, S. 139–170, hier S. 165.

32 Ders., Bundesrepublik, S. 57.

33 Der Spiegel, 26.11.1967.

34 Lebach-Urteil, 5.6.1973, BVerfG 35, 202.

35 Frank Fischer, Irrenhäuser. Kranke klagen an, München 1969, Umschlagtext.

36 Klaus Dörner, Nationalsozialismus und Lebensvernichtung, in: Vierteljahrshefte für Zeitgeschichte 15 (1967), S. 121–152.

37 Enquete über die Lage der Psychiatrie in der Bundesrepublik Deutschland (Oktober 1973), Bundestags-Drucksache 7/1124, S. 23.

38 Bericht über die Lage der Psychiatrie in der Bundesrepublik Deutschland (September 1975), Bundestags-Drucksache 7/4200, S. 6.

39 Ebd., S. 282.

40 Der Spiegel, 9.9.1991.

41 Asyl-Urteil, 10.7.1989, BVerfG 80, 315.

42 Richard von Weizsäcker, Ansprache bei der Abschlusskundgebung im Lustgarten Berlin, 8.11.1992, in: ders., Reden und Interviews, Bd. 9, Berlin 1993, S. 132–139, hier S. 133 f.

43 Protokolle des Deutschen Bundestages, 26.5.1993, S. 13635.

44 Ebd., S. 13581.

45 Ebd., S. 13577.

46 Ebd., S. 13598.

47 Ebd., S. 13591.

48 Ebd., S. 13596.

49 Ebd., S. 13577.

50 Ebd., S. 13518.

51 Peter Röttgen, Das Recht zu sterben, Der Spiegel, 1.10.1967.

52 Ernst Klee, Behindertsein ist schön. Unterlagen zur Arbeit mit Behinderten, Düsseldorf 1974.

53 Die Zeit, 21.3.1980.

54 Franz Christoph, Krüppelschläge. Gegen die Gewalt der Menschlichkeit, Reinbek 1983, Klappentext.

55 Humanistische Union, Vorschlag zur gesetzlichen Regelung des Schwangerschaftsabbruchs

(5.8.1970), in: vorgänge, Nr. 8–9/ 1970, S. 297–298, hier S. 297.

56 Schwangerschaftsabbruch-Urteil, 25.2.1975, BVerfG 39, 1.

57 Ebd.

58 Gesetz zur Neuregelung der elterlichen Sorge, 18.7.1979, in: Bundesgesetzblatt 1979/I, 24.7.1979.

59 FAZ, 29.7.1978, zit. n. Theresia Theuke, Der Embryo und die Menschenwürde. Der Wandel des Menschenwürdebegriffes im Kontext bioethischer Debatten, Berlin/ Boston 2019, S. 109.

60 Der Spiegel, 30.7.1978.

61 Hans Jonas, Das Prinzip Verantwortung. Versuch einer Ethik für die technologische Zivilisation (1979), Frankfurt am Main 1984, S. 57.

62 Ebd., S. 36.

63 Ulrich Beck, Risikogesellschaft. Auf dem Weg in eine andere Moderne, Frankfurt am Main 1986, S. 7.

64 Der Spiegel, 5.6.1983.

65 Der Spiegel, 25.5.1987.

66 Bundesarchiv, Bild 224-015-128-31 (Foto: Guenay Ulutuncok) (https://www.bpb.de/themen/deutschlandarchiv/275113/gleichberechtigte-mitmenschen/).

67 Benno Müller-Hill, Tödliche Wissenschaft, Die Zeit, 13.7.1984.

68 Bundesbericht Forschung, 23.3.1988, Bundestags-Drucksache 11/2049, S. 31.

69 Ernst Benda, Der Mensch als Objekt? Rechtliche Grenzen der Gentechnologie, in: Günter Altner/ders./Georges Fülgraff, Menschenzüchtung. Ethische Diskussionen über die Gentechnik, Stuttgart 1985, S. 41–55, hier S. 48.

70 Ebd., S. 50.

71 Ernst Wolfgang Böckenförde, Die Entstehung des Staates als Vorgang der Säkularisation (1967), in: ders., Recht, Staat, Freiheit. Studien zur Rechtsphilosophie, Staatstheorie und Verfassungsgeschichte, Frankfurt am Main 1991, S. 92–114, hier S. 112.

72 Robert Spaemann, Über den Begriff der Menschenwürde, in: Ernst Wolfgang Böckenförde/ders. (Hg.), Menschenrechte und Menschenwürde. Historische Voraussetzungen – säkulare Gestalt – christliches Verständnis, Stuttgart 1987, S. 295–213, hier S. 304.

73 Peter Singer, Practical Ethics, Cambridge 1979; dt. Praktische Ethik, Stuttgart 1984, S. 246 u. 251.

74 Der Spiegel, 8.1.1989.

75 Franz Christoph, (K)ein Diskurs über »lebensunwertes« Leben, Der Spiegel 23/1989, 4.6.1989.

76 Filmverleih-Urteil, 20.10.1992, BVerfG 87, 209.

77 Strafgesetzbuch § 131: Gewaltdarstellung, diverse Fassungen (https://dejure.org/gesetze/StGB/131.html).

78 OLG Köln, 19.1.2010, 24 U 51/09.

79 Heiner Bielefeldt, Auslaufmodell Menschenwürde? Warum sie in Frage steht und warum wir sie verteidigen müssen, Freiburg 2011, S. 9.

80 Baldus, Kämpfe um die Menschenwürde, S. 138.

81 Jürgen Habermas, Das Konzept der Menschenwürde und die realisti-

sche Utopie der Menschenrechte, in: Deutsche Zeitschrift für Philosophie 58 (2010), S. 343–357, hier S. 345.

82 Matthias Herdegen, Kommentierung zu Art. 1 Abs. 1 (GG) 2003, aktualisiert 2005, in: Maunz/Dürig, GG-Kommentar, hg. v. dems. u.a., Rdnr. 17.

83 Heiner Bielefeldt, Menschenwürde. Der Grund der Menschenrechte, Berlin 2008, S. 13.

84 Panajotis Kondylis, Würde, in: Otto Brunner/Werner Conze/Reinhart Koselleck (Hg.), Geschichte Grundbegriffe, Bd. 7, Stuttgart 1993, S. 637–677, hier S. 677; Franz Jürgen Wetz, Menschenwürde – Eine Illusion?, S. 27–48, hier S. 48 (https://www.kas.de/upload/dokumente/verlagspublikationen/Menschenwuerde/Menschen wuerde_wetz.pdf); Steven Pinker, The Stupidity of Dignity, The New Republic, 28.5.2008, S. 1.

85 Friedrich Nietzsche, Also sprach Zarathustra (1887), 1973, in: ders., Werke in drei Bänden, München 1973, Bd. 2, S. 544; ders., Die Geburt der Tragödie aus dem Geist der Musik (1886), in: ebd., Bd. 1, S. 100; ders., Fünf Reden zu fünf ungeschriebenen Büchern. Der griechische Staat (1872), in: ebd., S. 275 f.

86 Arthur Schopenhauer, Preisschrift über die Grundlage der Moral (1840), in: ders., Sämtliche Werke, Bd. 4, Mannheim 1988, S. 120.

87 Ruth Macklin, Dignity is a useless Concept. It means no more than Respect for Persons or their Autonomy; in: British Medical Journal 327 (2003), S. 1419–1420.

88 Avishai Margalit, Politik der Würde. Über Achtung und Verachtung, Frankfurt am Main 2012, S. 21.

Schluss

1 Asylbewerberleistungsgesetz-Urteil, 18.7.2012, BVerfG 132, 134.

2 Jürgen Habermas, Die Zukunft der menschlichen Natur. Auf dem Weg zu einer liberalen Eugenik?, Frankfurt am Main 2001, S. 67.

3 Rüdiger Bittner, Abschied von der Menschenwürde, in: Mario Brandhorst/Eva Weber-Guskar (Hg.), Menschenwürde. Eine philosophische Debatte über Dimensionen ihrer Kontingenz, Frankfurt am Main 2017, S. 91–112, hier S. 107.

4 Ebd., S. 111.

5 Berliner Zeitung, 28.4.2020.

6 Debra Bergoffen, Body Politics, in: Rolf Gröschner/Antje Kapust/Oliver W. Lemcke (Hg.), Wörterbuch der Würde, S. 57–59, hier S. 58.

7 Peter Bieri, Eine Art zu leben. Über die Vielfalt menschlicher Würde, München 2013, S. 14.

8 Lévy-Haass, Tagebuch, S. 78–80.

REGISTER